# 全経簿記 上級
## 商業簿記・財務会計テキスト

Commercial book-keeping
Financial accounting

第9版

公益社団法人
全国経理教育協会［編］

中央経済社

# はしがき

本書は，第一の目的として，公益社団法人全国経理教育協会主催：文部科学省・日本簿記学会後援「簿記能力検定試験」のうち上級：「商業簿記・財務会計」の公式テキストとして上梓したものである。同じく上級「原価計算・管理会計」の試験には，別に『全経簿記上級　原価計算・管理会計テキスト（第４版）』（中央経済社，2023年）がある。

財務会計分野での近年の会計諸基準の改訂は著しい。その意味では，これを反映するテキストは広く会計学の学習者にとって必要である。本テキスト刊行の第二の目的は，ここにある。この意味では，大学とくに大学院の会計教育にも有用となろう。

以上の目的を受け，本テキストの利用上の特長を併記すると次のようになる。

1　**２色刷りにし，青色刷りで学習上の留意点を明らかにした。**

2　**学習すべき各項目について，問題を解く形式にし，学習に具体性を持たせた。これにより，とりわけ第一の目的である簿記能力検定試験上級に合格できるはずである。**

3　**本書の第一の目的の具体化のために，簿記能力検定上級試験終了後に，全経ホームページで開示される上級試験の出題の目的や解説において，本テキストの該当部分を明示するよう心掛けることにしている。**

4　**最後に，本書の分野を網羅する練習問題を設けて，学習の復習・定着を図れるようにした。**

本書が，簿記能力検定試験上級合格をステップとして，税理士や公認会計士のみならず専門職業会計人を目指す，専門学校は言うに及ばず，高校・大学の学徒のお役に立つことを願っている。加えて，近年の会計諸基準の動向ないし内容を学ぼうとする大学院学生ならびに会計実務関係者にとっての有用な指針となれば，この上もない幸せである。

既掲のように，全国経理教育協会主催「簿記能力検定試験」（いわゆる‘全経’簿記）は，日本簿記学会が後援しているので，同学会所属の大学教員に執筆を依頼している。

なお，今回の改訂にあたっては，田代樹彦氏（名城大学経営学部教授）の協力を得たので，ここに記して謝意を表明する。

2023年８月

公益社団法人　全国経理教育協会　簿記上級試験審査会会長
熊本学園大学大学院教授　佐藤　信彦

※上級試験の科目名は，令和６年７月実施の試験より変更になりますが，本書の内容は令和６年２月実施の試験にも対応しています。

## 執筆者一覧


赤城　諭士（九州産業大学商学部教授）――――Ⅳ章

浅野　敬志（慶応大学商学部教授）――――ⅩⅤ章 1，2，4

石原　裕也（専修大学商学部教授）――――ⅩⅢ章 1

泉　宏之（横浜国立大学大学院国際社会科学研究院教授）――――Ⅰ章 5，Ⅴ章 3，5，6

梅原　秀継（明治大学専門職大学院会計専門職研究科教授）――――ⅩⅥ章

可児島達夫（滋賀大学経済学部准教授）――――補章 6

清村　英之（沖縄国際大学産業情報学部教授）――――Ⅷ章 7

小阪　敬志（日本大学法学部准教授）――――ⅩⅢ章 2，ⅩⅤ章 3

草野　真樹（京都大学大学院経済学研究科教授）――――Ⅹ章 3～6

佐々木隆志（一橋大学大学院経営管理研究科教授）――――Ⅵ章 2，ⅩⅧ章

佐藤　信彦（熊本学園大学大学院会計専門職研究科教授）――――Ⅰ章 1～3，Ⅱ章，Ⅲ章 2，4，Ⅴ章 1，4，Ⅵ章 1，Ⅶ章，Ⅷ章 1，Ⅺ章

佐藤　文雄（専修大学商学部教授）――――Ⅻ章

首藤　洋志（文教大学経営学部准教授）――――Ⅲ章 5

田代　樹彦（名城大学経営学部教授）――――Ⅸ章

田宮　治雄（東京国際大学名誉教授）――――Ⅲ章 3，Ⅷ章 2

角ヶ谷典幸（一橋大学大学院経営管理研究科教授）――――Ⅷ章 5，6

新田　忠誓（一橋大学名誉教授）――――Ⅴ章 1，Ⅷ章 1，Ⅹ章 1

野口　晃弘（南山大学経営学部教授）――――Ⅷ章３，４

原　　俊雄（横浜国立大学大学院国際社会科学研究院教授）――――Ⅰ章４，Ⅲ章１

菱山　　淳（専修大学商学部教授）――――Ⅵ章３，４

溝上　達也（松山大学経営学部教授）――――Ⅴ章７，Ⅵ章５

村田　英治（日本大学商学部教授）――――Ⅹ章２，ⅩⅥ章

柳　　裕治（専修大学商学部教授）――――ⅩⅣ章

山田　康裕（立教大学経済学部教授）――――補章１～５

吉田　智也（中央大学商学部教授）――――Ⅴ章２

# 公益社団法人　全国経理教育協会主催
# 簿記能力検定試験規則

（令和６年４月改正）

**第１条**　本協会は，この規則により全国一斉に簿記能力検定試験を行う。

**第２条**　検定試験は筆記によって行い，受験資格を制限しない。

**第３条**　検定試験は年間４回行い，その日時及び場所は施行のつどこれを定める。
ただし上級の試験は毎年２回とする。

**第４条**　検定試験は上級，１級，２級，３級，基礎簿記会計の５階級に分ける。

**第５条**　検定試験の科目及び制限時間を次のように定める。

| | | |
|---|---|---|
| 上級 | 商業簿記／財務会計 | １時間30分 |
| | 原価計算／管理会計 | １時間30分 |
| １級 | 商業簿記・財務会計 | １時間30分 |
| | 原価計算・管理会計 | １時間30分 |
| ２級 | 商業簿記 | １時間30分 |
| ２級 | 工業簿記 | １時間30分 |
| ３級 | 商業簿記 | １時間30分 |
| 基礎簿記会計 | | １時間30分 |

**第６条**　検定試験の開始時間を次のように定める。

| | | | | | |
|---|---|---|---|---|---|
| 上級 | 商業簿記／財務会計 | 13時00分 | ２級 | 商業簿記 | 10時50分 |
| | 原価計算／管理会計 | 15時00分 | ２級 | 工業簿記 | 13時00分 |
| １級 | 商業簿記・財務会計 | ９時00分 | ３級 | 商業簿記 | ９時00分 |
| | 原価計算・管理会計 | 10時50分 | 基礎簿記会計 | | 13時00分 |

ただし，１級以下の試験については，天災，交通機関の遅延等により，上記の時間に開始できないときは，各試験会場の試験実施責任者において「開始時間変更に関する申請書」を提出することとする。

**第７条**　検定試験は各級とも１科目100点を満点とし，全科目得点70点以上を合格とする。ただし，上級は各科目の得点が40点以上で全４科目の合計得点が280点以上を合格とする。

**第８条**　検定試験に合格した者には合格証書を交付する。ただし，１級の１科目（商業簿記・財務会計又は原価計算・管理会計）の得点70点以上の者には科目合格証書を交付する。科目合格証書を有する者が，その後の検定試験において，他の１科目の得点が70点以上のときは，「１級合格証書」を交付する。
２級商業簿記と２級工業簿記に合格した者には合格証書を交付するが，「２級合格証書」は交付しない。

**第９条**　上級試験については，施行細則を別に定める。

**第10条**　受験手続き及び受験料については別にこれを定める。

**第11条**　本規則の改廃は，理事会が決定する。

※第８条１級科目合格者は第178回（平成27年５月31日施行）から適用するが，それ以前の１級科目合格者は合格証書や合格証明書の提出をもって交付します。

## 簿記能力検定試験上級施行細則

（平成30年４月改正）

簿記能力検定試験規則第９条の規定による施行細則を次のとおり定める。

**第１条**　試験場については，正会員校又は理事長が認めた場所とする。

**第２条**　試験の公開性を尊重し広く一般に公正な試験を施行するため，特に厳重に監督，管理する。

**第３条**　上級試験の試験委員は正会員外の学識経験ある者の中から理事長が委嘱する。

**第４条**　試験委員は２名以上とする。

**第５条**　試験委員の任期は簿記上級試験審査会規則に定める。

**第６条**　試験委員は試験問題の作成から簿記能力検定試験規則第７条ただし書きの規定による合格判定まで担当する。

## 簿記能力検定試験実施要項

（令和６年４月改正）

簿記能力検定試験規則第10条の規定による詳細を次のとおり定める。

**●受験資格**　男女の別，年齢，学歴，国籍等の制限なく誰でも受けられる。

**●申込方法**　協会ホームページの申込サイト（http://www.zenkei.or.jp）にアクセスし，メールアドレスを登録し，マイページにログインするためのIDとパスワードを受け取る。

上級受験者は，試験当日，顔写真付の「身分証明書」を持参する必要がある。

マイページの検定実施一覧から申し込みを行う。申し込み後，コンビニ・ペイジー・ネットバンキング・クレジットカード・キャリア決済・プリペイドのいずれかで受験料を支払う。受験票はマイページから印刷し試験当日に持参する。２つの級を受験することもできる。

**●受験料（税込）**

| | | | | | |
|---|---|---|---|---|---|
| 上級 | | 7,800円 | ２級 | 商業簿記 | 2,200円 |
| １級 | 商業簿記・財務会計 | 2,600円 | ２級 | 工業簿記 | 2,200円 |
| | 原価計算・管理会計 | 2,600円 | ３級 | 商業簿記 | 2,000円 |
| | | | 基礎簿記会計 | | 1,600円 |

**●試験時間**　試験時間は試験規則第５条を適用するものとする。開始時間は受験票に記載する。

**●合格発表**　試験日から１週間以内にインターネット上のマイページで閲覧できる。ただし，上級については２か月以内とする。※試験場の学生，生徒の場合，各受付校で発表する。

# 簿記能力検定試験出題基準および合格者能力水準（令和６年４月改正）

簿記能力検定試験は，次の基準により作成し，この簿記会計能力水準を保証するものとする。

**基礎簿記会計**　（簿記会計学の基本的素養が必要な営利・非営利組織）

①組織が営利か非営利かに関係なく必要とされる簿記の仕組み及び会計学の基本的な考え方を理解できる。

②個人事業主及び極めて小規模な株式会社の経営者や経理担当者，あるいはマンション管理組合の役員として関連組織を計数の観点から管理するための会計情報を作成及び利用できる。

**３　級　　商業簿記**　（小規模株式会社）

①小売業や卸売業（商業）における管理のために必要とされる簿記の基本的な仕組みを理解できる。

②小規模な株式会社の経理担当者ないし経営管理者として計数の観点から管理するための会計情報を作成及び利用できる。

**２　級　　商業簿記**　（中規模株式会社）

①会社法による株式会社を前提とし，小売・卸売業のみならず他業種にも応用できる簿記，とりわけ資本の管理（調達・運用）のために必要とされる簿記の仕組みを理解できる。

②中規模な株式会社の経理・財務担当者ないし経営管理者として計数の観点から管理するための会計情報を作成及び利用できる。

**工業簿記（製造業簿記入門）**　（工業簿記の基礎）

製造業における簿記の学習の導入部と位置付け，現場の経理担当者として，工程管理のための実際原価に基づく基本的な帳簿を作成でき，また，これらを管理する能力を持つ。

1　級　**商業簿記・財務会計**　（大規模株式会社）

①会社法による株式会社のなかで商業を前提にし，主たる営業活動のみならず，財務活動や投資活動など，全般的に管理するために必要な簿記及び財務会計に関する基本的な事柄を理解できる。

②大会社の経理・財務担当者ないし経営管理者として計数の観点から管理するための会計情報を作成及び利用できる。連結財務諸表については，会計人として初歩的知識を保有する。

**原価計算・管理会計**　（中小規模企業）

製造業の経理担当者ないし管理者として，原価の意義や概念を理解したうえで，複式簿記に精通し，製造過程の帳簿を作成できるとともに，その内容を理解でき，製造原価報告書および製造業の損益計算書と貸借対照表を作成できる。また，作成した製造原価報告書と損益計算書を管理に利用できる能力を持つ。

上　級　**商業簿記／財務会計**　（上場企業）

①上場企業のCFO，公認会計士や税理士などの会計専門職及びその候補者として必要な簿記及び財務会計に関する事柄を理解できる。

②大規模株式会社組織を計数の観点から管理するため，並びに，公認会計士や税理士又はその候補者として業務を行うために，会計情報を作成及び利用できる。

**原価計算／管理会計**

製造・販売過程に係る原価の理論を理解したうえで，経理担当者ないし公認会計士を含む会計専門職を目指す者として，原価に関わる簿記を行い，損益計算書と貸借対照表を作成できる。また，製造・販売過程の責任者ないし上級管理者として，意思決定ならびに業績評価のための会計を運用できる。

# 基礎簿記会計・商業簿記・財務会計

1．上級は高度な知識と複雑な実務処理が求められる。
2．会計基準及び法令は毎年４月１日現在施行されているものに準拠する。

| 基礎簿記会計 | 3級商業簿記 | 2級商業簿記 | 1級商業簿記・財務会計 | 上級商業簿記／財務会計 |
|---|---|---|---|---|
| 簿記会計学の基本的素養が必要な営利・非営利組織 | 小規模株式会社 | 中規模株式会社 | 大規模株式会社 | 上場企業 |
| **出題理念および合格者の能力**<br><br>①組織が営利か非営利かに関係なく必要とされる簿記の仕組み及び会計学の基本的な考え方を理解できる。<br>②個人事業主及び極めて小規模な株式会社の経営者や経理担当者，あるいはマンション管理組合の役員として関連組織を計数の観点から管理するための会計情報を作成及び利用できる。 | **出題理念および合格者の能力**<br><br>①小売業や卸売業（商業）における管理のために必要とされる簿記の基本的な仕組みを理解できる。<br>②小規模な株式会社の経理担当者ないし経営管理者として計数の観点から管理するための会計情報を作成及び利用できる。 | **出題理念および合格者の能力**<br><br>①会社法による株式会社を前提とし，小売・卸売業のみならず他業種にも応用できる簿記，とりわけ資本の管理（調達・運用）のために必要とされる簿記の仕組みを理解できる。<br>②中規模な株式会社の経理・財務担当者ないし経営管理者として 計数の観点から管理するための会計情報を作成及び利用できる。 | **出題理念および合格者の能力**<br><br>①会社法による株式会社のなかで商業を前提にし，主たる営業活動のみならず，財務活動や投資活動など，全般的に管理するために必要な簿記及び財務会計に関する基本的な事柄を理解できる。<br>②大会社の経理・財務担当者ないし経営管理者として計数の観点から管理するための会計情報を作成及び利用できる。 連結財務諸表については，会計人として初歩的知識を保有する。 | **出題理念および合格者の能力**<br><br>①上場企業のCFO，公認会計士や税理士などの会計専門職およびその候補者として必要な簿記及び財務会計に関する事柄を理解できる。<br>②大規模株式会社組織を計数の観点から管理するため，並びに，公認会計士や税理士又はその候補者として業務を行うために，会計情報を作成及び利用できる。 |
| **1　簿記の基本構造**<br>1. 基礎概念（営利）<br>a. 資産，負債，純資産<br>b. 収益，費用<br>c. 損益計算書と貸借対照表との関係<br>2. 取引<br>a. 取引の意義<br>b. 取引の種類<br>c. 取引の構成要素（８要素）<br>3. 勘定<br>a. 勘定の分類<br>b. 勘定記入の原則<br>c. 仕訳と転記<br>d. 貸借平均の原理 | 評価勘定 | | | 対照勘定 |

| 基礎簿記会計 | 3級商業簿記 | 2級商業簿記 | 1級商業簿記・財務会計 | 上級商業簿記／財務会計 |
|---|---|---|---|---|
| **簿記会計学の基本的素養が必要な営利・非営利組織** | **小規模株式会社** | **中規模株式会社** | **大規模株式会社** | **上場企業** |
| 4. 帳簿<br>a. 主要簿<br>仕訳帳<br>(現金出納帳)<br>総勘定元帳<br>b. 補助簿<br>(次の2諸取引の処理参照) | | | | |
| | 5. 証ひょう | | | |
| | | 6. 帳簿組織<br>a. 単一仕訳帳制 | | |
| | | | b. 特殊仕訳帳制 | |
| **2 諸取引の処理**<br>1. 現金預金 | | | | |
| a. 通貨 | 通貨代用証券 | | | |
| 現金出納帳 | b. 現金過不足 | | | |
| | c. 小口現金<br>小口現金出納帳 | | | |
| d. 普通預金 | | | | |
| | e. 当座預金 | 当座借越 | | |
| | 当座預金出納帳 | 当座 | | |
| | | 当座勘定出納帳 | 銀行勘定調整表 | |
| | | f. 納税準備預金 | | |
| | | | g. 別段預金 | |
| | | h. 外貨預金 | | |
| | i. 定期預金<br>(一年以内) | | | |
| | | 2. 手形 | | |
| | | a. 約束手形の振出,受入,取立,支払<br>営業外受取手形・支払手形<br>b. 裏書及び割引<br>c. 手形の更改<br>d. 手形の不渡り | 為替手形の振出,受入,引受,取立,支払<br>(自己宛為替手形)<br>(自己受為替手形)<br>自己受外貨建為替手形 | |
| | | | e. 外貨建荷為替手形(荷為替手形) | |
| | | f. 受取手形記入帳<br>支払手形記入帳<br>g. 金融手形<br>借入,貸付における証書代用の手形 | | |

| 基礎簿記会計 | 3級商業簿記 | 2級商業簿記 | 1級商業簿記・財務会計 | 上級商業簿記／財務会計 |
|---|---|---|---|---|
| 簿記会計学の基本的素養が必要な営利・非営利組織 | 小規模株式会社 | 中規模株式会社 | 大規模株式会社 | 上場企業 |
| | | | h. 保証債務 | |
| 3. 売掛金と買掛金<br>a. 売掛金，買掛金 | 売掛金（得意先）元帳，買掛金（仕入先）元帳 | b. クレジット売掛金<br>c. 電子記録債権・債務 | d. 仕入割引<br>e. 外貨建売掛金・買掛金 | |
| 4. その他の債権と債務等<br>a. 貸付金，借入金 | b. 未収（入）金，未払金<br>c. 前払金（前渡金），前受金（予約販売を含む）<br>d. 立替金，預り金<br>e. 仮払金，仮受金 | | f. 商品券（自社） | |
| | | g. 他店（共通）商品券 | | |
| | 5. 有価証券<br>a. 有価証券の売買 | b. 売買目的有価証券の評価 | | 約定日基準，修正受渡基準<br>総記法 |
| | | | c. 端数利息<br>d. 有価証券の貸付・借入・差入・預り・保管 | |
| | 6. 貸倒れと貸倒引当金<br>a. 貸倒れの処理<br>b. 差額補充法 | | | 財務内容評価法，キャッシュ・フロー見積法 |

| 基礎簿記会計 | 3級商業簿記 | 2級商業簿記 | 1級商業簿記・財務会計 | 上級商業簿記／財務会計 |
|---|---|---|---|---|
| **簿記会計学の基本的素養が必要な営利・非営利組織** | **小規模株式会社** | **中規模株式会社** | **大規模株式会社** | **上場企業** |
| 7. 商品 | | | | |
| a. 分記法 | | | | 総記法 |
| | b. 売上原価対立法(個別／月次)<br>c. 三分法 | | | |
| | 返品 | | | 値引 |
| | 売上帳・仕入帳 | | | |
| | | | | d. 五分法その他の分割法 |
| | e. 払出原価の計算 | | | |
| | 先入先出法 | 移動平均法 | 総平均法 | 後入先出法 |
| | 商品有高帳 | | | |
| | | f. 期末商品の評価 | | 売価還元法 |
| | | 棚卸減耗<br>商品評価損 | | |
| | | | g. 履行義務の充足<br>一時点に充足<br>一定期間にわたり充足 | |
| | | | (基本的なもの－営業第1期) | (複雑なもの)<br>原価回収基準<br>特殊商品売買<br>割賦販売<br>(利息別記法)<br>取戻品の処理<br>委託売買<br>受託売買<br>試用販売<br>未着品売買<br>h. 変動対価<br>売上割引<br>返品権付販売<br>カスタマー・ロイヤリティ・プログラム<br>i.トレーディング目的の棚卸資産 |
| | | | | 8. デリバティブ取引(ヘッジ会計などを含む) |
| 9. 固定資産 | | | 割賦購入(利息は定額法処理のみ) | |
| a. 有形固定資産の取得 | | | | |
| | 固定資産台帳 | | | |
| | | b. 建設仮勘定 | 圧縮記帳<br>直接控除方式<br>積立金方式 | |

| 基礎簿記会計 | 3級商業簿記 | 2級商業簿記 | 1級商業簿記・財務会計 | 上級商業簿記／財務会計 |
|---|---|---|---|---|
| 簿記会計学の基本的素養が必要な営利・非営利組織 | 小規模株式会社 | 中規模株式会社 | 大規模株式会社 | 上場企業 |
| | | | c. リース債務の整理 | |
| | | オペレーティングリース取引 | | |
| | | ファイナンス・リース取引 | 借手側の処理 | 貸手側の処理 |
| | | 利子込み法 | 定額法 | 利息法 |
| | | | d. 資産除去費用の資産計上 | 計算 |
| | e. 減価償却<br>定額法 | | 定率法 | その他の償却法 |
| | | | 生産高比例法 | |
| | 記帳法・直接法 | 間接法 | | |
| | | f. 有形固定資産の売却 | 有形固定資産の除却 | |
| | | | g. 無形固定資産<br>ソフトウェア<br>（自社利用） | （受注制作）<br>（市場販売目的） |
| | | | h. 固定資産の減損 | 計算 |
| | | i. 投資その他の資産 | | |
| | | | 満期保有目的の債券<br>償却原価法－定額法 | 利息法 |
| | | | 子会社株式<br>関連会社株式<br>その他有価証券<br>（税効果を含む）<br>出資金<br>長期前払費用<br>投資不動産 | |
| | | | 10. 繰延資産<br>繰延創立費，繰延開業費，繰延社債発行費（等），繰延株式交付費，繰延開発費 | |
| | | 11. 引当金<br>賞与引当金，修繕引当金 | 商品保証引当金，債務保証損失引当金，退職給付引当金 | 計算<br>（連結貸借対照表では，退職給付に係る負債） |
| | | | 12. 資産除去債務 | 計算 |
| 13. 純資産（資本）<br>a. 資本金<br>b. 引出金 | | | | |

| 基礎簿記会計 | 3 級商業簿記 | 2 級商業簿記 | 1 級商業簿記・財務会計 | 上級商業簿記／財務会計 |
|---|---|---|---|---|
| **簿記会計学の基本的素養が必要な営利・非営利組織** | **小規模株式会社** | **中規模株式会社** | **大規模株式会社** | **上場企業** |
| 14. 収益と費用 | | | | |
| 商品販売益，家賃収入，サービス収入など，受取利息<br>給料，広告費，水道光熱費，発送費，旅費，交通費，通信費，消耗品費，修繕費，支払家賃，支払地代，保険料，雑費，支払利息 | 売上，雑益など<br>仕入，交際費，支払手数料，租税公課雑損など | 償却債権取立益，受取手数料など<br>福利厚生費，保管料，支払リース料，創立費，開業費，株式交付費など | 負ののれん発生益，社債発行費（等），開発費，減損損失など | 研究開発費など |
| | 15. 税金<br>a. 所得税<br>b. 固定資産税<br>c. 消費税（税抜方式） | 決算整理<br>d. 法人税・住民税・事業税 | | e. 税効果会計 |
| | **3　株式会社**<br>1. 資本金<br>a. 設立 | | | |
| | | b. 増資<br>通常の新株発行 | 資本準備金・利益準備金の資本金組入<br>c. 減資 | その他資本剰余金・その他利益剰余金の資本金組入<br>d. 現物出資<br>e. 株式の転換<br>f. 株式の消却<br>g. 株式の分割 |
| | | 2. 資本剰余金<br>a. 資本準備金 | 減少 | |
| | | 株式払込剰余金 | | 株式交換剰余金<br>株式移転剰余金<br>新設分割剰余金<br>吸収分割剰余金<br>など |
| | | | b. その他資本剰余金<br>資本金減少差益<br>資本準備金減少差益 | 減少<br>自己株式処分差益<br>自己株式処分差損 |
| | 3. 利益剰余金 | | | |
| | | a. 利益準備金 | | 減少 |
| | b. その他利益剰余金 | | | |
| | | 任意積立金 | 減少 | |
| | 繰越利益剰余金 | | | |

| 基礎簿記会計 | 3級商業簿記 | 2級商業簿記 | 1級商業簿記・財務会計 | 上級商業簿記／財務会計 |
|---|---|---|---|---|
| 簿記会計学の基本的素養が必要な営利・非営利組織 | 小規模株式会社 | 中規模株式会社 | 大規模株式会社 | 上場企業 |
| | | | | 4. 会計上の変更と誤謬の訂正 |
| | | 5. 剰余金の配当等 | | 分配可能額の計算 |
| | | a. 剰余金の配当 | 中間配当 | |
| | | b. 剰余金の処分（基本的なもの） | （複雑なもの） | |
| | | | | 6. 自己株式 |
| | | | | 7. 評価・換算差額等 その他の包括利益 |
| | | | 8. 会社の合併 | |
| | | | | 9. 株式交換 |
| | | | | 10. 株式移転 |
| | | | | 11. 会社の分割 |
| | | | | 12. 株式交付 |
| | | | | 13. 新株予約権 新株予約権付社債 |
| | | | | 14. 会社の清算 |
| | | | 15. 社債 | |
| | | | a. 発行及び利払 | |
| | | | b. 期末評価 | |
| | | | 定額法 | 利息法 |
| | | | | 評価勘定法（社債発行差金勘定） |
| | | | | c. 社債の償還（満期償還，買入償還，分割償還，繰上償還），社債の借換 |
| | | **4 本支店会計** | | |
| | | 1. 支店会計の独立 | | |
| | | 2. 本支店間の取引 | | |
| | | | 3. 支店相互間の取引 | |
| | | | 支店分散計算制度 | |
| | | | 本店集中計算制度 | |
| | | 4. 本支店合併財務諸表 | | |
| | | | a. 未達事項の整理 | |
| | | b. 本支店損益計算書の合併及び本支店貸借対照表の合併 | | |
| | | 内部利益なし | | 内部利益の控除 |
| | | **5 外貨建取引等の換算** | | |
| | | 1. 外貨の換算 | | |
| | | | 2. 外貨建取引の換算 | |
| | | | | 3. 外貨表示財務諸表項目の換算 |

| 基礎簿記会計 | 3級商業簿記 | 2級商業簿記 | 1級商業簿記・財務会計 | 上級商業簿記／財務会計 |
|---|---|---|---|---|
| 簿記会計学の基本的素養が必要な営利・非営利組織 | 小規模株式会社 | 中規模株式会社 | 大規模株式会社 | 上場企業 |
| **6 決算** | | | | |
| 1. 試算表 | | | | |
| | 2. 決算整理<br>商品棚卸，減価償却，貸倒見積，現金過不足，営業費用の繰延と見越 | 売買目的有価証券の評価，収益と費用の繰延と見越および再振替 | 満期保有目的の債券・その他有価証券の評価，リース取引の整理，繰延資産の償却，社債の評価など | |
| 3. 精算表<br>6欄(桁)精算表 | 8欄(桁)精算表 | | | |
| 4. 収益と費用の損益勘定への振替 | | | | |
| 5. 純損益の資本金勘定への振替 | 繰越利益剰余金勘定への振替 | | | |
| 6. 帳簿の締切り<br>英米式 | | | 大陸式 | |
| 繰越試算表 | | | 資産，負債および純資産の開始残高勘定と閉鎖残高勘定への振替 | |
| 7. 財務諸表<br>a. 損益計算書と貸借対照表<br>勘定式・無区分 | | 勘定式・区分損益計算書 | 報告式(会社法) | 報告式(金融商品取引法) |
| | | | | b. キャッシュ・フロー計算書 |
| | | | c. 株主資本等変動計算書<br>(基本的なもの) | (複雑なもの) |
| | | | 8. 連結財務諸表<br>a. 連結精算表<br>(基本的なもの－支配獲得日) | (複雑なもの) |
| | | | | b. 連結貸借対照表 |
| | | | | c. 連結損益計算書 |
| | | | | d. 連結包括利益計算書(連結損益及び包括利益計算書) |
| | | | | e. 連結キャッシュ・フロー計算書 |
| | | | | 9. 四半期個別財務諸表 |
| | | | | 10. 四半期連結財務諸表 |

| 基礎簿記会計 | 3級商業簿記 | 2級商業簿記 | 1級商業簿記・財務会計 | 上級商業簿記／財務会計 |
|---|---|---|---|---|
| 簿記会計学の基本的素養が必要な営利・非営利組織 | 小規模株式会社 | 中規模株式会社 | 大規模株式会社 | 上場企業 |
| 7 その他の組織形態の会計<br>5. 非営利団体<br>a. 収入，支出<br>b. 現金出納帳<br>c. 元帳<br>d. 試算表<br>e. 会計報告書 | | | | 1. 合名会社<br>2. 合資会社<br>3. 合同会社<br>4. 組合（組合法） |
| | | | 8 会計に関する法令等<br>1. 会社法<br>会社法施行規則<br>会社計算規則<br>2. 企業会計原則 | 3. 財務諸表等規則・ガイドライン<br>4. 連結財務諸表規則・ガイドライン<br>5. 公表された各種の基準，意見書，適用指針，実務対応報告，国際会計基準等 |
| | | | 9 財務諸表の分析<br>（基本的なもの）……<br>ＲＯＡ（総資産利益率）<br>ＲＯＥ（自己資本利益率）<br>総資産負債比率・自己資本比率<br>流動比率<br>当座比率 | ……（複雑なもの） |

# 原価計算・管理会計

＜公益社団法人　全国経理教育協会＞

| 2級工業簿記（製造業簿記入門） | 1級原価計算・管理会計 | 上級原価計算／管理会計 |
|---|---|---|
| **出題理念および合格者の能力**<br>製造業における簿記の学習導入部と位置付け，現場の経理担当者として，工程管理のための実際原価に基づく基本的な帳簿を作成でき，また，これらを管理する能力を持つ。 | **出題理念および合格者の能力**<br>製造業の経理担当者ないし管理者として，原価の意義や概念を理解したうえで，複式簿記に精通し，製造過程の帳簿を作成できるとともに，その内容を理解でき，製造原価報告書および製造業の損益計算書と貸借対照表を作成できる。また，作成した製造原価報告書と損益計算書を管理に利用できる能力を持つ。 | **出題理念および合格者の能力**<br>製造・販売過程に係る原価の理論を理解したうえで，経理担当者ないし公認会計士を含む会計専門職を目指す者として，原価に関わる簿記を行い，損益計算書と貸借対照表が作成できる。また，製造・販売過程の責任者ないし上級管理者として，意思決定ならびに業績評価のための会計を運用できる。 |
| **1　工業簿記の特質** | | |
| 1. 商業簿記と工業簿記 | | |
| 2. 工業経営における分課制度 | | |
| **2　工業簿記の構造** | | |
| 1. 商的工業簿記（小規模製造業簿記） | | |
| 2. 完全工業簿記 | | |
| 3. 工業簿記の勘定体系 | | |
| 4. 工業簿記の帳簿組織 | | |
| 5. 報告書の作成 | | |
| a. 原価計算表 …… | 製造原価報告書／明細書 | |
| | b. 損益計算書と貸借対照表 | |
| **3　原価** | | |
| 1. 原価の意義 | | |
| 2. 原価の要素と種類 | | |
| a. 材料費，労務費，経費 | | |
| b. 直接費と間接費 | | |
| c. 製造原価と総原価 | | |
| d. 製品原価と期間原価 | | |
| e. 実際原価 | | |
| | f. 正常原価 | |
| | g. 予定原価 | |
| | h. 標準原価 | |
| | | i. 特殊原価 |
| | 3. 原価の態様 | |
| | a. 変動費と固定費 | |
| | 4. 非原価項目 | |

| 2級工業簿記（製造業簿記入門） | 1級原価計算・管理会計 | 上級原価計算／管理会計 |
|---|---|---|
| **4　原価計算** | | |
| 1. 原価計算の意義と目的 | | |
| 2. 原価計算の種類 | | |
| a. 個別原価計算 | | |
| b. 総合原価計算 | | |
| c. 実際原価計算 | | |
| | d. 正常原価計算 | |
| | e. 予定原価計算 | |
| | f. 標準原価計算 | |
| | g. 直接原価計算 | |
| 3. 原価計算期間 | | |
| **5　材料費の計算と記帳** | | |
| 1. 分類 | | |
| 2. 帳簿と証ひょう | | |
| 3. 購入 | | |
| 4. 消費 | | |
| 5. 期末棚卸, 棚卸減耗 | | |
| **6　労務費の計算と記帳** | | |
| 1. 分類 | | |
| 2. 帳簿と証ひょう | | |
| 3. 支払 | | |
| 4. 消費 | | |
| 5. 賃金以外の労務費 | | |
| **7　経費の計算と記帳** | | |
| 1. 分類 | | |
| 2. 帳簿と証ひょう | | |
| 3. 支払 | | |
| 4. 消費 | | |
| | | 5. 複合費の計算 |
| **8　製造間接費の計算と記帳** | | |
| 1. 分類 | | |
| 2. 帳簿と証ひょう | | |
| 3. 製造間接費の配賦 | | |
| a. 実際配賦 | | |
| | b. 正常配賦／予定配賦 | |
| | 4. 製造間接費予算 | |
| | **9　部門費の計算と記帳** | |
| | 1. 意義と種類 | |
| | 2. 部門個別費と部門共通費 | |

| 2級工業簿記(製造業簿記入門) | 1級原価計算・管理会計 | 上級原価計算／管理会計 |
|---|---|---|
| | 3. 補助部門費の配賦 | |
| | a. 直接配賦法 | |
| | b. 相互配賦法(簡便法)…… | (連続配賦法) |
| | | (連立方程式法) |
| | | c. 階梯式配賦法 |
| **10 個別原価計算と記帳** | | |
| 1. 意義 | | |
| 2. 特定製造指図書 | | |
| 3. 製造元帳 | | |
| | 4. 作業くず, 仕損の処理と評価 | |
| **11 総合原価計算と記帳** | | |
| 1. 意義と記帳 | | |
| a. 直接材料費と加工費 | | |
| b. 仕掛品の評価 | | |
| c. 平均法と先入先出法…… | …… | 後入先出法 |
| 2. 単純総合原価計算 | | |
| | 3. 組別総合原価計算 | |
| | 4. 等級別総合原価計算 | |
| | (等価係数の決定を含む) | |
| | a. 単純総合原価計算に近い方法 | |
| | b. 組別総合原価計算に近い方法 | |
| | 5. 連産品原価計算 | |
| | 6. 工程別総合原価計算 | |
| | a. 累加法 | |
| | | b. 非累加法 |
| | | c. 加工費工程別総合原価計算 |
| | 7. 副産物, 作業くずの処理と評価 | |
| | 8. 仕損, 減損の処理…… | 評価 |
| | a. 度外視法 | |
| | | b. 非度外視法 |
| | **12 標準原価計算と記帳** | |
| | 1. 意義 | |
| | 2. 記帳 | |
| | a. パーシャル・プラン | |
| | | b. シングル・プラン |
| | | c. 修正パーシャル・プラン |
| | 3. 原価差異の計算と分析 | |
| | a. 直接材料費の材料消費価格差異と数量差異…… | 左記以外の差異すべて |
| | b. 直接労務費の賃率差異と作業時間差異…… | 左記以外の差異すべて |

| 2級工業簿記（製造業簿記入門） | 1級原価計算・管理会計 | 上級原価計算／管理会計 |
|---|---|---|
| | c．製造間接費差異（三分法）…… | ……（二分法，四分法ほか） |
| | **13　直接原価計算と記帳** | |
| | 1. 意義 | |
| | 2. 直接原価計算方式の損益計算書…… | ……固定費調整 |
| | 3. 損益分岐点とCVP分析 | |
| | a．安全率と損益分岐点比率 | |
| | | b．経営レバレッジ係数 |
| | | 4. 事業部損益計算書 |
| | | 5. 直接標準原価計算 |
| | | 6. 企業予算 |
| | | **14　意思決定のための原価情報** |
| | | 1. 差額原価収益分析 |
| | | 2. 設備投資の経済計算 |
| | | **15　戦略的会計情報** |
| | | 1. 活動基準原価計算 |
| | | 2. 品質原価計算 |
| | | 3. ライフサイクル・コスティング |
| | | 4. 原価企画 |
| **16　製品の受払** | | 5. 残余利益 |
| 1. 製品の完成，受け入れ | | |
| 2. 製品の販売，払い出し | | |
| | **17　販売費及び一般管理費** | |
| | **18　工場会計の独立** | |
| | 1. 振替価格に内部利益を含めない方法 | |
| | | 2. 振替価格に内部利益を含める方法 |
| | **19　原価差異の会計処理** | |
| | 1. 売上原価加減法 | |
| | | 2. 営業外損益法 |
| | | 3. 特別損益法 |
| | **20　原価計算基準** | |

# 簿記能力検定試験
# 標準勘定科目表

## 基礎簿記会計

標準的な勘定科目の例示は，次のとおりである。

| | | | | | | |
|---|---|---|---|---|---|---|
| **資産勘定** | 現金 | 普通預金 | 売掛金 | 商品 | 貸付金 | 建物 |
| 車両運搬具 | 備品 | 土地 | **負債勘定** | 買掛金 | 借入金 | **純資産（資本）勘定** |
| 資本金 | **収益勘定** | ○○収入 | 商品販売益 | 役務収益 | 受取利息 | **費用勘定** |
| 給料 | 広告費 | 発送費 | 旅費 | 交通費 | 通信費 | 水道光熱費 |
| 消耗品費 | 修繕費 | 支払家賃 | 支払地代 | 保険料 | 雑費 | 支払利息 |
| **その他の勘定** | 損益 | 引出金 | | | | |

## 3級商業簿記

標準的な勘定科目の例示は，次のとおりである。なお，基礎簿記会計に示したもの以外を例示する。

| | | | | | | |
|---|---|---|---|---|---|---|
| **資産勘定** | 小口現金 | 当座預金 | 定期預金 | 有価証券 | 繰越商品 | 消耗品 |
| 前払金 | 支払手付金 | 前払家賃 | 前払地代 | 前払保険料 | 従業員貸付金 | 立替金 |
| 従業員立替金 | 未収金 | 仮払金 | 仮払消費税 | **負債勘定** | 未払金 | 未払税金 |
| 未払給料 | 未払広告費 | 未払家賃 | 未払地代 | 前受金 | 受取手付金 | 預り金 |
| 従業員預り金 | 所得税預り金 | 社会保険料預り金 | 仮受金 | 仮受消費税 | **純資産（資本）勘定** | 繰越利益剰余金 |
| **収益勘定** | 売上 | 有価証券売却益 | 雑益 | 雑収入 | **費用勘定** | 売上原価 |
| 仕入 | 貸倒引当金繰入（額） | 貸倒損失 | 減価償却費 | 交際費 | 支払手数料 | 租税公課 |
| 有価証券売却損 | 雑損 | **その他の勘定** | 現金過不足 | 貸倒引当金 | | |

## 2級商業簿記

標準的な勘定科目の例示は，次のとおりである。なお，基礎簿記会計・3級に示したもの以外を例示する。

| | | | | | | |
|---|---|---|---|---|---|---|
| **資産勘定** | 納税準備預金 | 外貨預金 | 受取手形 | クレジット売掛金 | 電子記録債権 | 売買目的有価証券 |
| 営業外受取手形 | 他店商品券 | 前払利息 | 未収手数料 | 未収家賃 | 未収地代 | 未収利息 |
| 未収還付消費税 | 仮払法人税等 | リース資産 | 手形貸付金 | 建設仮勘定 | 長期貸付金 | 不渡手形 |
| 投資不動産 | **負債勘定** | 支払手形 | 手形借入金 | 当座借越 | 電子記録債務 | 営業外支払手形 |
| 未払利息 | 未払賞与 | 未払役員賞与 | 未払法人税等 | 未払配当金 | 未払消費税 | 前受利息 |
| 前受家賃 | 前受地代 | リース負債 | 賞与引当金 | 修繕引当金 | 商品保証引当金 | 長期借入金 |
| 特別修繕引当金 | **純資産（資本）勘定** | 資本準備金 | 利益準備金 | 新築積立金 | 別途積立金 | **収益勘定** |
| 受取手数料 | 受取家賃 | 受取地代 | 償却債権取立益 | 為替差益 | 受取配当金 | 固定資産売却益 |
| **費用勘定** | 棚卸減耗費 | 商品評価損 | 賞与 | 役員賞与 | 福利厚生費 | 保管料 |
| ○○引当金繰入 | 支払リース料 | 手形売却損 | 為替差損 | 創立費 | 開業費 | 株式交付費 |
| 固定資産売却損 | **その他の勘定** | 当座 | ○○減価償却累計額 | 支店 | 本店 | 有価証券運用損益 |
| 法人税等 | | | | | | |

## 2級工業簿記

標準的な勘定科目の例示は，次のとおりである。なお，製造過程外で使用される商業簿記の勘定科目を除く。

| | | | | | | |
|---|---|---|---|---|---|---|
| **製造原価に関する勘定** | 材料（費） | 補助材料（費） | 工場消耗品（費） | 消耗工具器具備品（費） | 労務費 | 賃金 |
| 雑給 | 経費 | 賃借料 | 電力料 | ガス代 | 水道料 | 直接材料費 |
| 直接労務費 | 製造間接費 | 加工費 | **資産勘定** | 仕掛品 | 製品 | 機械装置 |
| **費用勘定** | 売上原価 | **その他の勘定** | 月次損益 | 年次損益 | | |

### 1級商業簿記・財務会計

標準的な勘定科目の例示は，次のとおりである。なお，基礎簿記会計・3級・2級に示したもの以外を例示する。

| | | | | | | |
|---|---|---|---|---|---|---|
| **資産勘定** | 別段預金 | 外貨建売掛金 | 割賦売掛金 | 工事未収入金 | 積送品 | 試用品 |
| 未着品 | 半成工事 | 未収還付法人税等 | 貸付有価証券 | 差入有価証券 | 保管有価証券 | 貯蔵品 |
| 繰延税金資産 | 構築物 | のれん | 特許権 | 借地権 | 商標権 | 実用新案権 |
| 意匠権 | 鉱業権 | ソフトウェア | ソフトウェア仮勘定 | 満期保有目的債券 | その他有価証券 | 子会社株式 |
| 関連会社株式 | 長期前払費用 | 出資金 | 繰延創立費 | 繰延開業費 | 繰延株式交付費 | 繰延社債発行費(等) |
| 繰延開発費 | **負債勘定** | 外貨建買掛金 | 工事未払金 | 役員預り金 | 未払中間配当金 | 借入有価証券 |
| 預り有価証券 | 繰延税金負債 | 商品券 | 保証債務 | 債務保証損失引当金 | 長期未払金 | 社債 |
| 退職給付引当金 | 資産除去債務 | **純資産(資本)勘定** | 新株式申込証拠金 | その他資本剰余金 | 資本金及び資本準備金減少差益 | 減債積立金 |
| 固定資産圧縮積立金 | 税法上の積立金 | その他有価証券評価差額金 | 非支配株主持分 | **収益勘定** | 工事収益 | 為替差損益 |
| 有価証券利息 | 保証債務取崩益 | 投資有価証券売却益 | 負ののれん発生益 | 保険差益 | 国庫補助金受贈益 | 建設助成金受贈益 |
| 工事負担金受贈益 | **費用勘定** | 工事原価 | 退職給付費用 | のれん償却 | 特許権償却 | 商標権償却 |
| 実用新案権償却 | 意匠権償却 | 鉱業権償却 | ソフトウェア償却 | 開発費 | 開発費償却 | 社債利息 |
| 社債発行費(等) | 保証債務費用 | 為替差損益 | 創立費償却 | 開業費償却 | 株式交付費償却 | 社債発行費(等)償却 |
| 固定資産除却損 | 火災損失 | 減損損失 | 子会社株式評価損 | 投資有価証券売却損 | ○○圧縮損 | **その他の勘定** |
| ○○未決算 | 閉鎖残高 | 開始残高 | 追徴法人税等 | 還付法人税等 | | |

### 1級原価計算・管理会計

標準的な勘定科目の例示は，次のとおりである。なお，2級工業簿記に示したもの以外を例示し，製造過程外で使用される商業簿記の勘定科目を除く。

| | | | | | | |
|---|---|---|---|---|---|---|
| **製造原価に関する勘定** | 素材(費) | 原料(費) | 買入部品(費) | 燃料費 | ○○手当 | (法定)福利費 |
| 外注加工賃 | 特許権使用料 | 厚生費 | 直接経費 | ○○部門費 | 組間接費 | 第○工程仕掛品 |
| (第○工程)半製品 | ○組仕掛品 | ○組製品 | ○級製品 | 副産物 | 作業くず | 原価差異 |
| 直接材料費差異 | 材料消費価格差異 | 数量差異 | 直接労務費差異 | 賃率差異 | 作業時間差異 | 製造間接費(配賦)差異 |
| 予算差異 | 能率差異 | 操業度差異 | ○○部門費(配賦)差異 | **負債勘定** | 未払賃金 | **収益勘定** |
| 半製品売上 | **費用勘定** | 半製品売上原価 | 販売費及び一般管理費 | **その他の勘定** | 本社 | 工場 |

### 上級

上級（商業簿記・財務会計・原価計算・管理会計）で使用する勘定科目は，問題文に指示がある場合を除き，関係する法令及び公表されている基準，意見書，適用指針，実務対応報告，国際会計基準等にもとづき一般に妥当と認められているものとする。

※「その他の勘定」に含まれている項目の一部は，他の区分に計上される可能性あり。

# Contents

# I 簿記・会計の機能と会計数値の決まり方

## 1 簿記・会計の意義と機能

### (1) 簿記と会計の意義

会計とは，会社が自分の遂行した経済活動を記録して得たデータを加工して，情報を作成し，利害関係者に提供する行為である。会社の経済活動に関するデータを収集するために記録する役割を担っているのが簿記であり，情報を利害関係者に提供するための手段が，損益計算書，貸借対照表およびキャッシュ・フロー計算書などの財務諸表を中心とする会計報告書である。

会社は，日々，財やサービスを提供して，その見返りに資金を受け取り，また，財やサービスの提供を受けて，その代価を支払っており，基本的には，それらが記録の対象となる会社の経済活動である。また，契約を締結し，その契約を構成する権利・義務に価値の変動があると，契約自体の時価が変化するが，そのうち特定の条件を充たしたものも，記録の対象とされることがある。

### (2) 簿記・会計の機能

会社が経済活動を始めるためには，資金が必要である。その資金は，当初，株主から調達するが，株主から調達した資金だけでは不足する場合，銀行等の債権者から借り入れることになる。前者は出資，後者は融資と呼ばれるが，どちらの場合でも，会社は調達資金を投資して運用し，その成果を配当金や利息の形で資金提供者である株主や債権者に支払う。資金提供者が財産の委託者，提供先である会社が財産の受託者であり，この関係を図示すれば，次のとおりである。

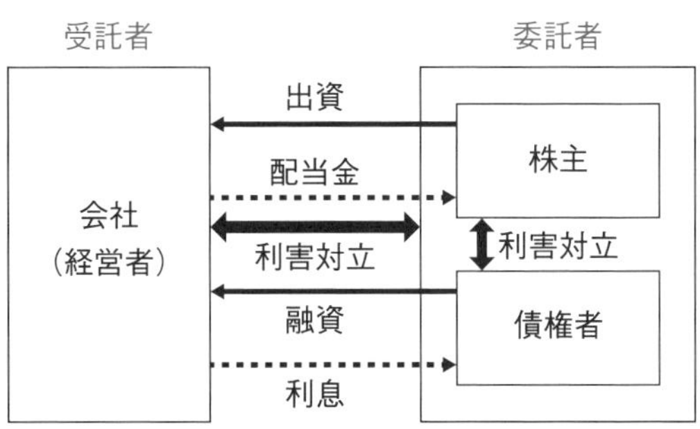


委託者である株主や債権者が出資や融資を行うか否かを判断するに当たっては，受託者である資金提供先の会社が提供した資金を自分のために誠実に運用してくれることを重視する。また，その運用効率も自分の要求水準以上にあることも求められ，その判断の根拠資料として会計報告書に記載されたデータが利用される。委託者にとっては，委託した財産がどのように運用され，その結果としてどれだけの成果が得られたかによって，自分が受け取る配当金の額，および利息の受取りと貸付けた元

本の回収の可能性が異なってくるからである。そのため，委託者が資金を提供するに当たっては，委託した資金（受託者にとっては受託した資金）をどのように運用したかについて適切に計算し，報告することを受託者に要求し，受託者はそれに応える責任を負うことになる。

配当金を受け取る株主が出資額を限度額とする有限責任しか負わないことから，債権者は支払われる配当金が少ないことを望む。なぜならば，配当後のその財産は株主の個人財産であって，自らの債権の回収（会社にとっては債務の弁済）に充てることができなくなるからである。そのため，配当可能な金額自体もできるだけ控えめな数値（少ない数値）になることを債権者は望むのに対して，株主は配当可能な金額は多い方を好むので，そこに利害対立が生じる。また，受託者にとっては，運用が順調でない場合に，順調であるかのように見せかけるために利益数値を水増しする誘因が働き，委託者の利益を無視して受託者が自分の利益を追求するような行動や会計数値自体の操作の可能性も生じる。

このように，受託者と委託者との間および委託者内での株主と債権者との間には，利害対立が存在しており，会計は，その利害対立を調整する機能を果たすことになるが，これを利害調整機能ないし契約支援機能という。このとき，受託者が委託者に対して負っている責任のうち，誠実かつ効率的に運用する責任を受託責任，運用結果を報告する責任を会計責任というが，会計は，受託者が自らの会計責任を果たすこと，また，受託者の会計責任を委託者が解除するという機能を担うことになるのである。

ところで，上述の株主は，すでに出資した株主，つまり現在株主で，これ以外に会社へ出資するか否かを現時点で考えているだけの者もいる。この両者を含むと投資者または投資家と呼ばれる存在となる。その他に，すでに述べた債権者，従業員，取引先（仕入先と得意先），課税当局や行政当局（この他に，地域住民も含めることがある。）など，会社に利害関心を持つ者は大勢いるが，彼らは会社の業績に関心があり，会計報告書がそのための伝達手段として利用される。つまり，投資者は投資するか否か，債権者は融資するか否か，従業員は就業（就職や離職などを）するか否か，取引先は仕入・販売をするか否か，課税当局・行政当局は徴税の執行や行政上の指導監督などに関する意思決定を行うが，そのときに，課税当局や行政当局のように強制的な情報獲得権限を有さない投資者，債権者，従業員および取引先には当該会社に関する情報ニーズがあり，会計情報の伝達手段として会計報告書は役立つことになる。この関係を図示すれば次のとおりである。

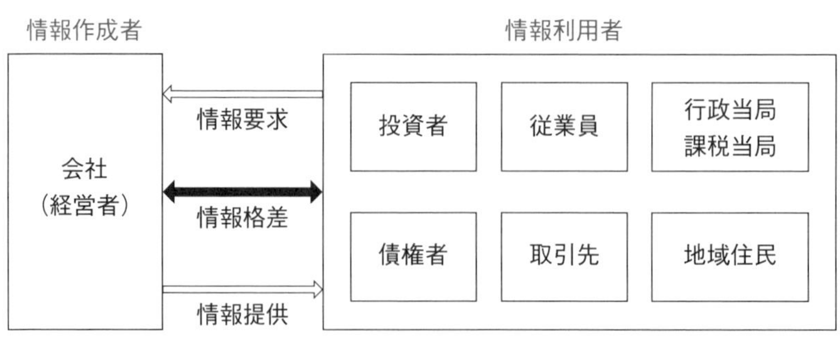


このように，各々の利害関係者の意思決定に役立つ情報の提供を目的として会計は機能することになるが，このとき，問題になるのは，情報作成者である会社の経営者と情報利用者である利害関係者

との間で，有する情報の量と質に大きな隔たりがあるということである。これを，情報の非対称性または情報格差と呼ぶが，その解消という役割を会計は担うのである。これを，会計の情報提供機能ないし意思決定支援機能という。

## 2　会計数値の決まり方

複式簿記を前提にして，フロー項目である費用と収益の勘定残高（すなわち，費用と収益の金額）を先に確定し，それらを集合した損益勘定において行われる純損益の計算を損益法と呼び，費用勘定および収益勘定を損益勘定に振り替えた後に残った勘定の残高を集合して作成した閉鎖残高勘定で行われる純損益の計算を財産法と呼ぶ。つまり，収益と費用の金額が先に決定され，ストック項目である資産や負債の金額がそれに従属して決定されるのである。たとえば，固定資産の減価償却は，当該期間の減価償却費を決定して，その金額を固定資産の帳簿残高から控除した未償却残高を資産の金額として次期に繰り越していくのである。この関係を図示すれば，次のとおりである。

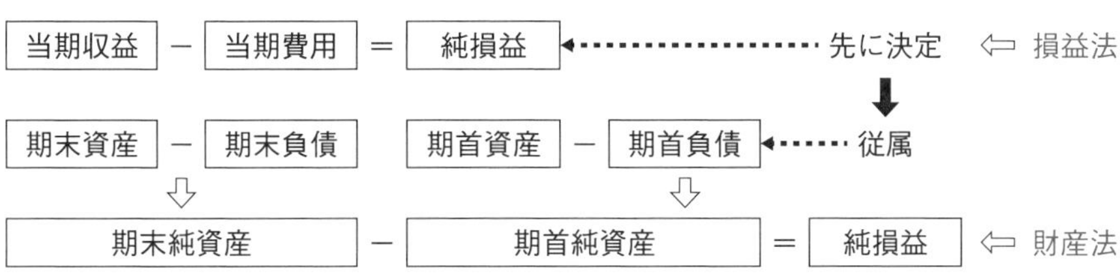


このような金額決定の順番ではなく，財務諸表要素（資産・負債・収益・費用）の定義の順序を論じることもある。資産および負債を先に定義し，その定義に基づいて収益と費用を定義するものと，逆に，費用と収益を先に定義に，その定義に基づいて資産と負債を定義するものとがあり，前者を資産負債アプローチ，後者を収益費用アプローチというが，前者を資産負債利益観ないし資産負債中心観，後者を収益費用利益観ないし収益費用中心観と呼ぶこともある。なお，上記の定義の順番の影響で，資産負債アプローチでは，資産は経済的資源ないし将来経済便益，負債は当該資産を犠牲にする現在の義務として定義され，収益費用アプローチでは，資産は支出未費用・支出未収入・収益未収入項目として，負債は費用未支出・収入未収益・収入未支出項目として理解される。その結果，収益費用アプローチでは，経済資源ではない繰延費用項目が資産に，現在の義務ではない修繕引当金などが負債に含まれることになる。

なお，資産負債アプローチと収益費用アプローチでは，利益の計算式は次のとおりである。

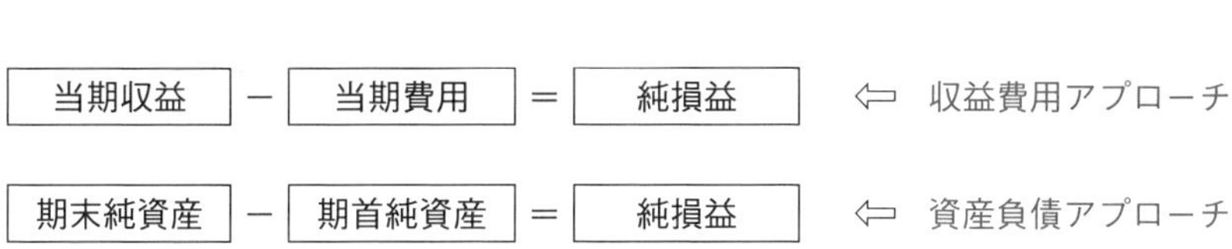


この図からは，収益費用アプローチと損益法，資産負債アプローチと財産法は同じだと考えることができるように見えるが，それは誤解である。なぜならば，損益法・財産法は，一つの利益計算構造

内における異なる利益の計算方法の組合せであるのに対して，収益費用アプローチと資産負債アプローチは，それぞれが一つの利益計算構造であり，利益の本質に関する別個の考え方だからである。収益費用アプローチでは，利益は経済活動の効率性の尺度として位置づけられるのに対して，資産負債アプローチでは，利益は会社の富（豊かさ）の増減額として位置づけられる。つまり，利益に関して全く異なる考え方に基づいた計算構造が収益費用アプローチと資産負債アプローチであり，１つの利益計算構造において両者が両立することはあり得ないのである。

ただし，現行の会計制度における利益計算構造については，収益費用アプローチと資産負債アプローチは併存している。もちろん，近年，資産負債アプローチが比重を高めているのであるが，収益費用アプローチの考え方も，随所に残っているのである。たとえば，退職給付会計基準において，退職給付債務と年金資産とを捕捉した上で，その純額をオンバランス化するという考え方は，資産負債アプローチに通じるものであるが，過去勤務費用や数理計算上の差異の遅延認識，つまり，未認識過去勤務費用や未認識数理計算上の差異は，長期の利益平準化をもたらす収益費用アプローチに通じる考え方からもたらされるものである。

また，その他有価証券やデリバティブ取引を時価評価しながら，その評価差額を評価・換算差額等またはその他の包括利益累計額とする取扱いも，収益費用アプローチと資産負債アプローチが併存していることの現れである。つまり，貸借対照表は資産負債アプローチの考え方に基づいて時価評価するが，損益計算書では収益費用アプローチの考え方に基づいてそれらの項目を当期損益へ計上しないため，この両者の食い違いが評価・換算差額等ないしその他の包括利益として現れているのである。この点を含めて，両アプローチが現行会計制度においてどのように現れているかを図示すれば，次のとおりである。

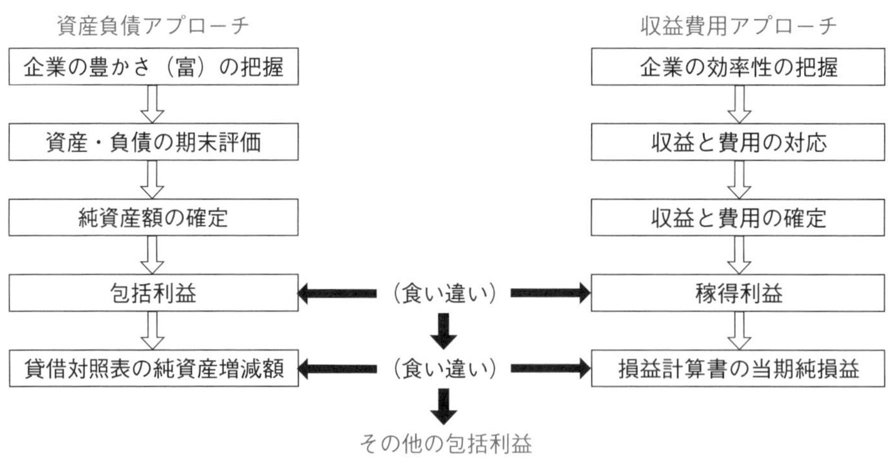


つまり，収益費用アプローチでは，収益と費用とが先に定義され，その上で資産と負債が定義されていることから，収益と費用の金額の確定が先に行われ，その後で資産と負債の金額が決定されることと整合的に考えられるのに対して，資産負債アプローチでは，資産と負債が先に定義され，その上で収益と費用が定義されていることから，資産と負債の金額の確定が先に行われ，その後で収益と費用の金額が決定されることと整合的に考えられる。つまり，評価・換算差額等ないしその他の包括利益のような項目は生じるはずがないのである。したがって，評価・換算差額等ないしその他の包括利

益は，会計制度上の１つの利益計算に，収益費用アプローチと資産負債アプローチが併存しているために存在するのであり，その並存に起因する不整合を調整するために現れたものである。

以上の説明のとおり，会計数値については，収益・費用が先に決まり，それに連動して資産・負債が決まる形と，逆に，資産・負債が先に決まり，それに連動して収益・費用が決まる形の２つが存在するのである。

## 3　財務諸表の体系

### (1)　財務諸表の意義

財務諸表は，企業が利害関係者にその企業の実態を伝達するために作成する報告書である。企業の実態といっても，その内容としては，一会計期間中の経営成績およびキャッシュ・フローの状況と一定時点における財政状態とが中心になる。つまり，一会計期間中にどのような活動を行った結果としてどれだけの利益または損失が生じ，キャッシュ・フローがあったのか，あるいは，一定時点にどのような資産または負債をどれだけ保有または負担しているのか，そしてその差額としての純資産額がどれだけあるのかを示すのが財務諸表の中心である損益計算書，キャッシュ・フロー計算書および貸借対照表である。さらに，この他に，企業の純資産に含まれる各項目が一期間中にどれだけ増加減少したのかを示す株主資本等変動計算書も作成される。

### (2)　金融商品取引法上の財務諸表の体系

財務諸表には，会計単位と決算時点との２つの観点からさまざまな種類がある。

まず，会計単位の観点からは，個別財務諸表と連結財務諸表とがある。財務諸表は企業が作成するものであるが，その場合，通常は，法人格を持った一企業，つまり会社を単位として財務諸表が作成される。しかし，現代経済社会における企業の経済活動は，その企業単独で行われているわけではない。企業は，グループないし集団を形成して経済活動を行っているのが普通になっている。このとき，その企業集団全体の財政状態や経営成績を示す財務諸表が作成されることになる。これを連結財務諸表といい，これに対して，法人格を持った一企業だけの経営成績と財政状態を示す財務諸表を個別財務諸表という。

金融商品取引法の規定に基づき作成することが要求されている個別財務諸表と連結財務諸表に含まれる具体的な報告書名を表にまとめれば，以下のとおりである。

| 個別財務諸表（財規１①） | 連結財務諸表（連結財規１①） |
| --- | --- |
| 貸借対照表 | 連結貸借対照表 |
| 損益計算書 | 連結損益計算書および連結包括利益計算書（または，連結損益及び包括利益計算書） |
| 株主資本等変動計算書 | 連結株主資本等変動計算書 |
| キャッシュ・フロー計算書 | 連結キャッシュ・フロー計算書 |
| 附属明細表 | 連結附属明細表 |

なお，（連結）附属明細表は，（連結）損益計算書や（連結）貸借対照表に記載された重要項目の内訳や一会計期間中の増減明細を明らかにするために作成する報告書である。附属明細表（個別財務諸表の附属明細表）と連結附属明細表（連結財務諸表の附属明細表）を例示すれば次のとおりである。

| 附属明細表（財規121） | 連結附属明細表（連結財規92） |
|---|---|
| 有価証券明細表 | 社債明細表 |
| 有形固定資産明細表 | |
| 社債明細表 | |
| 借入金等明細表 | 借入金等明細表 |
| 引当金明細表 | |
| 資産除去債務明細表 | 資産除去債務明細表 |

また，財務諸表には，それが作成される時点によって，決算財務諸表，四半期財務諸表，中間財務諸表がある。決算財務諸表とは，たとえば会計期間が１月１日から12月31日の１年決算の企業が，その会計期間全体の損益計算を行うために作成する財務諸表で，通常，財務諸表という場合には，この決算財務諸表を指す。

また，金融商品取引法24条の４の７の規定に基づいて，取引所に上場されている有価証券の発行者である会社その他政令で定めるもの，すなわち上場会社等は，事業年度の期間を３カ月ごとに区分した各期間（四半期）ごとに四半期報告書を，当該四半期終了後45日以内に内閣総理大臣に提出しなければならない。四半期財務諸表は，この四半期報告書の重要な記載事項であり，具体的には次のとおりである。

| 作成時点 | 個別財務諸表（四半期財規１①） | 連結財務諸表（四半期連結財規１①） |
|---|---|---|
| 四半期決算 | 四半期貸借対照表 | 四半期連結貸借対照表 |
| | 四半期損益計算書 | 四半期連結損益計算書および四半期包括利益計算書（または，四半期連結損益及び包括利益計算書） |
| | 四半期キャッシュ・フロー計算書 | 四半期連結キャッシュ・フロー計算書 |

なお，四半期連結財務諸表を作成する場合には，四半期個別財務諸表を作成する必要はない。

これに対して，１年決算の会社が，一会計期間の期央，すなわち中間時点において，期首（会計期間の開始時点）から中間時点までの中間会計期間（先ほどの例では，１月１日から６月30日まで）を対象に作成する財務諸表もある。それが中間財務諸表で，期央に行われる決算を中間決算と呼ぶ。決算財務諸表としての体系は，上の表で示した個別財務諸表と連結財務諸表であるが，中間財務諸表にも，一法人を対象とした個別ベースのものと企業集団全体を対象とした連結ベースのものがあり，それぞれ以下のとおりである。ただし，附属明細表は作成を要求されない。

| 作成時点 | 個別財務諸表（中間財規１①） | 連結財務諸表（中間連結財規１①） |
|---|---|---|
| 中間決算 | 中間貸借対照表<br>中間損益計算書<br><br><br>中間株主資本等変動計算書<br>中間キャッシュ・フロー計算書 | 中間連結貸借対照表<br>中間連結損益計算書および中間連結包括利益計算書（または，中間連結損益及び包括利益計算書）<br>中間連結株主資本等変動計算書<br>中間連結キャッシュ・フロー計算書 |

なお，上場会社等以外の金融商品取引法適用会社は，依然，半期報告書を開示しなければならないので，中間（連結）財務諸表を作成することになる（金商法24の５）。また，中間連結財務諸表を作成する場合には，中間個別財務諸表を作成する必要はない。

### (3)　会社法上の財務諸表の体系

会社法上の財務諸表にも，上述の個別財務諸表に相当する個別計算書類（会社法435②，計規59①）と，連結財務諸表に相当する連結計算書類（会社法444①，計規61）とがある。具体的な報告書名を表にまとめれば，以下のとおりである。

| 作成時点 | 個別計算書類 | 連結計算書類 |
|---|---|---|
| 確定決算 | 貸借対照表<br>損益計算書<br>株主資本等変動計算書<br>個別注記表 | 連結貸借対照表<br>連結損益計算書<br>連結株主資本等変動計算書<br>連結注記表 |

ただし，附属明細書は計算書類の範囲には含まれないが，会社法435条２項により作成することが要求されている。その内容は，①有形固定資産及び無形固定資産の明細，②引当金の明細，③販売費及び一般管理費の明細などである（計規117）。

なお，四半期財務諸表や中間財務諸表は制度としては存在しないが，平成17年に公布された会社法において制度化された臨時決算制度において株式会社が随時作成する計算書類である臨時計算書類もある。臨時計算書類は次の２種類である（会社法441①）。

①　臨時決算日における貸借対照表

②　臨時決算日の属する事業年度の初日から臨時決算日までの期間に係る損益計算書

上述の中間財務諸表や四半期財務諸表は，会社法会計制度の下では，この臨時計算書類とすることもできる。

## 4　精算表の構造

精算表は正規の決算手続には含まれないが，帳簿決算に先立ち，複雑な決算手続を帳簿上で誤りなく行うために作成される決算手続の運算表である。精算表は，簿記一巡の手続において必ずしも不可欠な計算表ではないが，元帳の勘定残高が決算整理手続を経て財務諸表へ集計される一連のプロセスを一覧できるので，簿記の学習上，複式簿記の構造を理解するのに役立つ。

正規の決算手続は，①決算整理前残高試算表の作成　②決算整理記入　③収益および費用の諸勘定の損益勘定への振替　④損益勘定で計算された当期純利益（純損失）の資本金勘定または繰越利益剰余金勘定への振替　⑤資産，負債および純資産（資本）の諸勘定の残高勘定への振替または繰越試算表の作成，というプロセスで行われるが，一般的に作成される８欄精算表においては，このうち④の手続が省略される。したがって，その作成手順は次のようになる。

1）　元帳の勘定残高に基づいて，残高試算表を作成し，貸借合計額の一致を確認する。

2）　棚卸表に記載された決算整理事項に基づき，整理記入欄に決算整理記入を行い，貸借合計額の一致を確認する。

3）　収益・費用の諸勘定の金額に，整理記入欄の金額を加減して，損益計算書欄に移記する。

4）　資産・負債・純資産（資本）の諸勘定の金額に，整理記入欄の金額を加減して，貸借対照表欄に移記する。

5）　損益計算書欄の貸借差額で当期純利益（純損失）を計算し，それを金額の少ない側に記入し，貸借合計額の一致を確認する。

6）　損益計算書欄で計算された当期純利益（純損失）を貸借対照表欄の反対側に記入して，貸借合計額の一致を確認する。

また，整理記入欄の次に決算整理後試算表欄を設けた10欄精算表，あるいは，前述の④の手続を示すために整理記入欄の次に繰越利益剰余金の計算欄を設けることによって，当期純利益（純損失）を繰越利益剰余金の金額欄に集計することもできる。

ただし，精算表はあくまでも決算手続の概観を示すものであって，精算表に基づいて損益計算書と貸借対照表が作成されるわけではない。

**問題1-1**　次の精算表の空欄①～⑮に入る適当な勘定科目または金額を答えなさい。なお，［？］の金額は各自推定すること。

精　算　表
X年12月31日

| 勘定科目 | 残高試算表 | | 整理記入 | | 損益計算書 | | 貸借対照表 | |
|---|---|---|---|---|---|---|---|---|
| | 借方 | 貸方 | 借方 | 貸方 | 借方 | 貸方 | 借方 | 貸方 |
| 小口現金 | 10 | | | | | | 10 | |
| 当座 | 155 | | | | | | 155 | |
| 売掛金 | 300 | | | | | | 300 | |
| 貸倒引当金 | | 2 | ［？］ | ［？］ | | | | 6 |
| 有価証券 | ［？］ | | 3 | | | | 157 | |
| 繰越商品 | 350 | | （⑩） | ［？］ | | | ［？］ | |
| 備品 | 1,000 | | | | | | 1,000 | |
| 備品減価償却累計額 | | 300 | | ［？］ | | | | 450 |
| 買掛金 | | 270 | | | | | | 270 |
| 借入金 | | 350 | | | | | | 350 |
| 資本金 | | （⑨） | | | | | | ［？］ |
| 売上 | | 2,000 | | | | 2,000 | | |
| 有価証券売却益 | | 5 | | | | 5 | | |
| 仕入 | （⑧） | | ［？］ | 380 | 1,370 | | | |
| 給料 | 450 | | | | 450 | | | |
| 支払家賃 | 52 | | | ［？］ | 48 | | | |
| 光熱費 | 42 | | | | 42 | | | |
| 支払利息 | 14 | | （⑪） | | ［？］ | | | |
| | ［？］ | ［？］ | | | | | | |
| （①） | | | | ［？］ | | 2 | | |
| （②） | | | （⑫） | | ［？］ | | | |
| （③） | | | 150 | | 150 | | | |
| （④） | | | | （⑭） | | ［？］ | | |
| （⑤） | | | （⑬） | | | | ［？］ | |
| （⑥） | | | | 7 | | | | 7 |
| （⑦） | | | | | | （⑮） | （⑮） | |
| | | | ［？］ | ［？］ | ［？］ | ［？］ | ［？］ | ［？］ |

**解答・解説**

① 貸倒引当金戻入　② 貸倒引当金繰入　③ 減価償却費　④ 有価証券評価益　⑤ 前払家賃
⑥ 未払利息　⑦ 当期純損失　⑧ 1,400　⑨ 1,000　⑩ 380　⑪ 7　⑫ 6　⑬ 4　⑭ 3　⑮ 77

解答の⑪から⑭については，決算整理で計上される勘定科目が損益計算書欄と貸借対照表欄のどちらに移記されているかを確認すること。

（注）　貸倒引当金は，損益計算書上，戻入益（取崩額）と繰入額を相殺して計上するため差額補充法：「（借）

貸倒引当金繰入　4（貸）貸倒引当金　4」によることが多いが，ここでは，第Ⅲ章1（4）問題3－1につなぐために，洗替法（①と②のやり方）で行っている。

## 5　帳簿記入と帳簿組織

### (1)　複式簿記における帳簿

複式簿記を行う上で必要不可欠な帳簿を主要簿と呼び，仕訳帳と総勘定元帳がこれに当たる。また，複式簿記では「仕訳」と「転記」とが基本となる手続であり，仕訳帳に仕訳が行われ，これに基づき総勘定元帳に転記が行われる。

主要簿以外に用いられる帳簿を補助簿と呼ぶ。補助簿には，特定取引の明細記録をなすための補助記入帳と，特定勘定の明細記録をなすための補助元帳がある。なお，補助元帳を設けた総勘定元帳の勘定を統制勘定と呼ぶ。

補助記入帳への記入は，仕訳帳への仕訳と並列的になされるのに対して，補助元帳への記入は仕訳の後の転記によってなされる。したがって，取引が生じたとき，帳簿への記入が直接なされるか転記によってなされるかにより，原始簿と転記簿という分類を行うことができる。仕訳帳と補助記入帳は原始簿であり，総勘定元帳と補助元帳は転記簿である。これらの記入関係は，以下のようになる。

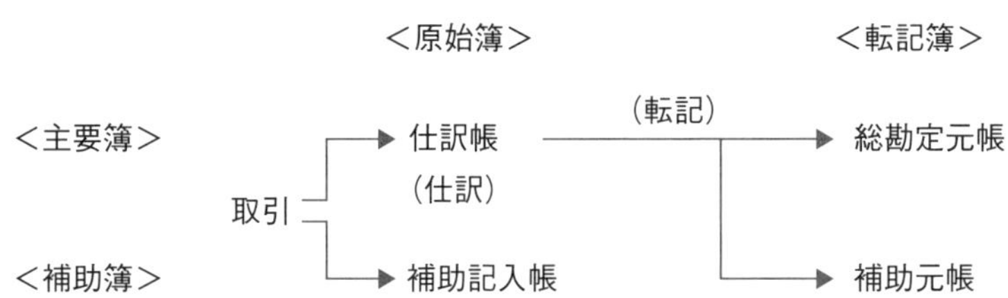


仕訳帳と総勘定元帳とはそれぞれ独立した帳簿であるが，補助記入帳と補助元帳はそれぞれの機能を果たすための帳簿の総称である。一般には，個々の帳簿としては，現金出納帳（あるいは小口現金出納帳），当座預金出納帳，仕入帳，売上帳，受取手形記入帳，支払手形記入帳などが補助記入帳であり，売掛金元帳，買掛金元帳，商品有高帳，固定資産台帳，営業費内訳帳などが補助元帳である。

ところで，上記の補助簿の例示は，単一仕訳帳制を前提としている。単一仕訳帳制とは，すべての取引についての仕訳を1つの仕訳帳にのみ行う帳簿組織である。これに対して，特殊仕訳帳制と呼ばれる帳簿組織があり，そこでは，単一仕訳帳制の補助簿（補助記入帳）に仕訳帳としての機能をもたせることにより，複数の仕訳帳を用いることになる。このとき，これまでの仕訳帳を普通仕訳帳と呼び，新たに仕訳帳とされた帳簿を特殊仕訳帳と呼ぶ。特殊仕訳帳制は，仕訳と転記の合理化のために用いられる。

### (2)　特殊仕訳帳制

特殊仕訳帳制では，主として営業手続が単一仕訳帳制の場合と異なる。とりわけ，特殊仕訳帳からの転記，および二重仕訳取引に関わる処理の2つは，最も注意を要する記帳手続である。

### ①　特殊仕訳帳からの転記

単一仕訳帳制の場合には，すべての取引を仕訳帳に仕訳し，その時点で総勘定元帳および補助元帳に個別転記するのに対して，特殊仕訳帳制の場合には，取引に応じていずれかの仕訳帳に仕訳をし，補助元帳については仕訳時点で個別転記するものの，総勘定元帳については個別転記するものと一定時点（期末など）で合計転記するものとが生じる。なお，特殊仕訳帳制でも，普通仕訳帳に記入された取引については個別転記する。特殊仕訳帳からの総勘定元帳への転記は，親勘定への転記と相手勘定への転記とに分けて考えられる。

（1）親勘定への転記

親勘定とは，それぞれの特殊仕訳帳に記入される特定取引に常に関わる勘定である。親勘定については，取引が発生した時点では転記せず，一定時点で一括して合計転記を行うことになる。この合計転記は，本来，特殊仕訳帳は主要簿としての仕訳帳であるからそこから転記すればよく，普通仕訳帳を通さなくてはならないというものではない。通常，英米式簿記法では，普通仕訳帳を通さず直接に特殊仕訳帳から合計転記し，大陸式簿記法では，すべての取引について普通仕訳帳に仕訳を行うという原則に従い，普通仕訳帳に合計転記のための仕訳（合計転記仕訳）を行い，そこから転記すると説明される。このようにすれば，すべての取引について普通仕訳帳に仕訳することになり，普通仕訳帳の合計額と合計試算表の合計額との一致（照合）によって，転記の正確性を検証することが可能になる。本書においては，学習簿記で一般的とされている英米式簿記法を前提として説明を行う。

なお，特殊仕訳帳から総勘定元帳への合計転記は，必要に応じた頻度で行えばよいが，学習簿記では期末に行うことが多い。そのため，これは営業手続の記帳であり，決算手続ではない点に注意しなければならない。

（2）相手勘定への転記

仕訳を行う際の，親勘定と貸借が逆の勘定が相手勘定である。相手勘定への転記は，金額欄に特別欄がない場合とある場合とに分けて考えなければならない。特別欄がない勘定科目については，諸口欄へ記入がなされ，その時点で総勘定元帳の勘定へ個別転記される。これに対して特別欄がある勘定科目については，一定時点で一括して合計転記する。この合計転記の処理も，先の親勘定への合計転記と同様に，英米式簿記法と大陸式簿記法では異なっている。

以上の転記関係を英米式簿記法に従ってまとめると，次のようになる。

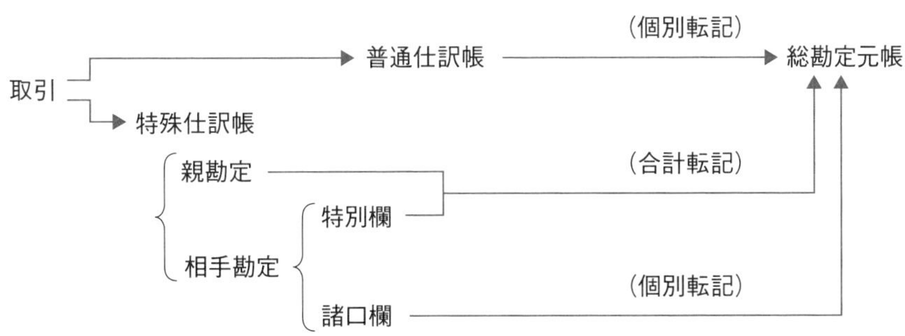


### ②　二重仕訳取引

特殊仕訳帳制において，1つの取引または1つの取引の一部が，2つの仕訳帳に記入される場合を二重仕訳と呼ぶ。この二重仕訳取引は，2つの特殊仕訳帳にまたがる場合と，普通仕訳帳と特殊仕訳帳とにまたがる場合とがある。したがって，二重仕訳取引を把握するには，いかなる特殊仕訳帳が用いられ，その特別欄にいかなる勘定科目が設けられているかを理解することが重要となる。

たとえば，現金出納帳と仕入帳とを特殊仕訳帳として利用している場合に「商品10,000円を仕入れ，現金で支払った」という現金仕入取引は，現金出納帳と仕入帳の双方に，次の仕訳に相当する記入がなされる。

| | | | | | | | |
|---|---|---|---|---|---|---|---|
| 現金出納帳 | (借) | 仕　入 | [✓] | 10,000 | (貸) | 現　金 | [1] | 10,000 |
| 仕　入　帳 | (借) | 仕　入 | [4] | 10,000 | (貸) | 現　金 | [✓] | 10,000 |

しかし，このまま転記しては，仕入勘定の借方に20,000円が，現金勘定の貸方に20,000円が記入されることとなり，二重に金額が転記される。これを回避するために，元丁欄にチェック・マーク(✓)を付し，現金出納帳からは仕入勘定へは転記せず，さらに仕入帳からは現金勘定へは転記しないこととしなければならない。この二重仕訳の回避手続は，それぞれの相手勘定が特別欄となっていない（諸口欄に記入される）場合には個別転記の際に行われ，特別欄となっている場合には合計転記の際に行われる。

なお，二重転記を回避するためには，精算勘定を用いる方法もある。先の現金仕入取引を例にすれば，以下のような仕訳に相当する記入が行われることになる。

| | | | | | | | | |
|---|---|---|---|---|---|---|---|---|
| 現金出納帳 | (借) | 現金仕入 | [101] | 10,000 | (貸) | 現　金 | [1] | 10,000 |
| 仕　入　帳 | (借) | 仕　入 | [4] | 10,000 | (貸) | 現金仕入 | [101] | 10,000 |

現金出納帳における相手勘定は，本来の仕入勘定ではなく現金仕入勘定を用い，仕入帳における相手勘定は，本来の現金勘定ではなく現金仕入勘定を用い，両者の特殊仕訳帳からそれぞれ現金仕入勘定に転記を行う。このように処理すれば，二重転記が回避されるとともに，現金仕入勘定には同一取引の結果として，貸借に同一金額が転記され相殺されることになる。この精算勘定を用いた二重転記の回避手続は，２つの特殊仕訳帳にまたがる取引については適用できるが，普通仕訳帳と特殊仕訳帳とにまたがる取引については適用できず，その場合には依然としてチェック・マークを用いての二重転記の回避手続を施さなければならない。

### (3) 伝票式簿記

複式簿記における仕訳・転記手続の合理化は，製本式の帳簿に代えて伝票を用いることによっても可能となる。伝票式簿記には，何種類の伝票を用いるかにより以下の３つの方法がある。

一伝票制：仕訳伝票
三伝票制：入金伝票，出金伝票，振替伝票
五伝票制：入金伝票，出金伝票，仕入伝票，売上伝票，振替伝票

これらのうち，最も基本的なものは一伝票制であるが，実務的には三伝票制または五伝票制が用いられる。三伝票制および五伝票制における入金伝票・出金伝票は特殊仕訳帳制における現金出納帳，仕入伝票は仕入帳，売上伝票は売上帳，さらに振替伝票は普通仕訳帳と同様の記入処理を行うことに

なるため，これらの伝票式簿記は一種の特殊仕訳帳制と考えることができる。

いずれの伝票制でも，記入された伝票を日付順に並べ仕訳帳に流用することができ，また，総勘定元帳へは伝票集計表を通じての合計転記により転記の合理化が図られる。

### ①　一部振替取引の処理

振替伝票に記入される取引には，全く現金収支を伴わない全部振替取引と，一部現金収支を伴う一部振替取引とがある。全部振替取引は，普通の仕訳形式で振替伝票に記入する。一部振替取引については，以下の２つの処理が考えられるが，いずれも，複合取引を単純取引に分解して伝票の記入が行われる。

〔第１法〕　現金収支を伴う部分については，入金伝票または出金伝票に記入し，残額については，振替伝票に記入する。

〔第２法〕　取引を全部振替取引として（現金収支を伴わない取引に擬制して）振替伝票に記入し，現金収支を伴う部分については入金伝票または出金伝票に記入する。

たとえば，「備品50,000円を購入し，代金のうち30,000円については現金で支払い，残額は後日支払うこととした」場合は，以下のような起票が行われる。

〔第１法〕

| 出金伝票 | |
|---|---|
| 備　品 | 30,000 |

| 振替伝票（借方） | | 振替伝票（貸方） | |
|---|---|---|---|
| 備　品 | 20,000 | 未払金 | 20,000 |

〔第２法〕

| 振替伝票（借方） | | 振替伝票（貸方） | |
|---|---|---|---|
| 備　品 | 50,000 | 未払金 | 50,000 |

| 出金伝票 | |
|---|---|
| 未払金 | 30,000 |

### ②　仕入伝票・売上伝票の処理

仕入伝票および売上伝票については，すべて掛取引されたと仮定しての記入が行われる点に注意しなければならない。たとえば，現金仕入，当座仕入，手形仕入などが生じても，仕入伝票では掛仕入として記入しておき，ただちに，（買掛金の）決済が現金，当座預金，手形などで行われたとし，出金伝票または振替伝票にも記入する。すなわち，仕入伝票の相手勘定はすべて買掛金として統一的な処理を行う。売上伝票についても同様の記入が行われる。このように処理することにより，現金仕入・現金売上に関する二重転記を回避することができる。

たとえば，「横浜商店より，商品70,000円を仕入れ，代金のうち15,000円は現金で支払い，残額は掛にした」場合は，以下のように起票される。

| 仕入伝票 | |
|---|---|
| 横浜商店 | 70,000 |

| 出金伝票 | |
|---|---|
| 買掛金（横浜商店） | 15,000 |

さらに，返品取引や値引取引については，仕入伝票または売上伝票に記入するが，その記入は通常の取引と貸借逆の仕訳に相当するため，金額を赤字記入することになる。

**問題1-2**　五伝票制を採用しているものとし，以下の取引を起票しなさい。

1　藤沢商店より，商品80,000円を仕入れ，代金のうち30,000円は現金で支払い，残額の50,000円については約束手形を振り出した。
2　川崎商店に現金で売り上げた商品が返品され，代金4,000円は現金で支払った。

**解答・解説**

1

| 仕入伝票 | |
| --- | --- |
| 藤沢商店 | 80,000 |

| 出金伝票 | |
| --- | --- |
| 買掛金（藤沢商店） | 30,000 |

| 振替伝票（借方） | | 振替伝票（貸方） | |
| --- | --- | --- | --- |
| 買掛金（藤沢商店） | 50,000 | 支払手形 | 50,000 |

2

| 売上伝票 | |
| --- | --- |
| 川崎商店 | (赤)4,000 |

| 出金伝票 | |
| --- | --- |
| 売掛金（川崎商店） | 4,000 |

1については，仕入伝票のほか，出金伝票および振替伝票も起票しなければならず，3枚の伝票への記入が必要となる。2については，売上伝票に赤字記入する必要があることと，売掛金を相手勘定としての出金伝票の記入を行わなくてはならないことに注意しなければならない。

# Ⅱ 貸借対照表

## 1 貸借対照表の意義と作成方法

### (1) 貸借対照表の意義

貸借対照表とは，企業の財政状態を明らかにするため，貸借対照表日におけるすべての資産，負債および純資産を記載し，株主や債権者を中心とする利害関係者にこれを正しく表示するものである。なお，財政状態とは，企業の収益力，すなわち利益獲得能力（earning power）を示すことを前提にした期間損益計算の結果として算出された資産，負債および純資産の各勘定残高によって示される。それは，企業の支払能力，すなわち債務弁済能力を示すことを前提にして，資産および負債を実地調査して把握し，資産を売却時価，負債を債務額で評価することによって示される，いわゆる「財産状態」のことではない。

ここで，一般的な貸借対照表を例示すれば次頁のとおりである。これは，後述の流動性配列法による勘定式で，かつ，区分式の個別貸借対照表である。なお，有価証券報告書においては，財務諸表等規則の様式第五号に従った報告式の貸借対照表が記載されている。

### (2) 貸借対照表の作成方法

貸借対照表の作成には，棚卸法と誘導法の２つの方法がある。

#### ① 棚 卸 法

棚卸法では，資産および負債を，組織的な簿記記録とは離れて，実地調査（実地棚卸）によって数量および金額を把握し，その結果作成される財産目録（inventory）にもとづいて，貸借対照表が作成される。それゆえ，この方法は，「財産目録法」とも呼ばれる。

#### ② 誘 導 法

これに対して，誘導法では，継続的かつ組織的な簿記記録の存在を前提にして，それを締め切ることによって得られたデータに基づいて貸借対照表が作成される。この方法は，簿記記録から直接導出される形で貸借対照表を作成するので，誘導法と呼ばれるのである。しかし，この場合でも，実地調査（実地棚卸）が排除されているわけではない。というのも，帳簿記録上の手続のみでは，たとえば棚卸減耗の存在や減損手続の必要性などを把握できないからである。したがって，棚卸減耗や減損損失などについて適切に処理されていないという意味で不完全な簿記記録を，完全な記録にするために，実地調査は必要不可欠である。

貸借対照表

| 資産の部 | | 負債純資産の部 | |
|---|---|---|---|
| 流動資産 | | 負債の部 | |
| 現金及び預金 | 1,120 | 流動負債 | |
| 有価証券 | 2,900 | 支払手形 | 2,780 |
| 受取手形 | 3,000 | 買掛金 | 2,460 |
| 貸倒引当金 | △30 | 短期借入金 | 6,300 |
| 受取手形(純額) | 2,970 | リース債務 | 21,100 |
| 売掛金 | 4,000 | 未払金 | 840 |
| 貸倒引当金 | △40 | 未払法人税等 | 2,240 |
| 売掛金(純額) | 3,960 | 前受金 | 2,890 |
| 短期貸付金 | 5,000 | 未払費用 | 790 |
| 貸倒引当金 | △50 | 流動負債合計 | 39,400 |
| 短期貸付金(純額) | 4,950 | 固定負債 | |
| 流動資産合計 | 15,900 | 社債 | 10,000 |
| 固定資産 | | 長期借入金 | 10,000 |
| 有形固定資産 | | 退職給付引当金 | 12,600 |
| 建物 | 60,000 | 繰延税金負債 | 12,000 |
| 減価償却累計額 | △15,000 | 固定負債合計 | 44,600 |
| 建物(純額) | 45,000 | 負債合計 | 84,000 |
| 土地 | 70,000 | 純資産の部 | |
| リース資産 | 28,000 | 株主資本 | |
| 減価償却累計額 | △6,200 | 資本金 | 80,000 |
| リース資産(純額) | 21,800 | 資本剰余金 | |
| 建設仮勘定 | 13,200 | 資本準備金 | 10,000 |
| 有形固定資産合計 | 150,000 | その他資本剰余金 | 2,800 |
| 無形固定資産 | | 資本剰余金合計 | 12,800 |
| 特許権 | 2,000 | 利益剰余金 | |
| ソフトウェア | 4,000 | 利益準備金 | 5,700 |
| のれん | 3,000 | その他利益剰余金 | |
| 無形固定資産合計 | 9,000 | 配当平均積立金 | 13,800 |
| 投資その他の資産 | | 繰越利益剰余金 | 7,700 |
| 投資有価証券 | 20,000 | 利益剰余金合計 | 21,500 |
| 長期貸付金 | 30,000 | 自己株式 | △4,000 |
| 貸倒引当金 | △300 | 株主資本合計 | 116,000 |
| 長期貸付金(純額) | 29,700 | 評価・換算差額等 | |
| 投資その他の資産合計 | 49,700 | その他有価証券評価差額金 | 7,200 |
| 固定資産合計 | 208,700 | 土地再評価差額金 | 10,800 |
| 繰延資産 | | 評価・換算差額等合計 | 18,000 |
| 開業費 | 150 | 株式引受権 | 2,000 |
| 開発費 | 250 | 新株予約権 | 5,000 |
| 繰延資産合計 | 400 | 純資産合計 | 141,000 |
| 資産合計 | 225,000 | 負債純資産合計 | 225,000 |

[注1] 財務諸表等規則では報告式の様式が示されているが，紙幅の都合上，ここでは勘定式を示しておく。

## 2 貸借対照表の様式

すでに述べたように，貸借対照表には資産，負債および純資産が記載されるが，その記載方法については，利害関係者に情報内容を明瞭に表示するという観点から，各会計諸則には区分，配列および分類などに関して規定が置かれている。

### (1) 報告式と勘定式

貸借対照表の表示については，後述の区分に関連して述べる資産の部，負債の部，純資産の部をこの順に並べる報告式と呼ばれる形式と，勘定の形をとり，借方側に資産の部，貸方側に負債の部と純資産の部を記載する勘定式と呼ばれる形式の２つがある。上記の記載例は勘定式である。財務諸表等規則では報告式が採用されているが，企業会計原則と会社法施行規則や会社計算規則には明文規定がない。なお，報告式には次のとおり２つの形式がある。簡単に説明するために，資産：800，負債500とする。

| 貸借対照表 | |
|---|---|
| I　資産の部 | |
| ・・・・ | ×× |
| ・・・・ | ×× |
| 資産合計 | 800 |
| II　負債の部 | |
| ・・・・ | ×× |
| ・・・・ | ×× |
| 負債合計 | 500 |
| III　純資産の部 | |
| ・・・・ | ×× |
| ・・・・ | ×× |
| 純資産合計 | 300 |
| 負債純資産合計 | 800 |

| 貸借対照表 | |
|---|---|
| I　資産の部 | |
| ・・・・ | ×× |
| ・・・・ | ×× |
| 資産合計 | 800 |
| II　負債の部 | |
| ・・・・ | ×× |
| ・・・・ | ×× |
| 負債合計 | 500 |
| 差引 | 300 |
| III　純資産の部 | |
| ・・・・ | ×× |
| ・・・・ | ×× |
| 純資産合計 | 300 |

左の様式は，勘定式貸借対照表において，左欄に記載された資産を先に書き，その後右欄に記載された負債と純資産とを続けて記載しただけであり，いわば縦に並べ替えただけである。これに対して，右の様式は，資産から負債を差し引くことでいったん純資産額を算出し，純資産の部を続けて記載することで，その内訳項目の合計と一致していることを確認する形の様式である。いわゆる資本等式に依拠した様式である。

### (2) 区　　分

貸借対照表は，まず，資産の部，負債の部および純資産の部の３つの区分に分けられる。次に，資産の部は，流動資産，固定資産および繰延資産に，負債の部は流動負債と固定負債に，純資産の部は株主資本，評価・換算差額等，株式引受権，新株予約権に分けられる。このうち固定資産については，さらに，有形固定資産（建物や土地など），無形固定資産（のれんや特許権など）および投資その他の資産（投資有価証券や長期前払費用など）に３区分される。

なお，以上のような区分を行うことなく，全部の項目を単純に並べる方法もあるが，そのような方法は無区分式と呼ばれる。区分する理由は，貸借対照表に記載されている項目は多様な性質をもっているので，それらのうち共通の性質をもったものを一括してその合計を示し，その情報内容をあらかじめ整理しておくことで，貸借対照表に概観性をもたせるためである。

### (3) 配　　列

資産および負債の項目の配列は，原則として流動性配列法によることになる。これには，区分の配列，すなわち流動区分を記載した後に固定区分を記載することと，科目の配列，たとえば資産に関して，現金に始まり１年以内に満期の到来する預金，有価証券，受取手形という具合に流動性の高い科目から順に記載することという２つの側面がある。ただし，科目の配列は流動区分内でのみ行われる。このように，配列上流動性が高い項目を強調する理由は，支払能力の判断において，比較的短期に支払期限の到来する負債に対して，その支払いに充当できる資産がどれほど存在しているのかが重要なポイントであるからである。

### (4) 分　　類

貸借対照表項目は，次のとおり財務流動性の観点から主として分類される。なお，この他に，損益計算の観点から，資産は支出・未費用，収益・未収入または支出・未収入に分類され，負債は費用・未支出，収入・未支出または収入・未収益に分類される。また，資産は保有目的との関連で，資産の購入や債務の弁済など支払手段として利用される貨幣性資産と，製造，販売および管理などの経営活動において利用される経営資産とに分類されることもある。

財務流動性の観点からは，資産は短期的に支払いに充てうる状態になることが期待される流動資産，長期間企業において利用または運用される固定資産および換金価値のない繰延費用である繰延資産に分類され，負債は短期的に支払わなければならない流動負債と１年を超えて支払期限が到来する固定負債とに分類される。報告企業の財政状態を理解するために財務流動性は問題となるのであるから，この分類は表示上の分類であって，損益計算とは関連がない。この場合に用いられる基準は次の２つである。

#### ①　営業循環基準

営業循環基準とは，企業の通常の営業過程，すなわち「現金預金→棚卸資産→売上債権→現金預金」という現金預金から始まり現金預金に戻ってくる循環過程の中に位置づけられる資産とその取得にかかわり負担する負債（仕入債務）を流動項目とする基準である。

#### ②　１年基準

１年基準とは，回収ないし弁済の期限が貸借対照表日後１年以内に到来する場合には流動項目とし，１年を超えて到来する場合には固定項目とする基準である。

ここで，現行会計基準での流動固定分類を説明すれば次のとおりである。まず，営業循環基準によって，現金預金から始まり，原材料，仕掛品，製品などの棚卸資産，売掛金や受取手形などの営業債権，さらに，その回収としての現金預金に終わる営業循環過程内にある項目を流動資産とする。なお，この循環内にある棚卸資産の購入に際して負担する負債である買掛金や支払手形も流動負債とする。次に，営業循環過程内にない項目のうち，貸借対照表日の翌日から起算して１年以内に換金（または，弁済）される項目も流動資産（または流動負債）とし，１年を超えなければ換金（または，弁済）されない項目を固定資産（または固定負債）とする。そして最後に，企業の財務安全性判断という視点を重視して，換金価値のない資産項目を繰延資産として固定資産から分離独立させるのである。

以上を図示すれば，次のとおりである。

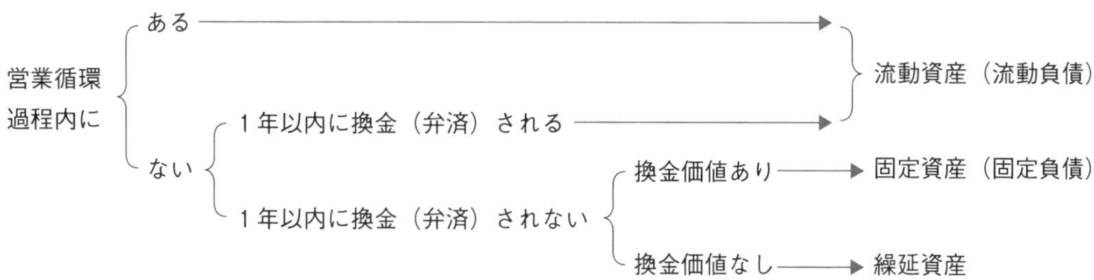

# Ⅲ 当座資産の会計

## 1 支払資金の管理のための会計

企業が営業活動において短期の支払資金として利用できる資産は，現金および比較的短期間で容易に換金できる流動性の高い貨幣性資産であり，当座資産と呼ばれる。当座資産には，現金，預貯金，受取手形，売掛金，売買目的有価証券，短期貸付金などが含まれる。このうち売買目的有価証券は，他の当座資産と異なり売却しなければ換金できないが，その売却に事業遂行上等の制約がなく，必要に応じて随時，換金できるので，当座資産に含められる。

### (1) 現　　金

簿記上の現金には，通貨だけでなく他人振出当座小切手，送金小切手，送金為替手形，預金手形，郵便為替証書，振替貯金払出証書，期限の到来した公社債の利札，その他金銭と同一の性質をもつものも含まれる。なお，主たる営業取引において先日付小切手を受け取ったときには，受取手形勘定で処理しなければならない。

現金取引について，取引の明細記録のために現金出納帳を設けるが，内部牽制の見地からは，現金収納帳と現金支払帳に分けて記録することが望ましい。現金の管理のためには，実際有高と帳簿残高とを頻繁に照合し，両者が一致しない場合，その原因を調査し，帳簿残高を実際有高に修正しなければならない。ここで，過不足原因が不明なときに一時的に使用されるのが現金過不足勘定である。現金過不足勘定は，原因判明時に該当する勘定へ振り替えるが，決算を迎えても原因が判明しない場合には，雑損勘定または雑益勘定に振り替える。

### (2) 当座預金と当座借越

現金の受払・保管には，誤謬や不正が生じやすいので，望ましい管理方法は，銀行に委託するために当座預金口座を開設することである。そして，現金（通貨代用証券を含む）を受領するとただちに当座預金に預け入れ，代金支払いのために預金を払い戻す場合には，小切手の振出しによるか，口座振替を利用する。この場合，総勘定元帳に現金勘定を設ける必要はなくなる。

当座預金契約では，預金残高を超えて小切手を振り出すと「不渡り」となってしまうため，当座預金出納帳（当座勘定出納帳）を設けて，明細を記録するとともに，預金残高を常に把握しておく必要がある。当座預金口座を複数の銀行に設けている場合は，取引銀行ごとに当座預金出納帳を設ける。また，一時的な資金不足を回避するため，根抵当を差し入れて当座借越契約を結ぶことによって，その借越限度額まで小切手を振り出すことができる。当座預金および借越取引の処理法には，取引に応じて当座預金勘定と当座借越勘定を設けて処理する二勘定制と，両者を当座勘定のみで処理する一勘定制とがある。

ただし，当座借越契約を結び，記帳合理化のために当座勘定取引について特殊仕訳帳を使用する場合には，一勘定制で処理する。二勘定制の場合，特殊仕訳帳から当座預金勘定および当座借越勘定に合計転記を行うためには，当座預金出納帳と当座借越出納帳の２冊の特殊仕訳帳を使用するか，あるいは預入額を預金額と当座借越返済額に，引出額を預金払戻額と当座借越額に区分して処理しなければならず現実的ではない。したがって，当座借越契約を締結しているケースを前提とすれば，二勘定制は，特殊仕訳帳制ではなく単一仕訳帳制のもとでの処理法なのである。

なお，当座勘定出納帳を特殊仕訳帳として使用する場合，元帳の当座勘定に前期繰越額が合計転記されないように，補助簿のケースとは異なり，預入欄に前期繰越記入を行わないように注意する必要がある。

当座勘定出納帳の残高と取引銀行の当該企業に対する当座勘定残高は，双方で取引の処理が完了しているならば当然，一致する。しかし，現実には，締後入金，未取付小切手，未取立小切手，未渡小切手，銀行からの通知の未達といった当座勘定の処理のタイミングにズレがある場合や，誤記入によって一致しない場合が多い。そこで，企業は毎月末など定期的に，決算時には必ず取引銀行から残高証明書等を受領して自己の帳簿残高との照合を行い不一致の原因を確認するために銀行勘定調整表を作成する。銀行勘定調整表の統一的な作成方法は存在しないが，①企業の帳簿残高を起点として銀行の残高に調整する方法，②銀行の残高を起点として企業の帳簿残高に調整する方法，③双方の帳簿残高を起点として，未記入および誤記入の額を加減し一致を確認する方法がある。

誤記入は当然，修正しなければならない。企業側の処理が完了していない取引については，記帳すべき要件を満たした時点で記録を行えばよいという見解もあるが，一般的には帳簿の修正を行う。ただし，この場合，連絡等の到着時に重複処理をしないように注意しなければならない。

### (3) 小口現金

当座預金契約によって現金の管理を銀行に委託している場合であっても，少額の諸経費の支払いは現金で行う必要があるため小口現金制度が採用される。小口現金制度には，必要に応じて資金を補給する随時補給制度と，あらかじめ一定期間の諸経費の必要額を見積もり，資金を前渡しする定額資金前渡制度（インプレストシステム）があるが，小口現金管理のためには後者が採用される。

定額資金前渡制度では，小切手を振り出して用度係に資金を前渡しした後，定期的に支払報告を受け，その支払額と同額の資金を補給する。この方法によれば，用度係の小口現金の手許有高と支出の証憑書類との合計額は常に定額となり，資金の補給時点では小口現金残高が定額となる。

なお，小口現金の支払取引は補助簿である小口現金出納帳に記入し，定期的に用度係からの支払報告を受けたときに，支払合計額で主要簿に記入する。これに対して資金の補給取引については単一仕訳帳制の場合には仕訳帳から，当座勘定出納帳を仕訳帳と使用している場合には当該帳簿から小口現金勘定に転記する。

### (4) 受取手形

主たる営業活動において，約束手形の名宛人または指図人として，あるいは名宛人が引受済の為替手形（自己受為替手形も含む）の受取人または指図人として，いずれの場合も手形を受領した時に手形債権が生じ，受取手形勘定の借方に記入される。

その後，満期日に手形代金が銀行口座に入金されたとき，資金繰りの必要から満期前に裏書譲渡や割引を行ったとき，あるいは手形債務者の申し出により手形の更改を行ったときには，手形債権が消滅し，受取手形勘定の貸方に記入される。また，手形が不渡りとなり正常な債権ではなくなったときも不渡手形勘定に振り替える。

手形の裏書譲渡や割引を行うと，手形が不渡りになった場合に手形債権者からの償還請求に応じる義務を負う。これを遡求義務という。遡求義務は，受取手形記入帳の顛末欄で把握できるが，貸借対照表の注記事項でもあるため，評価勘定や対照勘定を使用して，その総額を主要簿上で示すこともできる。評価勘定法によれば，手形の裏書譲渡や割引時に，前述のように受取手形勘定に貸記せず，遡求義務を示し，かつ受取手形の控除的評価勘定となる裏書手形勘定や割引手形勘定に記入する。そして満期日に遡求義務が消滅したときに，あるいは不渡りとなり遡求義務が現実の債務となって消滅したときに，受取手形勘定と評価勘定を相殺消去する。対照勘定法によれば，手形裏書義務見返勘定・手形裏書義務勘定，手形割引義務見返勘定・手形割引義務勘定という一対の勘定によって遡求義務の発生を処理し，その消滅時には貸借反対の処理を行う。

「金融商品会計に関する実務指針」によれば，手形の譲渡によって新たに生じた二次的責任である保証債務を時価評価して認識するとともに，割引による入金額または裏書による決済額から保証債務の時価相当額を差し引いた譲渡金額から，譲渡原価である帳簿価額を差し引いた額を手形売却損として処理しなければならない。したがって，貸倒れの見積りと同様に，遡求義務が現実の債務となる可能性を見積もり時価評価し，新たに保証債務勘定として金融負債を計上する。すなわち，遡求義務については裏書譲渡や割引した手形の額面金額を注記するだけでなく，その時価を見積もり，保証債務として負債計上しなければならない。為替手形の振出に伴う遡求義務も同様に処理する。

**問題3-1**　次の一連の取引を，①金利部分を区分処理しない方法と，②金利部分を区分処理する方法で仕訳しなさい。なお，②の利息は利息法によって計算すること。

| | |
|---|---|
| X1年4月1日 | 商品1,000,000円（現金販売額）を販売し，代金として2年後のX3年3月31日満期の約束手形1,060,900円（利率：年3％複利）を受け取った。 |
| X2年3月31日 | 決算日となり，上記の手形額面に対して1％の貸倒れを見積もった。 |
| X2年4月1日 | 上記の手形を割引き，割引料42,436円を差し引かれた手取金が当座預金に入金された。遡求義務の時価は額面の1％と見積もられた。なお，遡求義務の評価勘定，対照勘定による記帳は行わない。 |
| X3年3月31日 | 上記の手形が決済された。 |

**解答・解説**

① 金利部分を区分処理しない方法

| | | | | |
|---|---|---|---|---|
| X1年4月1日 | (借) 受取手形 | 1,060,900 | (貸) 売上 | 1,060,900 |
| X2年3月31日 | (借) 貸倒引当金繰入額 | 10,609 | (貸) 貸倒引当金 | 10,609 |
| X2年4月1日 | (借) 当座預金 | 1,018,464 | (貸) 受取手形 | 1,060,900 |
| | 手形売却損 | 42,436 | | |

受取手形勘定の簿価と受領額の差額は，手形売却損勘定に借記する。

| | | | | |
|---|---|---|---|---|
| 〃 | (借) 保証債務費用 | 10,609 | (貸) 保証債務 | 10,609 |

遡求義務を時価評価し，金融負債の発生を認識する。

| | | | | |
|---|---|---|---|---|
| 〃 | (借) 貸倒引当金 | 10,609 | (貸) 貸倒引当金戻入益 | 10,609 |

受取手形の消滅に伴い，貸倒引当金を戻し入れる。貸倒引当金戻入益は，保証債務費用と相殺して表示される。

| | | | | |
|---|---|---|---|---|
| X3年3月31日 | (借) 保証債務 | 10,609 | (貸) 保証債務取崩益 | 10,609 |

手形の決済に伴い，遡求義務(金融負債)の消滅を認識する。

② 金利部分を区分処理する方法

| | | | | |
|---|---|---|---|---|
| X1年4月1日 | (借) 受取手形 | 1,060,900 | (貸) 売上 | 1,000,000 |
| | | | 利息未決算 | 60,900 |

利息未決算勘定は受取手形を額面で示すための控除的評価勘定である。

| | | | | |
|---|---|---|---|---|
| X2年3月31日 | (借) 利息未決算 | 30,000 | (貸) 受取利息 | 30,000 |

$1{,}060{,}900円 \div 1.03^2 \times 0.03 = 30{,}000円$

| | | | | |
|---|---|---|---|---|
| | (借) 貸倒引当金繰入額 | 10,609 | (貸) 貸倒引当金 | 10,609 |
| X2年4月1日 | (借) 当座預金 | 1,018,464 | (貸) 受取手形 | 1,060,900 |
| | 利息未決算 | 30,900 | | |
| | 手形売却損 | 11,536 | | |

額面と入金額の差額は，金利部分1,060,900円÷1.03×0.03と手形売却損に分解される。

| | | | | |
|---|---|---|---|---|
| 〃 | (借) 保証債務費用 | 10,609 | (貸) 保証債務 | 10,609 |
| | (借) 貸倒引当金 | 10,609 | (貸) 貸倒引当金戻入益 | 10,609 |
| X3年3月31日 | (借) 保証債務 | 10,609 | (貸) 保証債務取崩益 | 10,609 |

なお，損益計算書上，保証債務費用と貸倒引当金戻入益は相殺表示される。

(日本公認会計士協会監査委員会報告第61号「債務保証及び保証類似行為の会計処理及び表示に関する監査上の取扱い」)

## (5) 売掛金

売掛金の個別的な管理のためには，人名勘定による記録が不可欠であるが，総勘定元帳に同種の勘定を数多く設けると，一覧性を欠き，決算手続も繁雑になる。そこで，人名勘定を売掛金元帳として分離独立させるとともに，総勘定元帳を貸借平均させるために，これらを合計額で示す統制勘定として売掛金勘定が設けられる。売掛金元帳のすべての人名勘定の借方合計額，貸方合計額および残高の合計額は，単一仕訳帳制であれば常に，特殊仕訳帳制であれば合計転記時に売掛金勘定の各金額と一致するので，両者の照合による内部牽制ならびに記帳の検証が可能となる。なお，特殊仕訳帳制を採用している場合であっても，売掛金元帳には個別転記が行われ，当該取引の明細も記入する。

## 2　金銭債権の会計と貸倒見積高

### (1)　金銭債権の意義と分類

金銭債権とは，将来の一定期日に金銭を要求できる権利であり，営業債権と営業外債権とに分類される。営業債権は，商製品の売買を中心とする主たる営業活動の結果として生じる金銭債権であり，売上債権とも呼ばれ，売掛金と受取手形からなる。営業外債権は資金の調達と運用を中心とする財務活動の結果として生じる金銭債権であり，主として貸付金である。

### (2)　金銭債権と貸倒見積高

金銭債権の貸借対照表価額は，取得価額から貸倒見積高に基づいて算定された貸倒引当金を控除した金額とする。これは，金銭債権が回収過程にある資金形態であることから，回収可能価額で評価するのが適当であると考えられているからである。ただし，債権を債権金額より低い価額または高い価額で取得した場合において，取得価額と債権金額との差額の性格が金利の調整と認められるときは，償却原価法に基づいて算定された価額から貸倒見積高に基づいて算定された貸倒引当金を控除した金額を貸借対照表価額としなければならない。

金銭債権に関する貸倒見積高の算定にあたっては，債務者の財政状態や経営成績に応じて，①一般債権，②貸倒懸念債権および③破産更生債権等の３つに債権を分類した上で貸倒額を見積もる。それぞれの債権の意義と貸倒見積高の算定方法をまとめれば次のとおりである。

| 種類 | 意義 | 貸倒見積高の算定方法 |
|---|---|---|
| 一般債権 | 経営状態に重大な問題が生じていない債務者に対する債権 | 債権全体または同種・同類の債権ごとに，債権の状況に応じて求めた過去の貸倒実績率等の合理的な基準により貸倒見積高を算定する。 |
| 貸倒懸念債権 | 経営破綻の状態には至っていないが，債務の弁済に重大な問題が生じているか，または生じる可能性の高い債務者に対する債権 | 次のどちらかの方法により貸倒見積高を算定する。<br>(a)　債権額から担保の処分見込額および保証による回収見込額を減額し，その残額について債務者の財政状態および経営成績を考慮して貸倒見積高を算定する方法（財務内容評価法）<br>(b)　債権の元本の回収および利息の受取に係るキャッシュ・フローを合理的に見積もることができる債権については，債権の元本の回収および利息の受取が見込まれる時から当期末までの期間にわたり，当該債権の元本および利息を当初の約定利子率で割り引いた金額の総額と債権の帳簿価額との差額を貸倒見積高とする方法（キャッシュ・フロー見積法） |
| 破産更生債権等 | 経営破綻または実質的に経営破綻に陥っている債務者に対する債権 | 債権額から担保の処分見込額および保証による回収見込額を減額し，その残額を貸倒見積高とする。 |

**問題3-2** 以下の資料に基づいて，A社とB社に対する貸付金に関して計上すべき貸倒引当金の金額を計算し，仕訳しなさい。

(1) 当社は，決算にあたり，A社に対する貸付金（帳簿価額5,000,000円）につき，同社が破産したため，必要な貸倒引当金を設定する。同社の貸付金について当社に差し入れられている担保は国債（時価：3,200,000円）だけであり，これ以外の回収は困難であると判断された。

(2) 当社は，決算（3月31日）にあたり，B社に対する貸付金（元本（帳簿価額も同じ）1,000,000円，利率年8％，満期：2年後の3月31日）につき，B社から資金繰りの悪化を理由に債務返済の繰延を要請されたため，翌期から，満期：3年後の3月31日，年利率：3％へと貸付条件を変更した。この変更に関して，条件変更後の約定どおりに利息の支払および元本の返済が当座預金への振込みにより行われたとして，仕訳を示しなさい。

**解答・解説**

| | | | | | | |
|---|---|---|---|---|---|---|
| (1) | | (借) | 貸倒引当金繰入 | 1,800,000 | (貸) 貸倒引当金 | 1,800,000 |
| (2) | 当期の決算時 | (借) | 当座預金 | 80,000 | (貸) 受取利息 | 80,000 |
| | | (借) | 貸倒引当金繰入 | 128,855 | (貸) 貸倒引当金 | 128,855 |
| | 1年後の決算時 | (借) | 当座預金 | 30,000 | (貸) 受取利息 | 30,000 |
| | | (借) | 貸倒引当金 | 39,692 | (貸) 受取利息 | 39,692 |
| | 2年後の決算時 | (借) | 当座預金 | 30,000 | (貸) 受取利息 | 30,000 |
| | | (借) | 貸倒引当金 | 42,867 | (貸) 受取利息 | 42,867 |
| | 3年後の決算時 | (借) | 当座預金 | 30,000 | (貸) 受取利息 | 30,000 |
| | | (借) | 貸倒引当金 | 46,296 | (貸) 受取利息 | 46,296 |
| | | (借) | 当座預金 | 1,000,000 | (貸) 貸付金 | 1,000,000 |

まず，(1)に関しては，回収可能額が，担保財産である国債の時価の3,200,000円のみであるから，帳簿価額5,000,000円との差額1,800,000円が回収不能見込であり，貸倒見積高となる。

また，(2)について，新しい将来キャッシュ・インフローは，1年後，2年後，3年後のそれぞれ30,000円の利息と，さらに3年後の1,000,000円の元本とであり，これらを当初の利子率である8％の割引率で割り引くと以下の表のとおりである。

| 現在価値 | 1年後 | 2年後 | 3年後 |
|---|---|---|---|
| 27,778 | 〈30,000〉 | | |
| 25,720 | 27,778 | 〈30,000〉 | |
| 23,815 | 25,720 | 27,778 | 〈30,000〉 |
| 793,832 | 857,339 | 925,926 | 〈1,000,000〉 |
| 合計 871,145 | 910,837 | 953,704 | 1,000,000 |

| 差額: | ← 39,692 → | ← 42,867 → | ← 46,296 → | 合計：128,855 |
|---|---|---|---|---|

この貸付金の帳簿価額は1,000,000円であるので，その減価額（貸倒見積高）は，1,000,000円－871,145円＝128,855円となる。

なお，(2)において，貸倒引当金を取り崩したときは，受取利息とせずに，貸倒引当金戻入額として営業費用または営業外費用からの控除とするか，営業外収益とすることができる。

### (3)　貸倒引当金の簿記処理

貸倒引当金の簿記処理には，差額補充法と洗替法とがある。

### (4)　財務諸表における表示

1）　貸倒引当金繰入額の表示

貸倒引当金繰入額（ないし貸倒引当損）は，損益計算書上，当該引当金の設定対象となった債権の種類に応じて，適当な区分に記載される。受取手形や売掛金などの売上債権に対する貸倒引当損は，販売費及び一般管理費の区分に記載し，貸付金や未収金などの売上債権以外の金銭債権に対する貸倒引当損は営業外費用の区分に計上する。

2）　貸倒引当金の表示

貸借対照表における貸倒引当金の表示方法には，科目別控除方式（各勘定科目ごとに債権金額から貸倒引当金の額を控除する形式で表示する方法），一括控除方式（各勘定科目ごとに債権金額を記載した後で，各債権に対する貸倒引当金を一括して控除する形式で表示する方法），注記方式（貸借対照表には，債権金額から貸倒引当金の額を控除した残額のみを記載し，貸倒引当金の額は注記する方法）がある。

なお，注記方法にはさらに科目別に注記を行う形式と一括して注記を行う形式とがある。

**問題3-3**　決算整理後における勘定残高（一部）が以下のとおりであるとき，貸借対照表における流動資産の表示を①科目別控除方式，②一括控除方式，③注記方式で示しなさい。

受取手形　3,000,000円　　売　掛　金　2,000,000円　　貸倒引当金　50,000円

なお，貸倒引当金は，受取手形と売掛金の両方に同率が設定されている。

**解答・解説**

①　科目別控除方式

| | |
|---|---|
| Ⅰ　流動資産 | |
| ・・・・ | ×××× |
| 受取手形 | 3,000,000 |
| 　貸倒引当金 | △30,000 |
| 　受取手形(純額) | 2,970,000 |
| 売 掛 金 | 2,000,000 |
| 　貸倒引当金 | △20,000 |
| 　売 掛 金(純額) | 1,980,000 |
| ・・・・ | ×××× |

②　一括控除方式

| | |
|---|---|
| Ⅰ　流動資産 | |
| ・・・・ | ×××× |
| 受取手形 | 3,000,000 |
| 売 掛 金 | 2,000,000 |
| ・・・・ | ×××× |
| 　貸倒引当金 | △50,000 |
| ・・・・ | ×××× |

③ 注記方式

| | |
|---|---|
| Ⅰ 流動資産 | |
| ・・・・ | ×××× |
| 受取手形（注） | 2,970,000 |
| 売 掛 金（注） | 1,980,000 |
| ・・・・ | ×××× |

（注） 受取手形と売掛金は，貸倒引当金をそれぞれ30,000円と20,000円を控除した残額である。

## 3 金銭債権の電子化と会計

### (1) 電子記録債権の受取り

21世紀に入り，すべての有価証券を電子化する国の政策の一環として，手形の電子化が計画され，2009年に電子記録債権として実現した。電子記録債権は，その後急速に普及し，電子手形，電手，電子債権，でんさいなどのニックネームで呼ばれている。

電子記録債権は，売掛金などの債権について，多くの場合，債権者の委任を受けた債務者の請求により電子債権記録機関の記録原簿にその発生を記録することにより成立する。債権は，電子化されることで流通面での安全性が高まるとともに，取立など現金化の手続も効率化される。また，従来は債権者と債務者の個別の関係が不透明で譲渡の対象となりにくかった売掛金を電子記録債権に置き換えることで透明性が増し，譲渡人の保証記録がなくとも，譲受人は債務者の信用に基づいて当該債権を評価し，取得することが可能となる。

### (2) 電子記録債権の会計処理

実務対応報告第27号「電子記録債権に係る会計処理及び表示についての実務上の取扱い」によれば，電子記録債権の債権者となった場合には，電子記録債権勘定を設置し，電子記録債権の発生とともに借記し，消滅とともに貸記することになる。

電子記録債権には，数多くのオプション（任意的記録事項という）が用意されており，紙の手形を電子的に置き換えた債権のほか，多様な権利義務を内包した債権を実現できるが，簿記処理とのかかわりでいえば保証記録，すなわち譲渡する際に譲渡人が債権の支払を譲受人に保証する記録を行うか否かが問題となる。

譲渡に際し保証記録を付した電子記録債権は，譲渡人が実質的に遡求義務を負うことになり，従前からの紙の手形と同様，譲渡した時点で保証記録を新たな金融負債として認識し，譲渡の際の時価で評価する仕訳が必要になる。

一方，譲渡に際し保証記録を付さなければ，譲渡人には以降の経済的な負担は一切生じないので，そのような金融負債を認識する必要はない。

**問題 3 - 4**　次の一連の取引を，①譲渡人が保証記録を付した場合と，②譲渡人が保証記録を付さない場合について仕訳しなさい。

X1年3月10日　商品2,000,000円をA社に掛で売り上げた。
X1年3月15日　上記売掛金にかかる電子記録債権を電子債権記録機関に発生記録した旨，A社から連絡を受けた。
X1年3月31日　決算日となり，この電子記録債権に1％の貸倒引当金を設定した。
X1年4月10日　この電子記録債権をB銀行に1,975,000円で譲渡し，代金を当座預金に受け入れた。なお，保証記録を付した場合の保証債務の時価は30,000円と評価された。
X1年8月10日　この電子記録債権がA社により決済された。

**解答・解説**

① 譲渡人が保証記録を付した場合

| | | | | | | |
|---|---|---|---|---|---|---|
| X1年3月10日 | （借） | 売掛金 | 2,000,000 | （貸） | 売上 | 2,000,000 |
| X1年3月15日 | （借） | 電子記録債権 | 2,000,000 | （貸） | 売掛金 | 2,000,000 |

電子記録債権の発生と売掛金の消滅を同時に認識する。

| | | | | | | |
|---|---|---|---|---|---|---|
| X1年3月31日 | （借） | 貸倒引当金繰入額 | 20,000 | （貸） | 貸倒引当金 | 20,000 |
| X1年4月10日 | （借） | 当座預金 | 1,975,000 | （貸） | 電子記録債権 | 2,000,000 |
| | | 電子記録債権売却損 | 25,000 | | | |

電子記録債権の簿価と譲渡金額との差額は，電子記録債権売却損勘定に借記する。

| | | | | | | |
|---|---|---|---|---|---|---|
| 〃 | （借） | 保証債務費用 | 30,000 | （貸） | 保証債務 | 30,000 |

保証記録にかかる金融負債の発生を認識し，時価で負債に計上する。

| | | | | | | |
|---|---|---|---|---|---|---|
| 〃 | （借） | 貸倒引当金 | 20,000 | （貸） | 貸倒引当金戻入益 | 20,000 |

電子記録債権の消滅に伴い，関連する貸倒引当金を戻し入れる。

| | | | | | | |
|---|---|---|---|---|---|---|
| X1年8月10日 | （借） | 保証債務 | 30,000 | （貸） | 保証債務費用 | 30,000 |

電子記録債権が決済されたことに伴い，保証記録にかかる金融負債の消滅を認識するが，同じ会計期間の中で金融負債の発生と消滅が認識されているので，4月10日付で保証債務を発生させた仕訳の反対仕訳を行い相殺する。ただし，金融商品会計に関する実務指針設例16では，この場合でも保証債務取崩益勘定に貸記している。**問題 3 - 1** の解答・解説を参照のこと。

② 譲渡人が保証記録を付さない場合

| | | | | | | |
|---|---|---|---|---|---|---|
| X1年3月10日 | （借） | 売掛金 | 2,000,000 | （貸） | 売上 | 2,000,000 |
| X1年3月15日 | （借） | 電子記録債権 | 2,000,000 | （貸） | 売掛金 | 2,000,000 |

電子記録債権の発生と売掛金の消滅を同時に認識する。

| | | | | | | |
|---|---|---|---|---|---|---|
| X1年3月31日 | （借） | 貸倒引当金繰入額 | 20,000 | （貸） | 貸倒引当金 | 20,000 |
| X1年4月10日 | （借） | 当座預金 | 1,975,000 | （貸） | 電子記録債権 | 2,000,000 |
| | | 電子記録債権売却損 | 25,000 | | | |

電子記録債権の簿価と譲渡金額との差額は，電子記録債権売却損勘定に借記する。

| | | | | | | |
|---|---|---|---|---|---|---|
| 〃 | （借） | 貸倒引当金 | 20,000 | （貸） | 貸倒引当金戻入益 | 20,000 |

電子記録債権の消滅に伴い関連する貸倒引当金を戻し入れる。保証記録をしていないので，新たな金融負債は発生せず，保証債務を計上する必要はない。

X1年8月10日　仕訳なし

# 4 有価証券の会計

## (1) 有価証券の会計処理の概要

有価証券は市場価格のあるものとないものとに区別され，さらに前者はその保有目的により，以下のとおり4種類に分類され，期末時点でそれぞれの性質に応じて測定される。時価による測定が行われる場合の測定差額の取扱いを含めてその主要内容をまとめると，次の表のとおりである。

| 有価証券の種類 | 意　　義 | 期末評価と評価差額 |
|---|---|---|
| 売買目的有価証券 | 時価の変動により利益を得ることを目的として保有する有価証券 | 時価で評価し，評価差額は当期損益に算入 |
| 満期保有目的の債券 | 満期まで所有する意図を持って保有する社債その他の債券 | 取得原価または償却原価*1 |
| 子会社株式・関連会社株式 | 子会社株式<br>関連会社株式 | 取得原価 |
| その他有価証券 | 売買目的有価証券，満期保有目的の債券および子会社株式および関連会社株式以外の有価証券 | 時価で評価し，評価差額は純資産の部へ直入*2 |
| | 上記のうち，市場価格のない株式等 | 取得原価 |

*1　債券金額と取得価額との差額の性格が金利の調整と認められるときは償却原価。
*2　全部純資産直入法と部分純資産直入法がある。

## (2) 売買目的有価証券

時価の変動により利益を得ることを目的として保有する売買目的有価証券は，売買約定日に発生を認識する（約定日基準）。売買目的有価証券は，決算日には時価で評価し，評価差額は当期の損益として処理する。ただし，約定日から受渡日までの時価の変動のみを認識することもできる（修正受渡日基準）。

**問題3-5**　次の一連の取引を，①約定日基準と，②修正受渡日基準で仕訳しなさい。

1　投機目的で，A社株式を500,000円で買い付ける契約を締結した。
2　本日決算。A社株式の時価は510,000円であった。評価差額の処理は切放方式による。
3　A社の株式を受領し，小切手を振り出して支払った。

**解答・解説**

①　約定日基準

| | | | | | | |
|---|---|---|---|---|---|---|
| 1 | （借） | 売買目的有価証券 | 500,000 | （貸） | 未　払　金 | 500,000 |
| 2 | （借） | 売買目的有価証券 | 10,000 | （貸） | 売買目的有価証券評価益（運用損益） | 10,000 |
| 3 | （借） | 未　払　金 | 500,000 | （貸） | 当　座　預　金 | 500,000 |

② 修正受渡日基準

1 仕訳なし

2 （借）売買目的有価証券　10,000　（貸）売買目的有価証券評価益(運用損益)　10,000

3 （借）売買目的有価証券　500,000　（貸）当座預金　500,000

約定日基準と修正受渡日基準の違いは，約定日に有価証券自体を資産計上するか，受渡日に計上するかにある。なお，売買目的有価証券の有価証券評価損益，有価証券売却損益および受取配当金をまとめて有価証券運用損益勘定で処理することもできる。これにより，投機活動の結果をまとめて把握できる。

### (3) 満期保有目的の債券の会計処理

満期保有目的の債券は，取得原価をもって貸借対照表価額とする。しかし，債券を債券金額より低い価額または高い価額で取得した場合において，取得価額と債券金額との差額の性格が金利の調整と認められるときには償却原価法が適用される。償却原価法が満期保有目的の債券に適用されるのは，たとえ，時価が算定されようとも，当該債券を保有するのは，満期までの約定利息および元本の受取を目的としているので，満期までの間の金利変動による価格変動のリスクを考慮する必要がないためである。このような取扱いを行うには，当該報告企業が当該債券を満期まで保有する意図と能力を有していることを確認する必要があり，仮に保有目的が変更されたとすれば，当該変更後の保有目的にかなう評価基準によって債券の帳簿価額を修正しなければならない。

償却原価法には利息法と定額法とがあるが，利息法とは，額面金額または債権金額と取得原価との差額をも含むすべての財務収益を受取利息と考え，当該利息が期首の帳簿価額に一定率を乗じた金額に等しくなるように期間配分する方法である。これに対して，定額法は，額面金額または債権金額と取得原価との差額を期間配分する方法であるという点では利息法と同じである。しかしながら，その配分の方法が利息に関して複利計算なのか単純計算なのかで，両者は異なる。つまり，利息法は複利計算により配分を行うのに対して，定額法では単利計算による配分を行うのである。わが国で行われていたアキュムレーション法とアモチゼーション法はこの定額法である。

また，満期保有目的の債券は，貸借対照表上，１年基準により有価証券（流動資産）と投資有価証券（投資その他の資産）に分類して表示される。

#### 1） 割引債のケース

ある企業（会計期間：１年）がある会計期間の期首時点に額面金額100,000円の割引債（満期３年後）を83,962円で購入し，満期（３年後）まで保有する予定であるとすれば，当該企業は３年間に額面金額100,000円と支出額83,962円の差額16,038円の利息を受け取ることになる。このとき，償却原価法では，複利計算により，毎期，期首の帳簿価額に６％を乗じた金額だけの受取利息を計上することになる。なぜならば100,000円 $\div 1.06^3 =$ 83,962円だからである。したがって，取得から３年間に計上される受取利息と期首および期末の帳簿価額は以下のとおりとなり，計上される受取利息は逓増的となる。なお，この場合の受取利息は損益計算書の表示上，有価証券利息となる（以下，同じ）。

| | (a)期首帳簿価額 | (b)受取利息((a)×0.06) | 期末帳簿価額((a)+(b)) |
|---|---|---|---|
| 第１期 | 83,962円 | 5,038円 | 89,000円 |
| 第２期 | 89,000円 | 5,340円 | 94,340円 |
| 第３期 | 94,340円 | 5,660円 | 100,000円 |

これに対して，定額法によれば，当該差額16,038円を単純に３等分して，次の仕訳によって5,346円ずつ各会計期間に受取利息を計上する。

（借）満期保有目的債券　5,346　（貸）有 価 証 券 利 息　5,346

### 2）利付債のケース

次に，利付債について適用した場合を取り上げる。

**問題３-６**　Y社（会計期間：４月１日から３月31日）が，X５年４月１日に，額面金額600,000円（利率：年５％，利払日：年１回３月31日）の利付債（満期３年後）を568,508円で購入し，満期（３年後）まで保有する予定である（実効利回り：７％）。このとき，X５年４月１日，X６年３月31日，X７年３月31日，X８年３月31日に行われる仕訳（満期保有目的債券の取得，利息の受取（現金）および満期保有目的債券勘定の増額，満期償還（当座預金））を示しなさい。

**解答・解説**

| | | | | | | |
|---|---|---|---|---|---|---|
| X５年４月１日 | （借） | 満期保有目的債券 | 568,508 | （貸） | 現　金　預　金 | 568,508 |
| X６年３月31日 | （借） | 満期保有目的債券 | 39,796 | （貸） | 有 価 証 券 利 息 | 39,796 |
| | （借） | 現　　　金 | 30,000 | （貸） | 満期保有目的債券 | 30,000 |
| X７年３月31日 | （借） | 満期保有目的債券 | 40,481 | （貸） | 有 価 証 券 利 息 | 40,481 |
| | （借） | 現　　　金 | 30,000 | （貸） | 満期保有目的債券 | 30,000 |
| X８年３月31日 | （借） | 満期保有目的債券 | 41,215 | （貸） | 有 価 証 券 利 息 | 41,215 |
| | （借） | 現　　　金 | 30,000 | （貸） | 満期保有目的債券 | 30,000 |
| | （借） | 当　座　預　金 | 600,000 | （貸） | 満期保有目的債券 | 600,000 |

また，X６年３月31日以後は，簡便法的に次のように仕訳してもよい。

| | | | | | | |
|---|---|---|---|---|---|---|
| X６年３月31日 | （借） | 現　　　金 | 30,000 | （貸） | 有 価 証 券 利 息 | 30,000 |
| | （借） | 満期保有目的債券 | 9,796 | （貸） | 有 価 証 券 利 息 | 9,796 |
| X７年３月31日 | （借） | 現　　　金 | 30,000 | （貸） | 有 価 証 券 利 息 | 30,000 |
| | （借） | 満期保有目的債券 | 10,481 | （貸） | 有 価 証 券 利 息 | 10,481 |
| X８年３月31日 | （借） | 現　　　金 | 30,000 | （貸） | 有 価 証 券 利 息 | 30,000 |
| | （借） | 満期保有目的債券 | 11,215 | （貸） | 有 価 証 券 利 息 | 11,215 |
| | （借） | 当　座　預　金 | 600,000 | （貸） | 満期保有目的債券 | 600,000 |

なお，X５年４月１日，X６年３月31日，X７年３月31日，X８年３月31日における実効利子率７％での割引現在価値の計算は以下のとおり行われる。一番右の数値（括弧なしの数値）が将来キャッシュ・インフローであり，その左の括弧（　）内の数字が各将来キャッシュ・インフローのそれぞれの

期日における現在価値である。円未満の端数については小数点以下第3位を四捨五入し，合計（括弧内の数値の合計）は割引現在価値を加算した上で，円未満を四捨五入している。

| X5年4月1日 | X6年3月31日 | X7年3月31日 | X8年3月31日 |
|---|---|---|---|
| (28,037.38) | 30,000 | | |
| (26,203.16) | (28,037.38) | 30,000 | |
| (24,488.94) | (26,203.16) | (28,037.38) | 30,000 |
| (489,778.73) | (524,063.24) | (560,747.66) | 600,000 |
| 合計　(568,508) | 計　(578,304) | 計　(588,785) | 600,000 |
| 差額：　↑— 9,796 —↑ | ↑— 10,481 —↑ | ↑— 11,215 —↑ | 合計：31,492 |

表中の数値の具体的計算過程を示せば次のとおりである。

$28{,}037.38\cdots = 30{,}000 \div (1+0.07)$

$26{,}203.16\cdots = 30{,}000 \div (1+0.07)^2$

$24{,}488.94\cdots = 30{,}000 \div (1+0.07)^3$

$560{,}747.66\cdots = 600{,}000 \div (1+0.07)$

$524{,}063.24\cdots = 600{,}000 \div (1+0.07)^2$

$489{,}778.73\cdots = 600{,}000 \div (1+0.07)^3$

$568{,}508 \fallingdotseq 28{,}037.38 + 26{,}203.16 + 24{,}488.94 + 489{,}778.73$

$578{,}304 \fallingdotseq 28{,}037.38 + 26{,}203.16 + 524{,}063.24$

$588{,}785 \fallingdotseq 28{,}037.38 + 560{,}747.66$

これに対して，定額法によれば，30,000円の受取をすべて受取利息として計上した上で，差額31,492円（＝600,000円－568,508円）を単純に3等分して，10,497円ずつ各会計期間に受取利息（有価証券利息）を計上する。

### (4)　子会社株式および関連会社株式の会計処理

子会社株式および関連会社株式を取得原価で期末時点も評価するのは，これらの株式は，たとえ時価の変動があったとしても，それは事業投資の場合と同じくその時価の変動を財務活動の成果とは捉えないとの考え方に基づいているからである。なお，連結会計上，子会社株式に関しては，通常，連結消去仕訳の結果，連結貸借対照表には記載されないし，また，関連会社株式には，持分法が適用される。

### (5)　その他有価証券の会計処理

その他有価証券を時価評価するのは，投資者にとって有用な情報としては取得原価よりも期末時点の時価の方が望ましいためである。しかし，その他有価証券を直ちに売却・換金することは事業活動遂行上制約があるため，当該評価差額（財務諸表上では，評価差額金）は純資産の部に直接計上する。

その他有価証券を詳細に分析すれば，業務上の関係を有する企業の株式のように事業投資に近いものから，市場動向によっては売却を予定している有価証券のように売買目的有価証券に近いものまで，多様な有価証券が含まれる。それゆえ，それぞれの保有目的を詳細に分類して評価基準を決定する方法も考えられるが，そのような詳細な分類を行うことは実務上困難であるため，一括して，その他有価証券は売買目的有価証券と子会社株式・関連会社株式との中間的な性格を有するものとしたのである（この場合の評価差額の処理等についてはⅩ章4を参照）。

なお，貸借対照表上，その他有価証券のうち貸借対照表日の翌日から起算して1年以内に満期の到来する債券は有価証券（流動資産）として，それ以外は投資有価証券（投資その他の資産）として表示される。

### (6) 時価等の著しい下落時の会計処理

時価が著しく下落したときは，回復の見込みがあると認められる場合を除き，時価評価を行い，当該評価差額は当期の損益に算入し，市場価格のない株式等については，発行会社の財政状態の悪化により実質価額が著しく低下したときは，相当の減額を行い，当該評価差額は当期の損失として処理しなければならない。これらの場合，当該時価および実質価額を翌期首の取得原価とする。つまり，切放方式が用いられる。

**問題3-7** Y社はその他有価証券としてC社株式を保有しており，その取得原価は1,000千円，X1年度およびX2年度の期末における時価は，それぞれ，400千円と500千円であった。C社株式はX1年度末において，時価が著しく下落し，かつ，取得原価まで回復する見込みがあるとは認められないと判断し，減損処理を行った。なお，当該評価差損（減損）については，発生時に税務上の損金処理が認められるものとする。この条件により，X1年度，X2年度に行われる仕訳を示しなさい。なお，差異解消時の実効税率は40%と予測される。

**解答・解説**

| | | | | | |
|---|---|---|---|---|---|
| X1年度期末 | （借）有価証券評価損 | 600 | （貸）その他有価証券 | 600 |
| X2年度期首 | 仕訳なし | | | |
| X2年度期末 | （借）その他有価証券 | 100 | （貸）繰延税金負債 | 40 |
| | | | 有価証券評価差額 | 60 |

このような減損処理の場合には，切放方式が採用されるので，その他有価証券評価差額を翌期首，つまりX2年度期首に，X1年度期末に行われた仕訳の逆仕訳を行うことにより戻し入れることはしない。そのため，評価替え後の400千円が，これ以後のC社株式の取得原価となるので，X2年度期末には評価益（評価差額）が計上されることになる。

### (7) 保有区分の変更

有価証券の保有区分は変更されることがある。その場合における振替時の評価額は，原則として，変更前の保有目的区分に係る評価基準による（「金融商品会計実務指針」283項）。つまり，満期保有目的の債券から他の保有区分への変更の場合には変更時の償却原価，売買目的有価証券から他の保有区分への変更の場合には時価によることとなる。また，その他有価証券から売買目的有価証券へは時価によるが，その他有価証券から子会社株式や関連会社へはその時点の帳簿価額により振り替える。

また，売買目的有価証券から満期保有目的の債券への振替，およびその他有価証券から満期保有目的の債券への振替は禁止されている。

## 5　外貨建取引の会計

1979年6月26日に，企業会計審議会から「外貨建取引等会計処理基準」(以下，「外貨基準」という）が公表され，1996年9月3日には，日本公認会計士協会から会計制度委員会報告第4号「外貨建取引等の会計処理に関する実務指針」(以下，「外貨実務指針」という）が公表された。「外貨基準」は1999年10月22日に最終改正され，「外貨実務指針」は複数回の改正を繰り返し，2022年10月28日に最終改正されている。以下では，「外貨基準」および「外貨実務指針」に基づいて，外貨建取引の具体的な内容と会計処理について説明する。

### (1)　外貨建取引

外貨建取引とは，生産，購買，販売，入金，出金および資金調達などの，様々な企業活動における売買価額や取引価額が，円（¥）ではなくドル（$）やユーロ（€）などの「外国通貨で表示されている取引」をいう。具体的には，以下のような取引が外貨建取引に含まれる。

・取引価額が外国通貨で表示されている物品の売買または役務の授受
・決済金額が外国通貨で表示されている資金の借入または貸付
・券面額が外国通貨で表示されている社債の発行
・外国通貨による前渡金，仮払金の支払または前受金，仮受金の受入
・決済金額が外国通貨で表示されているデリバティブ取引

なお，国内の製造業者が商社を通じて輸出入取引を行う場合であっても，当該取引によって商社に生ずる為替差損益を製造業者等が負担する等のため実質的に取引価額が外国通貨で表示されている取引と同等とみなされるものは，外貨建取引に該当する。

外貨建取引に関連する主な当座資産は，外国通貨，外貨建金銭債権および流動資産に含まれる外貨建有価証券などである。グローバル化した社会における企業活動は，円による取引のみでなく，ドルやユーロなどの複数の通貨による取引が混在することが一般的であるが，日本企業の財務諸表は円単位で作成する必要がある。したがって，会計上の測定単位を円に統一するために，外貨による取引を円貨に換算する必要がある。たとえば，ある日本企業が米国企業から100ドルの商品を現金購入した場合，購入時の為替相場が100円／ドルであれば，購入金額は10,000円（＝100ドル×100円／ドル）に円換算されることになる。

### (2)　取引発生時および決済時の会計処理

（ｉ）　取引時の換算と例外処理

外貨建取引は，原則として，取引発生時の為替相場による円換算額をもって記録する。なお，外貨建取引の換算の例外として，「ヘッジ会計の要件」を充たしている場合には，ヘッジ会計を適用することができる。

（ⅱ） 外貨建取引の発生と決済取引の会計処理

日本では，外貨換算における基本的な考え方として，二取引基準が採用されている。二取引基準とは，外貨建取引（たとえば，売上や仕入などの輸出入取引）と，その外貨建取引にかかる円決済取引（たとえば，売掛金や買掛金の決済取引）は別個の取引であると考え，それぞれを分離して会計処理を行うことをいう。二取引基準のもとでは，取引日後，決済日までに決算日を迎えた場合，取引時の為替相場による円換算額，決算日の為替相場による円換算額および決済日の為替相場による円換算額の間に差が生じる。このように，取引発生時や決済時点等における異なる為替相場によって生じる換算差額は，原則として，当期の為替差損益として処理する。

他方，外貨建取引とその外貨建取引にかかる円決済取引とが連続した一連の取引であると考え会計処理を行うことを，一取引基準という。一取引基準では，外貨建取引に係る代金の決済が確定するまで，外貨建取引の金額は保留されたままになる。つまり，一取引基準のもとでは，外貨建取引時から決済時までに決算日が到来する場合，換算差額は外貨建取引の金額を修正することになるため，適切な利益計算を適時に実施できないという問題が生じる。

ここで，為替相場の種類について確認をしておく。為替相場は，通貨の受け渡しの時期により直物為替相場と先物為替相場に区分される。直物為替相場とは，外国為替取引において，外国通貨（たとえばドル）とその対価である自国通貨（たとえば円）の受渡しを行う直物取引に適用される相場である。直物為替相場は，スポット・レート（Spot Rate）と呼ぶこともあり，「直物」部分を省略して，一般的に「為替相場」といわれることが多い。他方，先物為替相場とは，外国為替取引において，将来のある特定の日時に外国通貨（たとえばドル）とその対価である自国通貨（たとえば円）を交換する取引において適用される，現時点で契約された相場である。先物為替相場は，フォワード・レート（Forward Rate）と呼ぶこともある。また，外貨建取引が行われたときの直物為替相場，決算日における直物為替相場および外貨建取引が行われた日が属する月，四半期または年等を算定期間とする平均の相場のことを，それぞれ，取引発生時の為替相場（Historical Rate: HR），決算時の為替相場（Current/Closing Rate: CR）および期中平均為替相場（Average Rate: AR）という。

**問題3-8** 次の一連の取引を，二取引基準と一取引基準に基づいて仕訳しなさい。

X2年3月10日〔取引時の為替相場は1ドル110円〕
　米国のA社に商品200ドルを掛けで売り上げた。
X2年3月31日（決算日）〔決算日の為替相場は1ドル115円〕
　A社に対する売掛金が未決済のまま決算を迎えた。
X2年5月31日（決済日）〔決済日の為替相場は1ドル120円〕
　A社に対する売掛金が決済され，代金は当座預金口座に振り込まれた。

**解答・解説**

〔二取引基準による仕訳〕

| | | | | | | |
|---|---|---|---|---|---|---|
| X2年3月10日： | （借） | 売掛金 | 22,000 | （貸） | 売上 | 22,000 |

売掛金および売上22,000円＝200ドル×110円／ドル

| | | | | | | |
|---|---|---|---|---|---|---|
| X2年3月31日： | （借） | 売掛金 | 1,000 | （貸） | 為替差損益 | 1,000 |

売掛金および為替差損益1,000円＝200ドル×（115円／ドル－110円／ドル）

為替差損益（この場合，収益）は，営業外収益になる。

| | | | | | |
|---|---|---|---|---|---|
| X２年５月31日：（借） | 当座預金 | 24,000 | （貸） | 売掛金 | 23,000 |
| | | | | 為替差損益 | 1,000 |

当座預金24,000円＝200ドル×120円／ドル

売掛金23,000円＝22,000円（X２年３月10日計上分）＋1,000円（X２年３月31日計上分）

為替差損益1,000円＝200ドル×（120円／ドル－115円／ドル），もしくは貸借差額

為替差損益（この場合，収益）は，営業外収益になる。

〔一取引基準による仕訳〕

| | | | | | |
|---|---|---|---|---|---|
| X２年３月10日：（借） | 売掛金 | 22,000 | （貸） | 売上 | 22,000 |

売掛金および売上22,000円＝200ドル×110円／ドル（二取引基準と同様）

| | | | | | |
|---|---|---|---|---|---|
| X２年３月31日：（借） | 売掛金 | 1,000 | （貸） | 売上 | 1,000 |

売掛金および売上1,000円＝200ドル×（115円／ドル－110円／ドル）

算式は二取引基準と同様であるが，一取引基準では為替相場の変動差額を売上金額に反映させる。

| | | | | | |
|---|---|---|---|---|---|
| X２年５月31日：（借） | 当座預金 | 24,000 | （貸） | 売掛金 | 23,000 |
| | | | | 売上 | 1,000 |

当座預金24,000円＝200ドル×120円／ドル

売掛金23,000円＝22,000円（X２年３月10日計上分）＋1,000円（X２年３月31日計上分）

売上1,000円＝200ドル×（120円／ドル－115円／ドル）

算式は二取引基準と同様であるが，一取引基準では為替相場の変動差額を売上金額に反映させる。

**問題３-９**　次の一連の取引を仕訳しなさい。仕訳不要の場合は「仕訳なし」と記入すること。

X３年２月15日に，イタリアのB社から商品20,000ユーロの注文を受け，輸出に先立って，輸出代金の一部として5,000ユーロが入金されたため，外貨預金とした。X３年３月10日に，外貨預金5,000ユーロを引き出して円貨に交換し，当座預金に預け入れた。X３年４月15日に商品を輸出し，残額15,000ユーロは掛けとした。X３年４月30日に残額が決済され，15,000ユーロの入金をただちに円貨に交換して当座預金に預け入れた。

X３年２月15日の直物為替相場　　１ユーロ＝140円
X３年３月10日の直物為替相場　　１ユーロ＝143円
X３年３月31日の直物為替相場　　１ユーロ＝145円
X３年４月15日の直物為替相場　　１ユーロ＝142円
X３年４月30日の直物為替相場　　１ユーロ＝144円

なお，当社の決算日は３月31日である。

**解答・解説**

| | | | | | |
|---|---|---|---|---|---|
| X３年２月15日：（借） | 外貨預金 | 700,000 | （貸） | 契約負債 | 700,000 |

外貨預金および契約負債700,000円＝5,000ユーロ×140円／ユーロ

手付金5,000ユーロの入金は外貨建取引である。手付金は，取引発生時の直物為替相場により契約負債として円換算額で記録される。契約負債（前受金）は将来，財またはサービスの提供を行う収益性負債であるから，外貨建金銭債務ではない。

| | | | | | |
|---|---|---|---|---|---|
| X 3 年 3 月10日：（借） | 当 座 預 金 | 715,000 | （貸） | 外 貨 預 金 | 700,000 |
| | | | | 為 替 差 損 益 | 15,000 |

当座預金715,000円＝5,000ユーロ×143円／ユーロ

外貨預金700,000円は，X 3 年 2 月15日に計上した金額。

為替差損益15,000円＝5,000ユーロ×（143円／ユーロ－140円／ユーロ），もしくは貸借差額

為替差損益（この場合，収益）は，営業外収益になる。

| |
|---|
| X 3 年 3 月31日(決算日)：仕訳なし |

契約負債は，決算日に換算替えを行う必要はない。

| | | | | | |
|---|---|---|---|---|---|
| X 3 年 4 月15日：（借） | 契 約 負 債 | 700,000 | （貸） | 売 上 | 2,830,000 |
| （借） | 外貨建売掛金 | 2,130,000 | | | |

契約負債700,000円は，X 3 年 2 月15日に計上した金額。

外貨建売掛金2,130,000円＝15,000ユーロ×142円／ユーロ

売上2,830,000円＝契約負債700,000円＋外貨建売掛金2,130,000円

外貨建取引高のうち，契約負債（前受金）が充当される部分については，契約負債（前受金）の金銭授受時の為替相場による円換算額を付し，残りの部分については，取引発生時の為替相場により換算する。

| | | | | | |
|---|---|---|---|---|---|
| X 3 年 4 月30日：（借） | 当 座 預 金 | 2,160,000 | （貸） | 外貨建売掛金 | 2,130,000 |
| | | | （貸） | 為 替 差 損 益 | 30,000 |

当座預金2,160,000円＝15,000ユーロ×144円／ユーロ

外貨建売掛金2,130,000円は，X 3 年 4 月15日に計上した金額。

為替差損益30,000円＝15,000ユーロ×（144円／ユーロ－142円／ユーロ），もしくは貸借差額

為替差損益（この場合，収益）は，営業外収益になる。

### （iii） 為替予約の会計処理

将来，外貨と円とを交換する際に適用される為替相場をあらかじめ契約しておくことを為替予約という。為替予約は，一般的に，円高や円安等の為替相場の変動によるリスク（為替リスク）を回避するために用いられる。

為替予約が付された外貨建取引を処理する場合，為替予約で確定した決済時における円換算額で記録する。このような会計処理方法は，為替予約によって固定されたキャッシュ・フローを外貨建取引に振り当てるため，振当処理（確定する決済時における円貨額により外貨建取引および金銭債権債務等を換算し直物為替相場との差額を期間配分する方法）という。

なお，為替予約については，外貨建取引と同時に行われる場合もあるが，外貨建取引発生後に行われる場合もある。また，一定の要件を充たせば，外貨建取引前に予約が行われて取引時に振当処理される場合もある。この場合は，外貨建取引時に振当処理を行う。

**問題 3-10**　次の一連の取引を仕訳しなさい。仕訳不要の場合は「仕訳なし」と記入すること。

Ｘ４年２月10日：米国のC社に対して商品4,000ドル（取引時の為替相場は１ドル130円）を掛けで仕入れた。なお，この外貨建買掛金については，Ｘ４年４月25日に決済する予定である。

Ｘ４年３月10日：取引銀行との間でＸ４年４月25日の外貨建買掛金支払いのために，4,000ドルを１ドル135円で購入する為替予約を行った。なお，振当処理を適用することとし，Ｘ４年２月10日の為替相場による円換算額と，為替予約による円換算額との差額はすべて当期の損益として処理する。なお，本日の為替相場は１ドル136円である。

Ｘ４年３月31日：C社に対する外貨建買掛金が未決済のまま決算を迎えた。なお，決算日の為替相場は１ドル137円である。

Ｘ４年４月25日：C社に対する外貨建買掛金の支払期日が到来したため，取引銀行との為替予約契約に基づき，仕入先に4,000ドルを当座預金口座から送金した。なお，決済日の為替相場は１ドル139円である。

Ｘ４年６月10日：イタリアのD社に商品5,000ユーロを２ヵ月後に決済する契約で輸出した。輸出時の為替相場は１ユーロ145円であったが，輸出の10日前に5,000ユーロを２ヵ月後に１ユーロ140円で売却する為替予約契約を締結していたため，当該為替予約に対して振当処理を行う。

**解答・解説**

| | | | | | | |
|---|---|---|---|---|---|---|
| Ｘ４年２月10日： | （借） | 仕　　入 | 520,000 | （貸） | 外貨建買掛金 | 520,000 |

仕入および外貨建買掛金520,000円＝4,000ドル×130円／ドル

| | | | | | | |
|---|---|---|---|---|---|---|
| Ｘ４年３月10日： | （借） | 為替差損益 | 20,000 | （貸） | 外貨建買掛金 | 20,000 |

為替差損益および外貨建買掛金20,000円＝4,000ドル×135円／ドル－520,000円

為替差損益（この場合，費用）は，営業外費用になる。

為替予約をしたことで外貨建買掛金4,000ドルが540,000円（＝4,000ドル×135円／ドル）に固定されるため，その円貨額を振り当てる。取引日の為替相場と先物為替相場との差額については，為替差損益として処理する。

| | |
|---|---|
| Ｘ４年３月31日： | 仕訳なし |

為替予約によって外貨建買掛金の円貨額が固定されるため，決算時に換算換えを行う必要はない。

| | | | | | | |
|---|---|---|---|---|---|---|
| Ｘ４年４月25日： | （借） | 外貨建買掛金 | 540,000 | （貸） | 当座預金 | 540,000 |

為替予約により固定された外貨建買掛金540,000円を取り崩し，当座預金口座から同額の支払を行う。

| | | | | | | |
|---|---|---|---|---|---|---|
| Ｘ４年６月10日： | （借） | 外貨建売掛金 | 700,000 | （貸） | 売　　上 | 700,000 |

外貨建売掛金および売上700,000円＝5,000ユーロ×140円／ユーロ

為替予約によって，先に外貨建売掛金の円貨額が固定されているため，為替予約時の先物為替相場で換算した円貨額を振り当てる。

### (3) 決算時の会計処理

外国通貨，外貨建金銭債権および外貨建有価証券等は，決算時において，原則として次の処理を行う。

| 項目 | 適用する為替相場 | | |
|---|---|---|---|
| 外国通貨 | 決算時の為替相場(CR) | | |
| 外貨建金銭債権 | 決算時の為替相場(CR) | | |
| 外貨建有価証券 | | | |
| 項目 | 外貨による評価額 | 適用する為替相場 | 換算差額の処理 |
| 外貨建売買目的有価証券 | 時価 | 決算時の為替相場(CR) | 換算差額は当期の評価損益に計上する。 |
| 外貨建満期保有目的債券 | 償却原価 | 決算時の為替相場(CR) | ●償却原価法の適用による外貨建ての当期償却額は期中平均為替相場(AR)により円換算し，利息の調整項目(有価証券利息)として処理する。<br>●残額は換算差額として為替差損益に計上する(注)。 |
| 外貨建その他有価証券 | 時価 | 決算時の為替相場(CR) | 原則として，税効果会計適用後の換算差額は，純資産の部に計上する(注)。 |
| 子会社および関連会社株式 | 取得原価 | 取得時の為替相場(HR) | ●時価の著しい下落または実質価額の著しい低下がない場合，換算換えは行わない。<br>●時価の著しい下落または実質価額の著しい低下があり，強制評価減を行った場合には，外貨による時価または実質価額を決算時の為替相場(CR)で換算する。なお，換算差額は当期の有価証券の評価損として処理する。 |

(注) 強制評価減を行う場合，時価または実質価額は決算時の為替相場（CR）で換算し，換算差額は当期の損益に計上する。

**問題 3 -11**　次の〔資料〕に記載された外貨建有価証券に関する決算整理仕訳を示しなさい。

〔資料〕

| 銘柄 | 分類 | 取得原価 | 取得時為替相場 | 期末時価等 |
|---|---|---|---|---|
| A社株式 | 売買目的 | 100ドル | 110円 | 120ドル |
| B社債券 | 満期保有目的 | 980ドル | 125円 | 984ドル(注) |
| C社株式 | その他 | 200ドル | 120円 | 210ドル |
| D社株式 | 子会社株式 | 500ドル | 100円 | 150ドル |
| E社株式 | 関連会社株式 | 300ドル | 115円 | 270ドル |

（注）　償却原価である。券面額1,000ドルと取得原価980ドルとの差額20ドルについては，毎年 4 ドルずつ償却している。

〔留意事項〕

・決算日の為替相場は 1 ドル130円，期中平均為替相場は 1 ドル135円であった。

・仕訳不要の場合は「仕訳なし」と記入すること。

・税効果会計は考慮しない。

**解答・解説**

| | | | | |
|---|---|---|---|---|
| 〔A社株式〕 | （借）売買目的有価証券 | 4,600 | （貸）有価証券運用損益 | 4,600 |

差額4,600円＝期末評価額（120ドル×130円／ドル）－取得原価（100ドル×110円／ドル）

| | | | | |
|---|---|---|---|---|
| 〔B社債券〕 | （借）満期保有目的債券 | 5,420 | （貸）有価証券利息 | 540 |
| | | | （貸）為替差損益 | 4,880 |

差額5,420円＝期末評価額（984ドル×130円／ドル）－取得原価（980ドル×125円／ドル）

有価証券利息540円＝当期償却額 4 ドル×期中平均為替相場135円／ドル

為替差損益4,880円＝差額5,420円－有価証券利息540円

為替差損益（この場合，収益）は，営業外収益になる。

| | | | | |
|---|---|---|---|---|
| 〔C社株式〕 | （借）その他有価証券 | 3,300 | （貸）その他有価証券評価差額金 | 3,300 |

差額3,300円＝期末評価額（210ドル×130円／ドル）－取得原価（200ドル×120円／ドル）

| | | | | |
|---|---|---|---|---|
| 〔D社株式〕 | （借）子会社株式評価損 | 30,500 | （貸）子会社株式 | 30,500 |

差額30,500円＝期末評価額（150ドル×130円／ドル）－取得原価（500ドル×100円／ドル）

強制評価減による損失であるため，損益計算書上，為替換算による損失（為替差損益）ではなく，子会社株式評価損として表示する。

〔E社株式〕仕訳なし

時価評価および換算換えの必要はない。

# Ⅳ デリバティブの会計

## 1 デリバティブ取引の定義と分類

デリバティブとは，先物（フューチャー），オプション，スワップといった取引をいう。これらは，特定の金利，有価証券価格，指数などの変数（これらは「基礎数値」と呼ばれる）の変化に応じてその価値が決定されることから，「派生物」を意味する「デリバティブ（derivatives）」と呼ばれる。デリバティブにはさまざまなものがあるが，上記の取引タイプと基礎数値の組み合わせから以下のように整理することができる。なお，このほか先物とオプションを組み合わせた「債券先物オプション」など，取引タイプを組み合わせることによっても多様な商品が生み出されている。

| | 先物（フューチャー） | オプション | スワップ |
|---|---|---|---|
| 通　貨 | 通　貨　先　物 | 通貨オプション | 通貨スワップ |
| 金　利 | 金　利　先　物 | 金利オプション | 金利スワップ |
| 債　券 | 債　券　先　物 | 債券オプション | —— |
| 株　式 | 株価指数先物 | 株価指数オプション<br>個別株式オプション | —— |

デリバティブは，基礎数値の変化に応じてその価値が決定されるという特性を活かして，金利や価格の変動等のリスクを管理するための財務管理ツールとして利用されている。そして，その利用目的から，一般に，以下の3つの取引に整理される。

| | |
|---|---|
| ①スペキュレーション（投機） | 将来において市場価格あるいは金利等の変動が予想される場合に，関連するデリバティブ取引を利用することにより，そうした現在の価格と将来の価格との差から利益を得ることを目的とする取引。 |
| ②ヘッジ | 市場価格の変動，あるいは金利の変動等によってもたらされる損失等を，それと連動するデリバティブ取引を利用することにより，小さくすることを目的とする取引。 |
| ③アービトラージ（裁定） | 市場間に価格差がある場合に，そうした価格の差を利用して利益を得ることを目的とする取引。 |

なお，デリバティブ取引の特徴として，一般に，取引当初の支出が不要または少額であり，また，決済方法も純額（差金）決済が要求もしくは容認されているという点が指摘される。そのため，少額の資金で多額の取引を行うことが可能となる。この点もデリバティブの利用を増大させる1つの要因となっている。

## 2　デリバティブ取引に関する会計処理の原則

デリバティブ取引には上述のように種々のものがあるが，それらに共通する会計処理の原則が定められている。デリバティブ取引により生じる正味の債権・債務は，貸借対照表において「時価」で評価するというものである。ここでの「時価」とは，公正な評価額をいい，具体的には，市場において形成されている取引価格，気配または指標その他の相場に基づく価額をいう。

また，「時価」で評価した際に生じる評価差額については，原則として，損益計算書上で当期の損益（営業外収益・費用）として処理される。以下ではこうした原則に基づき，個々の取引形態においてどのような処理が行われることとなるのかをみていくことにする。

## 3　先物取引

先物取引とは，特定の資産等を，将来の特定の期日に，あらかじめ定められた価格で売買することを約束する取引をいう。先物取引は取引所で行われるものであり，取引の円滑化を図るため，取引単位や決済期限などの取引条件が定型化されている点に特徴がある。なお，取引所外で行われる同様の取引は「先渡（さきわたし）（フォワード）取引」と呼ばれる。

取引所は，債務不履行により他の取引参加者に損害が及ぶことのないよう，先物取引を行う際には，取引の規模に応じて一定の「証拠金」を差し入れるよう求めている。そして，毎営業日に先物取引の価格変動に伴う評価損益の計算を行い（これを「値洗（ねあら）い」という），一定限度を超過する含み損が発生した場合には市場参加者に追加の証拠金を支払うよう要求している。

先物取引の決済方法には，一般に，差金決済が採用されている。たとえば，契約時に先物取引の対象とする商品を将来5,000,000円で購入する旨の取り決めをしていた場合，決済時ないし満期日の当該商品の市場価格が6,000,000円であったとすれば，この契約を締結した会社の儲けにあたる1,000,000円（つまり，先物契約により5,000,000円で対象商品を購入し，これを現在の市場価格6,000,000円で売却した場合に得られる利得）についてのみ受け取りが行われることとなる。なお，この場合，対象商品を実際に5,000,000円で購入することはない。

以下では代表的な先物取引である債券先物取引を取り上げ，投機目的でこれを利用する場合の具体的な処理方法についてみていくことにする。

**問題 4 - 1**　次の取引について，①契約時点，②決算日，ならびに③反対売買による決済時の仕訳を示しなさい。なお，現金の授受はすべて当座預金口座を通じて行われるものとし，「当座預金」勘定を用いて処理すること。

A社は，証券会社に委託して国債先物（額面金額100,000,000円）を額面100円につき93円で買い建て，証拠金として3,000,000円を差し入れた。

この国債先物の価格は決算時には額面100円につき95円に上昇し，その後，額面100円につき98円になったところで反対売買による差金決済を行った。なお，決済に際しては委託証拠金の返還も行われる。

**解答・解説**

| | | | | | | |
|---|---|---|---|---|---|---|
| ①　契約時： | （借） | 先物取引差入証拠金 | 3,000,000 | （貸） | 当　座　預　金 | 3,000,000 |
| ②　決算日： | （借） | 先物取引差金 | 2,000,000 | （貸） | 先　物　利　益 | 2,000,000 |
| ③　決済時： | （借） | 当　座　預　金 | 5,000,000 | （貸） | 先　物　利　益 | 3,000,000 |
| | | | | | 先物取引差金 | 2,000,000 |
| | （借） | 当　座　預　金 | 3,000,000 | （貸） | 先物取引差入証拠金 | 3,000,000 |

①　契約時

ここでは信用保証金として取次業者に支払った証拠金についてのみ仕訳が行われる。先物取引自体はその価値がゼロであるため「仕訳なし」となる。

なお，先物取引は取引所取引であるので，一般事業会社は証券会社などの取次業者に取引を委託することとなる。取引所で直接取引を行うことができるのは取引所会員企業（証券会社など）に限られるためである。

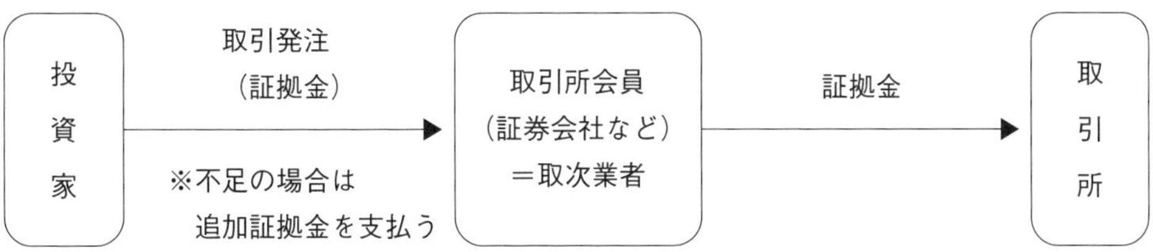


②　決算日

決算日までに生じた評価差額を，当期の損益として認識するための仕訳を行う。

この評価損益は次のように計算される：

$$額面金額(100{,}000{,}000円)\times 相場変動額(95円-93円)\div 100円$$

$$=100{,}000{,}000円\times\frac{95円-93円}{100円}=2{,}000{,}000円$$

この場合，評価益となるため，「先物利益」勘定で処理する。また，先物価格が額面100円につき95円へと上昇したことから，A社は先物取引により額面100円につき２円分（＝95円－93円），市場価格よりも安く購入する権利を有していることとなる。ここではこの権利，つまり先物契約の価値（＝時価）を貸借対照表に反映させるために「先物取引差金」勘定を用いて処理する。

なお，決算日に先物相場が額面100円につき92円に下落していた場合には以下のような仕訳になる。

| | | | | | | |
|---|---|---|---|---|---|---|
| 決算日： | （借） | 先　物　損　失 | 1,000,000 | （貸） | 先物取引差金 | 1,000,000 |

③　決済時

前段の仕訳は先物取引の決済に関わるものである。差金決済であるため，契約時から決済時までに生じた市場相場の変動分 $\left(5{,}000{,}000円=100{,}000{,}000円\times\frac{98円-93円}{100円}\right)$ について現金の授受が行われる。先物取引に伴う利益については，決算日までに生じた分はすでに損益に計上済みであるため，決済時から決算日までの変動額である額面100円につき３円（＝98円－95円）に相当する利益のみが新たに先物利益として計上される。

後段の仕訳は，決済に伴って行われる証拠金の返還にかかわるものである。

## 4　オプション取引

オプション取引とは，対象となる資産を，将来の特定の期日あるいは特定の期間内に，あらかじめ定められた価格で「買う権利」もしくは「売る権利」を売買する取引をいう。将来その条件で取引を行うかどうか選択する権利（＝オプション）を売買するものであることから，オプション取引では，買い手はオプション料（プレミアムとも呼ばれる）を支払って「買う権利」または「売る権利」を獲得し，売り手はオプション料の受取りと引き換えに「買う義務」または「売る義務」を負うこととなる。

オプションの買い手は，権利を行使すると不利益になると判断した場合には，その権利を放棄することができる。例えば，価格が上昇するとの予測に基づき，150,000円のオプション料を支払い，ある資産を３カ月後に5,000,000円で購入する権利を取得したとする。その後，予想に反して価格が下落し，約束の期日を迎えた時点で当該資産の市場での購入価格が4,000,000円となった場合，オプションの買い手は，権利を行使せずに市場を通じて購入するだろう。この場合，買い手が負担する損失は，市場相場が不利な方向に変動したことによる損失（1,000,000円）ではなく，すでに支払ったオプション料（150,000円）に限定される。このように，オプション取引は，買い手がその損失をオプション料に限定できる点に大きな特徴がある。これに対して，売り手は自分にとって不利な条件であっても取引に応じる義務を負うため，市場相場が不利な方向に変動した場合には巨額の損失を被るリスクを負うこととなる。そして，オプション取引から得られる利益は受け取ったオプション料に限定される。

ここでオプション取引に関わる用語を整理すると，オプション取引では，「買う権利」を「コール・オプション」，「売る権利」を「プット・オプション」と呼ぶ。また，こうしたオプションを買うことを「買い建てる」，売ることを「売り建てる」という。このほか，「権利」を行使する日は「権利行使日」，権利行使日に決済する際の「あらかじめ定められた価格」は「権利行使価格」，オプション契約が効力を有する最終日は「満期日」と呼ばれる。なお，オプション取引は，権利行使を行うタイミングが「満期日」に限定されるのか，それとも満期日までの「特定の期間内」であればいつでも権利行使できるのかという点から「ヨーロピアン・オプション」（前者に相当）と「アメリカン・オプション」（後者に相当）に分類される。

以下では，オプション取引を投機目的で利用する場合を取り上げ，その具体的な処理方法についてみていくことにする。なお，ここでは一般事業会社を想定し，オプションの買い手側に限定して説明する。

**問題 4 - 2**　次の取引について，①契約時点，②決算日，ならびに③反対売買による決済時の仕訳を示しなさい。なお，現金の授受はすべて当座預金口座を通じて行われるものとし，「当座預金」勘定を用いて処理すること。

B社（買い手）は，国債価格の上昇を見込んで，取次業者を通じて国債先物のコール・オプションを買い建てることとした。取引単位100,000,000円，権利行使価格100円につき94円，権利行使日は２カ月後であり，契約時にオプション料900,000円を支払った。

その後，国債価格は予想どおり上昇し，これを受けてコール・オプションの価値も決算日には1,000,000円，決済時には1,200,000円に上昇した。

**解答・解説**

B社（＝買い手）の仕訳

| | | | | | | |
|---|---|---|---|---|---|---|
| ① 契約時: | (借) | 買建オプション | 900,000 | (貸) | 当座預金 | 900,000 |
| ② 決算日: | (借) | 買建オプション | 100,000 | (貸) | オプション差益 | 100,000 |
| ③ 決済時: | (借) | 当座預金 | 1,200,000 | (貸) | 買建オプション | 1,000,000 |
| | | | | | オプション差益 | 200,000 |

① 契約時：購入したオプションを「買建オプション」勘定で記帳する。その金額は当該コール・オプションの価値を示すオプション料（＝プレミアム）900,000円となる。

② 決算日：オプションの価値が上昇したことに伴い，保有するコール・オプションの価値も上昇する。この上昇分100,000円（1,000,000円－900,000円）を，オプションの価値を表す「買建オプション」勘定で，また評価差益を「オプション差益」勘定を用いて記帳する。

③ 決済時：決算日から決済時までにオプションの価値が1,000,000円から1,200,000円に上昇したことに伴って，コール・オプションから生ずる評価差益を「オプション差益」勘定により記帳する。

また，差金決済により，オプション契約時から決済時までの市場価格変動分に相当する現金の受取りが当座預金口座を通じて行われるため，これについては「当座預金」勘定により処理する。決済に伴い，「買建オプション」勘定の借方に記入されている金額（オプション料900,000円＋決算日までの時価変動分100,000円＝1,000,000円）も消去する。

なお，決算日後，国債価格が予想に反して下落したため，コール・オプションの権利を行使しないまま失効した場合のB社（＝買い手）の仕訳を示すと次のとおりである。

| | | | | | | |
|---|---|---|---|---|---|---|
| 失効日: | (借) | オプション差損 | 1,000,000 | (貸) | 買建オプション | 1,000,000 |

ここでは「買建オプション」勘定の貸方記入を行うと同時に，それに伴う損失を「オプション差損」勘定を用いて記帳する。

## 5 スワップ取引

スワップとは「交換」の意味である。スワップ取引には，固定金利の支払いと変動金利の支払いとを交換する「金利スワップ」，また，ドル建てでの支払いを円建てに交換するといった異種の通貨間の交換を行う「通貨スワップ」がある。

スワップ取引は，通常，取引所外で相対（あいたい）取引として行われる。よって，契約内容について当事者間で柔軟に取り決めることができる反面，スワップ取引を希望する場合，条件の合う取引相手を探し出すことが必要となる。一般の事業会社は自力で取引相手を見つけることが困難なため，金融機関等が仲介役としての役割を果たしている。

以下では，最も代表的なスワップ取引である金利スワップを取り上げ，その会計処理方法についてみていくことにする。なお，金利スワップについては，スワップ契約の価値（＝時価）を財務諸表に反映させる通常の処理方法のほか，一定の条件を満たす場合には「特例処理」によることも認められている。これは，たとえば，借入金に伴う変動金利の支払いを固定金利に変更することを目的として金利スワップ取引を行った場合に，財務諸表上でその効果を反映させるため，「スワップ取引に基づく金利の受払いの純額」と「借入金に伴う変動金利の支払い」とを一体のものと捉えて処理するものである。この「特例処理」では金利スワップの時価評価は行わない。

**問題 4 - 3**

次の取引について，金利スワップの「通常の処理」に従った場合と「特例処理」に従った場合の，①借入時，②スワップ契約締結日，③第１回金利決済日，④決算日および⑤翌期首，ならびに⑥第２回金利決済日の仕訳を示しなさい。なお，現金の授受はすべて当座預金口座を通じて行われるものとし，「当座預金」勘定を用いて処理すること。

C社はX５年７月１日に，Y銀行から10億円の借入を行った（固定金利４％，借入期間５年，利払い日は６月30日と12月31日の年２回）。また同社は，今後は金利が低下すると予測し，同日，固定金利４％を受け取り，TIBOR[注1]＋0.5％の変動金利を支払うという金利スワップ契約をZ銀行と締結した（想定元本[注2] 10億円，期間５年，利払い交換日は年２回で借入利息の利払い日と同日とする）。

なお，C社の会計期間は４月１日から３月31日である。また，TIBORおよび決算日（X６年３月31日）における金利スワップの時価は次のとおりである。支払金利は支払日から６カ月前の水準が適用されるものとする。

- TIBOR：X５年６月30日　3.6％
  　　　　X５年12月31日　3.1％
- 決算日における金利スワップの時価：5,340,000円

注１…“TIBOR”とは“Tokyo Inter Bank Offered Rate（東京銀行間貸出金利）”の略語であり，一般的には「タイボー」と読む。これは代表的な変動金利の１つである。

注２…「想定元本」とは，金利スワップ契約に基づき契約当事者双方が支払うべき変動金利および固定金利の額を算定するためにあらかじめ定められた計算上の元本額をいう。そのため，両者の間で元本に当たる金銭の貸借が行われることはない。

## A.「通常の処理」に従った場合

**解答・解説**

| | | | | | | |
|---|---|---|---|---|---|---|
| ① 借入時 | ： | (借) 当座預金 | 1,000,000,000 | (貸) 借入金 | 1,000,000,000 |
| ② 契約時 | ： | 仕訳なし | | | |
| ③ 金利決済日(第1回) | ： | (借) 支払利息 | 20,000,000 | (貸) 当座預金 | 20,000,000 |
| Ｘ5年12／31 | | (借) 支払利息 | 500,000 | (貸) 当座預金 | 500,000 |
| ④ 決算日 | ： | (借) 支払利息 | 10,000,000 | (貸) 未払利息 | 10,000,000 |
| Ｘ6年3／31 | | (借) 金利スワップ資産 | 5,340,000 | (貸) 金利スワップ評価益 | 5,340,000 |
| ⑤ 翌期首 | ： | (借) 未払利息 | 10,000,000 | (貸) 支払利息 | 10,000,000 |
| Ｘ6年4／1 | | | | | |
| ⑥ 金利決済日(第2回) | ： | (借) 支払利息 | 20,000,000 | (貸) 当座預金 | 20,000,000 |
| Ｘ6年6／30 | | (借) 当座預金 | 2,000,000 | (貸) 受取利息 | 2,000,000 |

① 借入時：借入（10億円）に伴う処理を行う。

② 契約時：通常の処理ではスワップ契約の価値（＝時価）を財務諸表に反映させることとなるが，契約時点ではその時価はゼロであるため「仕訳なし」となる。

③ 金利決済日（第1回：Ｘ5年12月31日）：前段は，下図の左側に示された，固定金利によるＹ銀行への支払利息（半年分）を仕訳したものである。これに対して，後段は，金利スワップ契約に基づく純支払額を計算し（下図の右側を参照），これを「支払利息」勘定を用いて仕訳したものである。

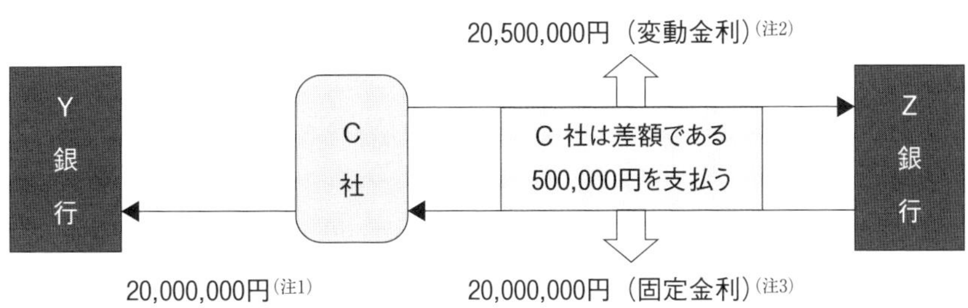


注1…元　本（10億円）×固定金利4％×$\frac{6カ月}{12カ月}$＝20,000,000円

注2…想定元本（10億円）×変動金利（3.6％＋0.5％）×$\frac{6カ月}{12カ月}$＝20,500,000円

なお，変動金利は6カ月前の水準が適用されるため，ここでは×5年6月30日の水準である3.6％を用いて計算している。

注3…想定元本（10億円）×固定金利（4％）×$\frac{6カ月}{12カ月}$＝20,000,000円

④ 決算日：前段は，Ｙ銀行からの借入金に伴う支払利息の未払分を計上する仕訳である。

ここでは第一回の金利決済から決算日までの3カ月間の利息を計上している。

また，後段は金利スワップの価値（＝時価）を計上するための仕訳である。資料より，決算日における金利スワップの時価は5,340,000円であることから，「金利スワップ資産」勘定を用いてこれを資産計上するとともに，金利スワップを時価評価したことに伴う評価益を「金利スワップ評価益」勘定を用いて処理する。

なお，スワップ契約の価値は，理論的には，スワップ契約に基づいて将来受け取ることとなるキャッシュ・インフローの割引現在価値（債権）と将来支払うこととなるキャッシュ・アウトフローの割引現在価値（債務）との差額として算定される。本問では，「スワップ契約に伴う債権＞スワップ契約に伴う債務」という関係が想定されており，これに伴う正味債権を「金利スワップ資産」として記録している。スワップ契約がマイナスの価値をもつ場合，つまり「スワップ契約に伴う債権＜スワップ契約に伴う債務」という関係となっている場合には，これに伴う正味債務を記録するために次のような仕訳が行われる：

（借）金利スワップ評価損　×××　（貸）金利スワップ負債　×××

⑤　翌期首：「未払利息」について再振替仕訳を行う。

⑥　金利決済日（第2回：X6年6月30日）：③と同様，前段は，固定金利によるY銀行への支払利息（半年分）を仕訳したもの，後段は，金利スワップ契約に基づく受払額の純額を計算し，これを「受取利息」勘定を用いて仕訳したものである。

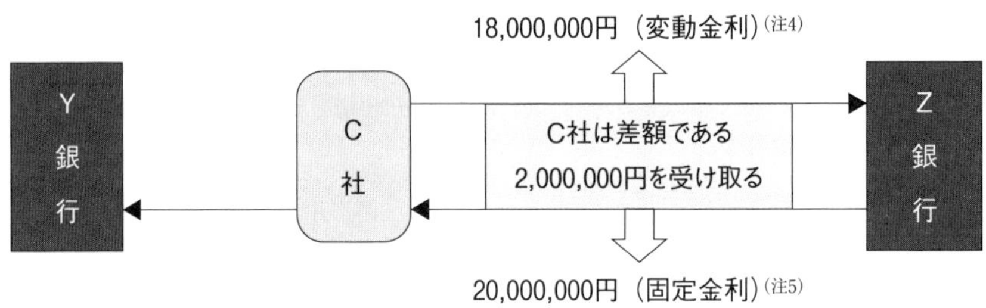


注4…想定元本（10億円）×変動金利（3.1％＋0.5％）× $\frac{6カ月}{12カ月}$ ＝18,000,000円

なお，変動金利は6カ月前の水準が適用されるため，ここでは×5年12月31日の水準である3.1％を用いて計算している。

注5…想定元本（10億円）×固定金利4％ × $\frac{6カ月}{12カ月}$ ＝20,000,000円

**B.「特例処理」に従った場合**

**解答・解説**

| | | | | | | |
|---|---|---|---|---|---|---|
| ① | 借入時 | （借）当座預金 | 1,000,000,000 | （貸）借入金 | 1,000,000,000 |
| ② | 契約時 | ：仕訳なし | | | |
| ③ | 金利決済日(第1回)： | （借）支払利息 | 20,000,000 | （貸）当座預金 | 20,000,000 |
| | X5年12／31 | （借）支払利息 | 500,000 | （貸）当座預金 | 500,000 |
| ④ | 決算日： | （借）支払利息 | 10,000,000 | （貸）未払利息 | 10,000,000 |
| | X6年3／31 | （借）未収利息 | 1,000,000 | （貸）支払利息 | 1,000,000 |
| ⑤ | 翌期首： | （借）未払利息 | 10,000,000 | （貸）支払利息 | 10,000,000 |
| | X6年4／1 | （借）支払利息 | 1,000,000 | （貸）未収利息 | 1,000,000 |
| ⑥ | 金利決済日(第2回)： | （借）支払利息 | 20,000,000 | （貸）当座預金 | 20,000,000 |
| | X6年6／30 | （借）当座預金 | 2,000,000 | （貸）支払利息 | 2,000,000 |

①　借入時：借入（10億円）に伴う処理を行う。

②　契約時：特例処理ではスワップ契約を単独で時価評価することはしない。そのため，スワップ契約に伴

う価値を仕訳する必要がないため「仕訳なし」となる。

③　金利決済日（第1回：X5年12月31日）：「通常の処理」と同様，前段は固定金利によるY銀行への支払利息（半年分）を，後段は金利スワップ契約に基づく純支払額を仕訳したものである。

特例処理では，2つの取引を一体のものと捉えて処理を行う。具体的には，スワップ契約に基づく金利の受払額（純額）を「支払利息」勘定を用いて記帳することにより（つまり，受取りの場合も「受取利息」勘定を用いない），これをヘッジ対象となる金利の支払額に加減する。これにより，財務諸表では金利スワップ契約によって固定金利の支払いを変動金利の支払いへ変更したという実質的な効果が反映されることとなる。ここでは，第1回の金利決済によりC社の支払う利息の金額は20,500,000円（＝固定金利分20,000,000円＋金利スワップ契約に伴う純支払額500,000円）となり，変動金利で借り入れた場合と同額の支払利息が計上されている。

④　決算日：前段は，「通常の処理」と同様，Y銀行からの借入金に伴う支払利息の未払分を計上する仕訳である。

後段は金利スワップに伴う純受取額を処理するための仕訳である。なお，この利息の受取り分は，Y銀行からの借入に伴う支払利息と一体として処理するため「支払利息」勘定を用いて処理することとなる（つまり，借入に伴う支払利息の減額分とみる）。ただし，決算日には金銭の受取りがないため，相手勘定科目としては，「未収利息」勘定が用いられている。なお，1,000,000円という金額については，「通常の処理」の⑥で算定した金利スワップに関わる半年分の純受払額を3カ月分に計算し直したものである。

⑤　翌期首：「未払利息」・「未収利息」について再振替仕訳を行う。

⑥　金利決済日（第2回：X6年6月30日）：③と同様に考えて仕訳を行う。

# V 棚卸資産の会計

## 1 総　　説

棚卸資産の会計処理は，①取得原価の決定，②払出原価の決定，および③期末評価の３つの段階にわたって行われる。

棚卸資産とは，企業がその営業目的を達成するために所有し，かつ，売却を予定する資産のほか，売却を予定しない資産であっても，販売活動及び一般管理活動において短期間に消費される事務用消耗品等も含まれる。なお，売却には，通常の販売のほか，活発な市場が存在することを前提として，棚卸資産の保有者が単に市場価格の変動により利益を得ることを目的とするトレーディングも含まれる。

棚卸資産の範囲は次のとおりである。

| |
|---|
| (イ)　通常の営業過程において販売するために保有する財貨または用役 |
| (ロ)　販売を目的として現に製造中の財貨または用役 |
| (ハ)　販売目的の財貨または用役を生産するために短期間に消費されるべき財貨 |
| (ニ)　販売活動及び一般管理活動において短期間に消費されるべき財貨 |

(イ)は商品や製品であり，(ロ)は仕掛品，(ハ)は原料や材料，さらには工場消耗工具器具備品などであり，(ニ)は事務用消耗品や包装資材などである。

まず，①取得原価の決定は，取得の形態等により次のとおり行われる。

(1)　購　入

購入により取得した棚卸資産の取得原価は，購入代価に副費（付随費用）の一部または全部を加算することにより算定される。購入代価は，送状価額から値引額，割戻額等を控除した金額とする。仕入割引額は，財務収益とみて，営業外収益に計上する。

(2)　製　造

生産品については適正な原価計算の手続により算定された正常実際製造原価をもって取得原価とする。また，副産物については，適正な評価額をもってその取得原価とする。

(3)　仕掛品

期末仕掛品については，未完成指図書によって代表される仕掛品は，個別原価計算の手続により当該指図書に集計された製造原価をもって取得原価とし，総合原価計算の手続を適用する仕掛品は，完成品換算量に基づき，先入先出法，平均法等を適用することにより算定された製造原価をもって取得原価とする。

次に，②払出原価の決定は，個別法，先入先出法，平均原価法（総平均法と移動平均法），売価還元法といった評価方法の中から選択した方法を適用して算定するが，それは同時に，期末棚卸資産の価額を算定することでもある。

最後に，期末評価，すなわち貸借対照表価額の決定であるが，通常の販売目的（販売するための製造目的を含む）で保有する棚卸資産は，取得原価をもって貸借対照表価額とする。ただし，期末における正味売却価額が取得原価を下回っているときは，当該正味売却価額をもって貸借対照表価額とする。この場合，取得原価と当該正味売却価額との差額は当期の費用として処理する。このとき，当該評価損は売上原価とするが，棚卸資産の製造に関連し不可避的に発生すると認められるときには製造原価として処理する。なお，重要な事業部門の廃止や災害損失の発生などの臨時の事象に起因し，かつ，多額であるときには，特別損失に計上し，これについては洗替処理を行ってはならない。

また，トレーディング目的で保有する棚卸資産については，市場価格に基づく価額をもって貸借対照表価額とし，帳簿価額との差額（評価差額）は，当期の損益として処理するが，このときは原則として純額で売上高に表示する。

なお，棚卸資産のうち商品と製品の払出は売上（営業収益）の認識を伴うことになるので，これに関しては，返品権付き販売，重要な金融要素（利息部分）が含まれている割賦販売や，委託販売，試用販売，および一定の期間にわたり履行義務が充足される工事契約などにおける収益認識時点の決定も重要な論点である。

③期末評価は数量と価額の確認過程である。数量の面では，継続記録による帳簿有高と実地棚卸による実際有高の一致が確認される。商品・製品の場合，不一致を示す棚卸減耗損（または費）のうち，原価性のあるものは製造原価，売上原価または販売費，原価性のないものは営業外費用または特別損失とされる。数量の扱いは「原価計算基準」を学ぶことが必要である。一方，価額の確認の過程は「棚卸資産の評価に関する会計基準」による（２節）ので，これを学習すること。

**問題５-１**　次の問１と２に答えなさい。

1　次の一連の取引について，商品有高帳において総平均法を適用した場合の決算整理仕訳をしなさい。なお，三分法により処理すること。

| | | | |
|---|---|---|---|
| 期首有高 | | 10個 @50円 | |
| 第１回 | 仕入 | 40個 @60円 | これに続く払出（販売）　40個 |
| 第２回 | 仕入 | 50個 @64円 | これに続く払出（販売）　50個 |

2　上記商品有高帳について，実地棚卸による期末の実際棚卸数量は９個であった。

**解答・解説**

| | | | | | |
|---|---|---|---|---|---|
| 1 | （借） | 仕　　入 | 500 | （貸）繰越商品 | 500 |
| | | 繰越商品 | 610 | 仕　　入 | 610 |

＊総平均単価(500＋2,400＋3,200)円÷(10＋40＋50)個＝61円　期末有高　10個@61円

| | | | | | |
|---|---|---|---|---|---|
| 2 | （借） | 棚卸減耗損(または費) | 61 | （貸）繰越商品 | 61 |

＊棚卸減耗損：(10－９)個×@61円　棚卸減耗損は原価性があるかないかで損益計算書での扱いが異なる。

## 2　棚卸資産の期末評価

前述のように，棚卸資産価額の決定の最終段階として，次期に繰り越す金額の合理性の確認過程，すなわち決算における数量と価格（単価）の確認があるが，ここでは，価格の確認過程を説明する。この過程は，通常の販売目的で保有するものと，トレーディング目的で保有するものとで扱いが異なる。

### (1)　通常の販売目的で保有する棚卸資産の期末評価

通常の販売目的（販売するための製造目的を含む）で保有する棚卸資産は，原則として取得原価で評価する。ただし，期末における正味売却価額が取得原価よりも下落しているときは，収益性が低下しているとみて，当該正味売却価額で評価する。正味売却価額とは，売却市場において観察可能な市場価格に基づく価額（将来販売時点の売価）から見積追加製造原価および見積販売直接経費（荷役費，見本費，販売手数料，荷造包装費など）を控除したものをいい，評価時点における資金回収額を示す。

このような収益性の低下による簿価切下げは，その発生原因（物理的な劣化，経済的な劣化，市場の需給変化など）を問わず，将来の収益を生み出すという意味においての有用な原価（回収可能な原価）だけを繰り越そうとする考え方である取得原価基準の下で回収可能性を反映するように，帳簿価額を減額し，将来に損失を繰り延べないために行われる。

また，製造業における原材料等のように，再調達原価（購買市場の時価＋購入に付随する費用）の方が把握しやすく，正味売却価額が当該再調達原価に歩調を合わせて動くと想定される場合には，継続適用を条件として，正味売却価額に代えて再調達原価（最終仕入原価を含む）によることもできる。

収益性の低下の有無に係る判断と簿価切下げは，原則として個別品目ごとに行う。ただし，複数の棚卸資産を一括りとした単位で行う方が投資の成果を適切に示すことができると判断されるとき（たとえば，補完的な関係にある複数商品の販売によって個別商品の販売よりも収益が上がる場合，または同一製品に使用される材料，仕掛品および製品を１グループとする場合）には，継続適用を条件として，一括りとする方法による。

売価還元法を採用している場合においても，期末における正味売却価額（棚卸資産の値入率等の類似性に基づくグループの売価合計額から見積販売直接経費を控除した金額）が帳簿価額よりも下落している場合には，当該正味売却価額をもって評価する。ただし，値下額等が売価合計額に適切に反映されている場合には，値下額および値下取消額を除外した売価還元法の原価率（売価還元低価法の原価率）により求められた期末の帳簿価額は，収益性の低下に基づく簿価切下額を反映したものとみなす。

### (2)　トレーディング目的で保有する棚卸資産の期末評価

取得当初より加工や販売努力を行うことなく単に短期的な市場価格の変動により利益を得るトレーディング目的で保有する棚卸資産（金，銀，白金など）は，投資者にとっての有用な情報はその期末時点の市場価格に求められるので，市場価格に基づく価額（時価）によって評価する。このような棚卸資産は，売買・換金に対して事業遂行上の制約等がなく，市場価格の変動に当たる評価差額が，企業にとっての投資活動の成果となる。

### (3) 財務諸表における開示

通常の販売目的で保有する棚卸資産に関して，その取得原価もしくは期末の正味売却価額が貸借対照表価額となり，取得原価と正味売却価額との差額（棚卸資産評価損）は，簿価切下げが販売活動を行う上で不可避的に発生したものである場合には，売上原価（棚卸資産の製造に関連し不可避的に発生すると認められる時には製造原価）の内訳項目（金額を注記もしくは独立掲記）として処理する。ただし，収益性の低下による簿価切下げが，臨時の事象（重要な事業部門の廃止，災害損失の発生等）に起因し，かつ，多額である時には，特別損失として処理する。

前期に計上した簿価切下額の戻入れに関して，洗替法（当期に戻入れを行う方法）と切放法（行わない方法）のいずれかを，棚卸資産の種類ごとに選択適用する。また，売価の下落要因を区分把握できる場合には，継続適用を条件として，その要因ごとに選択適用できる。つまり，前期に計上した簿価切下額を戻し入れる場合には，当期の簿価切下額と前期の簿価切下額戻入額を相殺した後の金額が，売上原価の内訳項目もしくは製造原価となる。ただし，簿価切下げが臨時の事象に基づくものであった場合は，当該簿価切下額の戻入れを行ってはならない。

トレーディング目的で保有する棚卸資産に関して，市場価格に基づく価額（時価）をもって貸借対照表価額とし，帳簿価額との差額（評価損益）は，原則として，純額で売上高に表示する。

**問題 5 - 2** 次の資料により，商品ごとの決算整理仕訳を行うとともに，損益計算書（売上総利益まで）を作成しなさい。なお，棚卸資産の払出原価の計算法は先入先出法を採用する。また，当期の商品売上高は717,640円であった。

| | A商品 | | B商品 | |
|---|---|---|---|---|
| | 数　量 | 単　価 | 数　量 | 単　価 |
| 期首商品棚卸高 | 40個 | 原　価　@382円 | 48個 | 原　価　@425円*1 |
| 当期商品仕入高 | 1,070個 | 原　価　@394円 | 552個 | 原　価　@410円 |
| 当期商品販売高 | 1,050個 | | 480個 | |
| 期末実地棚卸高 | 60個 | 正味売却価額@385円*2 | 120個 | 正味売却価額@400円 |

＊1　なお，B商品の前期末正味売却価額は@420円であり，収益性低下の原因は市場の需給変化によるものであった。当期末における正味売却価額の下落も同様の理由によるため，洗替法により処理する。

＊2　A商品の当期末における正味売却価額の下落は品質低下によるものと認められるため，切放法により処理する。

**解答・解説**

〔A商品に関する決算整理仕訳〕

| | | | | |
|---|---|---|---|---|
| （借）仕　　　　入 | 15,280 | （貸）繰　越　商　品 | 15,280 |
| （借）繰　越　商　品 | 23,640 | （貸）仕　　　　入 | 23,640 |
| （借）商品低価評価損 | 540* | （貸）繰　越　商　品 | 540 |

| | | | | | |
|---|---|---|---|---|---|
| (借) | 仕　　　入 | 540 | (貸) | 商品低価評価損 | 540 |

＊当期商品評価損(A商品)：60個×(@394円－@385円)＝540円

〔B商品に関する決算整理仕訳〕

| | | | | | |
|---|---|---|---|---|---|
| (借) | 仕　　　入 | 20,400 | (貸) | 繰越商品 | 20,400 |
| | 商品低価切下額 | 240 | | 商品低価切下額戻入 | 240[*1] |
| (借) | 繰越商品 | 49,200 | (貸) | 仕　　　入 | 49,200 |
| (借) | 商品低価評価損 | 1,200[*2] | (貸) | 商品低価切下額 | 1,200 |
| | 商品低価切下額戻入 | 240 | | 商品低価評価損 | 240 |
| (借) | 仕　　　入 | 960 | (貸) | 商品低価評価損 | 960 |

＊1　期首商品薄価切下額戻入：48個×(@420円－@425円)＝240

＊2　当期商品評価損：120個×(@410円－@400円)＝1,200

洗替法において生じる「商品低価切下額」は，貸借対照表上，「商品」から控除する。(他に商品がないとすると) 貸借対照表上の「商品」の金額は71,100円である。上記の仕訳に基づけば (ただし，売上高・仕入高は資料の数値から)，損益計算書 (売上総利益まで) は，次のようになる。

損益計算書　　(単位：円)

| | |
|---|---|
| 売上高 | 717,640 |
| 売上原価 | |
| 　商品期首棚卸高 | 35,680 |
| 　当期商品仕入高 | 647,900 |
| 　合計 | 683,580 |
| 　商品期末棚卸高 | 72,840 |
| 　商品低価評価損 | 1,500 |
| 　商品売上原価 | 612,240 |
| 売上総利益 | 105,400 |
| ⋮ | ⋮ |

## 3　商品有高帳の記入と五分法，その他の分割法

### (1)　商品有高帳の記入

商品有高帳の記入については，払出単価の決定に関わり，①先入先出法，②継続的後入先出法(注)，③期別後入先出法(注)，④移動平均法，⑤総平均法などの記帳方法を理解しておく必要がある。①，②，④の方法では，商品の受入れや払出しの都度，単価を決定することが可能であるが，③と⑤の方法では，期末時点にならないと単価は決定しない。このような観点からは，商品売買の処理方法として分記法や売上原価対立法を採っている場合には，①，②，④の方法を採らざるをえなくなり，総記法や三分法等を採っている場合には，期末商品棚卸高がわかればよいために，いずれの方法を採ることも可能となる。

(注) ②，③の方法は「棚卸資産の評価に関する会計基準」では削除されたが，長らく使われてきた方法である。

また，通常の商品の受入れや払出しの他に商品有高帳への記入が必要となるケースとしては，期中に返品（戻し品および戻り品）が生じた場合，仕入値引や仕入割戻しが生じた場合，期末に棚卸減耗損および商品評価損が生じた場合が挙げられる。

### (2) 五分法，その他の分割法

分割商品勘定の処理は，総記法の商品勘定の借方・貸方を複数の勘定に分割したものである。総記法の商品勘定の借方には，前期繰越高・総仕入高・売上戻り高・売上値引高などが記入され，貸方には，総売上高・仕入戻し高・仕入値引高などが記入されるが，それらをいくつの勘定に分けて記入するかにより，二分法・三分法・五分法・七分法が考えられ，その分割は次のようになされる。

<table>
<tr><th></th><th colspan="4">仕入取引</th><th colspan="3">売上取引</th></tr>
<tr><td>二分法</td><td colspan="4">仕　入</td><td colspan="3">売　上</td></tr>
<tr><td>三分法</td><td>繰越商品</td><td colspan="3">仕　入</td><td colspan="3">売　上</td></tr>
<tr><td>五分法</td><td>繰越商品</td><td colspan="2">仕　入</td><td>仕入戻し</td><td colspan="2">売　上</td><td>売上戻り</td></tr>
<tr><td>七分法</td><td>繰越商品</td><td>仕　入</td><td>仕入値引</td><td>仕入戻し</td><td>売　上</td><td>売上値引</td><td>売上戻り</td></tr>
</table>

分割商品勘定の処理の基本は，二分法である。すなわち，仕入取引に関わる前期繰越高・総仕入高・仕入戻し高・仕入値引高を仕入勘定に，また売上取引に関わる総売上高・売上戻り高・売上値引高を売上勘定に記入する。このとき，期末商品棚卸高（前期繰越高）は，仕入勘定で次期に繰り越される点に注意しなければならない。この二分法が基本であるが，一般には，さらに期末商品棚卸高を繰越商品勘定に分けて記入する三分法が用いられている。

仕入戻しおよび売上戻りが頻繁に生じ，その金額を単独の勘定で記入しておきたい場合には，五分法が用いられる。五分法では，仕入戻し勘定（戻し品勘定），売上戻り勘定（戻り品勘定）を設けて，これらの勘定を仕入勘定および売上勘定の控除的評価勘定として記入しておき，期末に仕入勘定および売上勘定に振り替える方法である。さらに，仕入値引および売上値引が頻繁に生じ，その金額を単独の勘定で記入しておきたい場合には，七分法が用いられることとなり，その処理方法は五分法と同様である。ところで，商品売買取引の明細記録のため補助記入帳として仕入帳と売上帳を設けることが多いが，これは三分法に対応した帳簿であり，五分法の場合には仕入帳と売上帳のほかに仕入戻し帳と売上戻り帳が，七分法の場合にはさらに仕入値引帳と売上値引帳とが設けられる。

ただし，収益認識会計基準によれば，売上戻り，売上割戻および売上値引のうち，合理的に予測可能なものは当該予測額を収益額（売上高）から控除しなければならないので，上記のような簿記処理をしたうえで，期末に次期以降に生じると予測される金額を見積もり，控除する。あるいは，販売時点で，それ以後発生する売上戻り，売上割戻および売上値引の金額を見積もり，売上高から控除しておき，期末にその予測額を見直す方法によることになる。また，売上割引については，それが重要な金融要素に該当する場合には，販売時点で売上高から控除しておかなければならない。それゆえ，得意先の事情で売上割引の適用期日を越えて支払われた売上代金中の金融要素部分（売上割引）は，財務収益（営業外収益）として取り扱われることになる。

なお，仕入割引については，仕入の控除項目とする考え方もあるが，わが国の制度上では金融収益として扱われるため，仕入から控除せず別勘定（仕入割引勘定）を用いて営業外収益として処理される。

**問題 5 - 3**　掛で仕入れた商品4,000円（原価）を返品した場合の，三分法および五分法における返品時と期末の仕訳を示しなさい。

**解答・解説**

| | | | | | | |
|---|---|---|---|---|---|---|
| 三分法 | 返品時 | ： | （借）買掛金 | 4,000 | （貸）仕入 | 4,000 |
| | 期　末 | ： | 仕訳なし | | | |
| 五分法 | 返品時 | ： | （借）買掛金 | 4,000 | （貸）仕入戻し | 4,000 |
| | 期　末 | ： | （借）仕入戻し | 4,000 | （貸）仕入 | 4,000 |

五分法（および七分法）では，仕入戻し勘定に記入していた金額を，期末に仕入勘定に振り替える必要がある。

## 4　返品権付販売（変動対価）

### (1)　返品権と会計処理

再販売価格維持制度，いわゆる再販制度においては，当初の販売価格で商品または製品を引き取ることが法律で認められているし，アパレル産業などでも慣行として同様のことが行われている。このような制度または慣行の下で行われる取引では，商品または製品が顧客に引き渡されたとしても，当該商品または製品が将来返品され，当初の取引価格を返金しなければならなくなる可能性があるため，この時点で販売による収益を認識すべきか否かが問題となる。

このような返品権付きの販売には，顧客との契約においては，商品または製品に対する支配を顧客に移転するとともに，当該商品または製品を返品して，①顧客が支払った対価の全額または一部の返金，②顧客が企業に対して負う（または負う予定の）金額に適用できる値引き，または③別の商品または製品への交換，を受ける権利を顧客に付与する場合がある。

### (2)　返品権付き販売の簿記処理

返品権付きの商品または製品（および返金条件付きで提供される一部のサービス）を販売した場合は，次のとおり処理する。

(ア)　企業が権利を得ると見込む対価の額（(イ)の返品されると見込まれる商品または製品の対価を除く）で収益を認識する。

(イ)　返品されると見込まれる商品または製品については，収益を認識せず，当該商品または製品について受け取った（または受け取る予定の）対価の額で返金負債を認識する。

(ウ)　返金負債の決済時に顧客から商品または製品を回収する権利について資産を認識する。

**問題5-4** A社の以下の取引を仕訳しなさい。なお，A社は，権利を得ることとなる変動対価を見積もるために，期待値による方法を使用する。また，商品Xの回収コストには重要性がない。

〔取引〕

(1) A社は，商品X（原価：20千円）を1個30千円で販売する200件の契約を複数の顧客と締結した。なお，A社は，顧客が未使用の商品Xを30日以内に返品する場合，全額返金に応じることとしている。

(2) A社は，(1)の契約に基づき，商品Xに対する支配を顧客に移転するとともに，代金全額を現金で受け取った。なお，このうち商品X190個が返品されないと見積もった。

(3) A社に，商品X10個が返品された。なお，返品された商品Xは利益が生じるように原価以上の販売価格で再販売できると予想した。

(4) A社は，返品された商品X10個の代金全額の返済のために現金を支払った。

**解答・解説**

(1) 契約の締結……仕訳なし

(2) 商品Xの引渡し……収益と売上原価の計上

| | | | | | |
|---|---|---|---|---|---|
| （借） | 現　　　金 | 6,000,000 | （貸） | 売　　　上 | 5,700,000 |
| | | | | 返金負債 | 300,000 |
| （借） | 売上原価 | 3,800,000 | （貸） | 商　　　品 | 4,000,000 |
| | 返品資産 | 200,000 | | | |

この契約では顧客が商品Xを返品することが認められているため，A社が顧客から受け取る対価は変動対価である。そこで，返品されると見込む商品X10個については収益を認識せずに，5,700千円（＝30千円×190個）の収益を認識し，返品されると見込む商品X10個の代金部分について，300千円（＝30千円×10個）の返金負債を認識する。

また，200個の商品が送付されているので，4,000千円（＝20千円×200個）の棚卸資産（商品）を減額（貸方計上）し，売上原価3,800千円（＝20千円×190個）を計上するとともに，返金負債の決済時に顧客から商品Xを回収する権利について200千円（＝20千円×10個）を返品資産として認識する。

(3) 商品X10個の返品

| | | | | | |
|---|---|---|---|---|---|
| （借） | 商　　　品 | 200,000 | （貸） | 返品資産 | 200,000 |

返品された商品X10個は利益が生じるように原価以上の販売価格で再販売できると予想しているため，通常の棚卸資産（商品）として計上する。

(4) 商品X10個の代金の返金

| | | | | | |
|---|---|---|---|---|---|
| （借） | 返金負債 | 300,000 | （貸） | 現　　　金 | 300,000 |

## 5　割賦販売の会計（重要な金融要素）

### (1) 割賦販売の簿記処理

商品の販売代価を月賦などの分割払いとして受け取る販売形態を割賦販売という。割賦販売からの収益の認識については，従来は割賦基準（回収期限到来基準または回収基準）も認められていたが，「収益認識に関する会計基準」(以下，「基準」）では，販売基準のみが認められることとなった。販売基準によれば，通常の販売と同様の処理でよく特殊な記帳を必要としない。

### (2) 利息別記法・利息区分法

割賦販売においては，代金の回収が長期にわたるため，その販売価格に利息が含まれていることがある。そのような場合，「基準」では利息を調整（控除）した現金販売価格を反映する金額で収益を認識することが求められている。ただし，販売時点と顧客が割賦金を支払う時点の間が1年以内の場合には，そのような調整をしないことも認められている。

利息を調整する場合には，商品の販売時に，利息相当額を割賦売上勘定から分離して，利息調整勘定の貸方に記入しておく。そして，割賦金の回収時に，その割賦金に含まれる利息相当額を利息調整勘定から割賦受取利息勘定に振り替える。

**問題5-5**　商品（原価100,000円，現金販売価格135,000円，割賦売価140,000円）を，3カ月ごとの5回払いで割賦販売し，割賦金は3カ月ごとに受け取り，当座預金に預け入れた。決算までに3回の割賦金が回収された。なお，利息部分については，利息別記法を採り，定額法により処理すること。

**解答・解説**

〔販売基準〕

| | | | | | |
|---|---|---|---|---|---|
| 販売時： | （借）割賦売掛金 | 140,000 | （貸） | 割賦売上 | 135,000 |
| | | | | 利息調整勘定 | 5,000 |
| 回収時： | （借）当座預金 | 28,000 | （貸） | 割賦売掛金 | 28,000 |
| | （借）利息調整勘定 | 1,000 | （貸） | 割賦受取利息 | 1,000 |
| 決算時： | 仕訳なし | | | | |

**問題5-5**では，利息部分について，定額法（3カ月分1,000円）により処理したが，通常，利息は元本に対して借り入れた期間に応じて生じることを考えると，利息法により処理する方が合理性がある。利息法では，複利計算により利息を算定するため，3カ月分の利率をrとすると，**問題5-5**では次の関係式が成り立つ。（単位：円）

$$\frac{28{,}000}{1+r}+\frac{28{,}000}{(1+r)^2}+\frac{28{,}000}{(1+r)^3}+\frac{28{,}000}{(1+r)^4}+\frac{28{,}000}{(1+r)^5}=135{,}000$$

すなわち，3カ月分の利率rによる現在割引価値が，現金販売価格と等しくなるのである。ここで求められるrは約1.2246％となり，それをもとに毎回の回収額における利息部分と元本部分とを示すと，次のようになる。（単位：円）

| | 回収額 | 利息部分 | 元本部分 | 元本残高 |
|---|---|---|---|---|
| 販売時 | — | — | — | 135,000 |
| 第1回 | 28,000 | 1,653 | 26,347 | 108,653 |
| 第2回 | 28,000 | 1,331 | 26,669 | 81,984 |
| 第3回 | 28,000 | 1,004 | 26,996 | 54,988 |
| 第4回 | 28,000 | 673 | 27,327 | 27,661 |
| 第5回 | 28,000 | 339 | 27,661 | 0 |
| 合　計 | 140,000 | 5,000 | 135,000 | — |

利息法を採った場合でも，利息別記法としての簿記処理としては**問題 5 - 5** の定額法の場合と同様であるが，利息部分の金額が異なることとなる。

## 6　その他の特殊販売の会計

その他の特殊販売としては，未着商品販売，委託販売，受託販売，試用販売，予約販売などが挙げられる。一般の販売では，商品が払い出された時点で収益を計上するが，委託販売や試用販売では，商品が払い出されてもまだ販売には至っていないため，払い出し時点では収益は計上されない。また，受託販売では，商品の販売が行われても受託者に帰属する（販売）収益ではないために，受託者側では売上は計上されず，販売（受取）手数料が計上されるだけである。

三分法を採っている場合には，委託販売や試用販売では，委託や試用のために商品を送った時点で，仕入勘定から積送品勘定または試用品勘定への原価での振替が行われるため，その販売が確定した時点では，その逆仕訳を行わなくてはならない。

主な仕訳処理の例を示すと，次のようになる。

### (1)　未着商品売買

①　商品100,000円を掛で買い付け，貨物代表証券を入手した。

②　上記商品の到着前に，商品を貨物代表証券によって130,000円で掛売上した。

| | | | | | | |
|---|---|---|---|---|---|---|
| 〔仕訳〕 | ① | （借）未着品 | 100,000 | （貸）買掛金 | 100,000 |
| | ② | （借）売掛金 | 130,000 | （貸）未着品売上 | 130,000 |
| | | （借）仕入 | 100,000 | （貸）未着品 | 100,000 |

### (2)　委託販売・受託販売

①　委託販売のため，商品（原価80,000円，売価110,000円）を積送した。

②　上記商品が，現金で販売された。

③　上記商品の売上計算書（売上代金110,000円，販売手数料3,000円）と，小切手107,000円を受け取った。受託者側は小切手を振り出した。

| | | | | | |
|---|---|---|---|---|---|
| 〔仕訳〕 | ① | （借）積送品 | 80,000 | （貸）仕入 | 80,000 |
| | ② | 仕訳なし | | | |
| | ③ | （借）現金 | 107,000 | （貸）積送品売上 | 107,000 |
| | | （借）仕入 | 80,000 | （貸）積送品 | 80,000 |

上記の例を，受託販売した側で仕訳すると次のようになる。

| | | | | | |
|---|---|---|---|---|---|
| 〔仕訳〕 | ① | 仕訳なし | | | |
| | ② | （借）現金 | 110,000 | （貸）受託販売 | 110,000 |
| | ③ | （借）受託販売 | 110,000 | （貸）受取手数料 | 3,000 |
| | | | | 当座預金 | 107,000 |

### (3) 試用販売

① 商品（原価70,000円，売価90,000円）を，試用販売契約により顧客に引き渡した。

② 上記商品について，買取りの意思表示があり販売が成立した。なお，代金は掛による。

| | | | | | | |
|---|---|---|---|---|---|---|
| 〔仕訳〕 | ① | （借）試用品 | 70,000 | （貸）仕入 | 70,000 |
| | ② | （借）売掛金 | 90,000 | （貸）試用品売上 | 90,000 |
| | | （借）仕入 | 70,000 | （貸）試用品 | 70,000 |

### (4) 予約販売

① 得意先より商品の予約金として40,000円が，送金小切手で送られてきた。

② 予約されていた商品（売価200,000円）を，発送した。

③ 予約金と商品代金の差額160,000円を小切手で受け取った。

| | | | | | |
|---|---|---|---|---|---|
| 〔仕訳〕 | ① | （借）現金 | 40,000 | （貸）前受金 | 40,000 |
| | ② | （借）前受金 | 40,000 | （貸）売上 | 200,000 |
| | | 売掛金 | 160,000 | | |
| | ③ | （借）現金 | 160,000 | （貸）売掛金 | 160,000 |

**問題5-6**　以下の試用販売の取引について，対照勘定法を採る場合の仕訳を示しなさい。

1 商品50個（原価@1,000円，売価@1,300円）を，試用販売契約により顧客に引き渡した。
2 上記商品のうち30個について，買取りの意思表示があり販売が成立した。なお，代金は掛による。
3 決算を迎えた。

**解答・解説**

| | | | | |
|---|---|---|---|---|
| 1 | （借）試用販売契約 | 65,000 | （貸）試用仮売上 | 65,000 |
| 2 | （借）売掛金 | 39,000 | （貸）試用品売上 | 39,000 |
| | （借）試用仮売上 | 39,000 | （貸）試用販売契約 | 39,000 |
| 3 | （借）繰越商品 | 20,000 | （貸）仕入 | 20,000 |

試用販売の処理で対照勘定法を採る場合に，期末までに販売されていない試用品（この例では，20個）があるときには，当該商品の原価を仕入勘定から控除し，繰越商品勘定に振り替える必要がある。

## 7 工事契約の会計

長期請負工事においては，長期間にわたって収益認識を行うため，通常の商業や製造業とは異なる会計処理が行われる。契約の履行義務が一定期間にわたって充足される場合，その充足の割合に応じて収益認識を行う工事進行基準が適用される。履行義務が一定時点で充足されると判断される場合，工事が完成し引き渡された際に収益認識を行う工事完成基準が適用される。工事進行基準では，工事が完成し引渡される前であっても，作業の進捗度に応じて収益の認識が行われる。長期請負工事の場合，一般的に収益の金額は契約締結時に確定しており，これが履行される可能性が高いため，引渡し前の収益認識が認められる。

工事進行基準を適用する場合の決算日における工事進捗度は，原価比例法等の適切な方法を用いて見積もられる。原価比例法における工事進捗度は次の計算式によって計算される。

$$工事進捗度=\frac{当該年度までの実際発生工事原価累計額}{当該年度末における総見積工事原価}$$

原価比例法は，工事の原価（インプット）をベースとして進捗度を計算する方法である。工事進捗度の計算方法としては，他に，工事の出来高（アウトプット）をベースに進捗度を求める方法もある。

各年度の工事収益は，次の計算式によって計算される。

$$工事収益=工事収益総額\times決算日における工事進捗度-前年度までの工事収益累計額$$

工事の途中で見積工事原価や請負工事契約価額が変更された場合，以後，変更後の数値を用いて，工事進捗度並びに工事収益を計算する。

工事の内容によっては，工事の進捗度を合理的に算定することが困難な場合もある。履行義務の充足にかかる割合を合理的に見積もることが困難な場合，それが可能になるまで，発生した原価に基づいて同額を収益として認識する原価回収基準の適用が認められる。

また，工事契約について，工事原価総額等が工事収益総額を超過する可能性が高く，かつ，その金額を合理的に見積もることができる場合には，その超過すると見込まれる額のうち，当該工事契約に関してすでに計上された損益の額を控除した残額を，工事損失が見込まれた期の損失として処理し，工事損失引当金を計上する。

**問題5-7**　長期請負工事に関する次の一連の取引について，下の問いに答えなさい。

X1年4月1日，工事期間3年，請負工事契約価額1,800,000,000円で，建物の建設請負工事契約を締結した。契約時における見積総工事原価は1,400,000,000円であった。

X2年3月31日，上記の長期請負工事に関する当期の実際発生工事原価は，材料費180,400,000円，労務費169,300,000円，経費154,300,000円であり，決算日における完成までに要する見積工事原価は936,000,000円であった。

X3年3月31日，上記の長期請負工事に関する当期の実際発生工事原価は，材料費178,200,000円，労務費156,400,000円，経費154,200,000円であり，決算日における完成までに要する見積工事原価は467,200,000円であった。

X4年3月31日，建物が完成し引き渡しを行った。上記の長期請負工事に関する当期の実際発生工事原価は，材料費174,300,000円，労務費143,600,000円，経費138,200,000円であった。

1．決算日に原価比例法により見積もる工事進捗度にしたがって収益を認識する場合，各期末の工事原価と工事収益を示しなさい。

2．上記の取引において，各期末に完成までに要する見積工事原価を合理的に見積もることができず原価回収基準を用いる場合，各期末の工事原価と工事収益を示しなさい。

**解答・解説**

1．

| | 工事原価 | 工事収益 |
|---|---|---|
| X２年３月31日 | 504,000,000 | 630,000,000 |
| X３年３月31日 | 488,800,000 | 594,000,000 |
| X４年３月31日 | 456,100,000 | 576,000,000 |

各期末の仕訳は以下の通りとなる。

**(1)　X２年３月31日**

| | | | | | |
|---|---|---|---|---|---|
| （借） | 半成工事 | 504,000,000 | （貸） | 材料費 | 180,400,000 |
| | | | | 労務費 | 169,300,000 |
| | | | | 経費 | 154,300,000 |
| （借） | 半成工事原価 | 504,000,000 | （貸） | 半成工事 | 504,000,000 |
| （借） | 半成工事売掛金 | 630,000,000 | （貸） | 半成工事収益 | 630,000,000 |

最初に，当該工事に関して実際に発生した工事原価を，仕掛品勘定に相当する半成工事勘定に振り替える。半成工事勘定において算定した当期発生原価を，売上原価勘定に相当する半成工事原価勘定に振り替える。

初年度の工事収益は，請負工事契約価額に工事進捗度を掛けることによって求める。工事進捗度は，当該年度までの実際発生工事原価累計額を当該年度末における総見積工事原価で除することによって求められる。当該年度末における総見積工事原価は，当期までの実際発生原価に完成までに要する見積工事原価を加えることによって求められる。

当期発生原価=材料費180,400,000＋労務費169,300,000＋経費154,300,00

＝504,000,000

$$\text{工事進捗度} = \frac{\text{当期発生原価 } 504{,}000{,}000}{\text{当期発生原価 } 504{,}000{,}000 + \text{見積残存工事原価 } 936{,}000{,}000}$$

＝0.35

工事収益＝請負工事契約価額1,800,000,000×工事進捗度0.35

＝630,000,000

(2) **X３年３月31日**

| | | | | |
|---|---|---|---|---|
| (借) 半成工事 | 488,800,000 | (貸) 材料費 | 178,200,000 |
| | | 労務費 | 156,400,000 |
| | | 経費 | 154,200,000 |
| (借) 半成工事原価 | 488,800,000 | (貸) 半成工事 | 488,800,000 |
| (借) 半成工事売掛金 | 594,000,000 | (貸) 半成工事収益 | 594,000,000 |

２期目以降の工事収益は，当期までの工事進捗度によって算定される工事収益の金額から，前期までに計上された工事収益の金額を差し引くことによって計算される。

工事進捗度を計算する際，当該年度までの実際発生工事原価累計額は，前期の発生原価に当期の発生原価を加えることによって，当該年度末における総見積工事原価は，前期と当期の実際発生原価に完成までに要する見積工事原価を加えることによって計算される。

当期発生原価=材料費178,200,000＋労務費156,400,000＋経費154,200,000

＝488,800,000

$$工事進捗度 = \frac{前期発生原価\ 504{,}000{,}000 + 当期発生原価\ 488{,}800{,}000}{前期発生原価\ 504{,}000{,}000 + 当期発生原価\ 488{,}800{,}000 + 見積残存工事原価\ 467{,}200{,}000}$$

＝0.68

工事収益＝(請負工事契約価額1,800,000,000×工事進捗度0.68)－X１年度工事収益630,000,000

＝594,000,000

(3) **X４年３月31日**

| | | | |
|---|---|---|---|
| (借) 半成工事 | 456,100,000 | (貸) 材料費 | 174,300,000 |
| | | 労務費 | 143,600,000 |
| | | 経費 | 138,200,000 |
| (借) 半成工事原価 | 456,100,000 | (貸) 半成工事 | 456,100,000 |
| (借) 半成工事売掛金 | 576,000,000 | (貸) 半成工事収益 | 576,000,000 |

工事が完成し，建物を引き渡した段階で，残りの工事収益を計上する。

工事収益=請負工事契約価額1,800,000,000－(X１年度工事収益630,000,000＋X２年度工事収益594,000,000)

＝576,000,000

２．

| | 工事原価 | 工事収益 |
|---|---|---|
| X２年３月31日 | 504,000,000 | 504,000,000 |
| X３年３月31日 | 488,800,000 | 488,800,000 |
| X４年３月31日 | 456,100,000 | 807,200,000 |

各期末の仕訳は以下の通りとなる。

(1) X２年３月31日

| | | | | | |
|---|---|---|---|---|---|
| （借） | 半成工事 | 504,000,000 | （貸） | 材料費 | 180,400,000 |
| | | | | 労務費 | 169,300,000 |
| | | | | 経費 | 154,300,000 |
| （借） | 半成工事原価 | 504,000,000 | （貸） | 半成工事 | 504,000,000 |
| （借） | 半成工事売掛金 | 504,000,000 | （貸） | 半成工事収益 | 504,000,000 |

原価回収基準を用いる場合，発生した工事原価と同額の工事収益を計上する。

(2) X３年３月31日

| | | | | | |
|---|---|---|---|---|---|
| （借） | 半成工事 | 488,800,000 | （貸） | 材料費 | 178,200,000 |
| | | | | 労務費 | 156,400,000 |
| | | | | 経費 | 154,200,000 |
| （借） | 半成工事原価 | 488,800,000 | （貸） | 半成工事 | 488,800,000 |
| （借） | 半成工事売掛金 | 488,800,000 | （貸） | 半成工事収益 | 488,800,000 |

(3) X４年３月31日

| | | | | | |
|---|---|---|---|---|---|
| （借） | 半成工事 | 456,100,000 | （貸） | 材料費 | 174,300,000 |
| | | | | 労務費 | 143,600,000 |
| | | | | 経費 | 138,200,000 |
| （借） | 半成工事原価 | 456,100,000 | （貸） | 半成工事 | 456,100,000 |
| （借） | 半成工事売掛金 | 807,200,000 | （貸） | 半成工事収益 | 807,200,000 |

完成し建物を引き渡した段階で，残りの工事収益を計上する。

工事収益=請負工事契約価額1,800,000,000－(X１年度の工事収益504,000,000＋X２年度の工事収益488,800,000)

# VI 固定資産の会計

## 1 総　　説

### (1) 固定資産の意義と分類

固定資産とは，流動資産以外の資産であり，主として，企業が長期間にわたる使用または投資を目的として保有する資産である。したがって，使用することを目的として保有する資産であっても，短期間に消費されてしまうもの，たとえば，消耗工具器具備品は固定資産には該当しないし，逆に，長期間にわたり保有する資産であっても，販売目的で保有するもの，たとえば，販売用不動産も固定資産には該当しない。固定資産は，有形固定資産，無形固定資産および投資その他の資産に分類される。以上の関係を図示すれば，次のとおりである。

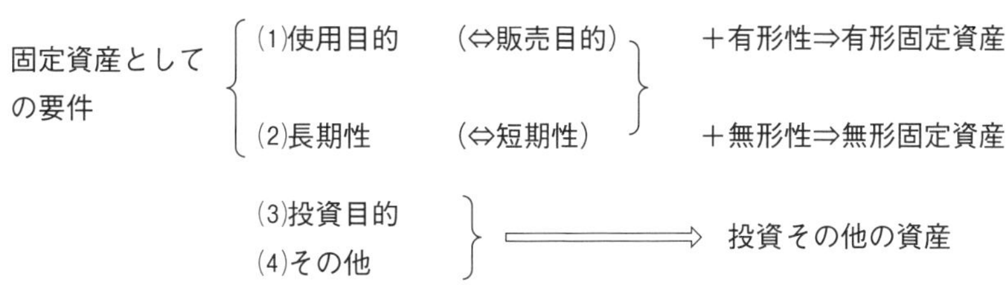


有形固定資産には，建物，構築物（ドック，橋，岸壁，さん橋，軌道），機械装置，車両運搬具，工具器具備品，土地のほか，リース資産や建設仮勘定などがある。無形固定資産には，のれん，特許権，借地権，地上権，商標権，実用新案権，意匠権，鉱業権，漁業権，ソフトウェア，リース資産，公共施設等運営権などがある。投資その他の資産には，関係会社株式その他流動資産に属しない有価証券，出資金，長期貸付金，前払年金費用，繰延税金資産などがある。

固定資産も流動資産も，資産は取得し，その後，処分（売却または廃棄）される。しかし，固定資産の場合には，長期にわたり企業にとどまるため，複数の会計期間に関連することになり，その結果，決算における会計処理も問題となる。そこで，この点を図示すれば，次のとおりである。

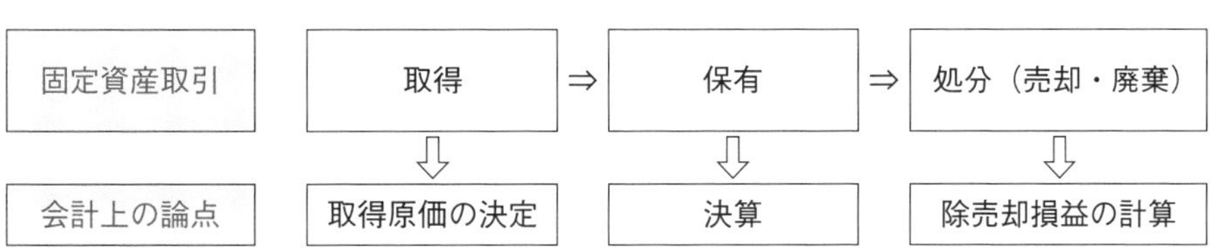


### (2) 固定資産の原価配分思考

固定資産を決算において取り扱うための考え方は，「企業会計原則」貸借対照表原則五・２で，「資産の取得原価は，資産の種類に応じた費用配分の原則によって，各事業年度に配分しなければならない。有形固定資産は，その取得原価を当該固定資産の耐用期間にわたり，一定の減価償却方法によって各事業年度に配分し，無形固定資産及び繰延資産は，有償取得の対価を一定の償却方法によって各事業年度に配分しなければならない。」という記述に見られるように，原価配分である。ここでは，配分による費用額の確定後に行われる費用計上の結果，固定資産の貸借対照表価額が決定されること，その場合の配分額としての費用額には一定の規則性が必要性であること指摘されている。

### (3) 減価償却の方法

「企業会計原則注解注20」の定めには，減価償却の方法として，定額法，定率法，級数法と，生産高比例法とが挙げられている。後述のとおり，前者は配分基準が期間であり，年数法ないし期間法と，後者は配分基準が利用量であり，比例法と呼ばれている。なお，このうち，１級以下において出題範囲に入っているものは，次のとおり，定額法と定率法である。

(ア) 定額法

これは，固定資産の耐用期間中，毎期均等額の減価償却費を計上する方法である。各年の減価償却費の金額は次の計算式により算出される。

$$\text{年減価償却費} = \frac{\text{取得原価（C）} - \text{残存価額（S）}}{\text{耐用年数（N）}}$$

(イ) 定率法

これは，固定資産の耐用期間中，毎期期首未償却残高に一定率を乗じた減価償却費を計上する方法である。各年の減価償却費の金額は次の計算式により算出される。

各期（n期）の減価償却費＝期首未償却残高×減価償却率 $\alpha$

なお，未償却残高＝取得原価－減価償却累計額

$$\text{期首未償却残高} = \text{取得原価} \times (1 - \alpha)^{n-1}$$

$$\text{減価償却率}\ \alpha = 1 - \sqrt[N]{\frac{S}{C}}$$

### (4) 固定資産の取得原価

減価償却費を計算するためには，取得原価を決定し，残存価額および耐用年数を予測しなければならないが，このうち取得原価は形態別に次のとおり決定される。

固定資産を購入によって取得した場合には，購入代金に買入手数料，運送費，荷役費，据付費，試運転費等の付随費用を加えて取得原価とする。ただし，正当な理由がある場合には，付随費用の一部または全部を加算しない額をもって取得原価とすることができる。購入に際して値引または割戻を受けたときには，これを購入代金から控除する。

固定資産を自家建設した場合には，適正な原価計算基準に従って製造原価を計算し，これに基づいて取得原価を計算する。建設に要する借入資本の利子で稼働前の期間に属するものは，これを取得原価に算入することができる。

固定資産を現物出資によって取得した場合，対価として用いられた自社の株式の契約日における公正な評価額若しくは取得した財貨またはサービスの公正な評価額のうち，いずれかより高い信頼性をもって測定可能な評価額をもって取得原価とする（「ストック・オプション等に関する会計基準」15項(2))。

自己所有の固定資産と交換に固定資産を取得した場合には，交換に供された自己資産の適正な簿価をもって取得原価とする。また，自己所有の株式ないし社債等と固定資産を交換した場合には，当該有価証券の時価または適正な簿価をもって取得原価とする。

固定資産を贈与された場合には，時価等を基準として公正に評価した額をもって取得原価とする。

以上の取扱い（現物出資を除く）は，連続意見書第三「有形固定資産の減価償却について」において定められている。

### (5) 固定資産の耐用年数

固定資産の耐用年数には，一般的耐用年数と個別的耐用年数とがあり，その意味等をまとめれば，次のとおりである。

| | | |
|---|---|---|
| 一般的耐用年数 | 耐用年数を左右すべき諸条件を社会的平均的に考慮して決定されたもの | 固定資産の種類が同じであれば，個々の資産の置かれた特殊的条件にかかわりなく全国的に画一的に定められた耐用年数 |
| 個別的耐用年数 | 各企業が自己の固定資産につきその特殊的条件を考慮して自主的に決定したもの | 元来，固定資産はそれが同種のものであっても，操業度の大小，技術水準，修繕維持の程度，経営立地条件の相違等によってその耐用年数も異なるべきもの |

固定資産の耐用年数は，その予測使用可能期間であるから，次のような減価原因に照らして予測される。なお，減価原因には物質的減価と機能的減価があり，その内容を表にまとめれば次のとおりである。なお，このうち，「災害等による滅失」を原因とするものは，「臨時損失」であって，減価償却とは関係しない。

| 分類 | 原　因 | 内　容 |
|---|---|---|
| 物質的減価 | 使用 | 摩耗等 |
| | 時の経過 | 経年劣化等 |
| | 災害等による滅失 | 火災による焼失や水没による無価値化 |
| 機能的減価 | 陳腐化 | 物質的には正常でも，発明等による性能の相対的劣化 |
| | 不適応化 | 性能的に問題ないが，経営方針の変化により不必要になった |

物質的減価は技術的に比較的正確に予測されうるが，機能的減価は偶然性を帯び，これを的確に予測することがはなはだ困難である。

### (6) 減価償却の記帳方法

減価償却の記帳方法には，直接（控除）法と間接（控除）法とがある。たとえば，建物の減価償却費1,000を計上するのであれば，それぞれの方法では次のように仕訳することになる。

| | | | | |
|---|---|---|---|---|
| 直接控除法 | (借)減価償却費 | 1,000 | (貸)建　　　物 | 1,000 |
| 間接控除法 | (借)減価償却費 | 1,000 | (貸)建物減価償却累計額 | 1,000 |

直接控除法では，減価償却費を計上するにつれて資産勘定である建物勘定の残高が減少していくのに対して，間接控除法では，建物勘定の残高は減少せずに，そのマイナスとしての意味を持つ減価償却累計額勘定が増えていくことになる。どちらの方法によったとしても，建物の帳簿価額は同じことになるが，逆に言えば，建物勘定の残高が同じ金額であったとしても，直接控除法で記帳されている場合と間接控除法で記帳されている場合とでは，全く異なる内容を持っている点に留意しなければならない。

### (7) 減価償却累計額の表示方法

これについては，科目別に取得原価後減価償却累計額およびその純額としての帳簿価額を示す科目別控除方式を原則としながら，一括控除方式または注記方式も認められているが，財務諸表等規則の様式では科目別控除方式が示されている。

### (8) 資本的支出と収益的支出

固定資産に関連する支出には，固定資産の性能などの固定資産の価値を維持するための修繕費と，固定資産の性能の向上や耐用年数の延長など固定資産の価値の増加をもたらす改良費とがある。前者を収益的支出といい，支出した会計期間の収益に賦課するために費用計上されるのに対して，後者は資本的支出といい，固定資産の帳簿価額に加算して，その費用化はその後の減価償却を通じて行われる。

## 2 級数法，償却基金法，比例法，中途売却および取替法

### (1) 級　数　法

減価償却費を逓減させようとするとき，定率法では償却費の逓減度が急激すぎる。そこで，逓減（減少）率を緩和するために考案された減価償却法が級数法である。たとえば，取得原価100万円，残存価額10万円，耐用年数10年の固定資産の減価償却を行う場合，各方法の各期の減価償却費は次のようになる。定率法と級数法の各期の数値を比較してほしい。級数法も逓減法の一種である。

減価償却費の期別比較　(単位：万円)

| 期(M) | 1 | 2 | 3 | 4 | 5 | 6 | 7 | 8 | 9 | 10 | 計 |
|---|---|---|---|---|---|---|---|---|---|---|---|
| 級数法 | 16.4 | 14.7 | 13.1 | 11.5 | 9.8 | 8.2 | 6.5 | 4.9 | 3.3 | 1.6 | 90 |
| 定率法 | 20.6 | 16.4 | 13.0 | 10.3 | 8.2 | 6.5 | 5.2 | 4.1 | 3.3 | 2.4 | 90 |

(償却率 20.6%)

級数法の減価償却費は次の算式で計算される。取得原価をC，残存価額をS，耐用年数をｎとする。まず１から耐用年数ｎまでの算術級数総和Ｎを求める。

$$N=\frac{n(n+1)}{2}$$

（nが10のとき，Nは1から10までを足せばよいので55となる。）

そして，第m期の減価償却費Dmは次のように計算する。

$$Dm=\frac{\{n-(m-1)\}}{N}\times(c-s)$$

（1期目は10/55，2期目は9/55，3期目は8/55…9期目は2/55，10期目は1/55を要償却額（取得原価－残存価額）の90に掛ける。）

**問題6-1**　X1年4月1日に購入した備品の取得原価は500,000円，残存価額は50,000円，耐用年数は4年，級数法で減価償却を行ったときの×3年3月31日の決算時における減価償却の仕訳を示しなさい。

**解答・解説**

| | | | |
|---|---|---|---|
| （借）減　価　償　却　費 | 135,000 | （貸）備品減価償却累計額 | 135,000 |

耐用年数は4年であるから，1から4までを合計（1＋2＋3＋4）すると10となり，1年目の減価償却費は450,000（500,000－50,000）円に10分の4を掛けた値（180,000円），2年目の減価償却費は450,000円に10分の3を掛けた値になる。ちなみに，3年目の減価償却費は90,000円（450,000×2/10）であり，4年目は45,000円（450,000×1/10）である。

### (2)　償却基金法

耐用年数nを用いて行われる減価償却の方法としては，償却基金法がある。償却基金法は，アメリカにおいて，一定のサービスを継続的に提供し続けるため，老朽設備を確実に更新する必要のある公益企業などで用いられる減価償却法であり，定率法や級数法とは逆に，減価償却費が毎年徐々に増えていく「逓増法」である。具体的な処理は以下のとおりである。

固定資産について，毎年，一定額の減価償却費を計上するとともに，同額の資金を銀行預金等（この預金等の資産を償却基金と呼ぶ）として企業外部の金融機関等に預け入れ，運用する。銀行預金等には利息がつくから，毎年，この利息分を償却基金に繰り入れるとともに，それと同額の減価償却費をさらに計上する。耐用年数経過後，償却基金に毎年繰り入れられた金額（元金）と，一定の利率で複利計算された利息の合計額が，当該固定資産の取得原価から残存価額を差し引いた金額（C－S）に一致するように毎期の償却基金に預け入れる額を決定しておく。なお，毎期の償却基金への預入額をFとし，利率（年利）をrとすれば，Fは次の式で求められる。

$$F=\frac{r}{(1+r)^{n}-1}\times(C-S)$$

耐用年数経過後，除却された固定資産を当初見込んでいた残存価額Sで売却することができれば，償却基金とあわせて固定資産の更新資金が用意されることになる。

**問題6-2** X1年4月1日に1,000,000円で購入した機械の残存価額は100,000円，耐用年数は3年であり，償却基金法で減価償却を行う。償却基金は，毎年3月31日の決算日に預け入れる。利息の付与がなされ，利率（年利）は5％であるものとして，次の**1**から**3**に答えなさい。

1　X2年3月31日における減価償却ならびに償却基金に関する仕訳を示しなさい。
2　X3年3月31日における減価償却ならびに償却基金に関する仕訳を示しなさい。
3　X4年3月31日における減価償却ならびに償却基金に関する仕訳を示しなさい。

**解答・解説**

| | | | | | | |
|---|---|---|---|---|---|---|
| 1 | （借） | 減価償却費 | 285,488 | （貸） | 備品減価償却累計額 | 285,488 |
| | （借） | 償却基金 | 285,488 | （貸） | 現金 | 285,488 |
| 2 | （借） | 減価償却費 | 299,762 | （貸） | 備品減価償却累計額 | 299,762 |
| | （借） | 償却基金 | 299,762 | （貸） | 現金 | 285,488 |
| | | | | | 受取利息 | 14,274 |
| 3 | （借） | 減価償却費 | 314,750 | （貸） | 備品減価償却累計額 | 314,750 |
| | （借） | 償却基金 | 314,750 | （貸） | 現金 | 285,488 |
| | | | | | 受取利息 | 29,262 |

毎期の償却基金への預入額は，$0.05/(1.05^3-1)\times(1{,}000{,}000-100{,}000)=285{,}488$円である。毎期末の償却基金の増加分は，この285,488円と，前期末の償却基金残高の5％に相当する利息分（1期末0円，2期末14,274円，3期末29,262円）をあわせた額であり，この金額が毎期の減価償却費となる。X4年3月31日における減価償却累計額ならびに償却基金残高はともに900,000円となっているので確認すること。なお，各期の期間利益に与える影響，すなわち最終金額は285,488円（各期の減価償却費－受取利息）であり，貸借対照表には備品とともに償却基金が計上される。

## (3) 比例法

定額法，定率法，級数法，償却基金法等は，耐用年数nを用いて行われる減価償却の方法であるから「年数法」と呼ばれるのに対して，固定資産の総利用量のうち，当期にどれだけの割合を使用したか，という利用度を用いて行われる減価償却法を比例法と呼ぶ。比例法には生産高比例法と時間比例法がある。

生産高比例法とは，ある固定資産によって生産される製品等の総量（Gとする）があらかじめ合理的に予測でき，当期の生産量（Pnとする）が測定できる場合に用いられる減価償却方法である。毎期の減価償却費は，当該固定資産の取得原価から残存価額を差し引いた要償却額（C－S）にPn/Gを乗じて求める。

一方，時間比例法も原理は同じである。ある固定資産を使用できる総運転時間（gとする）をあらかじめ合理的に予測することができ，当期の運転時間（pnとする）も測定できる場合に，固定資産の取得原価から残存価額を差し引いた要償却額（C－S）にpn/gを乗じて算定する。

**問題 6 - 3**　推定埋蔵量900万トンの鉱山からの当期の採掘量が55万トンであるとする。この鉱山で当初から使用されており，資源をすべて掘り出すまで使用する予定の機械の当期の減価償却の仕訳を示しなさい。なお，この機械の取得原価は10,000,000円，残存価額は1,000,000円であり，生産高比例法で償却する。

**解答・解説**

| | | | | | |
|---|---|---|---|---|---|
| （借） | 減価償却費 | 550,000 | （貸） | 機械減価償却累計額 | 550,000 |

要償却額9,000,000円に55万トン/900万トンを乗じれば，550,000円となる。

### (4) 中途売却

固定資産が，本来の耐用年数に達する前に企業方針の変更や資金繰り等の理由により，中途で売却される場合がある。このとき，売却される固定資産の簿価（取得原価－減価償却累計額）を確定する必要がある。売却額から簿価を差し引くことによって売却損益が計算されるからである。

理論的には，売却直前に日割りで当期の減価償却費を計上する。本来，当該固定資産を期末まで所有していたとしたら計上されたはずの減価償却費をDとし，売却が行われた年度の期首から売却時までの日数をnとすれば，Dに n/365（2月29日がその年度に含まれる場合は366）を掛けることにより当期の減価償却費を計上する。

その上で，固定資産売却の処理を行うが，これは，借方に受け取った現金等と当該固定資産の減価償却累計額を，貸方に当該固定資産の取得原価を記録し，簿価と売却価額の差額を固定資産売却益または固定資産売却損として仕訳を完成する。実務上は，当期の減価償却の処理を省略し，前期末の固定資産の簿価を用いて売却の処理を行うことも多い。

**問題 6 - 4**　当期首に，簿価640万円（取得原価1,000万円，減価償却累計額360万円）の機械を600万円で売却し，代金は小切手で受け取った。この仕訳を行いなさい。

**解答・解説**

| | | | | | |
|---|---|---|---|---|---|
| （借） | 現金 | 6,000,000 | （貸） | 機械 | 10,000,000 |
| | 機械減価償却累計額 | 3,600,000 | | | |
| | 固定資産売却損 | 400,000 | | | |

この問題では，当期首に売却が行われたため当期の減価償却費を計上しないこととしている。なお，当該機械が700万円で売却された場合には下のように60万円の固定資産売却益が計上される。

| | | | | | |
|---|---|---|---|---|---|
| （借） | 現金 | 7,000,000 | （貸） | 機械 | 10,000,000 |
| | 機械減価償却累計額 | 3,600,000 | | 固定資産売却益 | 600,000 |

### (5) 取替法

固定資産に関する処理法には，減価償却と並んで取替法がある。今日の実務においては減価償却が圧倒的に優勢となり，取替法は特定の固定資産についてのみ用いられるにすぎない会計処理となったが，そもそも取替法は，減価償却と同じように，ほとんどすべての有形固定資産について用いることのできる方法である。

本来の取替法においては，購入した固定資産の貸借対照表価額を使用期間にわたって取得原価のまま据え置き，老朽化等によって当該固定資産の一部あるいは全部が新しい固定資産と交換されたとき，その交換に際して支出された新しい固定資産の原価を当該年度の費用（取替費）として処理する。すなわち，取替法とは，固定資産が補修や交換によって半永久的に使用されることを前提とした会計処理法であるといえる。

今日では，取替法が用いられることはほとんどなく，代わりに減価償却が行われるわけであるが，鉄道のレール，枕木や電柱のように，同種の物が多数集まって1つの全体を構成し，その一部を取り替えることによって，全体の維持がなされるような場合に，そうした資産を取替資産と呼び，取替法を用いることができるとされる。

取替資産に関しては，実務上，取替法と平行して，取得原価の半額に達するまで減価償却も行うことができる。これを半額償却法という。取替法と減価償却とは，同じく固定資産の費用処理に用いられる方法であるが，基本的な発想法が異なっており，両者を同一の資産に対して同時に適用することは，会計理論的にはおかしい。しかし，取替資産を有する企業にとっては減価償却のみ，あるいは取替法のみを用いるのと比べて，より多くの費用を計上することができ，税務上有利である。したがって，わが国の法人税法においては，鉄道業，電力業，ガス業等の特定の業種における特定の資産のみが取替資産として認められ，それ以外は認められていない。

**問題 6 - 5**　次の仕訳を行いなさい。

1　X1年4月1日に原価1億円のレールを現金で取得し，ただちに敷設した（このレールの耐用年数は5年，残存価額は取得原価の10%であるが，半額償却法を適用する）。
2　X2年3月31日に決算を迎え，上記のレールについて半額償却法による減価償却を定額法によって行う。
3　X2年4月1日，老朽化したレールの一部（取得原価10万円分，売却価値0）を廃棄し，11万円を小切手で支払って新しいレールと交換した。
4　X3年3月31日，このレールについて半額償却法による減価償却を行った。
5　X4年3月31日，このレールについて半額償却法による減価償却を行った。

**解答・解説**

| | | | | | | |
|---|---|---|---|---|---|---|
| 1 | （借） | 構築物 | 100,000,000 | （貸） | 現金 | 100,000,000 |
| 2 | （借） | 減価償却費 | 18,000,000 | （貸） | 構築物減価償却累計額 | 18,000,000 |
| 3 | （借） | 取替費 | 110,000 | （貸） | 当座預金 | 110,000 |
| 4 | （借） | 減価償却費 | 18,000,000 | （貸） | 構築物減価償却累計額 | 18,000,000 |
| 5 | （借） | 減価償却費 | 14,000,000 | （貸） | 構築物減価償却累計額 | 14,000,000 |

**1**は，レールの購入の処理であり，**2**はその減価償却であって，通常の減価償却の方法と異ならない。問題は，**3**のように，取替資産の一部が更新されたとき，通常の減価償却が適用される固定資産の場合，

| | | | | | |
|---|---|---|---|---|---|
| （借） | 固定資産廃棄損 | 82,000 | （貸） | 構築物 | 100,000 |
| | 構築物減価償却累計額 | 18,000 | | | |

（借）構　　築　　物　　110,000　（貸）当　座　預　金　　110,000

という仕訳が行われるのに対し，取替法（半額償却法）が適用される取替資産の場合は解答のように処理する。4の仕訳は2の仕訳と同じであるが，5の場合，減価償却累計額がレールの取得原価の半額（5,000万円）に達するまでしか償却できないので，解答のようになる。X４年４月以降は，構築物の帳簿価額（取得原価マイナス減価償却累計額）を5,000万円のまま据え置き，取替費のみを計上して減価償却は行わない。

## 3　無形固定資産とソフトウェアの会計

### (1)　無形固定資産の意義

無形固定資産とは，経営活動のために１年を超える長期間にわたり利用される物理的な形態をもたない資産をいう。無形固定資産は，法的権利およびこれに準ずる権利，ソフトウェア制作費（ソフトウェアについては後述する），およびのれんの３つに大別される。

#### ①　法的権利およびこれに準ずる権利

これは，法律上，独占的に利用することが認められた権利を内容とするものと，契約によって特定の財産を独占的に利用することが認められた権利を内容とするものとがある。

具体的には，特許権，実用新案権，商標権，意匠権，借地権，漁業権，鉱業権，著作権，電気ガス施設利用権などがある。

#### ②　のれん（営業権）

のれんとは，ある企業が同業の他の平均企業と比較して超過収益力を有する場合，その超過収益力を生み出す源泉のことをいう。超過収益力は，たとえば，有能な経営陣や技術陣が存在すること，有力な販売網を備えていること，強力な資金調達力を有していること，立地条件が優れていること，商品の知名度が高いことなどから生じる。なお，のれんについては「XVII　企業結合会計」で詳述する。

### (2)　無形固定資産の費用配分

#### ①　無形固定資産の評価と費用配分

無形固定資産は，有形固定資産と同様に，当該資産の取得原価によって評価され，特定の償却手続に従って配分される。「企業会計原則」貸借対照表原則 五では次のように規定する。「貸借対照表に記載する資産の価額は，原則として，当該資産の取得原価を基礎として計上しなければならない。…（中略）…　無形固定資産は，当該資産の有効期間にわたり，一定の減価償却の方法によって，その取得原価を各事業年度に配分しなければならない。」

#### ②　無形固定資産の貸借対照表表示

無形固定資産は，当該資産の取得のために支出した金額から減価償却累計額を控除した価額をもって貸借対照表価額とし，直接控除方式により表示する。

**問題6-6** 次の1～3の取引を仕訳しなさい。

1 期首に，特許権を1,600,000円で購入し，代金は小切手を振り出して支払った。なお，特許権の登録税などの諸費用100,000円を現金で支払った。
2 期首に，鉱物の採掘権を2,250,000円で取得し，代金は小切手を振り出して支払った。なお，今後3年間にわたり毎年200トン，その後2年間は毎年150トンの鉱物の採掘が予想される。
3 当期の決算において，上記の特許権と鉱業権を次の条件で償却した。特許権は耐用年数を8年として定額法により償却し，鉱業権は当期の採掘量を180トンとして生産高比例法により償却する。

**解答・解説**

| | | | | | | |
|---|---|---|---|---|---|---|
| 1 | （借） | 特許権 | 1,700,000 | （貸） | 当座預金 | 1,600,000 |
| | | | | | 現金 | 100,000 |

特許権を外部から購入した時には，購入代金に付随費用を加算して取得原価を算定する。

| | | | | | | |
|---|---|---|---|---|---|---|
| 2 | （借） | 鉱業権 | 2,250,000 | （貸） | 当座預金 | 2,250,000 |

鉱業権とは，鉱床中に存在する鉱物を採掘・取得することを認めた鉱業法上の権利をいう。

| | | | | | | |
|---|---|---|---|---|---|---|
| 3 | （借） | 特許権償却 | 212,500 | （貸） | 特許権 | 212,500 |
| | （借） | 鉱業権償却 | 450,000 | （貸） | 鉱業権 | 450,000 |

無形固定資産の償却計算は，残存価額をゼロとして定額法により行う。鉱業権については，生産高比例法によって償却することも認められている（法人税法施行令48条の2）。特許権償却：1,700,000円÷8年＝212,500円，鉱業権償却：2,250,000円×180トン/（3×200トン＋2×150トン）＝450,000円

### (3) ソフトウェアの会計処理

#### ① ソフトウェアの概念

ソフトウェアとは，コンピュータを機能させるように指令を組み合わせて表現したものであり，㋐コンピュータに一定の仕事を行わせるためのプログラム，㋑システム仕様書，フローチャートなどの関連文書をいう。

#### ② ソフトウェア制作費の分類と会計処理

ソフトウェアの制作費の会計処理については，研究開発に該当する部分については研究開発費としてすべて発生時に費用として処理しなければならない。研究開発費に該当しないソフトウェア制作費については，ソフトウェアの制作目的別に，販売目的のソフトウェアと自社利用目的のソフトウェアに区別して処理する。

㋐ 販売目的のソフトウェア

販売目的のソフトウェアは，市場販売目的のソフトウェアと受注制作のソフトウェアに区別される。

1）市場販売目的ソフトウェア

市場販売目的のソフトウェアは，複写可能な完成品（これを製品マスターという）を制作し，これを複写して製品として販売するものである。最初の製品マスター完成までの制作費は，研究開発費と

して処理する。研究開発終了後に，製品マスターの機能を改良・強化する制作活動にかかわる費用は，無形固定資産に計上する。ただし，製品マスターの著しい改良にかかわる費用については，研究開発費として処理する。また，バグ取りなど機能維持に要した費用は，発生時に費用処理する。

- 「製品マスター」の制作費
  - 製品マスター完成までの制作費 → 研究開発費
- 「製品マスター」完成以降の費用
  - 「製品マスター」の機能を改良・強化するための制作費 → 無形固定資産計上
  - 著しい改良のための費用 → 研究開発費
  - バグ取りなどの機能維持にかかる費用 → 発生時の費用

２）受注制作のソフトウェア

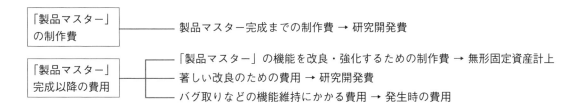

受注制作のソフトウェアとは，販売目的ソフトウェアのうち，ソフトウェアメーカーなどが受注制作しているソフトウェアである。これは，受注契約により請負価額などの諸条件があらかじめ定められているため，請負工事の会計処理に準じて処理する。この場合に，資産計上される制作費は棚卸資産に計上する。

㋑　自社利用目的のソフトウェア

ソフトウェアの利用により，将来の収益獲得または費用の削減が確実であることが認められる場合には，将来の収益との対応等を考慮し，当該ソフトウェアの制作費または購入に要した費用を無形固定資産として計上する。また，将来の収益獲得または費用削減が確実であると認められない場合または不明の時には，発生時に費用処理する。

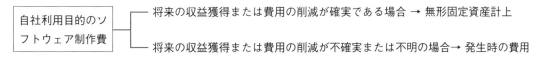

- 自社利用目的のソフトウェア制作費
  - 将来の収益獲得または費用の削減が確実である場合 → 無形固定資産計上
  - 将来の収益獲得または費用の削減が不確実または不明の場合→ 発生時の費用

### ③　ソフトウェア制作費の償却

無形固定資産として計上したソフトウェアの取得原価は，当該ソフトウェアの性格に応じて，見込販売数量に基づく償却方法その他合理的な方法により償却する。ただし，毎期の償却額は残存有効期間に基づく均等配分額を下回ってはならない。

㋐　市場販売目的のソフトウェア

市場販売目的のソフトウェアの場合，見込販売数量または見込販売収益に基づく償却方法が採用される。毎期の償却額は，１）見込販売数量または見込販売収益に基づく償却額と２）残存有効期間（原則として３年）に基づく均等配分額とを比較し，いずれか大きい額を計上する。

> １）見込販売数量（見込販売収益）に基づく償却額
>
> $$償却額＝未償却残高×\frac{当期の実績販売数量（または実績販売収益）}{当期首の見込販売数量（または見込販売収益）}$$
>
> ２）残存有効期間に基づく均等配分額
>
> 償却額＝未償却残高÷残存有効期間
>
> ３）ソフトウェア償却額：１）と２）のいずれか大きい額

なお，将来の見込販売数量（または見込販売収益）は適宜見直しが行われ，販売開始時の総見込販売数量（または総見込販売収益）を変更することがある。この場合に，見直し後の償却計算は変更後の見込販売数量（または見込販売収益）に基づいて行い，当該影響は当期および将来の期間にわたって認識する。ただし，当該変更が過去の時点での誤った見積りを事後的に合理的な見積りに修正するために生じるものである場合には誤謬の訂正となり，遡及修正が必要となる。

㋑ 自社利用目的のソフトウェア

自社利用目的のソフトウェアの場合，原則として残存価額をゼロとして期間５年以内の定額法による償却を行う。

**問題 6 - 7** 次の１および２の取引を仕訳し，３の問に答えなさい。

1 自社利用目的で，完成品のソフトウェア1,500,000千円を外部から購入し，代金は付随費用15,000千円とともに小切手を振り出して支払った。このソフトウェアを利用することにより，経費削減効果が確実に見込まれる。

2 当期の決算において，上記のソフトウェアを耐用年数５年として償却した。

3 無形固定資産に計上した市場販売目的のソフトウェア制作費600,000千円につき，次の条件で見込販売収益に基づき償却する場合，各年度の償却額を計算し，仕訳を示しなさい。なお，各年度の見込みに変更がなかったものとする。また，このソフトウェアの見込有効期間は３年である。

| | 期首時点の見込販売数量 | 各期の実績販売数量 | 期首時点の見込販売収益 | 各期の実績販売収益 |
|---|---|---|---|---|
| X１年度 | 6,500個 | 3,000個 | 800,000千円 | 450,000千円 |
| X２年度 | 3,500個 | 2,000個 | 350,000千円 | 230,000千円 |
| X３年度 | 1,500個 | 1,500個 | 120,000千円 | 120,000千円 |

**解答・解説** （仕訳の単位：千円）

1 （借）ソフトウェア 1,515,000 （貸）当座預金 1,515,000

購入代金に付随費用を加算して取得原価を算定する。

2 （借）ソフトウェア償却 303,000 （貸）ソフトウェア 303,000

1,515,000円÷５年＝303,000円

3 X１年度末：

（借）ソフトウェア償却 337,500 （貸）ソフトウェア 337,500

１）$600,000千円 \times \frac{450,000千円}{800,000千円} = 337,500千円$

２）600,000千円÷３年＝200,000千円

３）337,500千円＞200,000千円 よって337,500千円となる。

X２年度末：

（借）ソフトウェア償却 172,500 （貸）ソフトウェア 172,500

1）(600,000千円－337,500千円)×$\frac{230,000千円}{350,000千円}$＝172,500千円

2）(600,000千円－337,500千円)÷２年＝131,250千円

3）172,500千円＞131,250千円　よって172,500千円となる。

Ｘ３年度末：

（借）ソフトウェア償却　90,000　（貸）ソフトウェア　90,000

600,000千円－(337,500千円＋172,500千円)＝90,000千円

**問題6-8**

Ｘ１年度に無形固定資産に計上したソフトウェアの取得原価は450,000千円であった。このソフトウェアの見込有効期間は３年である。販売開始時における見込販売数量は3,000個であったが，Ｘ１年度末に見積りの変更を行った各期の見込販売数量と各年度の実績販売数量は次のとおりであった。このとき，見込販売数量に基づく償却額はどのようになるか。各年度の仕訳を示しなさい。なお，当初の見込販売数量は，その時点での合理的見積りに基づくものであった。

| | 期首時点の見込販売数量 | 各期の実績販売数量 |
|---|---|---|
| Ｘ１年度 | 3,000個 | 1,500個 |
| Ｘ２年度 | 1,200個 | 800個 |
| Ｘ３年度 | 400個 | 400個 |

**解答・解説**　（仕訳の単位：千円）

Ｘ１年度末：（借）ソフトウェア償却　225,000　（貸）ソフトウェア　225,000

1）450,000千円×$\frac{1,500個}{3,000個}$＝225,000千円

2）450,000千円÷３年＝150,000千円

3）225,000千円＞150,000千円　よって225,000千円となる。

Ｘ２年度末：（借）ソフトウェア償却　150,000　（貸）ソフトウェア　150,000

1）(450,000千円－225,000千円)×$\frac{800個}{1,200個}$＝150,000千円

2）(450,000千円－225,000千円)÷２年＝112,500千円

3）150,000千円＞112,500千円　よって150,000千円となる。

Ｘ３年度末：（借）ソフトウェア償却　75,000　（貸）ソフトウェア　75,000

450,000千円－(225,000千円 ＋150,000千円)＝75,000千円

### ④　ソフトウェア取引の収益認識

1）収益認識の基本的考え方

通常の財の販売取引にかかる収益の認識は，一般に，営業過程において販売が完了した時点，すなわち売手が財を引き渡し，現金等の取得により対価が成立した時点に行われる。ソフトウェア取引の収益の認識については，ソフトウェアが無形の資産であるため，通常の取引に比べ，その状況や内容

確認の困難さはあるものの，その収益の認識にあたっては，a）ソフトウェア取引が実在すること，b）一定の機能を有する成果物の提供が完了すること，c）その見返りとしての対価が成立することが求められる。

この収益認識要件を，市場販売目的のソフトウェア取引と受注制作のソフトウェア取引にあてはめて具体的に示せば，次のようになる。

（i） 市場販売目的のソフトウェア取引の収益認識

市場販売目的のソフトウェア取引については，通常，企業（ベンダー）の側でその仕様（スペック）がすでに確定しているため，納品が完了した時点で実質的に成果物の提供が完了している。したがって，収益の認識は，この納品完了時点で行われる。

ソフトウェア取引には，その成果物を直接，最終顧客（エンド・ユーザー）に販売するのではなく，手数料収入のみを得ることを目的とする代理人を通じて販売する取引もある。このような取引の実質を委託販売として捉えることが適当である場合には，取引の代理人が最終顧客に対して納品を完了した時点で一連の営業過程における販売が完了することになる。したがって，この際の収益認識は，代理人による納品完了時点で行われる。

（ii） 受注制作のソフトウェア取引の収益認識

受注制作のソフトウェア取引は，請負工事の会計処理に準じて，完成基準，進行基準または原価回収基準の適用が認められる。受注制作のソフトウェアが顧客（ユーザー）のニーズに応じた仕様であることを考慮すると，成果物の完成は，単に制作されたということだけでなく，成果物の内容が契約において定められた一定の機能を有するものであることを確認する必要がある。そのため，受注制作のソフトウェア取引に完成基準を適用する場合には，単なる引渡し時点ではなく，検収等の何らかの方法により，その成果物の提供の完了が確認された時点で，収益認識が行われる。

なお，買戻し条件が付いている場合や，事後に大きな補修が生じることが明らかであることにより成果物の提供の完了について問題が生じている場合には，収益認識は認められないことになる。

2）複合取引

ソフトウェア取引の中には，機器（ハードウェア）とソフトウェアが同時に販売される場合のように，異なる種類の取引が同一の契約書内で締結される場合がある。このような取引を複合取引といい，次のようなケースがある。

（i） 市場販売目的のソフトウェアとソフトウェア関連サービスの複合取引

- ソフトウェア販売に保守サービスやユーザー・トレーニング・サービスが含まれているケース
- ソフトウェア・ライセンス販売（使用許諾）にアップグレードの実施が含まれているケース

（ii） 受注制作のソフトウェアとソフトウェア関連サービスの複合取引

- システム開発請負契約に期間的なシステム利用や保守サービスに関する契約が含まれているケース

このような場合に，収益認識時点が異なる複数の取引が1つの契約書内で締結されていたとしても，管理上の適切な区分に基づき，個々の取引の内容や各々の金額の内訳が顧客（ユーザー）との間で明らかにされている場合には，契約上の対価を適切に分解して，機器（ハードウェア）やソフトウェアといった財については各々の成果物の提供が完了した時点で，また，サービスについてはその提供期間にわたる契約の履行に応じて収益の認識を行う必要がある。ただし，財とサービスの複合取引ではあっても，一方の取引が他方の主たる取引に付随して提供される場合には，その主たる取引の収益認識時点に一体として会計処理することができる。

### (4) 企業結合により受け入れた研究開発の会計処理

「企業結合に関する会計基準」では，企業結合により受け入れた資産に法律上の権利など分離して譲渡可能な無形資産が含まれる場合には，当該無形資産は識別可能なものとして取り扱うことを規定している（29項）。

この場合の「法律上の権利など分離して譲渡可能な無形資産」とは次のものを指す。

① 「法律上の権利」とは，特定の法律に基づく知的財産権（知的所有権）等の権利をいう。特定の法律に基づく知的財産権（知的所有権）等の権利には，産業財産権（特許権，実用新案権，商標権，意匠権），著作権，半導体集積回路配置，商号，営業上の機密事項，植物の新品種等が含まれる（企業結合等適用指針58項）。

② 「分離して譲渡可能な無形資産」とは，受け入れた資産を譲渡する意思が取得企業にあるか否かにかかわらず，企業又は事業と独立して売買可能なものをいい，そのためには，当該無形資産の独立した価格を合理的に算定できなければならない（企業結合等適用指針59項）。分離して譲渡可能な無形資産であるか否かは，対象となる無形資産の実態に基づいて判断すべきであるが，例えば，ソフトウェア，顧客リスト，特許で保護されていない技術，データベース，研究開発活動の途中段階の成果（最終段階にあるものに限らない。）等についても分離して譲渡可能なものが存在する（企業結合等適用指針367項）。

このように，「企業結合に関する会計基準」では，分離して譲渡可能であれば，たとえば仕掛中の研究開発であっても資産として計上することを定めている。これは，企業結合により受け入れた他の資産の取扱いとの整合性をより重視して，価値のある成果を受け入れたという実態を財務諸表に反映するために求められるものである。それゆえ，「『研究開発費等に係る会計基準』の一部改正」により，企業結合により被取得企業から受け入れた資産には，すべて発生時に費用処理する研究開発費とは異なる例外的処理を認めている。

なお，仕掛研究開発を資産として計上した場合には，当該資産は企業のその後の使用実態に基づき，有効期間にわたって償却処理されることとなるが，その研究開発が完成するまでは，当該無形資産の有効期間は開始しないものとして処理する（企業結合等適用指針367-３項）。

## 4　減損会計

### (1) 減損の意義

固定資産の減損とは，資産の収益性の低下により投資額の回収が見込めなくなった状態をいい，減損処理とは，そのような場合に，一定の条件のもとで回収可能性を反映させるように帳簿価額を回収可能価額まで減額する会計処理のことをいう。減損処理の対象となる資産は，固定資産に分類される資産であるが，「金融商品に関する会計基準」に定める金融資産，「税効果会計に係る会計基準」に定める繰延税金資産,「退職給付に関する会計基準」に定める前払年金費用については，対象から除かれる。

### (2) 減損の兆候

減損処理の実施にあたっては，はじめに，資産または資産グループに減損が生じている可能性を示す事象（これを減損の兆候という）が生じていることを確認する。「減損の兆候」を示す事象としては，次のものが挙げられる。

① 資産または資産グループが使用されている営業活動から生ずる損益またはキャッシュ・フローが，継続してマイナスとなっているか，あるいは，継続してマイナスとなる見込みであること

② 資産または資産グループが使用されている範囲または方法について，当該資産または資産グループの回収可能価額を著しく低下させる変化が生じたか，あるいは，生ずる見込みであること

③ 資産または資産グループが使用されている事業に関連して，経営環境が著しく悪化したか，あるいは，悪化する見込みであること

④ 資産または資産グループの市場価格が著しく下落したこと

### (3) 減損損失の認識と測定

#### ① 減損損失の認識

減損の兆候が生じている資産または資産グループに対しては，減損損失を認識するか否かの判定を行う。この判定は，資産または資産グループから得られる割引前将来キャッシュ・フローの総額と帳簿価額とを比較することにより行われる。前者の金額が後者の金額を下回る場合には，減損の存在が相当程度に確実であると認められ，この場合に減損損失が認識される。割引前将来キャッシュ・フローを見積もる期間は，資産または資産グループの中の主要な資産の経済的残存使用年数と20年とのいずれか短い方が用いられる。

#### ② 減損損失の測定

減損損失が認識された資産または資産グループに対しては，減損損失の測定を行う。具体的には，資産または資産グループの帳簿価額を回収可能価額まで減額し，当該減少額を減損損失として測定する。ここに，回収可能価額とは，使用価値と正味売却価額のいずれか高い金額をいう。使用価値とは，資産または資産グループの継続的な使用と使用後の処分によって生じると見込まれる将来キャッシュ・フローの現在価値のことをいい，正味売却価額とは資産または資産グループの時価から処分費用見込額を控除して算定される金額のことをいう。

使用価値と正味売却価額のいずれか高い額を回収可能価額とするのは，経営者は資産への投資額をその使用または売却のいずれかの方法によって可能な限り回収しようとするから，売却による回収額である正味売却価額と使用による回収額である使用価値のいずれか高い金額をもって回収可能価額とみなすのが合理的であるからである。

### (4) 将来キャッシュ・フローの測定

#### ① 将来キャッシュ・フロー

将来キャッシュ・フローは，減損損失の認識の判定と使用価値の算定にあたり見積もられる。この

見積りの際に，将来キャッシュ・フローは，企業に固有の事情を反映した合理的で説明可能な仮定および予測に基づいて算定する。というのも，減損処理の目的が，資産または資産グループの時価を算定するためではなく，資産または資産グループが企業にとってどれほどの経済的価値を有しているかを算定することにあるからである。

また，将来キャッシュ・フローの見積りに際しては，資産または資産グループの現在の使用状況および合理的な使用計画などを考慮する。そのため，計画されていない将来の設備の増強や事業の再編の結果として生ずる将来キャッシュ・フローは見積りに含めない。将来の用途が決まっていない遊休資産については，現在の状況に基づいて将来キャッシュ・フローを見積もる。

将来キャッシュ・フローの見積りの方法には，生起する可能性の最も高い単一の金額を見積もる方法と，生起しうる複数の将来キャッシュ・フローをそれぞれの確率で加重平均した金額を見積もる方法とがあり，いずれかの方法を適用する。なお，将来キャッシュ・フローが見積値から乖離するリスクについては，将来キャッシュ・フローの見積りと割引率のいずれかに反映させて計算を行う。ただし，減損損失の認識の判定の際に見積もられる割引前将来キャッシュ・フローの計算には，このリスクは反映させない。

#### ②　割 引 率

資産または資産グループの使用価値は，将来キャッシュ・フローを割り引くことによって求める。この算定に用いる割引率は，貨幣の時間価値を反映した税引前の利率とする。

### (5)　資産のグルーピング，共用資産，のれん

#### ①　資産のグルーピング

複数の資産が一体となって独立したキャッシュ・フローを生み出す単位となっている場合には，当該単位を基準として減損損失の認識の判定と減損損失の測定を行う。この場合に，独立したキャッシュ・フローを生み出す最小単位の資産の範囲を決定することを資産のグルーピングという。資産グループについて認識された減損損失は，帳簿価額に基づく比例配分等の合理的な方法により，当該資産グループの各構成資産に配分する。

#### ②　共用資産

共用資産とは，単独ではキャッシュ・フローを生み出すことが想定されないが，複数の資産または資産グループのキャッシュ・フローの生成に寄与する資産のうち，のれん以外の資産をいう。たとえば，本社の土地・建物や複数のキャッシュ・フローが特定できる製品ラインをもつ工場の土地・建物などがその例である。

共用資産に係わる減損損失の認識の判定と測定の手続には，次の２つの方法がある。

１つ目は，共用資産が関連する複数の資産または資産グループに共用資産を加えた，より大きな単位で行う方法である。この場合には，減損損失の認識の判定は，共用資産を含まない資産または資産グループにおいて算定された減損損失控除前の帳簿価額に共用資産の帳簿価額を加えた金額と，割引前将来キャッシュ・フローの総額とを比較することによって行う。この結果，減損損失を測定することとなった場合には，共用資産を含めることによって算定される追加的な減損損失の増加額は，原則

として共用資産に配分する。

2つ目は，共用資産の帳簿価額を当該共用資産に関連する資産または資産グループに合理的な基準で配分することができる場合に，共用資産の帳簿価額を各資産または資産グループに配分した上で減損損失の認識の判定を行う方法である。この場合には，減損損失の認識の判定は，共用資産の帳簿価額の配分後の各資産または資産グループの帳簿価額と割引前将来キャッシュ・フローとを比較することによって行う。減損損失の測定は，減損の発生している資産または資産グループについて行い，測定された減損損失は，帳簿価額に基づく比例配分等の合理的な基準で資産または資産グループと共用資産とに配分する。

#### ③ のれん

のれんに係わる減損損失の認識の判定と測定の手続には，次の2つの方法がある。

1つ目は，のれんが帰属する事業に関連する複数の資産グループにのれんを加えた，より大きな単位で行う方法である。この際に，減損損失の認識の判定は，のれんを含まない資産グループにおいて算定された減損損失控除前の帳簿価額にのれんの帳簿価額を加えた金額と，割引前将来キャッシュ・フローの総額とを比較することによって行う。この結果，減損損失を測定することとなった場合には，のれんを含めることによって算定される追加的な減損損失の増加額を，原則としてのれんに配分する。

2つ目は，のれんの帳簿価額を当該のれんが帰属する事業に関連する各資産グループに合理的な基準で配分することができる場合に，のれんの帳簿価額を各資産グループに配分した上で減損損失の認識の判定を行う方法である。この場合には，各資産グループについて認識された減損損失は，のれんに優先的に配分し，残額は，帳簿価額に基づく比例配分等の合理的な方法により，当該資産グループの各構成資産に配分する。

### (6) 財務諸表における表示

減損処理を行った資産の貸借対照表における表示は，原則として，減損処理前の取得原価から減損損失を直接控除し，控除後の金額をその後の取得原価とする形式で行う（直接控除方式）。ただし，当該資産に対する減損損失累計額を取得原価から間接控除する形式で表示することもできる（間接控除方式）。また，この場合に，減損損失累計額を減価償却累計額に合算して表示することもできる（合算間接控除方式）。減損損失の損益計算書における表示については，原則として特別損失とする。

重要な減損損失を認識した場合には，減損損失を認識した資産，減損損失の認識に至った経緯，減損損失の金額，資産のグルーピングの方法，回収可能価額の算定方法などの事項について注記する。

**問題6-9**　次の1～3に答えなさい。

1　次の資料に基づき，減損の兆候が見られる次の機械装置の減損損失の計上にかかわる仕訳を示しなさい。

［資料］機械装置の取得原価，減価償却累計額，割引前将来キャッシュ・フロー，使用価値および正味売却価額は下記表のとおりである。

（単位：円）

| | 取得原価 | 減価償却累計額 | 割引前将来キャッシュ・フロー | 使用価値 | 正味売却価額 |
|---|---|---|---|---|---|
| 機械装置 | 1,200,000 | 648,000 | 423,000 | 391,000 | 380,000 |

2　次の資料に基づき，貸借対照表と損益計算書の一部を完成させなさい。減損損失は，貸借対照表上，直接控除方式，間接控除方式および合算間接控除方式のそれぞれの方法により示しなさい。

（単位：千円）

| | 取得原価 | 減価償却累計額 | 減損損失 |
|---|---|---|---|
| 建　物 | 250,000 | 45,000 | 22,500 |

3　次の資料に基づき，共用資産に配分される減損損失の金額を計算しなさい。

［資料］資産グループAおよびBの取得原価，減価償却累計額，割引前将来キャッシュ・フロー，および回収可能価額は下記表のとおりである。これ以外に，帳簿価額125,000千円（回収可能価額25,000千円）の共用資産がある。共用資産の減損処理にあたっては，資産グループに共用資産を加えた，より大きな単位で行う方法によること。

（単位：千円）

| | 取得原価 | 減価償却累計額 | 割引前将来キャッシュ・フロー | 回収可能価額 |
|---|---|---|---|---|
| A資産グループ | 850,000 | 300,000 | 495,000 | 360,000 |
| B資産グループ | 1,000,000 | 595,000 | 475,000 | 425,000 |

**解答・解説**

1　（借）減　損　損　失　161,000　（貸）機　械　装　置　161,000

機械装置の帳簿価額：1,200,000円－648,000円＝552,000円

減損損失認識の判定：帳簿価額552,000円＞割引前将来キャッシュ・フロー423,000円⇒減損損失を認識する。

回収可能価額：使用価値391,000円＞正味売却価額380,000円⇒391,000円

減損損失：552,000円－391,000円＝161,000円

2

① 直接控除方式

| | 貸借対照表 | (単位:千円) |
|---|---|---|
| 建　　物 | 227,500 | |
| 減価償却累計額 | 45,000 | 182,500 |

② 間接控除方式

| | 貸借対照表 | (単位:千円) |
|---|---|---|
| 建　　物 | 250,000 | |
| 減価償却累計額 | 45,000 | |
| 減損損失累計額 | 22,500 | 182,500 |

③ 合算間接控除方式

| | 貸借対照表 | (単位:千円) |
|---|---|---|
| 建　　物 | 250,000 | |
| 減価償却累計額 | 67,500 | 182,500 |

| | 損益計算書 | (単位:千円) |
|---|---|---|
| 特　別　損　失 | | |
| 減　損　損　失 | 22,500 | |

3　共用資産に配分される減損損失の額：80,000千円

A資産グループの減損損失の認識の判定：帳簿価額550,000千円＞割引前将来キャッシュ・フロー495,000千円
⇒減損損失を認識する。

A資産グループの減損損失：帳簿価額550,000千円－回収可能価額360,000千円＝190,000千円

B資産グループの減損損失の認識の判定：帳簿価額405,000千円＜割引前将来キャッシュ・フロー475,000千円
⇒減損損失を認識しない。

共用資産を含めた，より大きな単位の帳簿価額：1,080,000千円＝550,000千円＋405,000千円＋125,000千円

より大きな単位の減損損失の認識の判定：帳簿価額1,080,000千円＞割引前将来キャッシュ・フロー970,000千円
⇒減損損失を認識する。

より大きな単位の減損損失：帳簿価額1,080,000千円－回収可能価額810,000千円＝270,000千円

共用資産に配分される減損損失：270,000千円－190,000千円＝80,000千円

## 5　投資不動産の会計

企業が保有する不動産については，その保有目的によって異なる勘定科目を用いて処理される。一般に，本社ビル・店舗・工場など事業目的で保有する土地や建物は，土地勘定ならびに建物勘定を用いる。不動産会社などが販売目的で保有する不動産は，販売用不動産勘定を用いる。賃貸などの投資の目的で所有する土地・建物その他の不動産は，投資不動産勘定を用いる。貸借対照表上，土地ならびに建物は有形固定資産，販売用不動産は棚卸資産，投資不動産は投資その他の資産に分類される。

投資不動産に属するものとして，賃貸用のマンション・アパート・店舗や遊休地などがある。投資不動産によってもたらされる賃貸料などの収益は，損益計算書の営業外収益に表示される。投資不動産は，取得原価により評価し，建物などの償却性資産については減価償却を行う。投資不動産は，減損会計の対象資産であるため，資産又は資産グループの収益性の低下により投資額の回収が見込めなくなった場合，一定の条件の下で回収可能性を反映させるように帳簿価額を減額する。損益計算書上，投資不動産に関する減価償却費は営業外費用に，減損損失は特別損失に表示される。

通常，投資不動産は貸借対照表の投資その他の資産の部において，「その他」に含めて表示する。ただし，財務諸表等規則は，投資不動産が資産総額の5／100を超える場合は，当該資産を示す名称

を付した科目で区分して表示することを求めている。また，投資不動産をはじめとする賃貸等不動産（棚卸資産に分類されている不動産以外のものであって，賃貸収益またはキャピタル・ゲインの獲得を目的として保有されている不動産。ただしファイナンス・リース取引の貸手における不動産を除く）については，その総額に重要性が乏しい場合を除き，①賃貸等不動産の概要，②賃貸等不動産の貸借対照表計上額および期中における主な変動，③賃貸等不動産の当期末における時価およびその算定方法，④賃貸等不動産に関する損益の注記が求められる。

**問題 6-10**　次の一連の取引について，仕訳を示しなさい。

1　X1年4月1日，投資目的で建物49,800,000円を購入し，手付金5,000,000円を差し引いた残金のうち，30,000,000円を小切手の振出しにより支払った。残額は，後日支払うこととした。また，建物の購入に関わる売買手数料200,000円を現金で支払った。
2　X1年5月1日，建物を他社に賃貸し，1年分の賃貸料4,800,000円を小切手で受け取った。
3　X2年3月31日，建物について定額法で減価償却を行う。建物の耐用年数は20年，残存価額は0円である。間接法により記帳する。
4　X2年3月31日，月割計算により，賃貸料の前受け分を翌期に繰り延べる。
5　X3年3月31日，建物について定額法で減価償却を行う。また，建物について，割引前将来キャッシュ・フローの金額が帳簿価額を下回ったため，減損処理を行うこととした。当該建物の将来キャッシュ・フローの割引現在価値は38,000,000円，正味売却価額は39,600,000円である。減損処理は直接法により記帳する。
6　X4年3月31日，建物について定額法で減価償却を行う。
7　X4年4月1日，建物を37,000,000円で売却し，代金が当座預金に振り込まれた。なお，X4年度の減価償却は行わないこととした。

**解答・解説**

1．X1年4月1日

| | | | | |
|---|---|---|---|---|
| （借）投資不動産 | 50,000,000 | （貸）前払金 | 5,000,000 |
| | | 当座預金 | 30,000,000 |
| | | 未払金 | 14,800,000 |
| | | 現金 | 200,000 |

建物購入のために支払った売買手数料は，投資不動産の取得原価に含める。

2．X1年5月1日

| | | | |
|---|---|---|---|
| （借）現金 | 4,800,000 | （貸）投資不動産賃貸料 | 4,800,000 |

3．X2年3月31日

| | | | |
|---|---|---|---|
| （借）減価償却費 | 2,500,000 | （貸）減価償却累計額 | 2,500,000 |

$$減価償却費 = \frac{取得原価\ 50{,}000{,}000 - 残存価額\ 0}{耐用年数\ 20年}$$

$$= 2{,}500{,}000$$

4．X２年３月31日

| | | | |
|---|---|---|---|
| （借）投資不動産賃貸料 | 400,000 | （貸）前受投資不動産賃貸料 | 400,000 |

前受投資不動産賃貸料＝投資不動産賃貸料4,800,000×$\frac{1カ月}{12カ月}$

＝400,000

5．X３年３月31日

| | | | |
|---|---|---|---|
| （借）減価償却費 | 2,500,000 | （貸）減価償却累計額 | 2,500,000 |
| （借）減損損失 | 5,400,000 | （貸）投資不動産 | 5,400,000 |

将来キャッシュ・フローの割引現在価値38,000,000円よりも，正味売却価額39,600,000円の方が大きいので，正味売却価額に評価替えを行い，価値下落分を減損処理する。

減損損失＝建物の帳簿価額45,000,000*－正味売却価額39,600,000

＝5,400,000

＊建物の帳簿価額＝取得原価50,000,000－減価償却累計額5,000,000

＝45,000,000

6．X４年３月31日

| | | | |
|---|---|---|---|
| （借）減価償却費 | 2,200,000 | （貸）減価償却累計額 | 2,200,000 |

減価償却費＝$\frac{減損後帳簿価額\ 39,600,000－残存価額\ 0}{耐用年数\ 18年}$

＝2,200,000

7．X４年４月１日

| | | | |
|---|---|---|---|
| （借）当座預金 | 37,000,000 | （貸）投資不動産 | 44,600,000 |
| 減価償却累計額 | 7,200,000 | | |
| 投資不動産売却損 | 400,000 | | |

投資不動産売却損＝投資不動産帳簿価額37,400,000*－売却額37,000,000

＝400,000

＊投資不動産帳簿価額＝取得原価50,000,000－減損処理額5,400,000－減価償却累計額7,200,000

＝37,400,000

# VII 繰延資産の会計

## 1 繰延資産の意義と根拠

繰延資産とは,「すでに代価の支払が完了し又は支払義務が確定し, これに対応する役務の提供を受けたにもかかわらず, その効果が将来にわたって発現するものと期待される費用」(企業会計原則注解【注15】) である。

資産の定義ないし本質を, 経済的資源ないし将来経済便益とした場合, つまり, 資産負債アプローチによる場合には, 当該定義を充たさないので, 資産としては認められないが, 収益費用アプローチでは, 支出未費用項目を含む資産の定義を充たすので, 資産として認められることになる。

繰延経理の根拠としては, 次の効果の発現と収益との対応関係の2つがある。

⑴ ある支出が行なわれ, また, それによって役務の提供を受けたにもかかわらず, 支出もしくは役務の有する効果が, 当期のみならず, 次期以降にわたるものと予想される場合, 効果の発現という事実を重視して, 効果の及ぶ期間にわたる費用として, これを配分する。

⑵ ある支出が行なわれ, また, それによって役務の提供を受けたにもかかわらず, その金額が当期の収益に全く貢献せず, むしろ, 次期以降の損益に関係するものと予想される場合, 収益との対応関係を重視して, 数期間の費用として, これを配分する。

どちらも, 支出の全額を支出した会計期間の費用とせずに, 資産として繰延べて, 次期以降の会計期間の費用として取り扱う点では共通しているが,「(1) 効果の発現」では, 当期にも効果があると考えられているのに対して,「(2) 収益との対応関係」では, 当期の収益の獲得には全く貢献しないとされている点で異なっている。

## 2 繰延資産の種類と取扱い

実務対応報告第19号「繰延資産の会計処理に関する当面の取扱い」では, 次のとおり, 株式交付費, 社債発行費等 (新株予約権の発行に係る費用を含む。), 創立費, 開業費および開発費の5つのみが繰延経理 (資産計上) を認められている。しかし, いずれの項目も, 原則は支出時費用処理である。

### ⑴ 株式交付費

株式交付費 (新株の発行または自己株式の処分に係る費用) とは, 株式募集のための広告費, 金融機関の取扱手数料, 証券会社の取扱手数料, 目論見書・株券等の印刷費, 変更登記の登録免許税, その他株式の交付等のために直接支出した費用である。原則として, 支出時に営業外費用として処理するが, 企業規模の拡大のためにする資金調達などの財務活動 (組織再編の対価として株式を交付する場合を含む。）に係る株式交付費については，繰延資産に計上することもできる。この場合，株式交付のときから３年以内のその効果の及ぶ期間にわたり，定額法により償却しなければならない。

なお，繰延資産に計上できる株式交付費は，企業規模の拡大のためにする資金調達などの財務活動に係る費用に限定されるため，株式の分割や株式無償割当てなどに係る費用は，繰延経理できず，支出時に費用として処理する。なお，この場合，これらの費用を販売費及び一般管理費に計上することができる。

### ⑵ 社債発行費等

社債発行費とは，社債募集のための広告費，金融機関の取扱手数料，証券会社の取扱手数料，目論見書・社債券等の印刷費，社債の登記の登録免許税その他社債発行のため直接支出した費用である。原則として，支出時に営業外費用として処理するが，繰延資産に計上することもできる。この場合，社債の償還までの期間にわたり利息法により償却しなければならないが，継続適用を条件として，定額法を採用することもできる。

また，新株予約権の発行に係る費用は，資金調達などの財務活動（組織再編の対価として新株予約権を交付する場合を含む。）に係るものは，原則として，支出時に営業外費用として処理するが，社債発行費と同様に繰延資産として会計処理することもできる。この場合，新株予約権の発行のときから３年以内のその効果の及ぶ期間にわたり，定額法により償却しなければならない。なお，新株予約権付社債の場合で，それを一括法により処理するときは，当該新株予約権付社債の発行に係る費用全部を社債発行費として処理する。

### ⑶ 創立費

創立費とは，会社の負担に帰すべき設立費用であり，たとえば，定款および諸規則作成のための費用，株式募集その他のための広告費，目論見書・株券等の印刷費，創立事務所の賃借料，設立事務に使用する使用人の給料，金融機関の取扱手数料，証券会社の取扱手数料，創立総会に関する費用その他会社設立事務に関する必要な費用，発起人が受ける報酬で定款に記載して創立総会の承認を受けた金額並びに設立登記の登録免許税等がある。原則として，支出時に営業外費用として処理するが，繰延資産に計上することもできる。この場合，会社の成立のときから５年以内のその効果の及ぶ期間にわたり，定額法により償却しなければならない。

### ⑷ 開業費

開業費とは，土地，建物等の賃借料，広告宣伝費，通信交通費，事務用消耗品費，支払利子，使用人の給料，保険料，電気・ガス・水道料等で，会社成立後営業開始時までに支出した開業準備のための費用である。原則として，支出時に営業外費用として処理するが，繰延資産に計上することもできる。この場合，開業のときから５年以内のその効果の及ぶ期間にわたり，定額法により償却しなければならない。なお，「開業のとき」には，その営業の一部を開業したときも含む。なお，開業費を販売費及び一般管理費とすることもできる。

### (5) 開発費

開発費とは，新技術または新経営組織の採用，資源の開発，市場の開拓等のために支出した費用，生産能率の向上または生産計画の変更等により，設備の大規模な配置替えを行った場合等の費用であり，経常費の性格をもつものは含まれない。原則として，支出時に費用（売上原価または販売費及び一般管理費）として処理するが，繰延資産に計上することもできる。この場合，支出のときから5年以内のその効果の及ぶ期間にわたり，定額法その他の合理的な方法により規則的に償却しなければならない。

「研究開発費等に係る会計基準」の対象となる研究開発費に該当する開発費，つまり，新しい製品・サービス・生産方法についての計画若しくは設計または既存の製品等を著しく改良するための計画若しくは設計として，研究の成果その他の知識を具体化することのための費用は，ここでの開発費とは異なるものであるため，繰延経理の対象とはならない。

なお，これらの項目がいったん繰延経理によって資産計上された場合でも，支出の効果が期待されなくなった場合には，その未償却残高を一時に償却しなければならない。

## 3　繰延資産の簿記処理

前節で説明したとおり，繰延資産として処理される可能性のある項目は支出時に費用処理するのが原則であるが，これまで多くの教科書等では，資産として繰り延べる場合も費用勘定をそのまま資産を表す勘定科目として使用してきた。しかし，それでは費用勘定か，それとも資産勘定なのかが不明確になる。それゆえ，本来費用として処理すべきものを資産として取り扱っていることを明らかにするために，全経の簿記能力検定試験では，株式交付費勘定，社債発行費等勘定，創立費勘定，開業費勘定および開発費勘定は費用勘定としてのみ使用し，資産勘定としては繰延株式交付費勘定，繰延社債発行費等勘定，繰延創立費勘定，繰延開業費勘定および繰延開発費勘定を用いて，両者を区別して記帳することとしている。なお，繰延後に費用化した金額である償却額については，それぞれ株式交付費償却勘定，社債発行費等償却勘定，創立費償却勘定，開業費償却勘定および開発費償却勘定を用いる。

# Ⅷ 負債の会計

## 1 総　　説

すでに「Ⅰ　簿記・会計の機能と会計数値の決まり方」で述べたとおり，収益費用アプローチでは，資産は支出・未費用項目，支出・未収入項目および収益・未収入項目として，負債は費用・未支出項目，収入・未収益項目および収入・未支出項目として理解される。その一方で，資産負債アプローチでは，資産は経済的資源ないし将来経済便益，負債は当該資産を犠牲にする現在の義務として定義されるので，結果として，収益費用アプローチでは，経済資源ではない繰延費用項目が資産に，現在の義務ではない修繕引当金などが負債に含まれることになる。

収益費用アプローチでは，収益・費用および収入・支出といったフロー計算に着目して，収益・費用および収入・支出との関連から資産・負債を捕捉するのに対して，資産負債アプローチでは，一定時点における経済的資源とそれを犠牲にする現在の義務に照準を合わせて，資産・負債を捕捉することになるため，会計基準設定における収益費用アプローチから資産負債アプローチへの重点移動によって，以前には存在しなかった資産項目または負債項目の計上や従来とは異なる金額算定の方法が必要になってきている。本章では，そのうち負債に関連する具体的な項目として，社債（３節），新株予約権（４節），リース債務（５節），退職給付債務（６節），資産除去債務（７節）を扱う。なお，繰延税金負債については，Ⅸ章で扱う。

ところで，費用・未支出項目のうち，費用側でも支出側でも不確実な引当金は，会計上しばしば問題になるので，ここでは，これについてまとめておく。そもそも引当金は期間損益計算上計上されるものであるから，本質を理解するためには，同じく期間損益計算上計上される，費用・未支出としての未払費用と比較するのが便利である。

未払費用について「企業会計原則」は，「一定の契約に従い，継続して役務の提供を受ける場合，すでに提供された役務に対していまだその対価の支払が終らないものをいう。従って，このような役務に対する対価は，時間の経過に伴いすでに当期の費用として発生しているものであるから，これを当期の損益計算に計上するとともに貸借対照表の負債の部に計上しなければならない。」(注解 注【5】(３)）と記述している。一方，引当金については「将来の特定の費用又は損失であって（①の要件），その発生が当期以前の事象に起因し（②の要件），発生の可能性が高く（③の要件），かつ，その金額を合理的に見積ることができる（④の要件）場合には，当期の負担に属する金額を当期の費用又は損失として引当金に繰入れ，当該引当金の残高を貸借対照表の負債の部又は資産の部に記載するものとする。(カッコは筆者)」(注解【注18】）と記述している。①の要件は，将来の費用又は損失であり，②の要件ですでに費用（未払費用は当期の確定した費用であり，引当金は当期以前に発生原因を求めており，かつ発生原因であるから必ずしも明確ではないものの，両者とも費用）となっている点，つまり費用・未支出である点で未払費用と同じであるといえる。これに対して，③の将来の費用または損失の発生が未払費用のように確実ではないこと，および，④の金額を見積もらなければならないという点で異なっている。この④の要件が判断を必要とし，これが引当金計上の妥当性が問われる要因となっている。

「企業会計原則」は引当金として，製品保証引当金，売上割戻引当金，返品調整引当金，賞与引当金，工事補償引当金，退職給与引当金，修繕引当金，特別修繕引当金，債務保証損失引当金，損害補償損失引当金，貸倒引当金を例示している。これらのうち，退職給与引当金は，「退職給付に関する会計基準」が設定されているため，退職給付引当金に包摂されており，現在では存在しない。また，「収益認識に関する会計基準」が設定されたことにより，売上割戻引当金および返品調整引当金も，計上できなくなっている。

これらについて，㋐貸借対照表の計上表示の仕方により，資産から控除して示す評価性引当金（貸倒引当金のみ。―控除される項目の金額以上の金額にはならない―）と，負債の部に計上される負債性引当金（貸倒引当金以外の引当金）とに分けられたり，さらに，「負債性引当金」が，㋑法律上の債務（条件付債務）かどうかにより，債務性引当金（製品保証引当金，賞与引当金，工事補償引当金，退職給付引当金）と非債務性引当金（修繕引当金など債務性引当金以外の前掲引当金）に分けられたりすることがある(注)。

（注） 負債性引当金はさらに，計上の根拠から，費用性引当金（次の損失性引当金以外の前掲の引当金），損失性引当金（債務保証損失引当金，損害補償損失引当金）に分けられることもある。

## 2 金銭債務の電子化と会計

### (1) 電子記録債権による支払

電子記録債権の仕組みについては，Ⅲ章3で説明した。ここでは，債務者側の会計処理を取り上げる。

商品などを購入した際に発生した買掛金について，最近は紙の手形に代えてⅢ章で説明した電子記録債権を発行して支払う取引が普及しはじめている。多くの場合，支払側である債務者が，あらかじめ債権者の委任を受けておき，必要に応じて電子債権記録機関に電子記録債権の発生を請求するが，その手続は紙の手形を作成する場合と比較して大幅に効率化されている。また，紙の手形ならば必要な印紙の貼付が不要になり，経済的な効果も享受できるなど，債務者側にもメリットは大きい。

### (2) 電子記録債務の会計処理

実務対応報告第27号「電子記録債権に係る会計処理及び表示についての実務上の取扱い」によれば，電子記録債権の債務者となった場合には，電子記録債務勘定を設置し，電子記録債権の発生とともに貸記し，決済とともに借記することになる。ただし，同じ電子記録債権の債務者となる場合でも，借入金に対して電子記録債権を発行する場合には，電子記録債権を発行したことを示す勘定科目は設置せずに，決済まで借入金勘定で管理することも，同実務対応報告に盛り込まれている。

**問題8-1**　次の一連の取引について，債務者側の仕訳を示しなさい。

①

X1年3月10日　商品2,000,000円を掛で買い入れた。

X1年3月15日　この買掛金に対し電子記録債権を発行するよう電子債権記録機関に請求し，記録原簿に記録されたことを確認し，購入先に連絡した。

X1年4月10日　購入先がこの電子記録債権を割引価格で銀行に売却した。

X1年8月10日　電子記録債権の支払日に，あらかじめ指定しておいた当座預金から2,000,000円が引き落とされた。

②

X1年5月1日　取引銀行から100,000,000円を借り入れ，当座預金に受け入れるとともに，X2年4月30日を初回として10年間毎年4月30日に10,000,000円を返済するための電子記録債権の発行を電子債権記録機関に請求し，請求のとおり記録原簿に記録された。ただし，利子は別途支払うものとする。

X2年4月30日　最初の電子記録債権が決済され，当座預金から引き落とされた。

**解答・解説**

①

| | | | | | | |
|---|---|---|---|---|---|---|
| X1年3月10日 | （借） | 仕入 | 2,000,000 | （貸） | 買掛金 | 2,000,000 |
| X1年3月15日 | （借） | 買掛金 | 2,000,000 | （貸） | 電子記録債務 | 2,000,000 |

買掛金への借記と同時に電子記録債務勘定に貸記する。

X1年4月10日　仕訳なし

| | | | | | | |
|---|---|---|---|---|---|---|
| X1年8月10日 | （借） | 電子記録債務 | 2,000,000 | （貸） | 当座預金 | 2,000,000 |

②

| | | | | | | |
|---|---|---|---|---|---|---|
| X1年5月1日 | （借） | 当座預金 | 100,000,000 | （貸） | 借入金 | 100,000,000 |

借入金に対し電子記録債権を発生させているが，電子記録債権は借入金の返済を確実に行うための手段として位置付け，通常の借入と同じ借入金勘定に貸記する。

| | | | | | | |
|---|---|---|---|---|---|---|
| X2年4月30日 | （借） | 借入金 | 10,000,000 | （貸） | 当座預金 | 10,000,000 |

## 3　社債の借換と償還の会計

社債の借換とは，新たに社債を発行して旧社債を償還することをいう。したがって，借換の際には，旧社債の償還と新社債の発行の仕訳を行うことになる。社債の償還とは，社債という負債を返済することをいい，あらかじめ定められたスケジュールに従って段階的に償還していく定時償還や償還期限に全額償還する満期償還のほか，期限を繰り上げて償還する繰上償還や買入償還などの方法がある。あらかじめ定められたスケジュールに従って償還が行われる場合には，それまでに社債発行費の勘定残高や社債発行差金の勘定残高（償却原価法による社債の価額と償還価額との差額）はゼロとなっているので会計処理は簡単である。社債勘定に借方記入し，当座預金勘定などに貸方記入すればよい。

これに対し，繰上償還や買入償還の場合には，それらの勘定残高の扱いが問題となる。

評価勘定としての社債発行差金勘定を用いる場合，社債を発行した時点では，その額面総額で社債勘定に貸方記入し，払込金額と額面総額との差額は，社債発行差金勘定に記入する。社債発行差金は，社債の利率と発行時点における実効利子率の乖離が生み出したものなので，社債利息として計上される金額がその実効利子率を反映させた金額となるように社債発行差金の金額を期間配分して損益計上する利息法を用いるべきである。しかし，社債発行差金を償還期限までの期間にわたって均等に配分する定額法にも，計算が簡便であるという長所がある。なお，貸借対照表では，償却原価法に基づいて算定された価額（社債勘定の金額に社債発行差金勘定の金額を加減した価額）で社債を表示する。

社債を借換あるいは償還した場合には，その時点における社債の償却原価法による価額を求め，その金額と償還に要した金額との差額を社債償還損益として計上する。

**問題8-2**　X1年4月1日に額面総額100,000,000円，期間10年，利率年4％，利払い年1回（3月31日），@92円で発行していた社債を，X3年4月1日に@101円で全額繰上償還した。償還の際の仕訳を示しなさい。なお，決算日は3月31日，利息法の計算に用いる実効利子率は5％とする。償還は当座預金取引とする。

**解答・解説**

① **社債発行差金勘定を用いる場合**

| | | | | |
|---|---|---|---|---|
| （借） | 社　　　　　債 | 100,000,000 | （貸）当　座　預　金 | 101,000,000 |
| | 社 債 償 還 損 | 7,770,000 | 社 債 発 行 差 金 | 6,770,000 |

発行当初は8,000,000円だった社債発行差金は，X1年度に600,000円（＝92,000,000×0.05－4,000,000），X2年度に630,000円（＝(92,000,000＋600,000)×0.05－4,000,000），それぞれ社債利息に振り替えられている。したがって，繰上償還された時点における社債発行差金の残高は6,770,000円となっており，社債償還損は差額から7,770,000円と計算される。

② **社債発行差金勘定を用いない場合**

| | | | | |
|---|---|---|---|---|
| （借） | 社　　　　　債 | 93,230,000 | （貸）当　座　預　金 | 101,000,000 |
| | 社 債 償 還 損 | 7,770,000 | | |

発行当初は発行価額の92,000,000円だった社債勘定の金額は，X1年度に発生した社債利息4,600,000円から支払われた4,000,000円を控除した600,000円と，X2年度に発生した社債利息4,630,000円から支払われた4,000,000円を控除した630,000円を加えて，X3年4月1日の繰上償還時には93,230,000円となっている。その金額と償還価額との差額が社債償還損として計上される。

## 4　新株予約権と新株予約権付社債の会計

### (1)　新株予約権と新株予約権付社債

新株予約権とは，株式会社に対して行使することにより当該株式会社の株式の交付を受けることができる権利をいう（会社法2条21号）。あらかじめ定められた価格で，あらかじめ定められた数の株式を購入できる選択権なので，権利行使価格よりも株価が上昇した時点で権利行使すれば，それだけ割安な価格で株式を取得することができる。そのため，株価連動型の報酬制度として，会社の役員あるいは従業員に付与されることが多く，その場合の新株予約権は，ストック・オプションと呼ばれる。それ以外の用途としては，業務提携のためや買収防衛策の一環として付与される場合などがある。従来，新株予約権は負債の部に表示されていたが，純資産の部に表示されることになった。これは，新株予約権が「討議資料　財務会計の概念フレームワーク」に示されている返済義務という負債の概念に合致しないことによる。しかし，権利行使されずに期限切れとなり，新株予約権が失効した場合には，新株予約権戻入益に振り替え，原則として特別利益として計上されることになるので，損益計算の観点からすれば，従来どおり，負債と同様の扱いとなっている。このため，新株予約権は純資産の部に表示されるものの，株主資本には含まれていない。

新株予約権付社債とは，新株予約権を付した社債をいう（会社法２条22号）。実際にわが国で発行されている新株予約権付社債は，転換社債型新株予約権付社債であるが，いわゆる非分離型のワラント債も，新株予約権付社債の範疇に含まれる。なお，分離型のワラント債は，新株予約権と社債の同時発行として整理されている。

### (2)　新株予約権の会計処理

新株予約権が時価で発行された場合，発行者側では，その発行に伴う払込金額を新株予約権に貸方記入する。そして，権利行使され新株が発行された時には，新株予約権の発行に伴う払込金額（帳簿価額）と新株予約権の行使に伴う払込金額（行使価額）の合計を，資本金，または資本金および資本準備金に振り替える。新株ではなく自己株式を処分するのであれば，その金額が，自己株式処分差額を計算する際の自己株式の対価の金額となる。新株予約権が行使されずに期限切れとなり，失効した時には，原則として特別利益に計上する。

**問題８-３**　次の一連の取引を仕訳しなさい。

①　新株予約権10個を，１個当たりの払込金額80,000円で発行した。当座預金勘定を使用する。新株予約権の行使に際して出資をなすべき金額は１個当たり500,000円とする。
②　上記の新株予約権のうち８個分が行使され，新株が発行された。
③　行使期間満了となり，新株予約権２個は失効した。

**解答・解説**

| | | | | | |
|---|---|---|---|---|---|
| ① | （借）当座預金 | 800,000 | （貸）新株予約権 | 800,000 |

新株予約権を発行した時は，払込金額で新株予約権に貸方記入する。

| | | | | |
|---|---|---|---|---|
| ② | （借）当座預金 | 4,000,000 | （貸）資本金 | 2,320,000 |
| | 新株予約権 | 640,000 | 資本準備金 | 2,320,000 |

新株予約権の行使により新株が発行された時は，新株予約権の行使価額と，新株予約権の帳簿価額の合計を，資本金または資本金及び資本準備金に振り替える。ここでは，払込金額の合計の２分の１を資本金とし，残りを資本準備金としている。

| | | | | |
|---|---|---|---|---|
| ③ | （借）新株予約権 | 160,000 | （貸）新株予約権戻入益 | 160,000 |

失効した新株予約権の金額は，株式の対価，すなわち株主から拠出された資本とならないことが確定したので，新株予約権戻入益に振り替え，特別利益として計上する。

### (3) 自己新株予約権の会計処理

自己新株予約権を取得した時は，取得価額で自己新株予約権に借方記入し，その時点では損益を計上しない。保有する自己新株予約権は新株予約権の控除項目として扱う。自己新株予約権を消却した場合には，新株予約権の帳簿価額と消却した自己新株予約権の帳簿価額との差額を損益として計上する。自己新株予約権を処分した場合には，受取対価と処分した自己新株予約権の帳簿価額との差額を損益計上する。なお，新株予約権の帳簿価額を上回る価額で取得した自己新株予約権の時価が，保有中に著しく下落し回復する見込みがあると認められない時は，評価損を計上しなければならない。

**問題 8 - 4**　次の一連の取引を仕訳しなさい。

① 新株予約権10個を，1個当たりの払込金額80,000円で発行した。新株予約権の行使に際して出資をなすべき金額は1個当たり500,000円とする。当座預金勘定を使用する。
② 新株予約権2個を1個当たり50,000円で取得した。代金は付随費用2,000円とともに現金で支払った。
③ ②の自己新株予約権1個を70,000円で処分した。当座預金勘定を使用する。
④ ②の自己新株予約権の残り1個を消却した。

**解答・解説**

| | | | | | |
|---|---|---|---|---|---|
| ① | (借) 当座預金 | 800,000 | (貸) 新株予約権 | 800,000 |
| ② | (借) 自己新株予約権 | 102,000 | (貸) 現金 | 102,000 |

自己新株予約権を取得した時は，付随費用を加えた取得価額で自己新株予約権に借方記入する。自己新株予約権は仕訳では資産と同様に扱われるが，貸借対照表では純資産の部において新株予約権から控除される。

| | | | | |
|---|---|---|---|---|
| ③ | (借) 当座預金 | 70,000 | (貸) 自己新株予約権 | 51,000 |
| | | | 自己新株予約権処分益 | 19,000 |

自己新株予約権を処分した時は，その対価と帳簿価額との差額を損益計上する。

| | | | | |
|---|---|---|---|---|
| ④ | (借) 新株予約権 | 80,000 | (貸) 自己新株予約権 | 51,000 |
| | | | 自己新株予約権消却益 | 29,000 |

自己新株予約権を消却した時は，自己新株予約権の帳簿価額と新株予約権の帳簿価額との差額を損益計上する。

### (4) ストック・オプションの会計処理

提供された労働あるいは職務執行の対価として，従業員や役員に新株予約権が付与される場合がある。それがストック・オプションであり，役務が提供されるのに合わせて費用計上し（株式報酬費用），対応する金額を，権利行使あるいは失効が確定するまでの間，新株予約権として計上する。

提供された役務の取得原価は，付与されたストック・オプションの公正な評価額，すなわち，付与時点における公正な評価単価と付与された数から求める。付与された数は，権利確定条件が達成されなかったこと（権利不確定）による失効の見積数を控除して算定し，その見積数に重要な変動が生じた場合には，見直しを行う。そして権利確定日にはストック・オプションの数を権利確定したストック・オプションの数と一致させる。

ストック・オプションが行使された時には，行使価額と新株予約権の金額を払込資本に振り替える。権利確定後，権利行使されずに期限切れとなって失効した場合には，新株予約権を利益に振り替える。

**問題8-5**　次の一連の取引を仕訳しなさい。

① X1年7月1日に役員および従業員100人に1個ずつストック・オプションを付与したものとする。ストック・オプションの行使時の払込金額は1株当たり50,000円，権利確定日はX3年6月30日，ストック・オプションの行使期間は，X3年7月からX7年6月まで，付与日における公正な評価単価は1個当たり10,000円であり，権利不確定による失効は10個と見積もられた。X2年3月期の人件費を計上する仕訳をしなさい。
② 退職者が見積りよりも少なく，権利不確定による失効の見積りを8個に修正した。X3年3月期の人件費を計上する。
③ 権利不確定による失効は5個であった。X4年3月期の人件費を計上する。
④ ストック・オプションが80個行使され，現金が払い込まれ，新株80株が発行された。なお，払込金額の全額を資本金とする。
⑤ 権利不行使によりストック・オプション15個が失効した。

**解答・解説**

① （借）株式報酬費用　337,500　（貸）新株予約権　337,500

付与されたストック・オプションの公正な評価額は，公正な評価単価（10,000円）と見積もられる権利確定数（90個）から求める。それを対象勤務期間（24カ月）に基づいて，当期に配分される金額（9カ月分）を計算する。計算過程を示すと$10{,}000\times(100-10)\times\frac{9}{24}=337{,}500$となる。

② （借）株式報酬費用　467,500　（貸）新株予約権　467,500

権利不確定による失効の見積りを修正した上で，当期までに計上するべき株式報酬費用の累計額を求め，その金額とすでに計上した金額との差額だけ株式報酬費用を計上する。計算過程を示すと$10{,}000\times(100-8)\times\frac{9+12}{24}-337{,}500=467{,}500$となる。

③ （借）株式報酬費用　145,000　（貸）新株予約権　145,000

計算過程を示すと$10{,}000\times(100-5)-(337{,}500+467{,}500)=145{,}000$となる。

④ （借）現金　4,000,000　（貸）資本金　4,800,000
　　　新株予約権　800,000

ストック・オプションの行使に伴う払込金額と対応する新株予約権の金額の合計を払込資本として計上することになる。ここでは，その全額を資本金としている。

⑤ （借）新株予約権　150,000　（貸）新株予約権戻入益　150,000

権利不確定による失効とは異なり，権利不行使による失効の場合は，株式報酬費用を修正するのではなく，利益に振り替えて処理する。

### (5) 新株予約権付社債の会計処理

新株予約権付社債は，文字どおり新株予約権の付いた社債の総称であるが，わが国では転換社債型新株予約権付社債が主流となっている。転換社債型新株予約権付社債とは，社債権者が新株予約権の行使によって発行される株式の払込みにその社債を充てるものであり，権利行使により社債が株式に変わることから転換社債型と形容されている。

転換社債型新株予約権付社債を発行した時の会計処理には，社債と新株予約権の払込金額を合算して，普通社債と同じように会計処理する一括法と，社債の対価部分と新株予約権の対価部分に区分して会計処理する区分法とが認められている。新株予約権が行使され新株が発行された時には，一括法の場合は償却原価法による社債の価額を，区分法の場合は償却原価法による社債の価額と新株予約権の価額の合計を資本金，または資本金および資本準備金に振り替える。一括法，区分法，いずれも新株予約権の行使に際して，損益は計上されない。

**問題 8 - 6**　次の一連の取引を一括法，区分法により仕訳しなさい。当座預金勘定を使用する。

① 額面金額1,000,000円の転換社債型新株予約権付社債を払込金額900,000円（社債800,000円，新株予約権100,000円），期間10年，利息なしという条件で発行した。なお，社債発行差金勘定を用いる。
② 1年後に決算日を迎えたものとする。なお，償却原価法の適用に際して，定額法を用いる。
③ 3年目の期首に新株予約権がすべて行使され，新株が発行されたものとする。なお，全額を資本金とする。

**解答・解説**

①

| | | | | | |
|---|---|---|---|---|---|
| 一括法： | （借）当座預金 | 900,000 | （貸）社債 | 1,000,000 |
| | 社債発行差金 | 100,000 | | |

一括法では，普通社債を発行した場合に準じて会計処理を行うので，額面1,000,000円の社債を900,000円で発行したものとして仕訳を行う。

| | | | | |
|---|---|---|---|---|
| 区分法： | （借）当座預金 | 800,000 | （貸）社債 | 1,000,000 |
| | 社債発行差金 | 200,000 | | |
| | （借）当座預金 | 100,000 | （貸）新株予約権 | 100,000 |

区分法では，額面1,000,000円の普通社債を800,000円で発行し，新株予約権を100,000円で発行したものとして，それぞれ仕訳を行う。

②

| | | | | |
|---|---|---|---|---|
| 一括法： | （借）社債利息 | 10,000 | （貸）社債発行差金 | 10,000 |

社債発行差金100,000円を10年間に配分して費用に振り替える。

| | | | | |
|---|---|---|---|---|
| 区分法： | （借）社債利息 | 20,000 | （貸）社債発行差金 | 20,000 |

社債発行差金200,000円を10年間に配分して費用に振り替える。

③

| | | | | |
|---|---|---|---|---|
| 一括法： | （借）社債 | 1,000,000 | （貸）社債発行差金 | 80,000 |
| | | | 資本金 | 920,000 |

2年経過しているので，社債発行差金の残高は,100,000－10,000×2年＝80,000円となる。

| | | | | |
|---|---|---|---|---|
| 区分法： | （借）社債 | 1,000,000 | （貸）社債発行差金 | 160,000 |
| | 新株予約権 | 100,000 | 資本金 | 940,000 |

2年経過しているので，社債発行差金の残高は,200,000－20,000×2年＝160,000円となる。償却原価法による社債の価額（1,000,000－160,000＝840,000円）と新株予約権の合計を資本金に振り替える。

## 5　リース会計

平成19年3月に企業会計基準委員会（ASBJ）から「リース取引に関する会計基準」（以下,「基準」という）および「リース取引に関する会計基準の適用指針」（以下,「適用指針」という）が公表された（「適用指針」は平成23年3月に四半期財務諸表に関する事項が改正された）。以下では，これらの基準に基づいて，リース取引の定義と分類，ファイナンス・リース取引およびオペレーティング・リース取引の会計処理と開示，セール・アンド・リースバック取引の会計処理と開示について説明する。

### (1)　リース取引の定義と分類

#### 1）　リース取引の定義

リース取引とは，特定の物件の所有者たる貸手（レッサー）が，当該物件の借手（レッシー）に対し，合意された期間（リース期間）にわたりこれを使用収益する権利を与え，借手は，合意された使用料（リース料）を貸手に支払う取引をいう。貸手と借手の権利・義務関係は次のとおりである。

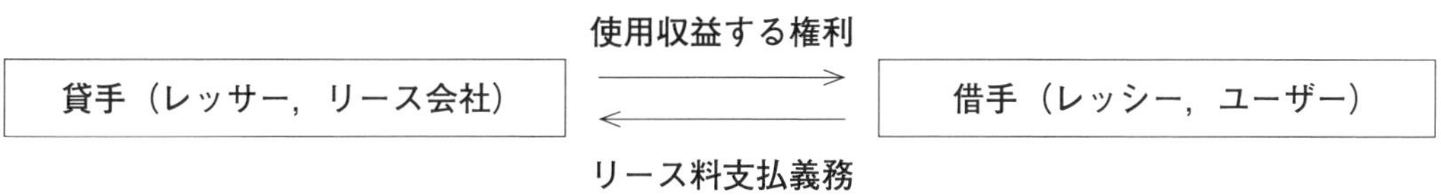


「基準」が公表される前は法的所有権がリース会社にあることを根拠に，当該リース物件はリース会社の貸借対照表にのみ計上され，ユーザーの貸借対照表には計上されなかった。しかし，ユーザーがリース会社に資金調達を肩代わりしてもらい，その資金で物件を購入するような場合，かかる取引の実質は「賃借」ではなく「資金調達および購入」である。「基準」は，実質優先思考（法形式よりも経済的実質を優先させる思考）の観点から，取引の実質が「購入」とみなされる場合には，従来の賃貸借処理（オフバランス処理）に代えて，売買処理（オンバランス処理）を求めるようになった。

#### 2）　リース取引の分類

「基準」は，実質優先思考に基づいてリース取引を2分類し，それぞれの会計処理と開示内容を定めている。以下，ファイナンス・リース取引，オペレーティング・リース取引の順に説明する。

ファイナンス・リース取引とは，①リース契約に基づくリース期間の中途において当該契約を解除することができないリース取引またはこれに準ずるリース取引で，②借手が当該契約に基づき使用する物件（リース物件）からもたらされる経済的利益を実質的に享受することができ，かつ，当該リース物件の使用に伴って生ずるコストを実質的に負担することとなる取引をいう。

①は「ノン・キャンセラブル（解約不能）」の要件であり，②は「フル・ペイアウト」の要件である。①には，契約上解約不能なリース取引の他，契約上は解約可能であっても解約時に相当の解約金を支払わなければならないリース取引も含まれる。また，②は，当該リース物件を自己所有するならば得

られると期待されるほとんどすべての経済的利益を享受しており，当該リース物件の取得価額相当額，維持管理等のほとんどすべての費用，陳腐化によるリスク等のほとんどすべてのコストを負担しているという意味である。

他方，オペレーティング・リース取引とは，ファイナンス・リース取引以外のリース取引をいう。「基準」では，ファイナンス・リース取引が定義され，それ以外のリース取引がオペレーティング・リース取引であると定義されている。

### 3） ファイナンス・リース取引の判定基準

ファイナンス・リース取引に該当する場合，借手は原則として貸借対照表にリース資産・リース債務を計上しなければならない。オンバランスによって，事務手続が増加し，財務比率（財務制限条項への抵触なども含む）が悪化し，税務上のメリットも喪失しかねない。前述のように，「基準」では「ノン・キャンセラブル」および「フル・ペイアウト」の２要件を満たすものがファイナンス・リース取引とされているが，分類如何によってユーザー，リース業界，情報利用者の利害が左右されかねないため，より具体的なルールが必要とされる。

「適用指針」では，ファイナンス・リース取引が，さらに所有権移転外ファイナンス・リース取引と所有権移転ファイナンス・リース取引とに分類される。

具体的には，まず，当該リース取引がファイナンス・リース取引に該当するかどうかを，①現在価値基準（解約不能のリース期間中のリース料総額の現在価値が，当該リース物件を借手が現金で購入すると仮定した場合の合理的見積金額の概ね90％以上であること），および②経済的耐用年数基準（解約不能のリース期間が，当該リース物件の経済的耐用年数の概ね75％以上であること）によって判定する。いずれかを満たせば，ファイナンス・リース取引に該当する。

次に，ファイナンス・リース取引と判定されたもののうち，③所有権移転条項が付与されている取引，④割安購入選択権が付与されている取引，および⑤特別仕様物件に該当するものが所有権移転ファイナンス・リース取引に該当すると判定され，それ以外が所有権移転外ファイナンス・リース取引に該当すると判定される。

「基準」の要件と「適用指針」の判定基準

| 「基準」の２要件 | 「適用指針」の具体的な判定基準 |
|---|---|
| ノンキャンセラブル<br>（解約不能） | 所有権移転外ファイナンス・リース取引<br>① 現在価値基準（概ね90％ルール）<br>② 経済的耐用年数基準（概ね75％ルール） |
| フルペイアウト<br>（所有に伴うリスクと経済価値の実質的移転） | 所有権移転ファイナンス・リース取引<br>③ 所有権移転条項<br>④ 割安購入選択権<br>⑤ 特別仕様物件<br>（注）上記①か②を満たしていることが前提とされる。 |

（注） 上記以外のリース取引が，オペレーティング・リース取引である。

### (2)　ファイナンス・リース取引およびオペレーティング・リース取引の会計処理と開示

#### 1)　借手の会計処理と開示

借手の会計処理と開示は次のとおりである。ファイナンス・リース取引については，通常の売買取引に係る方法に準じて会計処理を行う。ただし，重要性が乏しいと認められる場合には，次のような会計処理が認められている。

所有権移転外ファイナンス・リース取引で，リース資産総額に重要性が乏しいと認められる場合には，利子込み法（リース資産およびリース債務をリース料総額で計上し，支払利息を計上せずに減価償却費のみを計上する方法）および定額法（利息相当額の総額をリース期間中の各期に定額ずつ配分する方法）が認められている。また，個々のリース資産に重要性が乏しいと認められる場合には，賃貸借処理が認められている。さらに，所有権移転ファイナンス・リース取引で，個々のリース資産に重要性が乏しいと認められる場合には，賃貸借処理が認められている。

なお，ファイナンス・リース取引は減損処理の対象とされる。売買処理による場合には，リース資産が対象とされ，賃貸借処理による場合には未経過リース料の現在価値が対象とされる。開示に関しては，借手はリース資産の内容と減価償却の方法を注記することが要請されているだけである。

他方，オペレーティング・リース取引については，通常の賃貸借取引に係る方法に準じて会計処理を行う。なお，開示に関しては，オペレーティング・リース取引のうち解約不能のものに係る未経過リース料は，貸借対照表日後１年以内のリース期間に係るものと，貸借対照表日後１年を超えるリース期間に係るものとに区分して注記することが要請されている。ただし，重要性が乏しい場合には，当該注記を要しない。

**問題 8 - 7**　次の条件に基づいて，下記の１～３に答えなさい。

条　件　(1)　X１年１月１日にリース物件の引渡しを受けた。なお，決算日は12月31日とする。
(2)　所有権移転条項，割安購入選択権　なし　特別仕様物件ではない
(3)　解約不能なリース期間　３年
(4)　借手の見積現金購入価額　2,700千円（貸手の購入価額もこれに等しいが，借手において当該価額は明らかではない）
(5)　年々のリース料　1,000千円（支払は各期末に現金で行う）
(6)　リース物件（機械装置）の経済的耐用年数　３年
(7)　借手の減価償却方法　定額法
(8)　借手の追加借入利子率　年10％（借手は貸手の計算利子率を知り得ない）

1　当該リース取引は，所有権移転ファイナンス・リース取引，所有権移転外ファイナンス・リース取引，オペレーティング・リース取引のいずれに該当するのか答えなさい。
2　売買処理により，X１年度の会計処理を仕訳で示しなさい。
3　賃貸借処理により，X１年度の会計処理を仕訳で示しなさい。

**解答・解説**

1　まず，ファイナンス・リース取引に該当するか否かを，現在価値基準（概ね90％ルール）および経済的耐用年数基準（概ね75％ルール）に従って判定する。いずれかに該当すればファイナンス・リース取引と判定される。

本問では，借手は貸手の計算利子率を知り得ないので，追加借入利子率10％を用いて現在価値を計算すると,$1{,}000(1+0.1)^{-1}+1{,}000(1+0.1)^{-2}+1{,}000(1+0.1)^{-3}=2{,}487$千円となり，現在価値2,487千円／見積購入価額2,700千円≒92％≧90％と計算される。また，リース期間３年／経済的耐用年数３年＝100％≧ 75％と計算される。当該リース取引は，いずれの基準にも該当するので，ファイナンス・リース取引と判定される。また，特別仕様物件ではなく，所有権移転条項および割安購入選択権も付与されていないので，所有権移転外ファイナンス・リース取引と判定される。

2　所有権移転外ファイナンス・リース取引と判定された場合には，売買処理によらなければならない。借手は，公正評価額（貸手の購入価額または借手の見積現金購入価額）と現在価値とを比較し，いずれか低い方の価額で貸借対照表に計上する。本問の場合，見積現金購入価額が2,700千円，現在価値が2,487千円なので，貸借対照表価額は2,487千円になる。また，リース料には利息相当部分と元本相当部分が含まれているので，利息法に基づいて次のように区分計算される（単位：千円）。

| | 期首元本 | 各期のリース料（1,000） | | 期末元本 |
|---|---|---|---|---|
| | | 利息分 | 元本分 | |
| X１年度 | 2,487 | 249 | 751 | 1,736 |
| X２年度 | 1,736 | 174 | 826 | 910 |
| X３年度 | 910 | 90 | 910 | 0 |
| 合　計 | － | 513 | 2,487 | － |

（注）各期の利息相当額＝期首元本×適用利率(10％)
各期の元本返済額＝各期のリース料(1,000)－利息相当額

以上より，売買処理による場合の仕訳を示すと，次のようになる（単位：千円）。

| | | | | | | |
|---|---|---|---|---|---|---|
| X１年１月１日 | （借） | 機械装置 | 2,487 | （貸） | リース債務 | 2,487 |
| X１年12月31日 | （借） | リース債務 | 751 | （貸） | 現金 | 1,000 |
| | | 支払利息 | 249 | | | |
| | （借） | リース債務 | 826 | （貸） | 未払リース債務 | 826 |

＊　ワンイヤールールによる流動負債（未払リース債務）への振替

| | | | | | | |
|---|---|---|---|---|---|---|
| | （借） | 減価償却費 | 829 | （貸） | 減価償却累計額 | 829 |

＊　所有権移転外ファイナンス・リースの場合には，リース期間を耐用年数とし，残存価額をゼロとして減価償却費が計算される。

以後，各決算日に同様な会計処理を行う。

3　賃貸借処理による場合の仕訳を示すと，次のようになる（単位：千円）。

| | | | | | | |
|---|---|---|---|---|---|---|
| X１年１月１日 | | 仕訳なし | | | | |
| X１年12月31日 | （借） | 支払リース料 | 1,000 | （貸） | 現金 | 1,000 |

以後，各決算日に同様な会計処理を行う。

なお，従前の基準では，所有権移転外ファイナンス・リース取引については所定の注記をすれば例外処理（賃貸借処理）によることも認められていたが,「基準」ではそれが廃止され，売買処理によることとされた。ただし，本問のように，少額（300万円以下）あるいは短期（１年以内）などの理由により個々のリース資産に重要性がないと認められる場合には，賃貸借処理によることができる。

### 2）貸手の会計処理と開示

貸手の会計処理と開示は次のとおりである。ファイナンス・リース取引については，通常の売買取引に係る方法に準じて会計処理を行う。ただし，重要性が乏しいと認められる場合は，リース取引を主たる事業としている企業を除き，利息法に代えて，定額法（利息相当額の総額をリース期間中の各期に定額ずつ配分する方法）を適用することができる。なお，開示に関しては，リース債権およびリース投資資産に係るリース料債権部分について，貸借対照表日後５年以内における１年ごとの回収予定額および５年超の回収予定額を注記することが要請されている。

（注）「基準」では，所有権移転ファイナンス・リース取引から生じる資産は「リース債権」勘定に計上し，所有権移転外ファイナンス・リース取引から生じる資産は「リース投資資産」勘定に計上することが要請されている。

他方，オペレーティング・リース取引については，通常の賃貸借取引に係る方法に準じて会計処理を行う。なお，開示に関しては，オペレーティング・リース取引のうち解約不能のものに係る未経過リース料は，貸借対照表日後１年以内のリース期間に係るものと，貸借対照表日後１年を超えるリース期間に係るものとに区分して注記することが要請されている。ただし，重要性が乏しい場合には，当該注記を要しない。

**問題 8 - 8**　**問題 8 - 7** と同様の条件に基づいて，次の１～２に答えなさい。

1　当該リース取引は，所有権移転ファイナンス・リース取引，所有権移転外ファイナンス・リース取引，オペレーティング・リース取引のいずれに該当するのか答えなさい。

2　売買処理により，X１年度の会計処理を仕訳で示しなさい。

**解答・解説**

1　まず，ファイナンス・リース取引に該当するか否かを，現在価値基準（概ね90％ルール）および経済的耐用年数基準（概ね75％ルール）に従って判定する。貸手の計算利子率 r は，$1{,}000(1+r)^{-1}+1{,}000(1+r)^{-2}+1{,}000(1+r)^{-3}=2{,}700$千円より5.46％と計算される。現在価値2,700千円／購入価額2,700千円＝100％，リース期間３年／経済的耐用年数３年＝100％と計算され，当該リース取引はいずれの基準にも該当する。また，特別仕様物件ではなく，所有権移転条項および割安購入選択権も付与されていないので，当該リース取引は所有権移転外ファイナンス・リース取引と判定される。

2　貸手はリース物件の購入価額を当然知り得るので，貸借対照表価額には当該価額2,700千円が用いられる。また，リース料には利息相当部分と元本相当部分が含まれているので，計算利子率5.46％を用いて，次のように区分計算される（単位：千円）

| | 期首元本 | 各期のリース料（1,000） | | 期末元本 |
|---|---|---|---|---|
| | | 利息分 | 元本分 | |
| X１年度 | 2,700 | 147 | 853 | 1,847 |
| X２年度 | 1,847 | 101 | 899 | 948 |
| X３年度 | 948 | 52 | 948 | 0 |
| 合　計 | － | 300 | 2,700 | － |

（注）各期の利息相当額＝期首元本×適用利率（5.46％）
　　各期の元本返済額＝各期のリース料（1,000）－利息相当額

以上より，売買処理による場合の仕訳を示すと，次のようになる（単位：千円）。なお，「適用指針」では，3つの方法が示されている。

① リース取引開始日に売上高と売上原価を計上する方法

| | | | | | | |
|---|---|---|---|---|---|---|
| X1年1月1日 | （借） | リース投資資産 | 3,000 | （貸） | 売上 | 3,000 |
| | （借） | 売上原価 | 2,700 | （貸） | 買掛金 | 2,700 |
| 12月31日 | （借） | 現金 | 1,000 | （貸） | リース投資資産 | 1,000 |
| | （借） | 繰延リース利益繰入 | 153 | （貸） | 繰延リース利益 | 153 |
| X2年12月31日 | （借） | 現金 | 1,000 | （貸） | リース投資資産 | 1,000 |
| | （借） | 繰延リース利益 | 101 | （貸） | 繰延リース利益戻入 | 101 |

以後，各決算日に同様な会計処理を行う。

（注） これは，割賦販売における従来の未実現利益控除法と整合的な会計処理方法である。

② リース料受取時に売上高と売上原価を計上する方法

| | | | | | | |
|---|---|---|---|---|---|---|
| X1年1月1日 | （借） | リース投資資産 | 2,700 | （貸） | 買掛金 | 2,700 |
| 12月31日 | （借） | 現金 | 1,000 | （貸） | 売上 | 1,000 |
| | （借） | 売上原価 | 853 | （貸） | リース投資資産 | 853 |

以後，各決算日に同様な会計処理を行う。

（注） 従前の基準ではリース物件売上高勘定とリース物件売上原価勘定が用いられていたが,「適用指針」では売上高勘定と売上原価勘定が用いられる。

③ 売上高を計上せずに利息相当額を各期へ配分する方法

| | | | | | | |
|---|---|---|---|---|---|---|
| X1年1月1日 | （借） | リース投資資産 | 2,700 | （貸） | 買掛金 | 2,700 |
| 12月31日 | （借） | 現金 | 1,000 | （貸） | リース投資資産 | 853 |
| | | | | | 受取利息 | 147 |

以後，各決算日に同様な会計処理を行う。

（注） 従前の基準では売買の側面が重視されてリース物件売買益勘定が用いられていたが,「適用指針」ではファイナンスの側面が強調されて受取利息勘定が用いられる。

### (3) セール・アンド・リースバック取引

#### 1） 定義と分類

セール・アンド・リースバック取引とは，借手がその所有する物件を貸手に売却し，貸手から当該物件のリースを受ける取引をいう。借手と貸手の関係は，次のようにまとめられる。

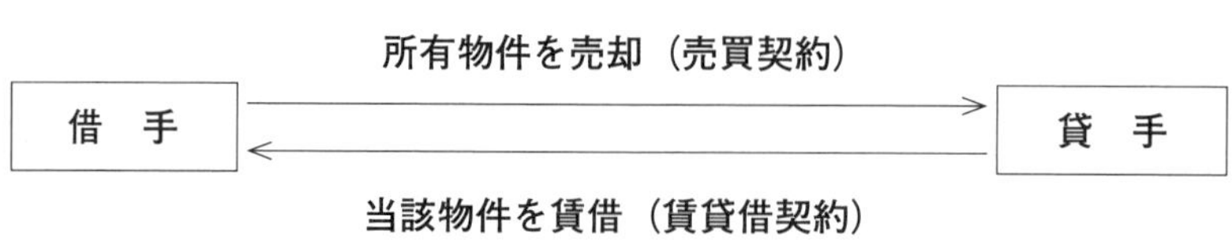


ファイナンス・リース取引に該当するかどうかの判定は，通常のファイナンス・リース取引の判定基準と同様であるが，経済的耐用年数については，リースバック時におけるリース物件の性能，規格，陳腐化の状況等を考慮して見積もった経済的使用可能予測期間を用いるものとし，当該リース物件の借手の見積現金購入価額については，借手の実際売却価額を用いるものとする。

### 2）　借手の会計処理と開示

借手の会計処理と開示は次のとおりである。リースバック取引がファイナンス・リース取引に該当する場合，借手は，リースの対象となる物件の売却に伴う損益を長期前払費用または長期前受収益等として繰延処理し，リース資産の減価償却費の割合に応じ減価償却費に加減して損益を計上する。ただし，当該物件の売却損失が，当該物件の合理的な見積市場価額が帳簿価額を下回ることにより生じたものであることが明らかな場合は，売却損を繰延経理せずに売却時の損失として計上する。

ケース１〔帳簿価額（旧簿価）<売却価額（新簿価）〕とケース２〔帳簿価額（旧簿価）>売却価額（新簿価）〕に分けると，次のようにまとめられる。ケース１では売却価額が帳簿価額より高いので売却益の扱いが，ケース２では低いので売却損の扱いが論点となる。

| | 売却損益の処理 | 旧簿価に基づく減価償却費への調整 |
|---|---|---|
| ケース１ | 売却益は実現していないので，<br>長期前受収益として繰延処理 | 新簿価に基づく減価償却費<br>－長期前受収益償却額 |
| ケース２ | 売却損は即時に認識しないで，<br>長期前払費用として繰延処理 | 新簿価に基づく減価償却費<br>＋長期前払費用償却額 |
| 例　　外 | 売却価額が合理的な見積市場価額に基づいており，なおかつそれが帳簿価額を下回る場合に生ずる売却損（評価損と考えられる場合）は，繰延処理せずに売却時の損失として計上する。 | |

ケース１では，新簿価に基づく減価償却費は旧簿価の減価償却費より大きくなるので，旧簿価に基づく減価償却費に調整するためには，減価償却費から長期前受収益償却額を減算しなければならない。逆にケース２では，新簿価に基づく減価償却費は旧簿価の減価償却費より小さくなるので，旧簿価に基づく減価償却費に調整するためには，減価償却費に長期前払費用償却額を加算しなければならない。

**問題８-９**　A社（借手）は，⑴に示す機械設備を⑵に示す条件によりB社（貸手）に売却するとともに，その全部をリースバックした。A社（借手）が，X１年１月１日からX２年１月１日までに行う仕訳を示しなさい。なお，決算日は12月31日とする。当該取引は現金取引とする。

条　件　⑴　売却資産の内容
- ①　取得年月日　X０年１月１日
- ②　取得原価　30,000千円
- ③　償却方法　定額法（取得時の経済的耐用年数５年，残存価額10%）
- ④　売却時の簿価　24,600千円（＝30,000－30,000×0.9×１/５）

⑵　リースバック取引の条件
- ①　契約日　X１年１月１日
- ②　売却価額　28,000千円
- ③　固定資産売却益　3,400千円（＝28,000－24,600）
- ④　解約不能なリース期間　４年
- ⑤　年々のリース料　8,030千円（支払は契約日を初回とし各期首に現金で行う）
- ⑥　リースバック時以後の経済的耐用年数　４年
- ⑦　貸手の計算利子率は10%であり，借手もこれを知り得る。

⑧ 資産の所有権はリース期間終了日に無償でA社に移転される。

解答・解説

リース期間終了日に所有権がA社に移転するので，当該取引は所有権移転ファイナンス・リース取引に該当する。A社は，次のような会計処理を行わなければならない。①固定資産の売却処理および固定資産売却益（3,400千円）の繰延処理。②リース資産・リース債務（28,000千円）の計上。③リース債務の処理（利息法による)。④流動負債への振替。⑤支払利息の計上（利息法による)。⑥リース資産の償却（定額法による)。⑦長期前受収益の償却（減価償却費から減算)。

なお，利息法のスケジュールは次のとおりである（単位：千円)。

| | 期首元本 | 各期のリース料（8,030） | | 期末元本 |
|---|---|---|---|---|
| | | 利息分 | 元本分 | |
| X 1 年度 | 28,000 | 0 | 8,030 | 19,970 |
| X 2 年度 | 19,970 | 1,997 | 6,033 | 13,937 |
| X 3 年度 | 13,937 | 1,394 | 6,636 | 7,301 |
| X 4 年度 | 7,301 | 729 | 7,301 | 0 |
| 合　計 | − | 4,120 | 28,000 | − |

以上より，A社（借手）が行うべき仕訳は次のとおりである（単位：千円)。

| | | | | | | | |
|---|---|---|---|---|---|---|---|
| X 1 年 1 月 1 日 | ① | （借）減価償却累計額 | 5,400 | （貸）機械装置 | 30,000 |
| | | 現金 | 28,000 | 長期前受収益 | 3,400 |
| | ② | （借）機械装置 | 28,000 | （貸）リース債務 | 28,000 |
| | ③ | （借）リース債務 | 8,030 | （貸）現金 | 8,030 |
| X 1 年12月31日 | ④ | （借）リース債務 | 6,033 | （貸）未払リース債務 | 6,033 |

＊ ワンイヤールールによる流動負債（未払リース債務）への振替

| | | | | | |
|---|---|---|---|---|---|
| ⑤ | （借）支払利息 | 1,997 | （貸）未払利息 | 1,997 |
| ⑥ | （借）減価償却費 | 6,250 | （貸）減価償却累計額 | 6,250 |

＊（実際売却価額28,000－取得原価30,000×0.1）÷リースバック時以後の経済的耐用年数（4年）＝6,250。残存価額は（実際売却価額28,000×0.1）ではなく，（取得原価30,000×0.1）が用いられる。

| | | | | |
|---|---|---|---|---|
| ⑦ | （借）長期前受収益 | 850 | （貸）長期前受収益償却 | 850 |

＊ 3,400÷リースバック時以後の経済的耐用年数（4年）＝850
長期前受収益は，リース資産の減価償却の割合に応じて償却される。償却額は減価償却費から次のように控除される。

| | | | | |
|---|---|---|---|---|
| | （借）長期前受収益償却 | 850 | （貸）減価償却費 | 850 |
| X 2 年 1 月 1 日 | （借）未払リース債務 | 6,033 | （貸）現金 | 8,030 |
| | 未払利息 | 1,997 | | |

以後，各決算日に同様な会計処理を行う。

### 3）　貸手の会計処理と開示

リースバック取引がファイナンス・リース取引に該当する場合の会計処理および注記は，ファイナンス・リース取引に係る貸手の会計処理および開示と同様である。

**問題 8 -10**　問題 8 - 9と同一の条件に基づいて，B社（貸手）がX１年１月１日からX２年１月１日までに行うべき仕訳を示しなさい。現金取引とする。

**解答・解説**

B社（貸手）は，通常のファイナンス・リース取引における売買処理と同様に，次のように仕訳する（単位：千円）。

| | | | | | | |
|---|---|---|---|---|---|---|
| X１年１月１日 | （借） | リース債権 | 28,000 | （貸） | 現金 | 28,000 |
| | （借） | 現金 | 8,030 | （貸） | 売上 | 8,030 |
| | | 売上原価 | 8,030 | | リース債権 | 8,030 |
| 12月31日 | （借） | 売掛金 | 8,030 | （貸） | 売上 | 8,030 |
| | | 売上原価 | 6,033 | | リース債権 | 6,033 |
| X２年１月１日 | （借） | 現金 | 8,030 | （貸） | 売掛金 | 8,030 |

以後，各決算日に同様な会計処理を行う。

なお，既述のとおり，「適用指針」では３つの方法が示されているが，ここでは第二法（リース料受取時に売上高と売上原価を計上する方法）によっている。

## 6　退職給付の会計

平成10年６月に企業会計審議会から「退職給付に係る会計基準」（以下，「基準」という）が公表された。また，翌年９月に日本公認会計士協会から「退職給付会計に関する実務指針（中間報告）」（以下，「実務指針」という）が公表された。これらにより，退職給付の会計処理と開示内容が大幅に改善された。その後，平成17年に年金資産が退職給付債務を超える場合の会計処理が変更され，平成19年に複数事業主制度の企業年金に関する会計処理が改正され，平成20年に割引率の取扱いが改正された。平成24年５月に企業会計基準委員会から，これらの基準を全面改正した「退職給付に関する会計基準」および「退職給付に関する会計基準の適用指針」が公表された。これらの新基準は，その影響が大きく会計処理も複雑であるため，当面，連結財務諸表のみに適用される。以下では，新基準に基づいて，退職給付制度の概要，退職給付債務に関する論点，年金資産に関する論点，退職給付費用および退職給付に係る負債に関する論点について説明する。

### (1)　退職給付制度の概要

退職給付は，退職一時金と退職年金に分けられる。退職一時金は，従業員の労働対価の一部を退職時に一括して支給する制度である。多くの企業は，税法限度額（期末要支給額の一定割合）に基づいて積立て，そのつど，次のように仕訳されてきた。

（借）退職給与引当金繰入　×××　（貸）退職給与引当金　×××

他方，退職年金は，従業員の労働対価の一部を退職後一定期間にわたって分割支給する制度である。

適格退職年金制度や厚生年金基金制度がその典型である。事業主が年金基金に掛金を拠出するつど，次のように仕訳されてきた。

（借）退 職 年 金 費 用　　×××　　（貸）当　座　預　金　　×××

以上より明らかなように，退職一時金の従来の会計処理は「発生主義―オンバランス（引当金が計上される処理）」であったのに対し，退職年金の従来の会計処理は「現金主義―オフバランス（引当金が計上されない処理）」であった。

退職年金は，さらに確定給付型年金と確定拠出型年金に分けられる。確定給付型年金は，事業主と従業員との間で将来の給付額をあらかじめ取り決め，事業主がそれに必要な掛金を拠出する制度である。この場合，将来のリスクを負担しなければならないのは事業主である。たとえば，積立不足が生じた場合，拠出額を増加させることによって穴埋めしなければならないが，その責めを負うのは事業主である。他方，確定拠出型年金は，事業主と従業員との間であらかじめ取り決められた掛金を，従業員が自らの判断において運用し，事業主がその実績に基づいて給付する制度である。確定拠出年金（いわゆる401Kプラン）がその典型である。この場合，将来のリスクを負担しなければならないのは運用を任されている従業員である。上記２つの制度のうち，「基準」が前提としているのは確定給付型年金制度の会計処理である。確定拠出型年金制度の場合には前述の「現金主義－オフバランス」に沿った会計処理を行うだけでよく，とくに規定する必要性はないからである。

### (2)　退職給付債務に関する論点

#### 1）　退職給付債務の認識

「基準」では，退職給付債務とは，一定の期間にわたり労働を提供したこと等の事由に基づいて，退職以後に従業員に支給される給付（「退職給付」）のうち認識時点までに発生していると認められるものをいい，退職給付見込額（退職時に見込まれる退職給付の総額）は，合理的に見込まれる退職給付の変動要因を考慮して見積らなければならないと述べられている。

前述のとおり，退職一時金は発生主義に，退職年金は現金主義に基づいて処理されてきたが，「基準」ではこれらが「退職給付」という同一のカテゴリーに括られ，ともに発生主義に基づく会計処理が求められたことになる。

また，一般に次の３つの債務概念が考えられる。法的確定事象（受給権確定部分）だけを認識対象とする確定給付債務（VBO）概念，受給権確定前の発生事象（受給権未確定部分）にまで認識対象を広げた累積給付債務（ABO）概念，そして，それらに加え昇給率など将来の変動要因も認識対象とする予測給付債務（PBO）概念である。「基準」では，最も広い債務概念であるPBOが用いられている。

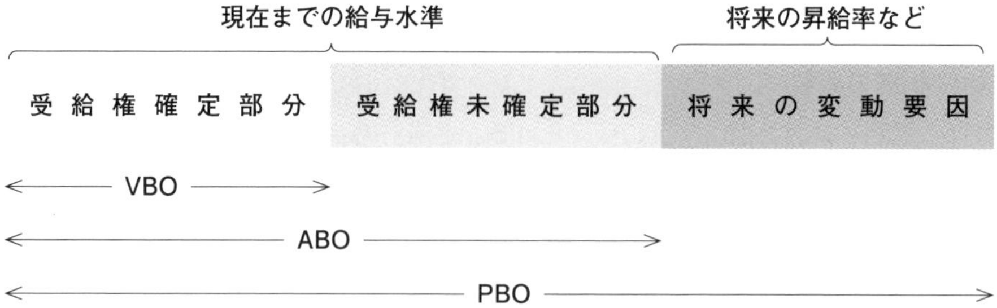

### 2） 退職給付債務の評価

退職給付債務は，退職により見込まれる退職給付の総額（「退職給付見込額」）のうち，期末までに発生していると認められる額を割り引いて計算する。退職給付債務の計算に用いられる割引率は，「安全性の高い債券の利回り」を基礎として決定する。

退職給付見込額のうち期末までに発生したと認められる額は，退職給付見込額を全勤務期間で除した額を各期の発生額とする方法（「期間定額基準」）または退職給付制度の給付算定式に従って各勤務期間に帰属させた給付に基づき見積った額を退職給付見込額の各期の発生額とする方法（「給付算定式基準」）によって計算する。なお，給付算定式基準による場合，勤務期間の後期における給付算定式に従った給付が，初期よりも著しく高い水準となるときには，当該期間の給付が均等に生じるとみなして補正した給付算定式に従わなければならない。

要するに，退職給付債務の評価は次の３つのプロセスからなる。第一に，退職給付見込額の決定プロセスである。これは，年金財政上の数理計算プロセスである。第二に，退職給付見込額について，期間配分額を決定するプロセスである。期間配分額の決定方法には，「期間定額基準」と「給付算定式基準」があり，各企業はいったん採用した方法を継続して適用しなければならない。第三に，期間配分額のうち，当期までに発生したと認められる額を，一定の割引率（「安全性の高い債券の利回り」）および退職時から現在までの期間（「残存勤務期間」）に基づいて割引計算するプロセスである。

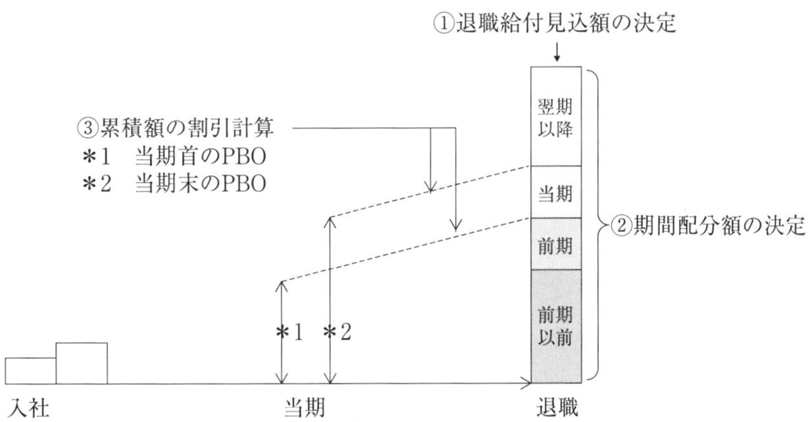


なお，退職給付債務の勘定はおおよそ次のように示される。

退職給付債務

| | | | | | |
|---|---|---|---|---|---|
| 一時金＋年金→ | 給　付　額 | ××× | 期首残高 | ××× | ←期首PBO |
| 期末PBO→ | 期末残高 | ××× | 勤務費用 | ××× | ←当期配分額×（１＋割引率）$^{-残存勤務期間}$ |
| | | | 利息費用 | ××× | ←期首PBO×割引率 |
| | | ××× | | ××× | |

### (3) 年金資産に関する論点

年金資産とは，企業年金制度に基づき退職給付に充てるため積み立てられている資産をいう。年金資産の額は，期末における公正な評価額による。なお，年金資産の勘定はおおよそ次のように示される。

年金資産

| | | | | | |
|---|---|---|---|---|---|
| 前期末の公正な評価額 → | 期首残高 | ××× | 給付額 | ××× | |
| 年金資産の計算にあたっては，実際運用収益率が用いられる → | 運用収益 | ××× | 期末残高 | ××× | ← 当期末の公正な評価額 |
| | 拠出額 | ××× | | | |
| | | ××× | | ××× | |

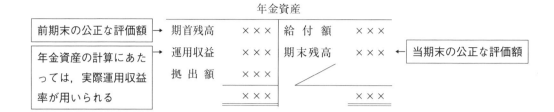

## (4) 退職給付費用および退職給付に係る負債に関する論点

### 1） 計算諸要素の定義

退職給付費用および退職給付に係る負債について説明する前に，「基準」に沿って，それぞれの計算諸要素について確認する。

（ⅰ）勤務費用・利息費用

勤務費用とは，一期間の労働の対価として発生したと認められる退職給付をいい，割引計算により測定される。勤務費用は，当期配分額×（１＋割引率）$^{-残存勤務期間}$ と計算される。

利息費用とは，割引計算により算定された期首時点における退職給付債務について，期末までの時の経過により発生する計算上の利息をいう。利息費用は，期首退職給付債務×割引率と計算される。

**問題８-11**　次の資料に基づいて，①退職給付見込額，②退職給付債務額，③当期の勤務費用，④当期の利息費用を計算しなさい。

資　料　①　従業員A氏は，20歳で入社し，現在40歳であり，50歳で退職する予定である。
②　現在の給与は400,000円であり，退職時の予想給与は500,000円である。
③　退職給付は，退職時の予想給与に支給倍率（20年勤務した場合には20.0，30年勤務した場合には30.0とする）を乗ずることによって計算される。
④　期間配分額の決定は期間定額基準による。
⑤　割引率　２％

**解答・解説**

①　退職給付見込額

「基準」ではPBO概念がとられているので，退職給付見込額は，退職時の予想給与500,000円にそのときの支給倍率30.0を乗ずることによって，15,000,000円と計算される。

②　退職給付債務額

退職給付見込額15,000,000円のうち当期末までに発生したものは10,000,000円（＝15,000,000円×当期末までの勤務期間20年／入社から退職までの勤務期間30年）である。これを割引計算すると，10,000,000（１＋0.02）$^{-10}$より8,203,483円となる。

③　当期の勤務費用

当期の勤務費用は当期配分額500,000円（＝退職給付見込額15,000,000円／入社から退職までの勤務期間30年）の現在価値であるので，500,000（１＋0.02）$^{-10}$より410,174円となる。

④　当期の利息費用

まず，当期首の退職給付債務額を計算しなければならない。退職給付見込額15,000,000円のうち当期首までに発生したものは9,500,000円（＝15,000,000円×当期首までの勤務期間19年／入社から退職までの勤務期間30年）である。これを割引計算すると，9,500,000（1＋0.02）$^{-11}$より7,640,499円となる。当期の利息費用は，当期首の退職給付債務額7,640,499円に割引率2％を乗ずることによって，152,810円と計算される。

（ⅱ）期待運用収益

期待運用収益とは，年金資産の運用により生じると合理的に期待される計算上の収益をいう。この期待運用収益は，期首の年金資産の額に合理的に期待される収益率（「長期期待運用収益率」）を乗じて計算されるものであり，年金資産の公正な評価額を計算する際に用いられる実際運用収益とは異なる。

（ⅲ）数理計算上の差異・未認識数理計算上の差異

数理計算上の差異とは，年金資産の期待運用収益と実際の運用成果との差異，退職給付債務の数理計算に用いた見積数値と実績との差異および見積数値の変更等により発生した差異をいう。なお，このうち当期純利益を構成する項目として費用処理されていないものを未認識数理計算上の差異という。

数理計算上の差異については，原則として，各期の発生額を平均残存勤務期間以内の一定の年数で按分した額を毎期の費用として処理する。ただし，当期の発生額を翌期から費用処理することもできる。

なお，当期に発生した未認識数理計算上の差異は，税効果を調整の上，その他の包括利益（「退職給付に係る調整額」）を通じて純資産の部に計上する。

（ⅳ）過去勤務費用・未認識過去勤務費用

過去勤務費用とは，退職給付水準の改訂等に起因して発生した退職給付債務の増加または減少部分をいう。なお，このうち当期純利益を構成する項目として費用処理されていないものを未認識過去勤務費用という。

過去勤務費用については，原則として，各期の発生額を平均残存勤務期間以内の一定の年数で按分した額を毎期の費用として処理する。

なお，当期に発生した未認識過去勤務費用は，税効果を調整の上，その他の包括利益（「退職給付に係る調整額」）を通じて純資産の部に計上する。

数理計算上の差異および過去勤務費用について，認識部分（当期損益処理部分）および未認識部分に係る仕訳を示すと次のとおりである。

数理計算上の差異・過去勤務費用に係る仕訳

| | 大小関係 | 借　方 | | 貸　方 | |
|---|---|---|---|---|---|
| 認　識<br>部　分 | 退職給付債務＞年金資産 | 退職給付費用 | ××× | 退職給付に係る負債 | ××× |
| | 退職給付債務＜年金資産 | 退職給付に係る負債 | ××× | 退職給付費用 | ××× |
| 未認識<br>部　分 | 退職給付債務＞年金資産 | 退職給付に係る調整額 | ××× | 退職給付に係る負債 | ××× |
| | | 繰延税金資産 | ××× | 退職給付に係る調整額 | ××× |
| | 退職給付債務＜年金資産 | 退職給付に係る負債 | ××× | 退職給付に係る調整額 | ××× |
| | | 退職給付に係る調整額 | ××× | 繰延税金負債 | ××× |

退職給付に係る調整額は，その他の包括利益の内訳項目である。その累計額はその他の包括利益累計額の内訳項目である「退職給付に係る調整累計額」として純資産の部に表示される。退職給付に係る調整累計額に計上されている未認識数理計算上の差異および未認識過去勤務費用のうち，当期に損益処理された部分は，「組替調整（リサイクリング）」が行われる。その際の仕訳は以下のとおりである。

数理計算上の差異・過去勤務費用に係る組替調整

| | 大小関係 | 借　方 | | 貸　方 | |
|---|---|---|---|---|---|
| 組　替<br>調　整 | 退職給付債務＞年金資産 | 退職給付費用 | ××× | 退職給付に係る調整額 | ××× |
| | | 退職給付に係る調整額 | ××× | 法人税等調整額 | ××× |
| | 退職給付債務＜年金資産 | 退職給付に係る調整額 | ××× | 退職給付費用 | ××× |
| | | 法人税等調整額 | ××× | 退職給付に係る調整額 | ××× |

**問題 8 -12**　次の 1 ～ 2 に答えなさい。

1　割引率の引き下げに伴って当期末に退職給付債務に係る数理計算上の差異1,500千円が発生した。数理計算上の差異の費用処理は，当期から平均残存勤務期間（15年）にわたり定額法で行う。なお，法定実効税率は40%であり，繰延税金資産の回収可能性に問題はない。このときの当期の仕訳を示しなさい。

2　給付水準の引き上げに伴って発生した過去勤務費用の期首残高は10,000千円であり，当期認識額は1,000千円であった。このときの当期の仕訳を示しなさい。

**解答・解説**

| | | 借　方 | | 貸　方 | |
|---|---|---|---|---|---|
| 1 | 認識部分 | 退職給付費用 | 100,000 | 退職給付に係る負債 | 100,000 |
| | 未認識部分 | 退職給付に係る調整額 | 1,400,000 | 退職給付に係る負債 | 1,400,000 |
| | | 繰延税金資産 | 560,000 | 退職給付に係る調整額 | 560,000 |
| 2 | 認識部分 | 退職給付費用 | 1,000,000 | 退職給付に係る負債 | 1,000,000 |
| | 未認識部分 | 退職給付に係る調整額 | 9,000,000 | 退職給付に係る負債 | 9,000,000 |
| | | 繰延税金資産 | 3,600,000 | 退職給付に係る調整額 | 3,600,000 |

### 2）　退職給付費用および退職給付に係る負債

まず，退職給付費用についてである。当期の勤務費用および利息費用は退職給付費用として処理し，企業年金制度を採用している場合には，年金資産に係る当期の期待運用収益相当額を差し引く。なお，数理計算上の差異および過去勤務費用に係る費用処理額は退職給付費用に含める。退職給付費用の計算および仕訳は次のとおりである。

退職給付費用の計算

| | | |
|---|---|---|
| | ①　勤務費用 | ③　年金資産の期待運用収益 |
| | ②　利息費用 | 退職給付費用 |
| 平準化要素 | ④　数理計算上の差異の当期認識額 | |
| （当期認識額） | ⑤　過去勤務費用の当期認識額 | |

［費用計上の仕訳］（借）退 職 給 付 費 用　×××　（貸）退職給付に係る負債　×××

次に，退職給付に係る負債についてである。退職給付債務から年金資産の額を控除した額（積立状況を示す額）を「退職給付に係る負債」として計上する。ただし，年金資産の額が退職給付債務の額を超える場合には，「退職給付に係る資産」として計上する。

前述のとおり，退職給付債務は［期首残高＋勤務費用＋利息費用－給付額］と計算され，年金資産は［期首残高＋実際運用収益＋拠出額－給付額］と計算される。

なお，退職一時金の支給および年金掛金の拠出に関する仕訳は次のとおりである（同一の勘定科目が用いられる）。

［退職一時金の支給］（借）退職給付に係る負債　×××　（貸）当　座　預　金　×××
［年 金 掛 金 の 拠 出］（借）退職給付に係る負債　×××　（貸）当　座　預　金　×××

**問題 8 -13**　次の資料に基づいて，下記の 1 ～ 2 に答えなさい。なお，決算日は12月31日とする。

資　料　(1)　X 1 年 1 月 1 日現在の退職給付債務額および年金資産額は次のとおりであった。
　退職給付債務（PBO）　50,000千円
　年金資産（公正な評価額）　40,000千円
(2)　勤務費用　6,000千円
(3)　年金掛金拠出額　3,000千円
(4)　退職一時金支給額　4,000千円
　退職年金給付額　1,000千円
(5)　割引率　3 %
(6)　期待運用収益率　2 %（実際運用収益率もこれに同じ）

1　X 1 年12月31日現在の退職給付債務額および年金資産額を計算しなさい。
2　X 1 年度中に必要とされる仕訳を示しなさい

**解答・解説**

1　X1年12月31日現在の退職給付債務額および年金資産額はそれぞれ次のように52,500千円，42,800千円と計算される（単位：千円）。

退職給付債務

| | | | |
|---|---|---|---|
| 給付額 | 5,000 | 期首残高 | 50,000 |
| 期末残高 | 52,500 | 勤務費用 | 6,000 |
| | | 利息費用 | 1,500 |
| | 57,500 | | 57,500 |

- 給付額＝退職一時金支給額4,000千円
　　＋退職年金給付額1,000千円
- 利息費用＝期首残高50,000千円
　　×割引率3％

年金資産

| | | | |
|---|---|---|---|
| 期首残高 | 40,000 | 給付額 | 1,000 |
| 運用収益 | 800 | 期末残高 | 42,800 |
| 拠出額 | 3,000 | | |
| | 43,800 | | 43,800 |

- 給付額＝退職年金給付額1,000千円
- 実際運用収益＝期首残高40,000千円
　　×実際運用収益率2％

2　退職給付費用および退職給付に係る負債はそれぞれ次のように計算される（単位：千円）。

退職給付費用＝勤務費用（6,000）＋利息費用（1,500）－期待運用収益（800）±数理計算上の差異および過去勤務費用の当期認識額（0）＝6,700千円

退職給付に係る負債＝退職給付債務（52,500）－年金資産（42,800）＝9,700千円

以上より，X1年度中に必要とされる仕訳は次のようになる。当座預金勘定を使用する。

| | | | | | | |
|---|---|---|---|---|---|---|
| ［費用計上の仕訳］ | （借） | 退職給付費用 | 6,700,000 | （貸） | 退職給付に係る負債 | 6,700,000 |
| ［退職一時金の支給］ | （借） | 退職給付に係る負債 | 4,000,000 | （貸） | 当座預金 | 4,000,000 |
| ［年金掛金の拠出］ | （借） | 退職給付に係る負債 | 3,000,000 | （貸） | 当座預金 | 3,000,000 |

### 3）平成24年改正の退職給付会計基準の特徴

平成24年改正前の「旧基準」では遅延認識の考え方が損益計算書上のみならず，貸借対照表上でも採用されていたが，平成24年改正の「新基準」では遅延認識の考え方は損益計算書上で採用されているだけである。つまり，新旧基準のいずれにおいても，退職給付費用の計算上は，数理計算上の差異および過去勤務費用（旧基準では過去勤務債務という）の全額が認識されるわけでなく，それらの一部が認識されるだけである。しかし，新旧基準の貸借対照表上の考え方は異なる。旧基準では負債（旧基準では退職給付引当金という）の認識にあたり未認識過去勤務債務および未認識数理計算上の差異が加減されていたが，新基準では退職給付に係る負債は退職給付債務から年金資産を控除して計算されるだけであり，その全額が即時認識される。

**問題8-14**　**問題8-13**の資料に次の2つの条件を追加する場合，X1年度中に必要とされる仕訳を示しなさい。ただし，**問題8-13**で解答した仕訳をあらためて示す必要はない。

追加条件　(1)　X1年12月31日現在の退職給付債務額および年金資産額は次のとおりであった。
退職給付債務（PBO）　53,300千円
年金資産（公正な評価額）　42,600千円
(2)　数理計算上の差異は，発生年度から平均残存勤務期間（10年）にわたって定額法で費用処理する。

(3)　法定実効税率は40%とする。

解答・解説

見積誤差がなければ，退職給付債務の期末残高は52,500千円と，年金資産の期末残高は42,800千円と計算される（見積誤差がない**問題8-13**の計算結果を参照されたい）。しかし，実際には，退職給付債務の期末残高は53,300千円と，年金資産の期末残高は42,600千円と計算された。したがって，数理計算上の差異が借方に1,000千円発生したことになる（退職給付債務：52,500－53,300＝△800千円。年金資産：42,600－42,800＝△200千円）。数理計算上の差異の当期認識額（償却額）は100千円（＝数理計算上の差異1,000千円÷平均残存勤務期間10年）と計算されるので，X1年度中に必要とされる仕訳は次のようになる。

| | | | | | |
|---|---|---|---|---|---|
| [新基準] | （借）退職給付費用 | 100,000 | （貸）退職給付に係る負債 | 100,000…① |
| | （借）退職給付に係る調整額 | 900,000 | （貸）退職給付に係る負債 | 900,000…② |
| | （借）繰延税金資産 | 360,000 | （貸）退職給付に係る調整額 | 360,000…③ |

（注）　①は認識部分に関する仕訳であり，②は未認識部分に関する仕訳である。

上記①②の即時認識に関する仕訳を追加することにより，負債額（退職給付に係る負債）は10,700千円（＝退職給付債務53,300－年金資産42,600）となる。

参考のために，旧基準に基づく仕訳を示すと以下のとおりである。新基準は，当面，連結財務諸表のみに適用されるので，個別財務諸表作成にあたっては下記の仕訳が行われる。

| | | | | |
|---|---|---|---|---|
| [旧基準] | （借）退職給付費用 | 100,000 | （貸）退職給付引当金 | 100,000 |

（注）　旧基準では損益計算書上のみならず，貸借対照表上でも遅延認識の考え方がとられるので，新基準の②に相当する仕訳は行われない。遅延認識の結果，負債額（退職給付引当金）は9,800千円（＝退職給付債務53,300－年金資産42,600－未認識数理計算上の差異900）となる。

## 7　資産除去債務の会計

### (1)　資産除去債務

資産除去債務とは，有形固定資産の取得，建設，開発または通常の使用によって生じ，その資産の除去に関して法令や契約で要求される法律上の義務およびそれに準ずるものをいう。原子力発電設備の解体義務がその典型例であり，定期借地権契約で賃借した土地の上に建設した建物の除去義務，鉱山等の原状回復義務，賃借建物の原状回復義務なども該当する。

法律上の義務およびそれに準ずるものには，有形固定資産を除去する義務のほか，除去そのものは義務ではないが，除去する際にその資産に使用されている有害物質等を法律等の要求による特別の方法で除去する義務，例えば，アスベストやPCB（ポリ塩化ビフェニル）の除去義務なども含まれる。資産除去債務は有形固定資産の除去に関わるものに限定されるので，資産の使用期間中に実施する汚染浄化等の環境修復や修繕は資産除去債務に含めない。また，有形固定資産を除去する義務が，通常の使用とはいえない不適切な操業等の異常な原因によって発生した場合，これも資産除去債務とはならず，引当金の計上や減損会計の適用によって対処する。

### (2) 資産除去債務の会計処理

#### 1） 引当金処理と資産負債の両建処理

資産除去債務の処理方法には，引当金処理と資産負債の両建処理の２つの方法が考えられる。引当金処理とは，有形固定資産の除去に係る将来の支出額を見積り，これを資産の使用に応じて各期に費用配分し，それに対応する金額を負債として計上する方法である。

これに対して，資産負債の両建処理とは，有形固定資産の除去について債務として負担する金額を見積り，これを負債に計上し，同額を有形固定資産の取得原価に反映させる方法である。この方法では，資産除去債務に対応する除去費用が資産の帳簿価額に加えられるため，有形固定資産への投資について回収すべき額も引き上げられる。その結果，除去費用が減価償却を通じ，資産の使用に応じて各期に費用配分される。

例えば，当期首に設備10,000千円を小切手を振り出して購入し，５年後の除去費用が500千円と見積られた場合，取得時および当期末の仕訳は次のとおりである。簡便化のため割引率は０％とし，減価償却は残存価額０の定額法によるものとする。

［引当金処理］（仕訳単位：千円）

| | | | | | | |
|---|---|---|---|---|---|---|
| 期首（取得時） | （借） | 設備 | 10,000 | （貸） | 当座預金 | 10,000 |
| 期末 | （借） | 減価償却費 | 2,000 | （貸） | 減価償却累計額 | 2,000 |
| | （借） | 資産除去引当金繰入 | 100 | （貸） | 資産除去引当金 | 100 |

［資産負債の両建処理］（仕訳単位：千円）

| | | | | | | |
|---|---|---|---|---|---|---|
| 期首（取得時） | （借） | 設備 | 10,500 | （貸） | 当座預金 | 10,000 |
| | | | | | 資産除去債務 | 500 |
| 期末 | （借） | 減価償却費 | 2,100 | （貸） | 減価償却累計額 | 2,100 |

企業会計基準委員会（ASBJ）が平成20年３月に公表した「資産除去債務に関する会計基準」は，①引当金処理では有形固定資産の除去に必要な金額が貸借対照表に計上されず，資産除去債務の負債計上が不十分であること，②除去費用が各期に適切に費用配分されるという点で，資産負債の両建処理は引当金処理を包摂するものといえること，③資産負債の両建処理は国際的な会計基準とのコンバージェンスにも資するものであることを理由として資産負債の両建処理を採用した。

#### 2） 資産除去債務の負債計上

資産除去債務は，有形固定資産の取得，建設，開発または通常の使用によって発生した時に，負債として計上する。資産除去債務の履行時期を予測することや，将来の最終的な除去費用を見積ることが困難で，その金額を合理的に見積ることができない場合には，これを計上せず，資産除去債務の概要，合理的に見積ることができない旨およびその理由を注記する。

資産除去債務の負債計上額は，有形固定資産の除去に要する将来キャッシュ・フローの現在価値（割引価値）とする。割引前将来キャッシュ・フローは，合理的で説明可能な仮定および予測に基づく自己の支出見積りにより算定する。その金額は生起する可能性の最も高い単一の金額（最頻値）か，生起し得る複数の将来キャッシュ・フローをそれぞれの発生確率で加重平均した金額（期待値）とするが，いずれの場合でも将来キャッシュ・フローが見積値から乖離するリスク（分散リスク）を反映させなければならない。また，将来キャッシュ・フローには，除去に係る作業のために直接要する支出のほか，有形固定資産の保管や管理のための支出など，処分に至るまでの支出も含める。

割引計算に適用する割引率は，貨幣の時間価値を反映した無リスクの利率（税引前）を用いる。したがって，通常，割引率は将来キャッシュ・フローが発生すると予想される時点までの期間に対応する利付国債の流通利回りなどを参考に決定される。

### 3）資産除去債務に対応する除去費用の資産計上と費用配分

資産除去債務に対応する除去費用は，資産除去債務の計上時に，その計上額と同額を関連する有形固定資産の帳簿価額に加算する。除去費用は有形固定資産の稼働にとって不可欠なものなので，これを資産の取得に関する付随費用とみなし，取得原価に含めるのである。資産計上された資産除去債務に対応する除去費用は，減価償却を通じて，有形固定資産の残存耐用年数にわたり，各期に費用配分される。このように，有形固定資産の除去時に不可避的に生じる支出額を取得原価に加え，費用配分を行うことで，資産効率の観点から有用と考えられる情報を提供することができる。

上述のように，資産除去債務は除去に要する将来キャッシュ・フローの現在価値で計上されている。そのため，資産除去債務は時の経過により利息相当額だけ増額するから，これを調整しなければならない。時の経過による資産除去債務の調整額は，期首の帳簿価額に当初負債計上時の割引率を乗じて算定し，発生時の費用として処理する。つまり，退職給付会計における利息費用と同様に，利息法が適用される。

**問題 8-15**　次の資料に基づき，A社がX1年1月1日からX3年12月31日までに行う仕訳を示しなさい。なお，決算日は12月31日とし，千円未満の端数が生じた時は四捨五入により処理する。

(1)　A社はX1年1月1日に設備15,000千円を小切手を振り出して購入し，使用を開始した。設備の耐用年数は3年であり，A社にはこれを使用後に除去する法的義務がある。

(2)　除去費用の見積りは期待値法を適用し，生起し得る複数の将来キャッシュ・フローをそれぞれの発生確率で加重平均した金額とする。

| 予測キャッシュ・フロー | 発生確率 | 期待値 |
|---|---|---|
| 900千円 | 30% | （　　）千円 |
| 1,150千円 | 60% | （　　）千円 |
| 1,200千円 | 10% | （　　）千円 |
| | | （　　）千円 |

(3)　割引率は5％とする。

(4)　資産除去債務は取得時のみに発生するものとし，A社は設備について残存価額0で定額法により減価償却を行う。

(5)　X3年12月31日に設備が除去された。除去に係る費用は1,100千円で，現金で支払った。

**解答・解説**　（仕訳単位：千円）

| | | | | | |
|---|---|---|---|---|---|
| X1年1月1日 | （借）設　　備 | 15,933 | （貸）当座預金 | 15,000 |
| | | | | 資産除去債務 | 933 |

割引前将来キャッシュ・フロー＝900千円×30％＋1,150千円×60％＋1,200千円×10％＝1,080千円

資産除去債務＝1,080千円／$(1.05)^3$＝933千円

１年基準を適用し，資産除去債務は，固定負債の区分に表示する。

| | | | | | | |
|---|---|---|---|---|---|---|
| X１年12月31日 | （借） | 資産除去債務調整額 | 47 | （貸） | 資産除去債務 | 47 |
| | （借） | 減価償却費 | 5,311 | （貸） | 減価償却累計額 | 5,311 |

資産除去債務調整額（利息費用）＝933千円×５％＝47千円

減価償却費＝15,933千円／３年＝5,311千円

| | | | | | | |
|---|---|---|---|---|---|---|
| X２年12月31日 | （借） | 資産除去債務調整額 | 49 | （貸） | 資産除去債務 | 49 |
| | （借） | 減価償却費 | 5,311 | （貸） | 減価償却累計額 | 5,311 |

資産除去債務調整額（利息費用）＝(933千円＋47千円)×５％＝49千円

減価償却費＝15,933千円／３年＝5,311千円

１年以内に資産除去債務の履行が見込まれるので，固定負債から流動負債へ表示区分を変更する。

| | | | | | | |
|---|---|---|---|---|---|---|
| X３年12月31日 | （借） | 資産除去債務調整額 | 51 | （貸） | 資産除去債務 | 51 |
| | （借） | 減価償却費 | 5,311 | （貸） | 減価償却累計額 | 5,311 |
| | （借） | 減価償却累計額 | 15,933 | （貸） | 設備 | 15,933 |
| | （借） | 資産除去債務 | 1,080 | （貸） | 現金 | 1,100 |
| | | 資産除去損失 | 20 | | | |

資産除去債務調整額（利息費用）＝(933千円＋47千円＋49千円)×５％＝51千円

減価償却費＝15,933千円／３年＝5,311千円

資産除去損失＝1,100千円－1,080千円＝20千円

#### 4） 見積りの変更

割引前将来キャッシュ・フローに重要な見積りの変更が生じた場合，見積りの変更による調整額は，資産除去債務とそれに関連する有形固定資産の帳簿価額に加減し，減価償却を通じて残存耐用年数にわたり費用配分を行う。資産除去債務が法令の改正等により新たに発生した場合や，これまで合理的に見積ることのできなかった資産除去債務の金額を合理的に見積もることができるようになった場合も，見積りの変更と同様に取り扱う。

見積りの変更による調整額に適用する割引率は，キャッシュ・フローが増加する場合には，新たな負債の発生とみなし，その時点の割引率を用いる。これに対し，キャッシュ・フローが減少する場合は，負債計上時の割引率を使用する。

### (3) 開　示

#### 1） 貸借対照表上の表示

資産除去債務には，一年基準が適用される。したがって，資産除去債務は，貸借対照表日後１年以内にその履行が見込まれる場合は流動負債の区分に，それ以外の場合は固定負債の区分に表示する。

### 2）　損益計算書上の表示

資産計上された資産除去債務に対応する除去費用に係る費用配分額は，資産除去債務に関連する有形固定資産の減価償却費と同じ区分に含めて計上する。そのため，有形固定資産の使用目的に応じて，製造原価または販売費及び一般管理費の区分に表示される。時の経過による資産除去債務の調整額も同様である。

資産除去債務の履行時に認識される資産除去債務残高と資産除去債務の決済のために実際に支払われた額との差額は，資産除去債務に対応する除去費用に係る費用配分額と同じ区分に含めて計上する。ただし，当初の除去予定時期よりも著しく早期に除去することとなった場合など，その差額が異常な原因により生じたものである場合には，特別損益として処理する。

# IX 繰延税金資産負債の会計

## 1　税効果会計の意義

わが国の法人税法は確定決算主義を採用し，株主総会等によって確定した計算書類における利益に基づいて税額の計算と基礎となる課税所得を計算する。しかし，法人税法等は，課税の公正を期すために，課税所得の計算に含まれる益金・損金の金額および認識時点を詳細に規定しているものの，それらは必ずしも企業会計上の収益・費用の金額および認識時点とは一致していない。したがって，企業会計上の利益と課税計算上の課税所得は必ずしも同一金額とはならないため，法人税等の額が税引前当期純利益と期間的に対応せず，また，将来の法人税等の支払額に対する影響が表示されないことになる。そこで，何らかの調整が必要とされ，この調整を行うのが，税効果会計の手続である。

税効果会計とは，企業会計上の収益または費用と課税所得計算上の益金または損金の認識時点の相違等により，企業会計上の資産または負債の計上額と課税所得計算上の資産または負債の計上額に相違がある場合に，法人税等を適切に期間配分することによって，税引前当期純利益と法人税等を合理的に対応させることを目的とする手続である（「税効果会計会計基準」（以下，「税効果基準」と略す）第一）。なお，ここにいう法人税等とは，法人税，都道府県民税，市町村民税および利益に関連する金額を課税標準とする事業税等をいう。

税効果会計の適用の影響を簡単な例で確認するならば，以下のとおりとなる。

**問題 9-1**　X１年およびX２年，会計上100の税引前当期純利益を計上したが，会計上の費用のうち50の損金算入がX１年では否認され，X２年に認められたため，課税所得はX１年150，X２年50と算定された。なお，法人税等の税率は40%とする。

**解答・解説**

＜課税所得計算＞

| | X１年 | X２年 |
|---|---|---|
| 課税所得 | 150 | 50 |
| 法人税等 | 60 | 20 |

＜損益計算書＞

| | （税効果会計適用なし） | | （税効果会計適用あり） | |
|---|---|---|---|---|
| | X１年 | X２年 | X１年 | X２年 |
| 税引前当期純利益 | 100 | 100 | 100 | 100 |
| 法人税等 | 60 | 20 | 60 | 20 |
| 法人税等調整額 | | | △20 | 20 |
| 当期純利益 | 40 | 80 | 60 | 60 |

会計上の収益・費用の認識時点と税務上の益金・損金の認識時点の相違により，会計上はX１年およびX２年ともに同額の利益を計上しながらも，法人税等の額が異なることになる。その結果，当期純利益も大幅に異なり，また，法人税等の額も税引前当期純利益に税率40％を乗じた金額と対応していない。そこで，X１年では課税所得の150と会計上の利益100の差額50に税率40％を乗じた20を調整（減額）するのである。この50の差額は翌X２年に解消されたため，同様に調整が行われ，会計上の税引前当期純利益が法人税等と合理的に対応する。

なお，税効果会計は，個別財務諸表のみならず連結財務諸表においても適用されるが，本章においては税効果会計の理論面および個別財務諸表上の具体例を解説するものとし，連結財務諸表上の税効果会計の具体例については，「XV章　連結財務諸表」で取り扱う。

## 2　税効果会計の方法と税率

会計上の利益と税法上の課税所得の間の差異を生じさせる原因の把握方法として，資産負債法と繰延法があり，わが国では資産負債法が採用されている。資産負債法とは，企業会計上の資産または負債と税務上の資産または負債との差異に着目した考え方である。

資産負債法によって把握されるこの差異を一時差異と呼ぶ。一時差異とは，企業会計上の資産および負債の金額と課税所得計算上の資産および負債の金額との差額である。これは，長期的に見れば解消される項目であるために，税効果会計の調整対象となる。この一時差異が生じる原因としては，たとえば次のようなものがある（「税効果基準」第二，１）。一時差異は，さらに将来減算一時差異と将来加算一時差異に分類され，将来減算一時差異に係る税効果額は繰延税金資産として，将来加算一時差異に係る税効果額は繰延税金負債として貸借対照表に計上される。

＜個別財務諸表上の一時差異＞

①　収益または費用の期間帰属が相違する場合

②　資産の評価替えによって生じた評価差額が直接純資産の部に計上され，かつ課税所得の計算に含まれていない場合

一時差異に対し，税効果会計の対象とならない差異として永久差異がある。永久差異とは，会計上の収益・費用の範囲と税法上の益金・損金の範囲が異なることから生じる差異であり，受取配当金の益金不算入額や交際費の損金算入限度額の超過額などがその一例である。これらの差異は，税法上，永久に益金または損金に算入されない項目であり，将来の課税所得の計算にあたって加算または減算させる効果をもたないからである。

資産負債法によれば，一時差異が解消される将来の時点に重点がおかれるため，当該差異が解消されると予測される年度の税率に基づいて税効果額を計算しなければならない。法人税の他に，住民税および事業税も利益に基づいて税額を計算するため，繰延税金資産および繰延税金負債の算出にあたっては，以下の法定実効税率を用いる。

$$\text{法定実効税率} = \frac{\text{法人税率} \times (1 + \text{住民税率}) + \text{事業税率}}{1 + \text{事業税率}}$$

$$= \frac{\text{法人税率} + (\text{法人税率} \times \text{住民税率}) + \text{事業税率}}{1 + \text{事業税率}}$$

なお，税率の変更に対しては，決算日現在における改正後の税率を用いて，当期首における繰延税金資産または繰延税金負債の金額を修正しなければならない。

## 3　将来減算一時差異と会計処理

将来減算一時差異とは，その一時差異が生じたときに課税所得を増加させるが，将来，解消されるときに課税所得が減算される差異をいう。その結果，将来支払うべき税額が減少する。そこで，当期に税金を前払いしたと解釈し，その前払相当額として繰延税金資産を計上する。

将来減算一時差異を生じさせる原因としては，以下のものがある。

① 貸倒引当金，退職給付引当金等の引当金の損金算入限度超過額（いわゆる有税繰入額）
② 減価償却費の損金算入限度超過額（いわゆる有税償却額）
③ 損金に算入されない棚卸資産等に係る評価損等がある場合
④ その他有価証券の評価損に相当する評価差額を純資産の部に計上した場合（全部純資産直入法の場合）
⑤ 繰延ヘッジの適用により損失に相当する繰延ヘッジ損益を純資産の部に計上した場合
⑥ 未払事業税がある場合（事業税は損金算入されるが未払事業税は損金不算入）
⑦ 連結会社相互間の取引から生ずる未実現利益を消去した場合

要するに，将来減算一時差異とは，その発生時に企業会計上の資産計上額が税務上の資産計上額を下回るか，企業会計上の負債計上額が税務上の負債計上額を上回る場合に生じる差異である。

将来減算一時差異が生じると，実際の法人税等の支払額が税引前当期純利益に税率を乗じた額よりも大きくなる。仮に，10,000円の将来減算一時差異が生じた場合，以下の仕訳により，その差異に税率（40%とする）を乗じて計算された税金の前払額に相当する額を貸借対照表に繰延税金資産として計上するとともに，損益計算書に法人税等調整額を計上し，法人税等の額を減額する。

| | | | | |
|---|---|---|---|---|
| （借） | 繰延税金資産 | 4,000 | （貸）法人税等調整額 | 4,000 |

将来減算一時差異が解消された際には，反対仕訳を行う。

ただし，上記④や⑤のように，評価損に相当する評価差額等を直接純資産の部に計上する場合は，以下の仕訳により，当該評価差額に係る繰延税金資産を控除した金額によって評価差額金を計上し，法人税等調整額は計上されない。

| | | | | |
|---|---|---|---|---|
| （借） | その他有価証券評価差額金 | 6,000 | （貸）投資有価証券 | 10,000 |
| | 繰延税金資産 | 4,000 | | |

なお，厳密には一時差異ではないが，一時差異に準じて繰延税金資産を計上するものとして，税務上の繰越欠損金および繰越外国税額控除がある。繰越欠損金は，繰越期限切れとなるまでの期間に課税所得が生じた場合に課税所得と相殺することができるからであり，繰越外国税額控除も，繰越可能な期間に発生する外国税額控除余裕額を限度として税額を控除することが認められているためである。これら繰越欠損金等と一時差異をあわせて，一時差異等という。

繰延税金資産の計上にあたっては，その回収可能性を判断しなければならない。すでに説明したように，繰延税金資産とは将来の税金を軽減するものであり，将来の税金の前払分に相当する。したがって，その軽減効果は，将来の課税所得がプラスである場合に限って有効である。一時差異等の解消時に欠損金が生じている場合は，欠損金が増大するのみで，税金の支払額はゼロのまま変わらない。そのため，繰延税金資産は，将来の一時差異等の解消時に課税所得を減少させて税金の負担額を軽減することができる，すなわち回収可能性が認められる範囲でのみ計上されることになる。

繰延税金資産の将来の回収可能性があると判断されるのは，将来減算一時差異等の解消年度および繰越欠損金の繰越期間中に，以下のことが見込まれる場合である。

① 収益性に基づく課税所得が十分にあり，将来減算一時差異等が解消してもなお課税所得が発生する可能性が高いこと

② 含み益のある固定資産や有価証券の売却などにより課税所得を生じさせるようなタックス・プランニングが存在すること

③ 同一の解消年度を有する将来加算一時差異が十分に存在すること

なお，回収可能性の見直しによる繰延税金資産の修正差額については，見直しを行った年度ではなく，見直しの対象となった年度の損益計算書の法人税等調整額を加減する。また，評価差額等が直接純資産の部に計上されている場合は，直接，評価差額等を加減する。

**問題9-2** 次の1～3の取引の税効果に関する部分の仕訳を示しなさい。なお，予測法定実効税率は40%とし，繰延税金資産の回収可能性に問題はない。

1 貸付金の期末残高のうち1,000,000円は貸倒懸念債権と判断されたため，貸倒引当金700,000円を設定したが，法人税法上の繰入限度額は200,000円であった。

2 X1年度の決算にあたり，棚卸資産の評価損800,000円を計上したが，税務上では当該評価損の損金算入が認められなかった。

3 X2年度に，上記棚卸資産をすべて売却した。

**解答・解説**

| | | | | | |
|---|---|---|---|---|---|
| 1 | （借）繰延税金資産 | 200,000 | （貸）法人税等調整額 | 200,000 |
| | 繰延税金資産：200,000＝（700,000－200,000）×40% | | | |
| 2 | （借）繰延税金資産 | 320,000 | （貸）法人税等調整額 | 320,000 |
| | 繰延税金資産：320,000＝800,000×40% | | | |
| 3 | （借）法人税等調整額 | 320,000 | （貸）繰延税金資産 | 320,000 |

前述のとおり，繰延税金資産は回収可能性の範囲内で計上されるため，2および3の仕訳が可能となるのは，X2年度に320,000円の税金を減額してもなお課税額が存在することが前提となる。したがって，X2年度に最低限800,000円（＝320,000÷40%）の課税所得があることが必要となる。

**問題9-3** 以下の一連の取引の仕訳を，評価差額の処理につき(1)部分純資産直入法，および(2)全部純資産直入法により示しなさい。なお，部分純資産直入法による評価損は税務上損金算入が認められていない。予測法定実効税率は40%とする。

1 X1年期末，当期首に560,000円で取得した株式（その他有価証券）の時価が400,000円となった。

2 X2年期首，同株式に係る再振替仕訳を行った。

**解答・解説**

(1) 部分純資産直入法

| | | | | | | |
|---|---|---|---|---|---|---|
| 1 | (借) | 投資有価証券評価損 | 160,000 | (貸) | 投資有価証券 | 160,000 |
| | (借) | 繰延税金資産 | 64,000 | (貸) | 法人税等調整額 | 64,000 |

繰延税金資産：64,000＝160,000×40％

| | | | | | | |
|---|---|---|---|---|---|---|
| 2 | (借) | 投資有価証券 | 160,000 | (貸) | 投資有価証券評価損 | 160,000 |
| | (借) | 法人税等調整額 | 64,000 | (貸) | 繰延税金資産 | 64,000 |

その他有価証券については洗替法が適用される。

(2) 全部純資産直入法

| | | | | | | |
|---|---|---|---|---|---|---|
| 1 | (借) | その他有価証券評価差額金 | 96,000 | (貸) | 投資有価証券 | 160,000 |
| | | 繰延税金資産 | 64,000 | | | |

評価損に相当する評価差額が直接純資産の部に計上される場合には，当該評価差額に係る繰延税金資産を直接控除し，法人税等調整額は計上されない。

| | | | | | | |
|---|---|---|---|---|---|---|
| 2 | (借) | 投資有価証券 | 160,000 | (貸) | その他有価証券評価差額金 | 96,000 |
| | | | | | 繰延税金資産 | 64,000 |

## 4 将来加算一時差異と会計処理

将来加算一時差異とは，その一時差異が生じたときに課税所得を減少させるが，将来，解消されるときに課税所得を増加させる差異をいう。その結果，将来支払うべき税額が増加するため，現時点では，その支払義務を示す繰延税金負債が計上されることになる。

将来加算一時差異を生じさせる原因としては，以下のものがある。

① 剰余金処分方式により租税特別措置法上の諸準備金等を計上した場合
② 償却性資産に対する圧縮記帳を行った場合
③ その他有価証券の評価益に相当する評価差額を純資産の部に計上した場合
④ 繰延ヘッジの適用により利益に相当する繰延ヘッジ損益を純資産の部に計上した場合
⑤ 未収中間還付事業税がある場合

要するに，将来加算一時差異は，その発生時に，企業会計上の資産計上額が税務上の資産計上額を上回るか，企業会計上の負債計上額が税務上の負債計上額を下回る場合に生じる差異である。

将来加算一時差異が生じると，実際の法人税等の支払額が税引前当期純利益に税率を乗じた額よりも小さくなる。仮に，10,000円の将来加算一時差異が生じた場合，以下の仕訳により，その差異に税率（40％とする）を乗じて計算された税金の将来の支払義務額に相当する税効果を貸借対照表に繰延税金負債として計上するとともに，損益計算書に法人税等調整額を計上し，法人税等の額を増額する。

| | | | | | |
|---|---|---|---|---|---|
| (借) | 法人税等調整額 | 4,000 | (貸) | 繰延税金負債 | 4,000 |

将来加算一時差異が解消された際には，反対仕訳を行うことになる。

なお，上記①の租税特別措置法上の諸準備金等については，その積立額および取崩額は繰延税金負債を控除した純額による。

ただし，上記③や④のように，評価差額等を直接純資産の部に計上する場合は，以下の仕訳により当該評価差額に係る繰延税金負債を控除した金額によって評価差額金を計上する。

| | | | |
|---|---|---|---|
| (借) 投資有価証券 | 10,000 | (貸) その他有価証券評価差額金 | 6,000 |
| | | 繰延税金負債 | 4,000 |

繰延税金負債として計上できるのは，将来の会計期間において税金の支払いが見込まれるもののみである。繰延税金負債の効果は，一時差異の解消時の課税所得がプラスであれば発現する。一時差異の解消時に欠損金が生じた場合，その差異が欠損金を上回って課税所得を生じさせるほどの大きさでなければ，その効果は発現しないからである。それゆえ，繰延税金負債は，将来，税金を支払う可能性がある場合にのみ計上されることになる。

**問題 9 - 4**　以下の一連の取引の仕訳を示しなさい。なお，予測法定実効税率は40%とする。

1　X 1 年 3 月31日　決算につき，機械の購入に際して交付を受けた国庫補助金4,000,000円につき，積立金方式によって圧縮記帳を行うこととした。圧縮記帳積立金は，翌期以降 5 年間にわたって取り崩すものとする。

2　X 2 年 3 月31日　決算において上記圧縮記帳に係る必要な処理を行った。

**解答・解説**

1　(借) 法人税等調整額　1,600,000　(貸) 繰延税金負債　1,600,000

繰延税金負債：1,600,000＝4,000,000×40%

(借) 繰越利益剰余金　2,400,000　(貸) 固定資産圧縮積立金　2,400,000

固定資産圧縮積立金：2,400,000＝4,000,000－1,600,000

2　(借) 繰延税金負債　320,000　(貸) 法人税等調整額　320,000

繰延税金負債：320,000＝1,600,000÷ 5 年

(借) 固定資産圧縮積立金　480,000　(貸) 繰越利益剰余金　480,000

固定資産圧縮積立金取崩額：480,000＝2,400,000÷ 5 年

**問題 9 - 5**　以下の取引の仕訳を示しなさい。なお，予測法定実効税率は40%とする。また，その他有価証券に係る評価差額は全部純資産直入法によって処理する。

1　X 2 年期末，当期首に300,000円で取得した株式（その他有価証券）の時価が450,000円となった。

2　X 3 年期首，上記株式に係る再振替仕訳を行った。

**解答・解説**

1　(借) 投資有価証券　150,000　(貸) その他有価証券評価差額金　90,000

繰延税金負債　60,000

繰延税金負債：60,000＝150,000×40%

評価益に相当する評価差額が直接純資産の部に計上される場合には，当該評価差額に係る繰延税金負債を直接控除し，法人税等調整額は計上されない。

2　(借) その他有価証券評価差額金　90,000　(貸) 投資有価証券　150,000

繰延税金負債　60,000

## 5　財務諸表上の表示

### 1　貸借対照表

繰延税金資産と繰延税金負債の表示については，繰延税金資産は投資その他の資産の区分に表示し，繰延税金負債は固定負債の区分に表示した上で，同一納税主体の繰延税金資産と繰延税金負債は，双方を相殺して表示する。ただし，異なる納税主体の繰延税金資産と繰延税金負債は，双方を相殺せずに表示する。

同一の納税主体の繰延税金資産と繰延税金負債は，一時差異等が解消される期間の税金の支払額に純額で影響を与えることになるので，両建てで表示すると，かえって利害関係者に誤解を与えることになるため，相殺して表示する。これに対して，異なる納税主体の繰延税金資産と繰延税金負債，つまり，ある納税主体（たとえば，親会社）の繰延税金資産と別の納税主体（たとえば，子会社）の繰延税金負債はそれぞれの税金の支払額に対して別個の影響を与えることになるので，相殺してはならないのである。

### 2　損益計算書

損益計算書においては，法人税等を控除する前の当期純利益から当期の法人税等として納付すべき額および法人税等調整額をそれぞれ区分して控除する形式によって表示しなければならない（「税効果基準」第三，3）。たとえば，以下のように記載される。

| | |
|---|---|
| ⋮ | |
| 税引前当期純利益 | 10,000 |
| 法人税，住民税及び事業税 | 5,000 |
| 法人税等調整額 | △1,000 |
| 法人税等合計額 | 4,000 |
| 当期純利益 | 6,000 |

### 3　注　　記

税効果会計に関連して，以下の注記が求められる（「税効果基準」第四）。

① 繰延税金資産および繰延税金負債の発生原因別の主な内訳

② 税引前当期純利益または税金等調整前当期純利益に対する法人税等調整額を含んだ法人税等の比率と法定実効税率との間に重要な差異があるときは，この差異の原因となった主な項目別の内訳

③ 税率の変更により繰延税金資産および繰延税金負債の金額が修正された場合のその旨の修正額

④ 決算日後に税率の変更があった場合にはその内容およびその影響

# X 純資産の会計

## 1 総　説

純資産は「資産－負債」の差として求められるから，資産および負債の決定法（能力・評価）に依存し，法制度をはじめ実務上，さまざまな要請が込められ，その内容は複雑なものとなる。わが国では，内容は株主資本等変動計算書で表示され，個別財務諸表では，大きく，株主資本，評価・換算差額等，株式引受権，新株予約権の４部（２～４節，Ⅷ章４）に分けられ，連結財務諸表では，さらに非支配株主持分（旧少数株主持分）の部が加わる（XV章）。それぞれの内容については該当の個所で説明する。

ところで，資本会計論として重要なのが株主資本の中での「資本と利益の区分」である。そこで，ここでは，この問題の考え方を扱う。「企業会計原則」は一般原則において「資本取引と損益取引とを明瞭に区別し，特に資本剰余金と利益剰余金とを混同してはならない。」(第一・三）と規定している。これを資本取引・損益取引区分の原則という。しかし，実際，資本と利益を分けるとなると，困難な問題が生じる。

そもそも利益を商業や製造業などにおいて企業が価値を創造したことにより獲得した成果であると定義すると，価値創造以外の原因で企業に流入したものは利益ではなく資本と考えるべきことになる。この考え方では，資本は，株主の払い込んだ資金，つまり払込資本に留まらなくなる。たとえば，国庫補助金，工事負担金，贈与（受贈）益（贈与剰余金），保険差益なども資本となる。理論上はその他資本剰余金とされる。これが，期間損益計算を中心に考えたときの「“利益”と資本の区分」である。

しかし，期間損益計算から離れたとき，前掲の国庫補助金以下の項目をすべて，即，資本としてよいかとなると，そう単純ではない。たとえば，建物（取得原価 20,000,000円，減価償却累計額3,600,000円）が火災に遭い，その保険金（25,000,000円－建物の再建築時価も同額とする）を受け取ったとき，この保険差益（8,600,000円）を当期の利益とすれば，配当可能となり，建物を建て直すことはできず，保険を掛けていた目的を達成することができない。すなわち，差益は（維持すべき）資本とすべきである。しかし，資本とすると，その後の減価償却の結果，回収される資金は25,000,000円となり，当初の投資額20,000,000円を上回る。いわゆる焼け太りの現象が出てくる。当初の投資額の維持に留めるためには，保険差益を（資本剰余金ではなく）利益剰余金とし，たとえば減価償却に応じて（利益として）戻し入れるか，いわゆる圧縮記帳をせざるをえない（保険差益分，資産価額が低くなり，減価償却費が少なくなり，その分，利益が増える）。このように資本（資本剰余金）とするか利益（利益剰余金）とするかはそう簡単に決められるものではない。結局，前掲の国庫補助金以下の項目はそれぞれの状況に応じて判断せざるをえないことになる。この場合，注意しておかねばならないのは，利益の戻入れにせよ圧縮記帳にせよ，利益剰余金に企業の本来の価値創造活動（成果）によらないものも含まれるという点である。

一方，制度会計，つまり会社法ではどのように考えているのであろうか。法律上，会社は社員のものであり，社員の出資額は他の源泉と区分すべきである。これを，株式会社でいうと，株主の払込資本とそれ以外のものとの区分であり，「“資本”と利益の区分」の次元で言い直すと，株主払込資本（醵出資本）と剰余金の区分である。ここには，払込資本を維持しようとする思考がみられる。この立場では，前掲の国庫補助金等は利益となり，分配可能となる。しかし，会社法は払込資本維持の思考を徹底しているとは言い難い。たとえば，減資差益（ないし自己株式処分差益）をその他資本剰余金として扱い，結果，配当可能となったからである（会社法453条）。そもそも減資は資本金の修正であり，株主の払込みに由来する。この立場に立つと，減資差益は維持すべき資本であると考えるべきであろう（注）。

（注）　これについて，当初の株主が権利を放棄したのであるから，配当しても構わないという見解も成り立たないわけではない。

一方，会社法は，旧来の債権者保護ないし資本充実の思考も踏襲し，株主の払込額（資本金と資本準備金）のみならず，利益の中からも一部，利益準備金として社内に留める（維持する）よう求めている（会社法445条）。

このように会社法の資本の処理には会計理論上，問題なしとはしないので，会社法の規定およびその考え方も学習する必要がある。なお，剰余金の配当については，Ⅻ章２を見てほしい。

**問題10-１**　次の１～２に答えなさい。

1　工事負担金を当期の利益とすることができない理由を述べなさい。

2　１株当たり50,000円で1,000株発行し，全額資本金に組み入れていた会社が，２株を１株に併合し，未処理の損失（マイナスの繰越利益剰余金）20,000,000円を填補したときの仕訳を示しなさい。

**解答・解説**

1　工事負担金を当期の利益とすれば，配当可能となり，たとえば，ガス管の延長（設備）工事のような負担を（顧客に対して）求めた所期の目的を達成できない。すなわち，次の貸借対照表をみればわかるように，負担金を利益剰余金としたとしても，配当せずに，設備に投資し，投資した設備の相手勘定として拘束しておく必要がある。

貸借対照表

| (固定資産) | | (株主資本) | |
|---|---|---|---|
| : | : | : | : |
| ガス管延長設備 | 7,000,000 ← | 工事負担金(積立金) | 7,000,000 |
| : | : | : | : |
| | × × × | | × × × |

2

| | | | |
|---|---|---|---|
| （借）資本金 | 25,000,000 | （貸）繰越利益剰余金 | 20,000,000 |
| | | 減資差益<br>（その他資本剰余金） | 5,000,000 |

解説は，上の本文をみよ。

## 2　現物出資の会計

### (1)　会社の設立

会社は設立の登記によって成立する。設立登記前の会社を「設立中の会社」といい，その執行機関が発起人である。すなわち，会社が成立するまでは，会計を行う主体は「設立中の会社」であり，その際，主として会計の対象となるのは，出資による会社財産の形成である。

設立の方法には，発起設立と募集設立がある。発起設立とは，発起人が設立時の発行株式を全部引き受ける方法であり，募集設立とは，発起人が株式の一部を引き受け，残りについては他に株式引受人を募集する方法である。なお，いずれの場合にも，各発起人は，1株以上の株式を引き受けなければならない（会社法25条）。

発起人はまず，定款を作成し，これに署名する（会社法26条）。定款の記載事項には，絶対的記載事項（必ず記載しなければならない事項），相対的記載事項（記載がなければ当該事項の効力が認められない事項），およびそれ以外の任意的記載事項がある。絶対的記載事項は，①目的，②商号，③本店の所在地，④設立に際して出資される財産の価額またはその最低額，⑤発起人の氏名または名称および住所である（会社法27条）。

次に，発起人は，設立時の発行株式に関する事項を決定する。決定事項は①発起人が割当てを受ける設立時発行株式の数，②①の株式と引換えに払い込む金銭の額，③成立後の株式会社の資本金および資本準備金の額に関する事項である（会社法32条）。

**問題10-2**　次の設立中の会社（株式会社）の取引について，仕訳を示しなさい。また，③について，設立後の会社の仕訳を示しなさい。

① 発起設立により会社を設立することとし，発起人が設立時の発行株式100株を引き受けた。発起人の出資総額は500万円である。
② 発起人は，各自が引き受けた出資額を，あらかじめ定めた払込取扱銀行に払い込んだ。
③ 会社が成立し，発起人は取締役に払込金を引き渡した。別段預金は当座預金に預け換える。なお，払込金額の2分の1を資本金とする。また，創立費20万円を当座預金より支払った。

**解答・解説**

【設立中の会社の仕訳】

| | | | | | |
|---|---|---|---|---|---|
| ① | （借） | 株式引受 | 5,000,000 | （貸）引受済資本金 | 5,000,000 |

株式引受勘定は，設立中の会社の株式引受人に対する債権である。

| | | | | | |
|---|---|---|---|---|---|
| ② | （借） | 別段預金 | 5,000,000 | （貸）株式引受 | 5,000,000 |

発起人は，あらかじめ払込みを取り扱う金融機関を指定する（会社法34条）。金融機関では，このような預り金は別段預金で扱う。

| | | | | | |
|---|---|---|---|---|---|
| ③ | （借） | 引受済資本金 | 5,000,000 | （貸）別段預金 | 5,000,000 |

【設立後の会社の仕訳】

| | | | |
|---|---|---|---|
| （借）当座預金 | 5,000,000 | （貸）資本金 | 2,500,000 |
| | | 資本準備金 | 2,500,000 |
| （借）創立費 | 200,000 | （貸）当座預金 | 200,000 |

（注）なお，創立費の扱いについては「会社計算規則」「附則」５条をみよ。

### (2) 現物出資

金銭以外の財産で行う出資を現物出資という。現物出資は発起人だけに認められている。出資する財産は土地，建物，棚卸資産，売掛金，有価証券，または商標権，特許権などの無形固定資産である。

現物出資を行う場合に，財産の価値が過大評価されると，会社の純資産が過大表示されるばかりでなく，金銭出資者との公平を欠くので，会社法はこれに厳格な規制を設けている。すなわち，現物出資を行う場合には，現物出資者の氏名，出資される財産とその価額，および割り当てられる株式数を定款に記載しなければならず（相対的記載事項に当たる），さらに，裁判所選任の検査役の調査が義務づけられる（会社法28条，33条）。

なお，現物出資によって，会社分割を行うこともできる。たとえば，ある会社（A社）が，以下のような資産（負債は０）から構成される事業を分離して子会社（X社）を設立する例を考える（単位：百万円）。

| 勘定科目 | 適正な帳簿価額 | 時　価 |
|---|---|---|
| 土　地 | 500 | 1,000 |
| 建　物 | 800 | 800 |
| 商　品 | 200 | 200 |
| 合　計 | 1,500 | 2,000 |

この場合に，資産に対するA社の支配は，分社後も継続するので，X社は（時価によらず）帳簿価額を引き継いで，次のような会計処理を行う。なお，現物出資額の２分の１を資本金とする。

| | | | |
|---|---|---|---|
| （借）土地 | 500 | （貸）資本金 | 750 |
| 建物 | 800 | 資本準備金 | 750 |
| 商品 | 200 | | |

**問題10-3**　次の取引の仕訳を示しなさい。

会社の設立に際し，発起人の１人が現物出資した土地を引き継いだ。定款に記載された土地の評価額は，1,000万円であり，これに対して200株を割り当てている。出資額の２分の１を資本金とする。

**解答・解説**

| | | | |
|---|---|---|---|
| （借）土地 | 10,000,000 | （貸）資本金 | 5,000,000 |
| | | 資本準備金 | 5,000,000 |

土地のような不動産については，価額が相当である旨の弁護士等の証明および不動産鑑定士の鑑定評価がある場合には，検査役の調査は不要である（会社法33条10項）。

## 3　自己株式の会計

会社が以前に発行した自社の株式を取得して，保有するとき，この株式を自己株式または金庫株という。自己株式の本質について，以前より資産説と資本減少説の考え方が対立していた。資産説は，自己株式を取得するのみでは株式は失効しておらず，他の有価証券と同様に換金性のある会社財産であることを主な論拠とする一方で，資本減少説は，自己株式の取得は株主との間の資本取引であり，会社所有者に対する資本の払戻しの性格を有することを主な論拠とした。

現在，わが国では，資本減少説に立脚して，自己株式の会計処理が規定されている。自己株式の会計処理は，(1)取得，(2)処分，(3)消却に大きく分けられる。また，自己株式の取得，処分および消却に関する付随費用は，当該費用の支払取引が株主との間の資本取引ではない点に着目して，損益計算書で営業外損益として計上される。

### (1)　自己株式の取得

会社法では，株主総会の決議によって，①取得する株式の数，②株式を取得するのと引換えに交付する金銭等の内容とその総額，③株式を取得することができる期間（１年未満）を定め，分配可能額の範囲内で，株主との合意により自己株式を取得することができる。自己株式を取得した場合，次のように仕訳される。

| | | | | | |
|---|---|---|---|---|---|
| （借） | 自己株式 | 1,200,000 | （貸） | 現金 | 1,200,000 |

取得した自己株式は，取得原価をもって純資産の部から控除される（純資産の部の株主資本の末尾に自己株式として一括表示される）。

### (2)　自己株式の処分

取得した自己株式は，証券市場で売却するほか，新株予約権の行使者への交付や株式交換での交付など多様な用途に利用できるが，以下では，募集株式の発行等の手続による処分についてのみ説明する。証券市場への売却等で自己株式を処分した場合，自己株式の帳簿価額と処分対価との間に差額（自己株式処分差額）が生じるが，正の自己株式処分差額を自己株式処分差益といい，負の自己株式処分差額を自己株式処分差損という。

ｉ）処分対価＞帳簿価額

| | | | | | |
|---|---|---|---|---|---|
| （借） | 現金 | 550,000 | （貸） | 自己株式 | 500,000 |
| | | | | 自己株式処分差益 | 50,000 |

ⅱ）処分対価＜帳簿価額

| | | | | | |
|---|---|---|---|---|---|
| （借） | 現金 | 400,000 | （貸） | 自己株式 | 500,000 |
| | 自己株式処分差損 | 100,000 | | | |

自己株式を募集株式の発行等の手続で処分する場合，自己株式の処分は株主との間の資本取引と考えられるために，自己株式処分差額は，損益計算書に計上されず，純資産の部の株主資本の項目を直

接増減する。自己株式処分差益と自己株式処分差損は，それぞれ次のように処理する。

自己株式処分差益の場合：自己株式の処分が新株の発行と同様の経済的実態を有する点，そして会社法では，資本準備金は分配可能額からの控除項目とされているのに対し，自己株式処分差益については控除項目とされていない点を考慮して，その他資本剰余金に計上する。

（借）自己株式処分差益　50,000　（貸）その他資本剰余金　50,000

自己株式処分差損の場合：自己株式処分差益と同様に，自己株式の処分が新株の発行と同様の経済的実態を有する点，そして会社法上は資本準備金からの減額が制約を受ける点を考慮して，自己株式処分差損は，その他資本剰余金から減額する。

（借）その他資本剰余金　100,000　（貸）自己株式処分差損　100,000

ただし，その他資本剰余金の残高を超えて自己株式処分差損が発生すると，その他資本剰余金の残高が負となるが，払込資本の一項目として表示するその他資本剰余金について，負の残高を認めることは適当ではないので，その場合は，会計期間末にその他資本剰余金をゼロとし，当該負の値をその他利益剰余金（繰越利益剰余金）から減額する。

（借）繰越利益剰余金　50,000　（貸）その他資本剰余金　50,000

### (3) 自己株式の消却

会社法では，取締役会等による会社の意思決定をもって，保有する自己株式を消却することができる。自己株式を消却する場合，消却手続が完了したときに，消却の対象となった自己株式の帳簿価額をその他資本剰余金から減額する。

（借）その他資本剰余金　200,000　（貸）自　己　株　式　200,000

ただし，自己株式を消却することでその他資本剰余金の残高が負の値となる場合は，会計期間末にその他資本剰余金をゼロとし，当該負の値をその他利益剰余金（繰越利益剰余金）から減額する。

（借）繰越利益剰余金　200,000　（貸）その他資本剰余金　200,000

**問題10-4**　次の一連の取引の仕訳を示しなさい。

(1) A株式会社は，取締役会の決議を経て，発行済株式のうち500株を5,000,000円で取得し，代金は小切手を振り出して支払った。

(2) A株式会社は，上記(1)で取得した自己株式のうち，200株を2,200,000円で売却し，代金は当座預金に払い込まれた。

(3) A株式会社は，上記(1)で取得した自己株式のうち，100株を850,000円で売却し，代金は当座預金に払い込まれた。

(4) A株式会社は，残りの自己株式200株を消却した。

(5) 本日，決算日である。A株式会社は，自己株式処分差益勘定と自己株式処分差損勘定をその他資本剰余金勘定に振り替えた。ただし，A株式会社のその他資本剰余金勘定の期首残高は1,900,000円である。

**解答・解説**

| | | | | |
|---|---|---|---|---|
| (1)（借） | 自己株式 | 5,000,000 | （貸）当座預金 | 5,000,000 |
| (2)（借） | 当座預金 | 2,200,000 | （貸）自己株式 | 2,000,000 |
| | | | 自己株式処分差益 | 200,000 |

処分差額：2,200,000円－5,000,000円×$\frac{200}{500}$＝200,000円

| | | | | |
|---|---|---|---|---|
| (3)（借） | 当座預金 | 850,000 | （貸）自己株式 | 1,000,000 |
| | 自己株式処分差損 | 150,000 | | |

処分差額：850,000円－5,000,000円×$\frac{100}{500}$＝△150, 000円

| | | | | |
|---|---|---|---|---|
| (4)（借） | その他資本剰余金 | 2,000,000 | （貸）自己株式 | 2,000,000 |
| (5)（借） | 自己株式処分差益 | 200,000 | （貸）その他資本剰余金 | 200,000 |
| | その他資本剰余金 | 150,000 | 自己株式処分差損 | 150,000 |
| | 繰越利益剰余金 | 50,000 | その他資本剰余金 | 50,000 |

- 自己株式処分差益と自己株式処分差損をその他資本剰余金に振り替えると，その他資本剰余金は，次のようになる。

その他資本剰余金

| | | | |
|---|---|---|---|
| 自己株式 | 2,000,000 | 前期繰越 | 1,900,000 |
| 自己株式処分差損 | 150,000 | 自己株式処分差益 | 200,000 |

その他資本剰余金の借方合計額は2,150,000円，貸方合計額は2,100,000円となり，その他資本剰余金の残高は負となる。この場合，会計期間末にその他資本剰余金をゼロとし，当該負の値をその他利益剰余金（繰越利益剰余金）から減額しなければならないので，最後の仕訳が追加される。

## 4　評価差額金の会計

貸借対照表の純資産の部は，株主資本，評価・換算差額等（連結財務諸表ではその他の包括利益累計額），株式引受権，新株予約権，非支配株主持分（連結財務諸表に限定）に分類される。その中で，評価・換算差額等（その他の包括利益累計額）に計上される項目として，その他有価証券評価差額金，繰延ヘッジ損益，為替換算調整勘定（連結財務諸表に限定）等が挙げられる。以下では，その他有価証券評価差額金に焦点を当てて，その会計処理について説明する。

有価証券は，企業の保有目的等に従って，売買目的有価証券，満期保有目的の債券，子会社株式及び関連会社株式に分類されるが，そのいずれにも分類できない有価証券をその他有価証券という。その他有価証券には，市場価格があるものとないものとが含まれるが，以下では，市場価格のあるその他有価証券を前提として，決算時の処理に焦点を当て，その会計処理について説明する。

その他有価証券は，的確な投資情報を提供するために，期末時に時価で評価される。ただし，その他有価証券は，事業遂行上等の必要性からただちに売買・換金を行うことには制約を伴うので，その評価差額は，当期の損益として処理されるのではなく，税効果を調整の上，純資産の部の評価・換算

差額等（その他の包括利益累計額）の１項目として記載される。

このように，その他有価証券の評価差額は純資産の部に計上されるが，その方法として，全部純資産直入法と部分純資産直入法の２通りが認められている。原則は全部純資産直入法であるが，継続適用を条件として，部分純資産直入法も適用できる。全部純資産直入法と部分純資産直入法のいずれの方法を採用しても，ある年度に認識したその他有価証券の評価差額を次年度に戻し入れる洗替方式が採用される。

### (1) 全部純資産直入法

全部純資産直入法は，評価差額（評価差益と評価差損）の合計額を貸借対照表の純資産の部の評価・換算差額等において計上する方法である。ｉ）評価益200,000円，ⅱ）評価損100,000円として仕訳を示せば次のとおりである（(2)の部分純資産直入法も同じ）。

ｉ）評価差益の場合

| | | | | | |
|---|---|---|---|---|---|
| 当期末：(借) | その他有価証券[注]<br>（投資有価証券） | 200,000 | (貸) | 繰延税金負債 | 80,000 |
| | | | | その他有価証券評価差額金 | 120,000 |

• 法定実効税率を40％とすると，繰延税金負債は80,000円（200,000円×40％）となる。

| | | | | | |
|---|---|---|---|---|---|
| 翌期首：(借) | 繰延税金負債 | 80,000 | (貸) | その他有価証券<br>（投資有価証券） | 200,000 |
| | その他有価証券評価差額金 | 120,000 | | | |

ⅱ）評価差損の場合

| | | | | | |
|---|---|---|---|---|---|
| 当期末：(借) | 繰延税金資産 | 40,000 | (貸) | その他有価証券 | 100,000 |
| | その他有価証券評価差額金 | 60,000 | | | |

• 法定実効税率を40％とすると，繰延税金資産は40,000円（100,000円×40％）となる。

| | | | | | |
|---|---|---|---|---|---|
| 翌期首：(借) | その他有価証券 | 100,000 | (貸) | 繰延税金資産 | 40,000 |
| | | | | その他有価証券評価差額金 | 60,000 |

(注)「その他有価証券」は，貸借対照表では投資有価証券として表示される。

### (2) 部分純資産直入法

部分純資産直入法とは，時価が取得原価を上回る銘柄に係る評価差額（評価差益）は純資産の部の評価・換算差額等において計上するが，時価が取得原価を下回る評価差額（評価差損）は当期の損失として処理する方法である。部分純資産直入法は，保守主義の観点から，これまで低価法に基づく銘柄別の評価差損が当期の損失として損益計算書への計上が認められてきたことを考慮して容認された。

ｉ）評価差益の場合

| | | | | | |
|---|---|---|---|---|---|
| 当期末：(借) | その他有価証券 | 200,000 | (貸) | 繰延税金負債 | 80,000 |
| | | | | その他有価証券評価差額金 | 120,000 |
| 翌期首：(借) | 繰延税金負債 | 120,000 | (貸) | その他有価証券 | 200,000 |
| | その他有価証券評価差額金 | 80,000 | | | |

ⅱ）評価差損の場合

| | | | | | |
|---|---|---|---|---|---|
| 当期末：(借) | 有価証券評価損益 | 100,000 | (貸) | その他有価証券 | 100,000 |

評価差額の処理方法として，部分純資産直入法を採用する場合の評価差損に係る税効果の仕訳は，通常，他の将来減算一時差異に係る税効果の仕訳と合算して行われるため，ここでは省略している。もし税効果の仕訳を行うのであれば，次の仕訳が追加される。

| | | | | |
|---|---|---|---|---|
| （借） | 繰延税金資産 | 40,000 | （貸） 法人税等調整額 | 40,000 |
| 翌期首：（借） | その他有価証券 | 100,000 | （貸） 有価証券評価損益 | 100,000 |

また，将来減算一時差異の解消に関する仕訳は，通常，決算整理時に行うが，もし期首に行うのであれば，次の仕訳が追加される。

| | | | | |
|---|---|---|---|---|
| （借） | 法人税等調整額 | 40,000 | （貸） 繰延税金資産 | 40,000 |

**問題10-5**　次の取引の仕訳を，①全部純資産直入法と②部分純資産直入法で示しなさい。なお，法定実効税率を40%とする。

(1) 本日，決算日である。B株式会社が当期首に取得した株式（その他有価証券）1,000,000円の時価が1,300,000円となった。
(2) B株式会社は，上記(1)の取引の再振替仕訳を行った。
(3) 本日，決算日である。C株式会社が当期首に取得した株式（その他有価証券）1,500,000円の時価が1,250,000円となった。
(4) C株式会社は，上記(3)の取引の再振替仕訳を行った。

**解答・解説**

① 全部純資産直入法

| | | | | | |
|---|---|---|---|---|---|
| (1) | （借） その他有価証券（投資有価証券） | 300,000 | （貸） | 繰延税金負債 | 120,000 |
| | | | | その他有価証券評価差額金 | 180,000 |

繰延税金負債：300,000円×40%＝120,000円

| | | | | | |
|---|---|---|---|---|---|
| (2) | （借） 繰延税金負債 | 120,000 | （貸） | その他有価証券（投資有価証券） | 300,000 |
| | その他有価証券評価差額金 | 180,000 | | | |
| (3) | （借） 繰延税金資産 | 100,000 | （貸） | その他有価証券（投資有価証券） | 250,000 |
| | その他有価証券評価差額金 | 150,000 | | | |

繰延税金資産：250,000円×40%＝100,000円

| | | | | | |
|---|---|---|---|---|---|
| (4) | （借） その他有価証券（投資有価証券） | 250,000 | （貸） | 繰延税金資産 | 100,000 |
| | | | | その他有価証券評価差額金 | 150,000 |

② 部分純資産直入法

| | | | | | |
|---|---|---|---|---|---|
| (1) | （借） その他有価証券（投資有価証券） | 300,000 | （貸） | 繰延税金負債 | 120,000 |
| | | | | その他有価証券評価差額金 | 180,000 |
| (2) | （借） 繰延税金負債 | 120,000 | （貸） | その他有価証券（投資有価証券） | 300,000 |
| | その他有価証券評価差額金 | 180,000 | | | |
| (3) | （借） 有価証券評価損益 | 250,000 | （貸） | その他有価証券（投資有価証券） | 250,000 |

- 通常は，他の将来減算一時差異に係る仕訳と合算して行われるが，税効果の仕訳を行う場合，次の仕訳が追加される。

| | | | | |
|---|---|---|---|---|
| （借） | 繰延税金資産 | 100,000 | （貸） 法人税等調整額 | 100,000 |

(4) （借） その他有価証券 250,000 （貸） 有価証券評価損益 250,000
（投資有価証券）

- 将来減算一時差異の解消に関する仕訳は，通常，決算処理時に行うが，期首に行う場合，次の仕訳が追加される。

（借） 法人税等調整額 100,000 （貸） 繰延税金資産 100,000

## 5 清算の会計

株式会社は，解散の決定をした場合，清算人を選定して，清算の手続に入らなければならない。ここで，解散とは，会社の法人格の消滅原因となる法律事実であるため，解散決議後ただちに法人格が消滅することはなく，清算手続結了まで存続する。

清算には，法定清算と任意清算（合名会社・合資会社にのみ適用）があるが，株式会社の場合，株主や債権者など多数の利害関係者が存在するため，法律上任意清算は認められず，法定の清算手続に拠らなければならない。株式会社の清算手続は，裁判所の監督に服する通常清算と裁判所の監督のもとに行われる特別清算に分けられる。特別清算は，清算の遂行に著しい支障を来すべき事情がある場合，または債務超過の疑いがある場合に行われる。以下では，通常清算の手続を前提として，清算する株式会社（以下，清算株式会社という）における清算の会計の概略について説明し，必要に応じて特別清算について言及する。

清算とは，会社のすべての権利義務を処理して，残余財産を株主に分配することである。以下の手順に基づいて，清算の会計は行われる。

① 清算株式会社の財産の状況を調査して，清算日における財産目録と貸借対照表を作成する。そして，財産目録と貸借対照表を株主総会に提出して，承認を得る。

② 清算株式会社の財産を処分し，債務の弁済を行い，残余財産を確定する。

③ 確定した残余財産を株主に分配する。

④ 清算事務終了後，遅延なく決算報告書を作成し，株主総会に提出して，承認を得る。

ここで注意すべきは，清算株式会社の資産と負債は，通常の事業活動の中で回収または返済が行われるのではなく，清算手続という特別な状況の中で回収または返済が予定されていることである。したがって，清算株式会社において，資産と負債の帳簿価額は評価替えされ，当該評価額を貸借対照表に反映する必要がある。すなわち，清算株式会社の資産の評価額は，基本的に事業の清算を仮定した処分価額であり，負債の評価額は，基本的に調査により確定した評価額や清算業務に必要な費用の合理的な見積額であると考えられる。また，キャッシュ・フローを伴わない項目（繰延資産，経過勘定など）は，貸借対照表に計上されない。

以上のように，会社が解散を決定したときに，残存する資産の評価額が負債の評価額を超過していれば，すべての債務を弁済できるので，通常清算は可能である。ところが，負債の評価額が資産の評価額を超過する債務超過の場合，すべての財産を換価してもすべての債務を弁済できないので，債権者による債務免除等で債務超過を解消しない限り，清算はできない。

そこで，会社に債務超過の疑いがあると認められるときは，裁判所の監督のもとで，清算人が清算株式会社の財産を換価して，債権者が債権額の割合に応じて弁済を受け，残りの債権を放棄することによって資産と負債をゼロにする特別清算の手続が必要とされる。ただし，一般の先取特権その他一般の優先権がある債権，特別清算の手続のために清算株式会社に対して生じた債権，そして特別清算の手続に関する特別清算株式会社に対する費用請求権については，特別清算の対象とはならず，随時弁済が可能である。

**問題10-6**　次の資料に基づき，以下の手順に従って，A株式会社の清算時の仕訳を示しなさい。

| | | | | | | |
|---|---|---|---|---|---|---|
| 資産： | 現　金 | 4,250,000円 | 売掛金 | 1,200,000円 | 受取手形 | 1,300,000円 |
| | 有価証券 | 1,450,000円 | 商　品 | 550,000円 | 備　品 | 750,000円 |
| | 建　物 | 5,000,000円 | | | | |
| 負債： | 買掛金 | 500,000円 | 借入金 | 2,000,000円 | | |
| 株主資本： | 資本金 | 10,000,000円 | 資本準備金 | 2,000,000円 | | |

(1)　上記の資産のうち現金以外の財産を，次のとおり処分または取り立てて現金とした。

| | | | | | |
|---|---|---|---|---|---|
| 売掛金 | 1,100,000円 | 有価証券 | 1,550,000円 | 受取手形 | 1,300,000円 |
| 商　品 | 500,000円 | 備　品 | 700,000円 | 建　物 | 4,800,000円 |

(2)　債務を現金で弁済した。
(3)　清算費用200,000円を現金で支払った。
(4)　資本準備金を用いて清算損益を填補した。
(5)　株主に残余財産を分配した。

**解答・解説**

| | | | | | |
|---|---|---|---|---|---|
| (1) | (借) 現　金 | 9,950,000 | (貸) | 売掛金 | 1,200,000 |
| | 清算損益 | 300,000 | | 受取手形 | 1,300,000 |
| | | | | 有価証券 | 1,450,000 |
| | | | | 商　品 | 550,000 |
| | | | | 備　品 | 750,000 |
| | | | | 建　物 | 5,000,000 |

清算損益：帳簿価額10,250,000円－処分価額9,950,000円＝△300,000円

| | | | | | |
|---|---|---|---|---|---|
| (2) | (借) 買掛金 | 500,000 | (貸) | 現　金 | 2,500,000 |
| | 借入金 | 2,000,000 | | | |
| (3) | (借) 清算損益 | 200,000 | (貸) | 現　金 | 200,000 |
| (4) | (借) 資本準備金 | 500,000 | (貸) | 清算損益 | 500,000 |
| (5) | (借) 資本金 | 10,000,000 | (貸) | 現　金 | 11,500,000 |
| | 資本準備金 | 1,500,000 | | | |

**問題10-7**　〔資料Ⅰ〕で示された貸借対照表を公表するB株式会社は，解散を決定し，清算することにした。ところが，清算手続の過程で，債務超過の疑いがあると認められたために，特別清算の手続を開始した。B株式会社の財産は，〔資料Ⅱ〕のように換価され，債務の弁済に充てられた。なお，賃金，税金の未払金は，一般の先取特権その他一般の優先権がある債権に属する。

〔資料Ⅰ〕

B株式会社　貸借対照表

| | | | |
|---|---|---|---|
| 現金 | 500,000 | 買掛金 | 5,000,000 |
| 売掛金 | 2,750,000 | 未払賃金 | 300,000 |
| 商品 | 2,000,000 | 未払税金 | 250,000 |
| 有価証券 | 2,750,000 | 借入金 | 7,500,000 |
| 土地建物 | 8,000,000 | 貸倒引当金 | 150,000 |
| | | 減価償却累計額 | 1,000,000 |
| | | 資本金 | 1,800,000 |
| | 16,000,000 | | 16,000,000 |

〔資料Ⅱ〕財産換金額

① 土地建物　5,500,000円（借入金5,000,000円の担保物件）
② 有価証券　2,100,000円（借入金1,500,000円の担保物件）
③ 商品　1,250,000円
④ 売掛金　2,150,000円

(1) 〔資料Ⅱ〕に基づいて現金以外の財産を換価して，現金とした。
(2) 未払賃金と未払税金を現金で弁済した。
(3) 清算費用250,000円を現金で支払った。
(4) 債務を現金で弁済した。ただし，担保権が設定されている債務を優先的に弁済し，残りの債務を債務額の割合に応じて弁済した。
(5) 解散にあたり，帳簿を締め切った。

**解答・解説**

| | | | | | | |
|---|---|---|---|---|---|---|
| (1) | (借) | 現金 | 11,000,000 | (貸) | 売掛金 | 2,750,000 |
| | | 貸倒引当金 | 150,000 | | 商品 | 2,000,000 |
| | | 減価償却累計額 | 1,000,000 | | 有価証券 | 2,750,000 |
| | | 清算損益 | 3,350,000 | | 土地建物 | 8,000,000 |

清算損益：帳簿価額（15,500,000円－1,150,000円）－換価金額（11,000,000円）＝△3,350,000円

| | | | | | | |
|---|---|---|---|---|---|---|
| (2) | (借) | 未払賃金 | 300,000 | (貸) | 現金 | 550,000 |
| | | 未払税金 | 250,000 | | | |
| (3) | (借) | 清算損益 | 250,000 | (貸) | 現金 | 250,000 |
| (4) | (借) | 借入金 | 6,500,000 | (貸) | 現金 | 6,500,000 |
| | (借) | 買掛金 | 5,000,000 | (貸) | 現金 | 4,200,000 |
| | | 借入金 | 1,000,000 | | 清算損益 | 1,800,000 |

• 担保権が設定されている債務を優先的に弁済するので，まず担保権が設定されている借入金6,500,000

円を弁済すると，現金の残高は 4,200,000円になる。一方，債務の残額は，買掛金5,000,000円と借入金1,000,000円を合計した6,000,000円である。したがって，債務の弁済の配分割合は70％$\left(=\frac{4{,}200{,}000}{6{,}000{,}000}\right)$となり，残りの30％は債務免除を受けなければ清算できないので，債務免除額1,800,000円を計上している。

(5)（借）資　　本　　金　1,800,000　　（貸）清　算　損　益　1,800,000

## 6　各種会社の会計

会社法上，会社は，株式会社と持分会社の２つの類型からなり，持分会社には，合名会社，合資会社，合同会社がある。以前は，有限会社法に基づく有限会社があったが，会社法上の株式会社に統合された（ただし，会社法施行前に設立された有限会社については，会社法施行後，株式会社に分類されるが，特例有限会社として存続することが認められている）。

合名会社は，無限責任社員のみで構成される会社であるのに対して，合資会社は，無限責任社員と有限責任社員によって構成される会社である。ここで，無限責任社員とは，会社債務の全額について連帯して無限の直接責任を負わなければならない社員であるのに対して，有限責任社員とは，会社の債務に対して出資額を限度に責任を負うにすぎない社員である。

また，会社法で創設された新しい会社として合同会社がある。合同会社とは，社員全員が会社の債権者に対して出資額を限度とする責任を負う有限責任社員のみで構成される会社である。合同会社は，株式会社と同様に，有限責任社員のみで構成されるために，当該会社にはさまざまな債権者保護の規則が設けられている。

合名会社，合資会社，合同会社から構成される持分会社では，各社員が会社の業務を執行する権利義務を有する上に，社員が新たに入社する際には定款の変更が必要となるために，社員全員の同意が必要となる（定款に別段の定めがある場合は，その限りではない）。また，原則として，他の社員全員の承諾がなければ，その持分の全部または一部を他人に譲渡することはできない（業務を執行しない有限責任社員の持分の譲渡については，業務を執行する社員全員の同意があれば可能である）。このように，持分会社では，社員相互間の密接な関係が必要とされるために，人的会社と総称される。このことは，社員相互間の関係が稀薄である株式会社が物的会社と総称されるのと対照的である。

持分会社の会計は，会社法上，一般に公正妥当な企業会計の慣行に従って行われる。つまり，持分会社の資産，負債，評価・換算差額等の内容と認識・測定については，株式会社における処理方法が準用されるために，その限りにおいて持分会社の会計と株式会社の会計は，基本的に同じであるといえるであろう。ところが，資本の会計処理については，持分会社と株式会社間で大きく異なっている。以下では，資本の会計処理を中心に持分会社の会計について解説する。

### (1)　純資産の部の表示

持分会社の純資産の部は，大きく社員資本と評価・換算差額等に分類される。株式会社では株主資本と名称されていたものが，持分会社では社員資本と名称されている。それに伴って，持分会社では，株式会社で作成される株主資本等変動計算書に代わって，社員資本等変動計算書が作成される。一方，評価・換算差額等については，上述したように持分会社と株式会社の間に違いはない。

社員資本は，資本金，出資金申込証拠金，資本剰余金，利益剰余金に分類される。資本剰余金は，資本取引から生じる剰余金であり，利益剰余金は，主に損益取引から生じる剰余金である。注意すべきは，株式会社の会計では資本剰余金と利益剰余金はさらに細かく分類されるが，持分会社の会計では細分されないことである。さらに，株式会社では，自己株式の取得が可能であるが，持分会社では，その持分の一部または全部を譲り受けることができず，もし取得した場合は，その持分は消滅する。持分会社の純資産の部は，以下のように表示される。

| | |
|---|---|
| Ⅰ　社員資本 | |
| 　1　資本金 | ××× |
| 　2　出資金申込証拠金 | ××× |
| 　3　資本剰余金 | ××× |
| 　4　利益剰余金 | ××× |
| 　　　社員資本合計 | ××× |
| Ⅱ　評価・換算差額等 | |
| 　1　その他有価証券評価差額金 | ××× |
| 　2　繰延ヘッジ損益 | ××× |
| 　3　土地再評価差額金 | ××× |
| 　　　評価・換算差額等合計 | ××× |
| 　　　純資産合計 | ××× |

### (2)　持分会社の設立

持分会社を設立する時に，定款が作成され，そこに社員の出資の目的が記載される。持分会社では，認められている出資の種類が無限責任社員と有限責任社員で異なり，また出資を履行する時期が合名会社・合資会社と合同会社で異なっている。

すなわち，有限責任社員の出資の種類は，金銭その他の財産（金銭等）に限定されるが，無限責任社員は，労務や信用といった金銭等以外のものでも可能である。また，合同会社では，定款作成後，持分会社の設立を登記するまでに，その出資に係る金銭等の全額が払込みまたは給付されなければならないが，合名会社と合資会社では，設立時までに出資の全額を払込みまたは給付をしなくても構わない。

持分会社が設立されたときには，次のような仕訳が行われる。

| | | | | |
|---|---|---|---|---|
| （借） | 現　　　　金 | 600,000 | （貸）資　　本　　金 | 300,000 |
| | | | 資 本 剰 余 金 | 300,000 |

まず，資本金と資本剰余金の金額は，社員が出資に際して，払込みまたは給付した金銭等の金額に限定される。すなわち，合名会社と合資会社の無限責任社員は，労務や信用といった金銭等以外のものでも出資が可能であるが，それらについては，資本金と資本剰余金に組み入れられないのである。また，資本剰余金の金額は，社員が出資を履行した金銭等の金額から資本金に組み入れられなかった金額であり，その際に，資本金への組入額は，社員になろうとするものが決められる。

上述したように，合名会社と合資会社では，設立時までに出資に係る金銭等の全額を払込みまたは給付をしなくてもよい。合同会社を除く持分会社は，社員に対して出資の履行をすべきことを請求できる権利を有しており，当該権利に係る債権を資産として計上することが認められている。その債権の価額については，その価額の範囲内で資本金に組み入れることができ，資本金に組み入れられなかったものは，資本剰余金として取り扱われる。合名会社と合資会社において，社員に対して出資の履行を請求できる権利を資産として計上した場合，次のような仕訳が行われる。

| | | | | | |
|---|---|---|---|---|---|
| （借） | 未払込資本金 | 400,000 | （貸） | 資本金 | 200,000 |
| | | | | 資本剰余金 | 200,000 |

**問題10-8**　次の取引の仕訳を示しなさい。

(1) A持分会社（合同会社）は，設立にあたり，現金1,000,000円の出資を受け，出資金の半分を資本金に組み入れることにした。

(2) B持分会社（合名会社）は，設立にあたり，甲から現金出資300,000円と労務出資500,000円，そして乙から現金出資400,000円と信用出資800,000円を受け，資本金には500,000円を組み入れた。

(3) C持分会社（合資会社）は，甲から1,000,000円，乙から800,000円の出資を受ける約束で設立し，各々から半額の現金出資を受け，出資の履行をすべきことを請求できる権利を債権として資産計上した。C持分会社は，出資金の半分を資本金に組み入れることにした。

**解答・解説**

| | | | | | | |
|---|---|---|---|---|---|---|
| (1) | （借） | 現金 | 1,000,000 | （貸） | 資本金 | 500,000 |
| | | | | | 資本剰余金 | 500,000 |
| (2) | （借） | 現金 | 700,000 | （貸） | 資本金 | 500,000 |
| | | | | | 資本剰余金 | 200,000 |

- 合名会社と合資会社の無限責任社員は，金銭等以外のものでも出資はできるが，資本金と資本剰余金として処理できるのは，金銭等による出資に限られる。したがって，甲の労務出資500,000円と乙の信用出資800,000円は，資本金と資本剰余金で処理することはできない。ただし，労務出資や信用出資について，対照勘定を用いて備忘記録をするのであれば，次の仕訳が追加される。

| | | | | | | |
|---|---|---|---|---|---|---|
| | （借） | 労務出資見返 | 500,000 | （貸） | 労務出資 | 500,000 |
| | | 信用出資見返 | 800,000 | | 信用出資 | 800,000 |
| (3) | （借） | 現金 | 900,000 | （貸） | 資本金 | 900,000 |
| | | 未払込資本金 | 900,000 | | 資本剰余金 | 900,000 |

### (3) 増　資

会社の設立後，資本金の金額を増加することを増資という。株式会社と同様に，持分会社の増資の形態には，1）実質的増資と2）形式的増資がある。

#### 1）実質的増資

実質的増資とは，資本金の増加とともに，資産の増加または負債の減少が生じ，その結果，純資産の金額が増加する増資の形態である。たとえば，社員が追加的に出資をする場合，または社員が新たに入社する場合などが該当する。

実質的増資が行われた場合，次のように仕訳される。

| | | | | |
|---|---|---|---|---|
| (借) | 現　　　金 | 600,000 | (貸) 資　本　金 | 300,000 |
| | | | 資本剰余金 | 300,000 |

まず，資本金と資本剰余金の金額は，社員が出資に際して，払込みまたは給付した金銭等の金額に限られる。合名会社と合資会社の無限責任社員は，労務や信用といった金銭等以外のものでも出資が可能であるが，それらについては，資本金と資本剰余金に組み入れられない。また，資本剰余金の金額は，社員が出資を履行した金銭等の金額から資本金に組み入れられなかった金額であり，資本金の金額は，社員になろうとするものが決めることができる。要するに，設立と同様の処理が行われる。

また，合名会社と合資会社において，社員が新たに入社する場合，社員は出資に係る金銭等の全額を払込みまたは給付をしなくてもよい。合同会社を除く持分会社は，社員に対して出資の履行をすべきことを請求できる権利を有し，当該権利に係る債権を資産として計上することが認められている。その債権の価額について，その価額の範囲内で資本金に組み入れることができ，資本金に組み入れられなかった部分は，資本剰余金として取り扱われる。この点についても，設立と同様の処理が行われる。

| | | | | |
|---|---|---|---|---|
| (借) | 未払込資本金 | 400,000 | (貸) 資　本　金 | 200,000 |
| | | | 資本剰余金 | 200,000 |

### 2）形式的増資

形式的増資とは，資本金の増加とともに，それ以外の純資産の部の項目が減少するために，純資産の金額に変化が生じない増資の形態である。持分会社は，資本剰余金の一部または全部を資本金に計上することを定めた場合，資本剰余金を資本金に組み入れることができる。

| | | | | |
|---|---|---|---|---|
| (借) | 資本剰余金 | 100,000 | (貸) 資　本　金 | 100,000 |

**問題10-9**　次の取引の仕訳を示しなさい。

(1) D持分会社（合名会社）は，新たに丙から現金出資500,000円と信用出資600,000円を受け，出資金の半分を資本金に組み入れることにした。
(2) E持分会社（合資会社）は，新たに丙から1,200,000円の出資を受ける約束をし，ただちに現金出資800,000円を受けた。E持分会社は，出資の履行をすべきことを請求できる権利を債権として資産計上した。なお，出資金の半分を資本金に組み入れることにした。
(3) F持分会社は，資本剰余金700,000円を資本金に組み入れることにした。

**解答・解説**

| | | | | | |
|---|---|---|---|---|---|
| (1) | (借) | 現　　　金 | 500,000 | (貸) 資　本　金 | 250,000 |
| | | | | 資本剰余金 | 250,000 |

- 持分会社の設立時と同様に，無限責任社員の金銭等以外の出資は，資本金と資本剰余金で処理することはできない。ここで，丙の信用出資を備忘記録するのであれば，次の仕訳が追加される。

| | | | | |
|---|---|---|---|---|
| (借) | 信用出資見返 | 600,000 | (貸) 信用出資 | 600,000 |

| | | | | | |
|---|---|---|---|---|---|
| (2)（借） | 現　　　金 | 800,000 | （貸） | 資　本　金 | 600,000 |
| | 未払込資本金 | 400,000 | | 資本剰余金 | 600,000 |
| (3)（借） | 資本剰余金 | 700,000 | （貸） | 資　本　金 | 700,000 |

### (4) 減　資

会社の設立後，資本金の金額を減少することを減資という。株式会社と同様に，持分会社の減資の形態には，1）実質的減資と2）形式的減資がある。

#### 1）実質的減資

実質的減資とは，資本金を減少するとともに，金銭等の支出を伴い純資産の金額も減少する減資の形態である。たとえば，持分会社が退社した社員に対して持分の払戻しをした場合，あるいは社員に対して出資の払戻しをした場合などが該当する。

持分会社の社員は，原則として，6カ月前までに退社の予告を行えば，事業年度の終了の時に退社することができる（定款に別段の定めがあれば，その限りではない）。社員が退社をした場合，持分会社は，退社した社員に対して持分の払戻しを行わなければならない。

① 資本金＋資本剰余金の金額 ＜ 払い戻した金銭等の金額

| | | | | | |
|---|---|---|---|---|---|
| （借） | 資　本　金 | 300,000 | （貸） | 現　　　金 | 700,000 |
| | 資本剰余金 | 300,000 | | | |
| | 利益剰余金 | 100,000 | | | |

② 資本金＋資本剰余金の金額 ＞ 払い戻した金銭等の金額

| | | | | | |
|---|---|---|---|---|---|
| （借） | 資　本　金 | 300,000 | （貸） | 現　　　金 | 500,000 |
| | 資本剰余金 | 300,000 | | 利益剰余金 | 100,000 |

持分会社が退社した社員に対して持分の払戻しをした場合，当該社員の出資により計上した資本金と資本剰余金の金額を減少しなければならない。その際に，当該払戻しを受けた社員の出資により計上した資本金と資本剰余金の金額と，当該持分の払戻しにより払い戻された金銭等の金額が同額とは限らず，差額が生じた場合は利益剰余金で処理する。

また，持分会社の社員は，持分会社に対してすでに出資として払込みまたは給付した金銭等の払戻しを請求することができる（合同会社については，後述する）。持分会社が社員に対して出資の払戻しをする場合，当該出資の払戻しにより払戻しをした当該社員の出資額の範囲内で資本金の金額を減少することができ（ただし，当該社員の出資につき資本金に計上されていた金額以下に限る），払い戻した出資額と資本金の減少額の差額は，資本剰余金で処理する。

| | | | | | |
|---|---|---|---|---|---|
| （借） | 資　本　金 | 100,000 | （貸） | 現　　　金 | 200,000 |
| | 資本剰余金 | 100,000 | | | |

さらに，合名会社と合資会社は，出資を履行していない社員に対して，出資を履行すべきことを請求できる権利を有しているが，当該権利に係る債権を資産として計上しないことを定めた場合，当該債権について資本金と資本剰余金に計上していた額を減少しなければならない。これは，以下のように処理される。

| | | | | | |
|---|---|---|---|---|---|
| （借） | 資本金 | 200,000 | （貸） | 未払込資本金 | 400,000 |
| | 資本剰余金 | 200,000 | | | |

**問題10-10**　次の取引の仕訳を示しなさい。

(1)　G持分会社（合名会社）は，社員甲に持分の払戻しを行い，現金700,000円を支払った。なお，甲から現金出資500,000円を受けており，その半額を資本金に組み入れていた。

(2)　H持分会社（合資会社）は，社員乙に持分の払戻しを行い，現金900,000円を支払った。なお，乙から現金出資1,000,000円を受けており，その半額を資本金に組み入れていた。

(3)　I持分会社（合名会社）は，社員丙に出資の払戻しを行い，現金500,000円を支払った。I持分会社は，出資の払戻額のうち300,000円について資本金を減少させた。

(4)　J持分会社（合資会社）は，出資を履行していない社員に対して，出資を履行すべきことを請求できる権利を債権として1,000,000円を資産計上していたが，当該債権を資産として計上しないことを決定した。当該債権の額のうち800,000円を資本金に組み入れていた。

**解答・解説**

| | | | | | | |
|---|---|---|---|---|---|---|
| (1) | （借） | 資本金 | 250,000 | （貸） | 現金 | 700,000 |
| | | 資本剰余金 | 250,000 | | | |
| | | 利益剰余金 | 200,000 | | | |

- 払い戻した金銭等の金額700,000円と，資本金と資本剰余金の計上額500,000円の差額200,000円は，利益剰余金で処理する。

| | | | | | | |
|---|---|---|---|---|---|---|
| (2) | （借） | 資本金 | 500,000 | （貸） | 現金 | 900,000 |
| | | 資本剰余金 | 500,000 | | 利益剰余金 | 100,000 |

- 払い戻した金銭等の金額900,000円と，資本金と資本剰余金の計上額1,000,000円の差額100,000円は，利益剰余金で処理する。

| | | | | | | |
|---|---|---|---|---|---|---|
| (3) | （借） | 資本金 | 300,000 | （貸） | 現金 | 500,000 |
| | | 資本剰余金 | 200,000 | | | |
| (4) | （借） | 資本金 | 800,000 | （貸） | 未払込資本金 | 1,000,000 |
| | | 資本剰余金 | 200,000 | | | |

**2）形式的減資**

形式的減資とは，資本金の減少とともに，それ以外の純資産の部の項目が増加するために，純資産の金額に変化が生じない減資の形態である。たとえば，資本金の資本剰余金への振り替え，損失の填補が該当する。

①　資本金の資本剰余金への振り替え

| | | | | | |
|---|---|---|---|---|---|
| （借） | 資本金 | 100,000 | （貸） | 資本剰余金 | 100,000 |

合同会社を除く持分会社は，資本金の一部または全部を資本剰余金に計上することができる。

②　損失の填補

| | | | | | |
|---|---|---|---|---|---|
| （借） | 資本金 | 50,000 | （貸） | 資本剰余金 | 50,000 |

持分会社は，損失の填補のために，資本金の金額を減少して，その金額だけ資本剰余金を増加させ

ることができる（合同会社の場合，債権者保護の手続が必要である）。その際に，下記のイとロのいずれか小さい方を損失の金額として，資本金で填補することができる。

イ　ゼロ－（資本剰余金＋利益剰余金）（ゼロ未満の場合は，ゼロ）

ロ　資本金

**問題10-11**　次の取引の仕訳を示しなさい。

(1)　K持分会社（合名会社）は，資本金400,000円を資本剰余金に振り替えた。

(2)　L持分会社は，損失800,000円を填補するために，減資を行った。なお，L持分会社の資本金は1,500,000円，資本剰余金は500,000円，利益剰余金は損失の計上額である。

**解答・解説**

| | | | | |
|---|---|---|---|---|
| (1) | （借）資本金 | 400,000 | （貸）資本剰余金 | 400,000 |
| (2) | （借）資本金 | 300,000 | （貸）資本剰余金 | 300,000 |

- 資本金で填補できる損失の金額は，下記のイとロのいずれか小さい金額である。

　イ　ゼロ－（資本剰余金＋利益剰余金）＝０円－（500,000円－800,000円）＝300,000円

　ロ　資本金＝1,500,000円

　∴　300,000円

### (5)　合同会社に係る特則

合同会社では，株式会社と同様に，有限責任社員のみから構成される会社なので，債権者保護の規則が設けられている。以下では，合同会社に特有の規則について見ていく。

#### 1）実質的減資

合同会社では，社員に出資の払戻しを行う際に，財源規制が設けられている。すなわち，払戻しによる金銭等の金額（出資払戻額）は，下記のイとロのいずれか少ない金額の範囲内しか認められていない。

イ　出資の払戻し時点における利益剰余金と資本剰余金の合計額

ロ　当該社員の出資につき資本剰余金に計上されている額

合同会社では，各社員の出資額のうち資本剰余金しか出資の払戻しが認められないので，出資の払戻しを行うためには，債権者保護の手続を経て減資を行い，資本剰余金に振り替えなければならない。このように，合同会社では，損失の填補以外に，出資の払戻しのために資本金の額を減少することができる。ただし，減資できる金額は，出資払戻額から当該社員に係る資本剰余金の額を控除した額を超過することはできない。

| | | | |
|---|---|---|---|
| （借）資本金 | 200,000 | （貸）資本剰余金 | 200,000 |
| 　　資本剰余金 | 200,000 | （貸）現金 | 200,000 |

また，合同会社は，退職した社員に対して持分の払戻しを行うことができるが，持分の払戻しに際して交付する金銭等の金額（持分払戻額）は，その時の資本剰余金と利益剰余金の合計額の範囲内でなければならない。もし超過した場合は，債権者は異議を唱えることができる。

### 2）利益の配当制限

すでに述べたとおり，持分会社は，社員全員が無限責任社員である合名会社，社員の一部が無限責任社員で，他の一部が有限責任社員である合資会社，社員全員が有限責任社員である合同会社から構成される。無限責任社員への配当に対して財源規制は必要とされないが，有限責任社員への配当に対して，債権者保護の観点から，会社法は財源規制を設けている。とりわけ有限責任社員のみから構成される合同会社において，配当制限が設けられている。

すなわち，社員等に交付する金銭等の金額（配当額）が当該利益を配当する日における利益の金額を超えることはできない。その際に，利益の金額とは，下記のイとロのいずれか小さい額である。

イ　利益剰余金の金額

ロ　過去の利益分配額－過去の損失分配額－過去の利益配当額

配当を行ったときは，次のような仕訳が行われる。

| | | | | | |
|---|---|---|---|---|---|
| （借） | 利益剰余金 | 50,000 | （貸） | 現金 | 50,000 |

**問題10-12**　次の取引の仕訳を示しなさい。

(1)　M持分会社（合同会社）は，債権者保護の手続を経て，社員甲に出資の払戻しを行い，現金500,000円を支払った。M持分会社は，甲から1,000,000円の現金出資を受けており，出資のうち800,000円を資本金に組み入れていた。

(2)　N持分会社（合同会社）は，会社法上認められている制限まで利益の配当を現金で行った。なお，配当日のN持分会社の利益剰余金は500,000円，過去の利益分配額は1,000,000円，過去の損失分配額は200,000円，金銭等による過去の利益配当額は400,000円である。

**解答・解説**

| | | | | | | |
|---|---|---|---|---|---|---|
| (1) | （借） | 資本金 | 300,000 | （貸） | 資本剰余金 | 300,000 |
| | | 資本剰余金 | 500,000 | | 現金 | 500,000 |

• M持分会社（合同会社）は，甲から出資を受けたときに，次のような仕訳をしているはずである。

| | | | | | |
|---|---|---|---|---|---|
| （借） | 現金 | 1,000,000 | （貸） | 資本金 | 800,000 |
| | | | | 資本剰余金 | 200,000 |

合同会社の場合，各社員の出資額のうち資本剰余金しか出資の払戻しが認められていない。ここで，社員甲の出資に係る資本剰余金は200,000円しか計上されていないので，出資の払戻しを行うためには，資本金の額を300,000円減少して，資本剰余金に振り替えなければならない。

| | | | | | | |
|---|---|---|---|---|---|---|
| (2) | （借） | 利益剰余金 | 400,000 | （貸） | 現金 | 400,000 |

• 有限責任社員のみから構成されるN持分会社（合同会社）の場合，配当日の利益の額までしか配当はできない。当該利益の額は，下記のイとロのいずれか小さい金額である。

イ　利益剰余金＝500,000円

ロ　過去の利益分配額－過去の損失分配額－過去の利益配当額

＝1,000,000円－200,000円－400,000円＝400,000円

∴　400,000円

# XI 損益計算書

## 1 損益計算書の意義と例示

### (1) 損益計算書の意義

損益計算書とは，一期間中に企業が獲得した利益の発生原因を示すために収益と費用とを記載した報告書である。つまり，損益計算書においては，収益から費用を差し引くことによって一会計期間中の利益を直接計算する。このような形の損益計算の方法を損益法と呼ぶ。この方法の長所は利益の生じた原因分析が可能なことである。これに対して，貸借対照表項目の増減変化から期間利益を計算することも可能である。というのも，一会計期間中にどれだけの純資産が増加したかを示す金額が利益で，反対にどれだけ減少したかを示す金額が損失だからである。この損益計算方法を財産法と呼ぶ。損益法と財産法を計算式で表現すれば，それぞれ以下のとおりである。

**損益法：収益－費用＝期間利益**
**財産法：期末純資産（資本）－期首純資産（資本）＝期間利益**

### (2) 損益計算書の例示

個別財務諸表としての損益計算書を例示すれば次頁のとおりである。なお，これは後述の報告式損益計算書である。

### (3) 包括主義と当期業績主義

損益計算書に記載される損益項目の範囲に関しては，一期間に把握されたすべての損益項目とする包括主義と，一期間に関連ある経常項目のみとする当期業績主義とがある。包括主義損益計算書は，次頁の例示における当期純利益の計算までの全項目を含むもので，当期純利益は企業の長期的収益力をあらわす。一方，当期業績主義損益計算書は，次頁の例示における経常利益の計算までの項目のみで当期純利益を計算する。この場合，特別損益項目等は利益剰余金計算書（または株主資本等変動計算書）に記載される。当期業績主義当期純利益は経常項目のみからなるので，企業の短期的収益力を示す。

特別損益項目は，特別利益と特別損失からなる。特別利益とは，経常的な経営活動とは無関係に生じる利得をいい，土地売却益や負ののれん発生益などの臨時的・異例的事象の結果生じる臨時利益である。特別損失は，経常的な経営活動とは無関係に生じる損失である。これは，災害損失，損害補償損失あるいは土地売却損などである。なお，特別利益以外の企業の主たる営業活動およびその遂行に付随する補助的な活動から生じる収益を経常収益，特別損失以外の企業の主たる営業活動およびそれに付随する補助的な経営活動から生じる費用を経常費用という。

## 損益計算書

自X8年4月1日　至X9年3月31日

| | |
|---|---|
| 売上高 | ××× |
| 売上原価 | |
| 　商品(又は製品)期首棚卸高 | ××× |
| 　当期商品仕入高(又は当期製品製造原価) | ××× |
| 　合計 | ××× |
| 　商品(又は製品)期末棚卸高 | ××× |
| 　商品(又は製品)売上原価 | ××× |
| 売上総利益(又は売上総損失) | ××× |
| 販売費及び一般管理費 | |
| 　販売員給料手当 | ××× |
| 　販売手数料 | ××× |
| 　広告宣伝費 | ××× |
| 　貸倒引当金繰入額 | ××× |
| 　減価償却費 | ××× |
| 　販売費及び一般管理費合計 | ××× |
| 営業利益(又は営業損失) | ××× |
| 営業外収益 | |
| 　受取利息 | ××× |
| 　有価証券利息 | ××× |
| 　受取配当金 | ××× |
| 　仕入割引 | ××× |
| 　投資不動産賃貸料 | ××× |
| 　営業外収益合計 | ××× |
| 営業外費用 | |
| 　支払利息 | ××× |
| 　社債利息 | ××× |
| 　社債発行費償却 | ××× |
| 　売上割引 | ××× |
| 　営業外費用合計 | ××× |
| 経常利益(又は経常損失) | ××× |
| 特別利益 | |
| 　固定資産売却益 | ××× |
| 　負ののれん発生益 | ××× |
| 　特別利益合計 | ××× |
| 特別損失 | |
| 　固定資産売却損 | ××× |
| 　減損損失 | ××× |
| 　災害による損失 | ××× |
| 　特別損失合計 | ××× |
| 税引前当期純利益(又は税引前当期純損失) | ××× |
| 法人税，住民税及び事業税 | ××× |
| 法人税等調整額 | ××× |
| 法人税等合計 | ××× |
| 当期純利益(又は当期純損失) | ××× |

## 2 発生主義会計

### (1) 発生主義会計の意義

発生主義会計（accrual basis accounting）は，現金の収入支出の時点に関係なく，経済価値の増殖事実または費消事実に基づいて収益および費用を認識する会計である。企業の経済活動の良否を反映した損益計算ができる。一方，現金主義会計は，収益および費用を現金の収入および支出に基づいて認識する会計であり，収入時に収益を計上し，支出時に費用を計上するので収支差額をもって損益とする。しかし，現代経済社会では，商製品の売買が行われてもすぐには代金の決済を行わない信用取引が一般的な商慣習であるし，相当の固定設備や棚卸資産を常時保有しているために，現金主義会計は現代の企業には適合しない。

### (2) 発生主義の原則

また，経済価値の増殖事実または費消事実の生起に基づいて収益または費用を認識する考え方を発生主義の原則という。たとえば，企業が製造活動を遂行すれば，それに伴いさまざまな財貨または用役が費消されるが，これが経済価値の費消事実である。したがって，従業員に働いてもらった場合には，労働用役の提供を受け，それを費消したことになる。また，製造中の財（仕掛品）は，それに伴い価値を増していくが，これが経済価値の増殖事実である。つまり，完成すれば，それに費やしたコストを上回る価格（売価）で販売できるようになるのであるから，その途中の段階では，それに費やした割合だけ，価値は増えていると考えられるのである。

## 3 費用収益対応の原則

発生主義の原則によって認識された費用のすべてが，同一期間中に認識された期間収益から期間費用として差し引かれるわけではない。収益から差し引かれるのは，当該収益と対応する費用だけであって，次期以降の収益と対応する費用は資産として繰り延べられる。このような考え方を費用収益対応の原則という。

### (1) 個別的対応と期間的対応

費用と収益の対応には，個別的対応と期間的対応がある。まず，個別的対応とは個々の商品や製品を媒介とした対応のことで，売上高と売上原価および販売直接費との関係のようにその因果関係を直接的に確認できる項目間に認められる。それゆえ，直接的対応，原価計算的対応，さらには完全対応ともいわれる。たとえば，ある商品が販売されることによって，販売収益である売上が認識されるとともに，それに対する営業費用である売上原価が認識されるが，その対応関係は一対一である。また，販売委託手数料などのように，売上の５％などという形で決定された販売直接費の金額は，売上とは比例的関係にある。

これに対して期間的対応とは，会計期間を媒介とした対応のことで，売上高と販売間接費および一般管理費との関係のようにその因果関係を間接的にしか確認できない項目間にみられる。販売間接費や一般管理費は，売上収益獲得のために必要かつ不可避の費用と確認できたとしても，どの売上に個別的に結び付いたかは確認できないため，発生した期間の費用として全額が収益から差し引かれる。それゆえ，間接的対応，財務会計的対応，さらには不完全対応ともいわれる。たとえば，営業部門の責任者の給料は，売上と金額的に比例する関係があるわけではないし，ましてや，どの売上と対応しているかは，期間全体としてしか確認できないのであるが，売上の獲得に貢献していることは明らかである。

### (2) 企業会計原則における対応

企業会計原則では，「…一会計期間に属するすべての収益とこれに対応するすべての費用とを記載して経常利益を表示し，…」と規定し，営業収益と営業費用との間だけでなく，営業外損益項目にまで対応関係を認めている。つまり，毎期経常的に発生する収益と毎期経常的に発生する費用との間には対応関係が存在するものとみなされている。このような対応関係，すなわち個別的対応と期間的対応を実質的対応というが，それは，発生費用の期間的限定，つまり，発生費用のうち当期の収益から差し引く部分と次期以降の収益に対応させるために繰り越す部分とを区別する役割をこの原則が果たすからである。

## 4 収益・費用の認識と測定

### (1) 収益と費用の意義

収益とは，広義には，企業が一定期間内に遂行した経済活動による株主資本の増加原因の総称である。株主資本の増加は，資産増加あるいは負債減少またはその両方の組み合わせから生じるので，収益はそれらの原因事実を表現する。一方で，収益を上述のような経済成果の獲得に貢献した努力に裏付けられた部分に限定して狭義に捉え，そのような裏付けのない経済成果を利得と呼んで区別することもある。

また，費用とは，広義には，企業が一定期間内に遂行した経済活動による株主資本の減少原因の総称である。株主資本の増加は，資産の減少あるいは負債の増加またはその両方の組み合わせから生じるので，費用はそれらの原因事実を表現する。狭義には，このうち，収益の獲得に貢献した部分のみを費用といい，収益の獲得に貢献しなかった部分を損失と呼んで区別することもある。

なお，収益または費用の範囲は変更されることがある。たとえば，従来は利益を上げた功労に報いるために株主総会の決議によって支給される役員賞与は利益処分項目とされ，株主総会の決議によらずに支給される役員報酬は費用処理されていた。つまり，両者は，その支給手続によって区別されていた。しかし，現在では，役員賞与は役員報酬と同様に費用項目に含められている。それは，会社法の制定によって役員報酬と役員賞与とが同一の手続によって支給されることになり，その支給手続の相違がなくなったことと，両者は，役員の職務執行の対価として支給される点で，その性格は費用として同一であると考えられるようになったことからである。また，自己株式を資産としていた状況では収益または費用とされていた自己株式処分差額も，自己株式が資本控除項目とされている現在では，資本剰余金（その他資本剰余金）の増減として取り扱われるようになっている。

### (2)　収益認識基準としての実現主義

収益の認識は実現に基づいて行われる。これを実現主義の原則という。実現とは，①買取意思に裏付けられた財貨または用役の引渡しが行われ，かつ②その対価として現金または現金同等物を取得することと解釈されている。これは典型的には販売の時点をもって収益実現の時と考えるものである。それは，現代企業による経済成果の獲得努力のうち最も重要なものが販売で，企業の生み出す成果である商製品やサービスなどの給付（財貨または用役）が社会的に受け入れられたと考えられるからである。

なお，企業会計原則では，「損益計算書原則一A」但書で未実現利益の計上禁止を規定したうえで，さらに，「売上高は，実現主義の原則に従い，商品等の販売又は役務の給付によって実現したものに限る。」(損益計算書原則三B）と規定し，収益の認識基準として実現主義の原則を指示している。これは，現行の企業会計における損益は，業績尺度性のみならず分配可能性も具備しなければならないため，販売前の収益認識は，販売できるか否か，また販売価格はいくらかに関して不確実性を伴った分配可能性を認められない利益の計上につながるからである。

平成30年３月に公表された企業会計基準第29号「収益認識に関する会計基準」(以下「収益認識会計基準」）で，顧客との契約に基づく取引に関する収益については，「履行義務の充足」という概念に基づいて認識するものとされている。そこで，この「履行義務の充足」と前述の「実現」との関係が問題となる。履行義務の充足とは，資産に対する支配が企業（売り手）から顧客（買い手）に移転することであり，それに関連して，企業の顧客に対する販売代金の請求権が法的に確立することも必要である。この２つの要件を前述の実現の要件と比較すると，前者は，財の引渡しまたは役務提供の完了に相当し，後者は，対価としての現金または現金同等物の取得に相当するものである。したがって，収益認識会計基準における履行義務の充足と実現は同じ意味をもつものであり，言い換えられたにすぎないということができる。ただし，単なる言換えではなく，その解釈は，後述のとおり，ある意味で厳密になっているといえる。

### (3)　履行義務の充足による収益の認識

収益認識の基本原則は，約束した財またはサービスの顧客への移転を当該財またはサービスと交換に企業が権利を得ると見込む対価の額で描写するように，収益を認識することである。この基本原則に基づいて次の５つのステップが適用される。

| | |
|---|---|
| ステップ１ | 顧客との契約の識別 |
| ステップ２ | 契約における履行義務の識別 |
| ステップ３ | 取引価格の算定 |
| ステップ４ | 履行義務への取引価格の配分 |
| ステップ５ | 履行義務の充足時または充足するにつれての収益認識 |

#### ①　契約の識別（ステップ１）

契約とは，法的な強制力のある権利および義務を生じさせる複数の当事者間における取決めであり，書面，口頭，取引慣行等により成立する。このとき，顧客に移転する財またはサービスと交換に企業が権利を得ることとなる対価を回収する可能性が高いことが必要である。なお，契約の当事者のそれぞれが，他の当事者に補償することなく完全未履行契約を解約できる一方的で強制力のある権利を有している場合には，この収益認識会計基準は当該契約に適用しないので，その段階ではいかなる会計処理も行われない。

通常は，契約ごとに次のステップが適用されるが，複数の契約を１つの契約として結合しなければならない場合がある。それは，同一の顧客（当該顧客の関連当事者を含む。）と同時または，ほぼ同時に締結した複数の契約について，当該複数の契約が同一の商業的目的を有するものとして交渉されたり，１つの契約において支払われる対価の額が，他の契約の価格または履行により影響を受けたりしている場合である。

たとえば，XがYとの間で，財A（独立販売価格：60,000円）の販売契約とサービスBの２年間の提供契約（独立販売価格：15,000円）をほぼ同時にではあるが，別個に締結したとする。このとき，XとYとの間で合意した契約価格が，物品Aは60,000円で公正価値と同額であるにもかかわらず，サービスB（２年間）が3,000円となっているとすると，サービスBの提供契約の対価の金額は財Aの販売契約の影響を受けていることになり，財Aの販売契約とサービスB（２年間）の提供契約は，単一の契約とみなされることになる。もちろん，サービスBの提供契約が独立販売価格と同じ15,000円で締結されていれば，別個に締結された２つの契約はそれぞれが単一の契約として取り扱われる。

### ②　契約における履行義務の識別（ステップ２）

次に，企業は，契約における取引開始日に，顧客との契約において約束した財またはサービスを評価し，顧客に移転する約束のそれぞれについて履行義務として識別する。たとえば，前述の単一の契約として取り扱われるXとYとの契約においては，財Aの引渡義務とサービスBの提供義務の２つの義務が識別される。もちろん，契約価格が63,000円の１つの契約として締結されたとしても，同じく，財Aの引渡義務とサービスBの提供義務の２つの義務が識別される。

### ③　取引価格の算定（ステップ３）

さらに，企業は取引価格を算定する。取引価格とは，財またはサービスの顧客への移転と交換に企業が権利を得ると見込む対価の額（ただし，第三者のために回収する額を除く。）である。その算定にあたっては，契約条件や取引慣行等を考慮して，変動対価または現金以外の対価の存在を考慮し，金利相当分の影響および顧客に支払われる対価といった４点のすべての影響を考慮することになるが，これらの点についてはすでに「V　棚卸資産の会計」で述べられている。取引価格を算定する際には，財またはサービスは契約に従って顧客に移転されること，つまり，契約の取消，更新または変更はないことを仮定する。

なお，第三者のために回収する額は除かれるので，消費税，揮発油税および酒税などの間接税は取引価格には含まれない。つまり，消費税に関して従来適用可能であった税込み方式は採用できなくなり，税抜き方式を採用しなければならない。

### ④　履行義務への取引価格の配分（ステップ４）

取引価格が決定されると，次に当該取引価格をそれぞれの履行義務（あるいは別個の財またはサービス）に配分しなければならない。その配分は，財またはサービスの顧客への移転と交換に企業が権利を得ると見込む対価の額を描写するように行うことになるが，具体的には，財またはサービスの独立販売価格の比率に基づき，契約において識別したそれぞれの履行義務に取引価格を配分する。

たとえば，XがYとの間で締結した財Aの販売契約とサービスBの提供契約（2年間）は1つの契約とみなされたので，その取引価格は，物品Aの60,000円とサービスB（2年間）の3,000円との合計額63,000円となるが，このとき，独立販売価格は物品Aが60,000円，サービスB（2年間）が15,000円であるため，次のとおり，その比率で63,000円を配分するのである。

$$\text{物　品　A} = 63{,}000\text{円} \times \frac{60{,}000\text{円}(\text{A})}{60{,}000\text{円}(\text{A}) + 15{,}000\text{円}(\text{B})} = 50{,}400\text{円}$$

$$\text{サービスB} = 63{,}000\text{円} \times \frac{15{,}000\text{円}(\text{B})}{60{,}000\text{円}(\text{A}) + 15{,}000\text{円}(\text{B})} = 12{,}600\text{円}$$

なお，独立販売価格を直接観察できない場合には，独立販売価格を見積ることになる。

### ⑤ 履行義務の充足による収益認識（ステップ5）

最後に，企業は，約束した財またはサービスを顧客に移転することにより履行義務を充足した時に，または充足するにつれて，充足した履行義務に配分された額で収益を認識する。履行義務は，一時点で充足されるものと一定期間に充足されるものに分類される。その分類は，まず，後者に該当する履行義務の識別から行われる。つまり，次の3つの条件のいずれかを満たすものを一定期間に充足されるものとする。

> (a) 企業が顧客との契約における義務を履行するにつれて，顧客が便益を享受すること
> (b) 企業が顧客との契約における義務を履行することにより，資産が生じる，または資産の価値が増加し，当該資産が生じる，または当該資産の価値が増加するにつれて，顧客が当該資産を支配すること
> (c) 次の要件の両方を満たすこと
> ⓐ 企業が顧客との契約における義務を履行することにより，別の用途に転用することができない資産が生じ，あるいはその価値が増加すること
> ⓑ 企業が顧客との契約における義務の履行を完了した部分について，対価を収受する強制力のある権利を有していること

(a)は，通常のサービス提供契約を想定した要件であり，(b)は，顧客の土地の上に建設を行う工事契約や，顧客が所有する会計システムを拡張する役務提供契約などを想定した要件である。また，(c)の要件において，まず，ⓐ資産を別の用途に転用することができない場合とは，企業が履行するにつれて生じる資産または価値が増加する資産を別の用途に容易に使用すること（たとえば他の顧客への売却）が契約上制限されている場合，あるいは完成した資産を別の用途に容易に使用することが実務上制約されている場合（たとえば重要な経済的損失が生ずる場合）のことであり，また，ⓑ履行を完了した部分について対価を収受する強制力のある権利を有している場合とは，契約期間にわたり，企業が履行しなかったこと以外の理由で契約が解約される際に，少なくとも履行を完了した部分についての補償を受ける権利を有している場合であり，その補償額は，合理的な利益相当額を含む，現在までに移転した財またはサービスの販売価格相当額である。

これらのいずれかを満たせば，資産に対する支配が顧客に一定の期間にわたり移転することになり，

履行義務が充足されるにつれて，収益が認識されることになる。その一方で，履行義務が一定の期間にわたり充足されるものではない場合には，一時点で充足される履行義務として，資産に対する支配を顧客に移転した時点，つまり当該履行義務が充足された時に，収益を認識することになる。図示すれば次のとおりである。

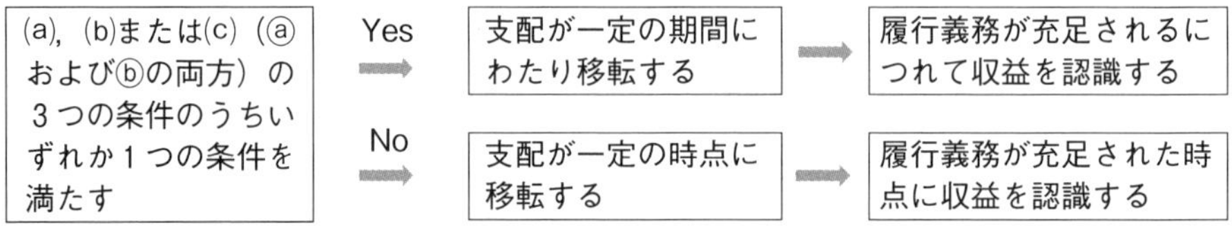


### (4) 収益・費用の測定

収益および費用は当該収益・費用の発生に伴う収入支出に基づいて記録が行われる。これを収支額主義という。ここでの収入支出は，現実に現金預金がその時点で企業によって取得または支払がなされること，つまり現在の収支のみならず，前受金・未払金や前受収益・前払費用との関連では過去の収支を，また売掛金・買掛金や受取手形・支払手形などの売上債権・仕入債務との関連では将来の収支をも含んでいる。

また，すでに述べたように，費用配分は，費用の認識のみならず，その測定，ひいては資産の金額の決定にも関わる重要な原則である。つまり，費用性資産の貸借対照表価額は，当期までに期間費用として配分されなかった部分として把握されるからである。

## 5 損益計算書の表示

### (1) 勘定式と報告式

損益計算書の様式にも，貸借対照表の場合と同様に報告式と勘定式とがある。報告式の損益計算書は，すでに示したとおり，営業収益である売上高からはじめ，それから営業費用である売上原価と販売費及び一般管理費を差し引く形で営業損益を計算し，さらに営業外収益と営業外費用を加減して経常損益を計算し，特別利益と特別損失を加減した上で，法人税等関連項目を加減して当期純利益を計算する形で，上から順番に記載していく方法である。これに対して，勘定式の損益計算書では，借方側に売上原価，販売費及び一般管理費，営業外費用および特別損失を記載し，貸方側に売上高，営業外収益および特別利益を記載する方法である。両様式について，大まかな項目により概観を示せば次のとおりである。なお，報告式は区分式とし，勘定式は無区分式とする。

〈報告式〉

**損益計算書**

| | | | | | |
|---|---|---|---|---|---|
| 営業損益計算区分 | 売上総損益計算区分 | Ⅰ | 売上高 | | ××× |
| | | Ⅱ | 売上原価 | (－) | ××× |
| | | | 売上総利益 | | ××× |
| | 営業損益計算区分 | Ⅲ | 販売費及び一般管理費 | (－) | ××× |
| | | | 営業利益 | | ××× |
| | 経常損益計算区分 | Ⅳ | 営業外収益 | (＋) | ××× |
| | | Ⅴ | 営業外費用 | (－) | ××× |
| | | | 経常利益 | | ××× |
| | 純損益計算区分 | Ⅵ | 特別利益 | (＋) | ××× |
| | | Ⅶ | 特別損失 | (－) | ××× |
| | | | 税金等調整前当期純利益 | | ××× |
| | | | 法人税・住民税・事業税 | (－) | ××× |
| | | | 法人税等調整額 | (±) | ××× |
| | | | 当期純利益 | | ××× |

〈勘定式〉

**損益計算書**

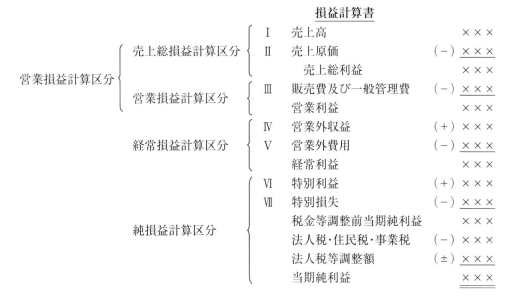

| 借　　方 | | 貸　　方 | |
|---|---|---|---|
| 売上原価 | ××× | 売上高 | ××× |
| 販売費及び一般管理費 | ××× | 営業外収益 | ××× |
| 営業外費用 | ××× | 特別利益 | ××× |
| 特別損失 | ××× | | |
| 法人税・住民税・事業税 | ××× | | |
| 法人税等調整額 | ××× | | |
| 当期純利益 | ××× | | |
| 合　　計 | ××× | 合　　計 | ××× |

### (2) 費用収益対応表示の原則

企業会計原則では，上述の実質的対応のほかに，「費用及び収益は，その発生源泉に従って明瞭に分類し，各収益項目とそれに関連する費用項目とを損益計算書に対応表示しなければならない。」(損益計算書原則一C）と費用収益対応表示の原則を規定しているが，これは形式的対応を指示したものである。

# XII 株主資本等変動計算書

## 1 株主資本等変動計算書の概要

会社法会計上の計算書類の１つとして，そして金融商品取引法会計（金商法会計）上の財務諸表の１つとして，株主資本等変動計算書がある。この株主資本等変動計算書は，貸借対照表の純資産の部の一会計期間における変動額のうち，主として，株主（連結上は親会社株主）に帰属する部分である株主資本の各項目の変動事由を報告するために作成するものである。現在，わが国では企業会計基準第６号「株主資本等変動計算書に関する会計基準」（以下「基準６号」という）に従って，株主資本等変動計算書の作成・開示が行われている。

わが国の制度会計上，現在，作成されている株主資本等変動計算書は，いずれも年度ベースである「個別株主資本等変動計算書」および「連結株主資本等変動計算書」の２種類である（基準６号１項）。

① 年度ベースの個別株主資本等変動計算書
制度上の名称は，会社法会計でも金商法会計でも「株主資本等変動計算書」
理論上は「年度個別株主資本等変動計算書」とでも名付けるべきもの
関連法令など：会社計算規則59条
財務諸表等規則99条～109条の２
財務諸表等規則様式第七号および第七号の二

② 年度ベースの連結株主資本等変動計算書
制度上の名称は，会社法会計でも金商法会計でも「連結株主資本等変動計算書」
理論上は「年度連結株主資本等変動計算書」とでも名付けるべきもの
関連法令など：会社計算規則61条
連結財務諸表規則70条～80条
連結財務諸表規則様式第六号

なお，金商法会計では，１年を会計期間とする（年度）財務諸表制度とともに，３カ月を会計期間とする四半期財務諸表制度が，個別ベースでも連結ベースでも存在する。しかし，金商法会計上の四半期個別財務諸表制度でも四半期連結財務諸表制度でも，四半期ベースの個別または連結の株主資本等変動計算書は定められていない（企業会計基準第12号「四半期財務諸表に関する会計基準」５項および６項)。すなわち，金商法会計制度において，他の３種類の財務諸表（貸借対照表，損益計算書，キャッシュ・フロー計算書）については，年度ベースおよび四半期ベースのものが作成・開示されているが，株主資本等変動計算書だけは，年度ベースの制度しか存在しないのである。なお，会社法会計においては，四半期計算書類制度は存在せず，１年単位の（年度）計算書類制度しか存在しない。

株主資本等変動計算書における重要なポイントは，以下の６点と考えられる。

① 株主資本等変動計算書が２つの連続する貸借対照表の株主資本等の各項目をつなぐ連結環（リンク）となること

個別ベースにおいても連結ベースにおいても，株主資本等変動計算書の各項目の当期首残高は前期末の貸借対照表の株主資本等の各項目の残高と，そして株主資本等変動計算書の各項目の当期末残高は当期末の貸借対照表の株主資本等の各項目の残高と，それぞれ整合（一致）しなければならない（基準６号５項)。株主資本等変動計算書は，１会計期間における株主資本等の各項目の変動の事由・原因を明らかにするものであり，そのことによって前期末の貸借対照表の株主資本等の各項目と当期末の貸借対照表の株主資本等の各項目とを結び付ける役割を果たしているのである。言い換えれば，株主資本等変動計算書は，株主資本等の各項目について，連続する２期の貸借対照表（前期（末）貸借対照表と当期（末）貸借対照表）とをリンクしている。

| | | | | |
|---|---|---|---|---|
| 前期末の貸借対照表 | ➡ | 当期の株主資本等変動計算書 | ➡ | 当期末の貸借対照表 |
| 株主資本等の各項目<br>の記載 | ➡ | 株主資本等の各項目<br>の当期首残高の記載 | | |
| | | ⬇ | | |
| | | 株主資本等の各項目<br>の当期末残高の計算･記載 | ➡ | 株主資本等の各項目<br>の記載 |

② 個別株主資本等変動計算書が,「繰越利益剰余金」の当期末残高の計算過程における「当期純利益」の記載によって，個別損益計算書と個別貸借対照表とをつなぐ連結環（リンク）となること

初級（初等）簿記においては，当期純利益は損益計算書と貸借対照表の両者に表示され，当期純利益が損益計算書と貸借対照表とを結び付ける直接的な連結環となっている。ところが，わが国の株式会社の簿記会計においては，貸借対照表に当期純利益は表示されない。このため，損益計算書と貸借対照表とをつなぐ間接的な連結環が必要となってくる。この間接的なリンクとなるのが，株主資本等変動計算書であり，そこにおける繰越利益剰余金の当期末残高の計算過程である。具体的には，個別損益計算書で計算・表示された当期純利益が，個別株主資本等変動計算書では繰越利益剰余金の当期末残高の計算上，プラスの計算要素（繰越利益剰余金の変動事由）として表示される（基準６号７項)。そして，繰越利益剰余金の期末残高が個別株主資本等変動計算書と個別貸借対照表とを結び付けるのである。要するに，当期純利益が個別損益計算書と個別株主資本等変動計算書に表示され，個別損益計算書と個別株主資本等変動計算書とをつなぐリンクとなる。そして，繰越利益剰余金の期末残高が個別株主資本等変動計算書と個別貸借対照表に表示され，個別株主資本等変動計算書と個別貸借対照表とをつなぐリンクとなるのである。

当期の個別損益計算書 ➡ 当期の個別株主資本等変動計算書 ➡ 当期末の個別貸借対照表

当期純利益の記載 ➡ 当期純利益の記載
⬇
繰越利益剰余金
の当期末残高
の計算・記載 ➡ 繰越利益剰余金の記載

③　連結株主資本等変動計算書が,「利益剰余金」の当期末残高の計算過程における「親会社株主に帰属する当期純利益」の記載によって,連結損益計算書または連結損益及び包括利益計算書と連結貸借対照表とをつなぐ連結環（リンク）となること

連結財務諸表においては現在,連結損益計算書または連結損益及び包括利益計算書と連結株主資本等変動計算書とをつなぐリンクは,「当期純利益」ではなく「親会社株主に帰属する当期純利益」である（基準6号7項）。そして,連結株主資本等変動計算書と連結貸借対照表とをつなぐリンクは,「利益剰余金」の当期末残高である。

平成25（2013）年における企業会計基準第22号「連結財務諸表に関する会計基準」の改正以前までは,連結損益計算書または連結損益及び包括利益計算書と連結株主資本等変動計算書とを結び付けるリンクは,個別財務諸表と同様に「当期純利益」であった。しかし,平成25年の基準改正により,連結損益計算書などにおける当期純利益の概念が次のように変更された。

**• 旧会計基準（平成25年改正以前）**

少数株主損益調整前当期純利益 ｛ 少数株主利益 ／ 旧基準の「当期純利益」（リンクとなる項目）

↓ 変更

**• 新会計基準（平成25年改正以後）**

新基準の「当期純利益」 ｛ 非支配株主（旧基準の少数株主）に帰属する当期純利益 ／ 親会社株主に帰属する当期純利益（リンクとなる項目）

議論を整理するならば,改正前後において,個別ベースにおいても連結ベースにおいても,損益計算書と株主資本等変動計算書とを結び付けるリンクの内容・内実には,何も変化は生じていない。ただし,上述のように,連結損益計算書などにおいては,旧基準の「少数株主損益調整前当期純利益」の名称・用語が新基準の「当期純利益」と変わり,旧基準の「当期純利益」が新基準の「親会社株主に帰属する当期純利益」と変わったために,それに伴って,連結損益計算書などと連結株主資本等変動計算書とをつなぐリンクが「当期純利益」から「親会社株主に帰属する当期純利益」に変更されたのである。

当期の連結損益計算書など ➡ 当期の連結株主資本等変動計算書 ➡ 当期末の連結貸借対照表

「親会社株主に帰属する当期純利益」の記載 ➡ 「親会社株主に帰属する当期純利益」の記載

⬇

「利益剰余金」の当期末残高の計算・記載 ➡ 「利益剰余金」の記載

④　四半期財務諸表制度においては，四半期株主資本等変動計算書は作成されないので，四半期損益計算書と四半期貸借対照表とをつなぐリンクは，財務表としては存在しないこと

四半期損益計算書で算定された四半期純利益は，損益計算書の会計期間が単一の四半期会計期間ベース（3カ月）でも，もしくは四半期累計期間ベース（6カ月または9カ月）でも，四半期貸借対照表において利益剰余金の計上額のプラスの計算要素となる。この計算上の関係は，先に②と③で前述した関係と何ら変わるところはない。しかし，四半期ベースでは個別でも連結でも，株主資本等変動計算書は作成されないので，四半期純利益と利益剰余金によるリンクの計算過程は，財務諸表の上で開示され，説明されることはないのである。つまり，これらのリンクは，現行の四半期財務諸表の体系・制度においては，企業外部の利害関係者（財務諸表の利用者）にとって，明示（可視化）されず，いわばブラック・ボックスとなっている。このような会計制度が設計された政策・方針の考え方については，四半期ベースによる会計情報の迅速な適時開示が優先され，財務諸表間における計算関係の明瞭な表示は犠牲にされたものと理解される。

⑤　株主資本等変動計算書における当期変動額の記載方法として，株主資本の各項目については，個別の変動事由ごとに総額主義によって金額が表示されること（基準6号6項）

株主資本等変動計算書において，当期変動額の記載という最も中核的な会計情報の開示について，純資産の中でも株主資本の各項目と株主資本以外の各項目とでは，記載方法が異なっている。株主資本の各項目の当期変動額は総額主義に基づいて表示される。これに対して，株主資本以外の各項目，すなわち評価・換算差額等（連結では「その他の包括利益累計額」），株式引受権，新株予約権，非支配株主持分（連結の場合のみ）の各項目の当期変動額は純額主義に従って表示される（基準6号8項）。このような記載方法の差異の理由は，株主資本等変動計算書の主たる目的が株主資本の各項目の変動事由を報告することにあるためであり，そのことに従って，株主資本以外の各項目の当期変動額の表示は簡素化されているためである。

⑥　現行の財務諸表等規則様式および連結財務諸表規則様式に定められている株主資本等変動計算書の作成・表示の様式は，いわゆる表（ひょう）形式であること

企業会計基準適用指針第9号「株主資本等変動計算書に関する会計基準の適用指針」（以下「適用指針9号」という）では，個別・連結ともに，株主資本等変動計算書の表示は，「純資産の各項目を横に並べる様式」によることが原則として定められているが，ただし書きにおいて，「純資産の各項目を縦に並べる様式」によることも許容・容認されている（適用指針9号3項）。そして，平成25年の財務諸表等規則などの改正によって，これらの内閣府令が定める様式も，前述の適用指針が原則と定める「横に並べる様式」となっている。「横に並べる様式」とは，いわゆる表形式であり，金額欄の構成がヨコの並びの行（ぎょう）とタテの並びの列との組み合わせから成る行列形式となっている

ものである。通常，表全体の左はじ（各行の左はじ）に，当期変動額の変動事由などの見出し項目が記載され，表全体の上端（各列の上端）に，貸借対照表と同様の株主資本等の見出し項目が記載される。

なお，「縦に並べる様式」すなわち，いわゆる報告式という様式も，教科書における説明・解説や試験問題などで株主資本等変動計算書の一部分を抜粋して表示する場合には，使用されることが考えられる。

以下では，表形式の個別株主資本等変動計算書を例示する。

株主資本等変動計算書

当事業年度(自X０年４月１日　至X１年３月31日まで)　(単位:千円)

| | 株主資本 | | | | | | | | | | 評価･換算差額等 | 新株予約権 | 純資産合計 |
|---|---|---|---|---|---|---|---|---|---|---|---|---|---|
| | 資本金 | 資本剰余金 | | | 利益剰余金 | | | | 自己株式 | 株主資本合計 | その他有価証券評価差額金 | | |
| | | 資本準備金 | その他資本剰余金 | 資本剰余金合計 | 利益準備金 | その他利益剰余金 | | 利益剰余金合計 | | | | | |
| | | | | | | 別途積立金 | 繰越利益剰余金 | | | | | | |
| 当期首残高 | 100,000 | 10,000 | 1,000 | 11,000 | 7,400 | 600 | 4,000 | 12,000 | △800 | 122,200 | — | 1,000 | 123,200 |
| 当期変動額 | | | | | | | | | | | | | |
| 新株の発行 | 10,000 | 10,000 | | 10,000 | | | | | | 20,000 | | | 20,000 |
| 剰余金の配当など | | | | | 100 | 500 | △1,600 | △1,000 | | △1,000 | | | △1,000 |
| 当期純利益 | | | | | | | 2,000 | 2,000 | | 2,000 | | | 2,000 |
| 自己株式の処分 | | | △100 | △100 | | | | | 400 | 300 | | | 300 |
| 株主資本以外の項目の当期変動額(純額) | | | | | | | | | | | 600 | △700 | △100 |
| 当期変動額合計 | 10,000 | 10,000 | △100 | 9,900 | 100 | 500 | 400 | 1,000 | 400 | 21,300 | 600 | △700 | 21,200 |
| 当期末残高 | 110,000 | 20,000 | 900 | 20,900 | 7,500 | 1,100 | 4,400 | 13,000 | △400 | 143,500 | 600 | 300 | 144,400 |

前述の株主資本等変動計算書における「当期変動額」の区分に記載されている取引の仕訳を次に示す。(単位：千円)

① 新株の発行（新株予約権の行使を含む）

| | | | | | |
|---|---|---|---|---|---|
| (借) | 現金預金 | 19,300 | (貸) | 資本金 | 10,000 |
| | 新株予約権 | 700 | | 資本準備金 | 10,000 |

② 繰越利益剰余金の処分（剰余金の配当および別途積立金の積立て）

| | | | | | |
|---|---|---|---|---|---|
| (借) | 繰越利益剰余金 | 1,600 | (貸) | 未払配当金 | 1,000 |
| | | | | 利益準備金 | 100 |
| | | | | 別途積立金 | 500 |

③ 当期純利益の計上

| | | | | | |
|---|---|---|---|---|---|
| (借) | 損益 | 2,000 | (貸) | 繰越利益剰余金 | 2,000 |

④ 自己株式の処分（売却）

| | | | | | |
|---|---|---|---|---|---|
| (借) | 現金預金 | 300 | (貸) | 自己株式 | 400 |
| | 自己株式処分差損 | 100 | | | |

自己株式処分差損は，その他資本剰余金から減額する（企業会計基準第１号10項）。

⑤ その他有価証券におけるプラスの評価差額の計上

| | | | | | |
|---|---|---|---|---|---|
| (借) | その他有価証券 | 600 | (貸) | その他有価証評価差額金 | 600 |

**問題12-1** 次の資料に基づいて，株主資本等変動計算書を作成しなさい。

［資料］

① X1年4月1日に，払込総額2,000千円の新株を発行し，会社法が定める資本金計上（組入）の最低限度額を資本金とし，資本金としない部分を株式払込剰余金（資本準備金）とした。

② X1年6月25日の定時株主総会において，繰越利益剰余金からの500千円の配当の支払と50千円の利益準備金の積立（繰入）を決議した。

③ X1年12月10日の取締役会において，繰越利益剰余金からの500千円の配当の支払と50千円の利益準備金の積立を決議した。

④ X2年3月期決算の当期純利益は，2,000千円であった。

⑤ X1年3月31日現在の前期末貸借対照表の純資産の部は，次のようであった。

| 純資産の部(単位:千円) | |
|---|---|
| Ⅰ　株主資本 | |
| 1　資本金 | 10,000 |
| 2　資本剰余金 | |
| (1)　資本準備金 | 1,000 |
| (2)　その他資本剰余金 | 100 |
| 資本剰余金合計 | 1,100 |
| 3　利益剰余金 | |
| (1)　利益準備金 | 500 |
| (2)　その他利益剰余金 | |
| 別途積立金 | 500 |
| 繰越利益剰余金 | 4,500 |
| 利益剰余金合計 | 5,500 |
| 株主資本合計 | 16,600 |
| 純資産合計 | 16,600 |

**解答・解説**

株主資本等変動計算書

X1年4月1日からX2年3月31日まで　　(単位:千円)

| | 株主資本 | | | | | | | | | 純資産合計 |
|---|---|---|---|---|---|---|---|---|---|---|
| | 資本金 | 資本剰余金 | | | 利益剰余金 | | | | 株主資本合計 | |
| | | 資本準備金 | その他資本剰余金 | 資本剰余金合計 | 利益準備金 | その他利益剰余金 | | 利益剰余金合計 | | |
| | | | | | | 別途積立金 | 繰越利益剰余金 | | | |
| 当期首残高 | 10,000 | 1,000 | 100 | 1,100 | 500 | 500 | 4,500 | 5,500 | 16,600 | 16,600 |
| 当期変動額 | | | | | | | | | | |
| 新株の発行 | 1,000 | 1,000 | | 1,000 | | | | | 2,000 | 2,000 |
| 剰余金の配当 | | | | | 100 | | △1,100 | △1,000 | △1,000 | △1,000 |
| 当期純利益 | | | | | | | 2,000 | 2,000 | 2,000 | 2,000 |
| 当期変動額合計 | 1,000 | 1,000 | − | 1,000 | 100 | − | 900 | 1,000 | 3,000 | 3,000 |
| 当期末残高 | 11,000 | 2,000 | 100 | 2,100 | 600 | 500 | 5,400 | 6,500 | 19,600 | 19,600 |

前述の資料①～④の取引の会計処理（仕訳）は次のとおりである。(単位：千円)

| | | | | | | |
|---|---|---|---|---|---|---|
| ① | (借) | 当座預金 | 2,000 | (貸) | 資本金 | 1,000 |
| | | | | | 株式払込剰余金<br>(または資本準備金) | 1,000 |
| ②と③<br>(同じ) | (借) | 繰越利益剰余金 | 550 | (貸) | 利益準備金 | 50 |
| | | | | | 未払配当金 | 500 |
| ④ | (借) | 損益 | 2,000 | (貸) | 繰越利益剰余金 | 2,000 |

## 2　剰余金の配当の会計

会社法においては，利益配当（利益分配）は「剰余金の配当」という概念・用語で規定されている（会社法453条など)。そして会社法は，株主に対する剰余金の配当と株主からの自己株式の有償取得とを区別することなく，統一的な財源規制（分配可能額の規制）をかけている。これは，会社法が剰余金の配当と自己株式の有償取得とを，株主に対する会社財産の支払（払出）という点で同一視するからである。以下では，剰余金の配当の問題に限定して説明する。

なお，「剰余金の配当」という場合の「剰余金」とは，会社法上の剰余金概念を意味しており，具体的には，会計上の「その他資本剰余金」と「その他利益剰余金」とからなる。すなわち，会社法上の剰余金概念とは，「株主資本」から「資本金」および「準備金」を除いたものであり，言い換えれば，会計上の剰余金概念から「資本準備金」と「利益準備金」とを除いたものである。

会社法は，大きく次の４点で，剰余金の配当に関して従来の商法制度と比べて規制緩和を行った。

① 剰余金の配当の回数に制限はなく，年に何回でも剰余金の配当ができる（会社法453条，454条１項)。

② 剰余金の配当等を決定する会社の機関を取締役会とするための条件が緩和されている（会社法459条)。

③ 配当財産として金銭以外の財産による配当（いわゆる現物配当）が，会社法で明定されている。

④ 分配可能額の計算にあたって，当期中（当期首から臨時決算日まで）の損益を反映できる（会社法461条２項)。

①について，極端にいえば，毎月（年12回）の配当も可能である。定期的な配当制度を前提に考えれば，毎月（年12回）・隔月（年６回）・３カ月ごと（年４回）・４カ月ごと（年３回）に配当回数を増やすことが可能ではあるが，実務の便宜上，最多回数としては３カ月おきの四半期配当が現実的である。

①と②は密接な関係にある。四半期配当を実施する会社は，配当決定機関を取締役会とする会社である。ただし，従来どおり，配当決定機関を株主総会とする会社には，定時株主総会の決議による期末配当だけという形で年１回の配当を実施するか，株主総会の決議による期末配当と取締役会の決議による中間配当とを合わせて，半年ごとに年２回の配当を実施する，という２つの選択肢がある。

③の現物配当における配当財産として具体的には，自社製品などが考えられる。

④について，臨時決算制度が導入され（会社法441条)，当期の期中損益を配当財源に反映させるこ

とができる（会社法461条２項）。

会社法における剰余金の配当において特に重要なポイントは次の３点と考えられる。

㋐　配当後に純資産額が300万円を下回るような配当が禁止される（会社法458条）。

㋑　当期の期中における剰余金の増減額が分配可能額に算入される（会社法446条，461条２項）。

㋒　配当時に準備金の積立てが行われる（会社法445条４項）。

㋐の規定は，株式会社が剰余金の配当を実行するためには，純資産の中でも中核的な株主資本のうち配当不能部分である資本金および準備金の合計額について最低限度300万円を保有しなければならないことを実質的に定めている。300万円の政策的な根拠は，会社法の制定に伴って廃止された有限会社法９条に定められていた有限会社の最低資本金300万円であり，この最低資本金制度が，形を変えて会社法に受け継がれていると考えることができる。したがって，開業第１期または第２期から剰余金の配当を開始するためには，会社設立時において最初から株式払込総額として最低限300万円の出資によって会社を起こすことが予想される。その際に計上される資本金は，最高限度額が300万円であり，最低限度額が150万円である。

㋑については，当期首から配当時点までの期中における，その他資本剰余金の増減額とその他利益剰余金の増減額が分配可能額に算入される。具体的には，次のような項目である。

- その他資本剰余金の増加額
  自己株式処分差益
  資本金からその他資本剰余金への振替額
  資本準備金からその他資本剰余金への振替額
- その他利益剰余金の増加額
  利益準備金からその他利益剰余金への振替額
- その他資本剰余金の減少額
  自己株式処分差損
  自己株式消却額
  その他資本剰余金から資本金への振替額
  その他資本剰余金から資本準備金への振替額
  その他資本剰余金から株主に対して当期中にすでに実施した配当額
- その他利益剰余金の減少額
  その他利益剰余金から資本金への振替額
  その他利益剰余金から利益準備金への振替額
  その他利益剰余金から株主に対して当期中にすでに実施した配当額

会社法では期中に随時，配当を支払うことが可能であるため，当期首の剰余金に上記の期中の剰余金増減額を加減して，分配時点における剰余金残高を計算することが重要である。

㋒については，会社法は剰余金の配当額の10分の１を資本準備金または利益準備金として積み立てることを求めている。その他資本剰余金の配当が実施されたときには資本準備金が積み立てられ，その他利益剰余金の配当が実行されたときには利益準備金が積み立てられる。

ただし，資本準備金および利益準備金の積立ては，両者合わせて資本金額の４分の１（これを基準資本金額という。会社計算規則22条）までしか要求されない。したがって，配当時点で資本準備金と利益準備金の合計額が基準資本金額に既に達していれば，準備金を積み立てる必要はない。

また，配当時点で資本準備金と利益準備金の合計額がまだ基準資本金額に満たない場合には，準備金計上限度額と剰余金配当総額の10分の１の額のうち，いずれか少ない額に，資本剰余金配当割合または利益剰余金配当割合を乗じた（掛けた）額が，それぞれ資本準備金積立額または利益準備金積立額となる。

準備金の積立ての計算に関連する重要な項目の算式を，会社計算規則22条の規定内容に基づいてまとめれば，以下のとおりである。

| | |
|---|---|
| 基準資本金額 | ＝剰余金配当直前の資本金額×１/４ |
| 準備金計上限度額（A） | ＝基準資本金額－（配当直前の資本準備金額＋配当直前の利益準備金額） |
| 剰余金配当総額×１/10（B） | ＝（その他利益剰余金配当額＋その他資本剰余金配当額）×１/10 |
| 資本剰余金配当割合 | ＝その他資本剰余金配当額/剰余金配当総額 |
| 利益剰余金配当割合 | ＝その他利益剰余金配当額/剰余金配当総額 |
| 資本準備金積立額 | ＝AかBの少ない方の額×資本剰余金配当割合 |
| 利益準備金積立額 | ＝AかBの少ない方の額×利益剰余金配当割合 |

準備金計上限度額（A）と剰余金配当総額の10%（B）のどちらか小さい方の額が，剰余金の配当に伴う準備金積立総額となるが，これは配当後の準備金計上総額が基準資本金額以下となるようにするためである。なお，剰余金配当総額の10分の１の方が小さい場合は，実際はあえて資本剰余金配当割合および利益剰余金配当割合を計算する必要はなく，その他資本剰余金配当額およびその他利益剰余金配当額のそれぞれ10分の１が資本準備金積立額および利益準備金積立額となる。

**問題12-2**　次の資料に基づいて，分配可能額を計算しなさい。

• 資料（単位：千円）

株主資本（期首）

| | |
|---|---|
| 資本金 | 4,000 |
| 資本準備金 | 500 |
| 利益準備金 | 450 |
| 繰越利益剰余金 | 660 |
| 自己株式 | 0 |

自己株式の取得および処分（期中，すなわち期首から配当直前まで）

| | | |
|---|---|---|
| 取得 | 原価：400 | |
| 第１回処分 | 簿価：200 | 売価：300 |
| 第２回処分 | 簿価：200 | 売価：140 |

**解答・解説**

分配可能額＝260

- 当期の期中における自己株式取引の会計処理

自己株式の取得

| | | | | | |
|---|---|---|---|---|---|
| （借） | 自己株式 | 400 | （貸） | 現金 | 400 |

自己株式の第1回処分

| | | | | | |
|---|---|---|---|---|---|
| （借） | 現金 | 300 | （貸） | 自己株式 | 200 |
| | | | | 自己株式処分差益 | 100 |

自己株式の第2回処分

| | | | | | |
|---|---|---|---|---|---|
| （借） | 現金 | 140 | （貸） | 自己株式 | 200 |
| | 自己株式処分差損 | 60 | | | |

- 会社法461条2項の規定に基づく分配可能額の計算

| | | |
|---|---|---|
| 分配（配当）時の剰余金の額 | ＋700 | ←会社法461条2項1号の金額 |
| 分配時に保有する自己株式の帳簿価額 | － 0 | ←会社法461条2項3号の金額 |
| 当期中に処分した自己株式の対価の額 | －440 | ←会社法461条2項4号の金額 |
| 分配可能額 | 260 | |

- 分配時の剰余金の額

期首の剰余金　660＝期首の繰越利益剰余金　660

当期に増加した剰余金　40＝自己株式処分差益　100－自己株式処分差損　60

分配時の剰余金　700＝期首の剰余金　660＋当期に増加した剰余金　40

- 分配時に保有する自己株式の帳簿価額

2回の処分によって自己株式をすべて売却し，分配時には自己株式を保有していないのでゼロ

- 当期中に処分した自己株式の対価の額

440＝第1回の処分の対価　300＋第2回の処分の対価　140

# 補章 会計上の変更と誤謬の訂正

## 1 会計上の変更および過去の誤謬の訂正の必要性

わが国では，従来，商法や税法の制約から，過去の財務諸表を遡って修正することはできないものと考えられてきた。しかし，国際的な会計基準では，会計方針の変更を行った場合などに，過去の財務諸表を遡及的に修正することが求められている。そもそも，このような遡及処理が求められるのは，過去の財務諸表を遡及的に修正することによって，現在の財務諸表と過去の財務諸表との比較を容易にすることが期待されているためである。そして現在，わが国の会計基準と国際財務報告基準との差異をなくしていこうとする取組みのなかで，特に優先して取り組むべき項目の1つとして，この遡及処理の問題が取り上げられている。

この点に関しては，企業会計基準第24号「会計方針の開示，会計上の変更及び誤謬の訂正に関する会計基準」(以下「会計基準」という）および企業会計基準適用指針第24号「会計方針の開示，会計上の変更及び誤謬の訂正に関する会計基準の適用指針」(以下「適用指針」という）が公表されている。本章では，これらの基準等の内容にそって，会計上の変更（会計方針の変更，表示方法の変更および会計上の見積りの変更）と誤謬の訂正の概要についてみていくことにしたい。個々の処理についてみる前に，会計基準に規定された原則的な会計上の取扱いを示せば，次のとおりである。

〈原則的な取扱いの一覧〉

| | | 原則的な会計上の取扱い |
|---|---|---|
| 会計上の変更 | | |
| | 会計方針の変更 | 遡及処理する（遡及適用） |
| | 表示方法の変更 | 遡及処理する（財務諸表の組替え） |
| | 会計上の見積りの変更 | 遡及処理しない |
| 過去の誤謬の訂正 | | 遡及処理する（修正再表示） |

（出所） 前田啓「企業会計基準第24号『会計上の変更及び誤謬の訂正に関する会計基準』及び同適用指針について」『企業会計』第62巻第3号，2010年，99頁，一部修正。

## 2 会計方針の変更の取扱い

### (1) 会計方針の変更とは

会計方針の変更とは，従来採用していた一般に公正妥当と認められた会計方針から他の一般に公正妥当と認められた会計方針に変更することをいう（会計基準4項)。ここで注意を要するのは，会計方針の意味する範囲である。従来より，わが国では会計方針といった場合，それは会計処理の原則，手続，表示の方法のすべてを含んだ意味で用いられてきた。しかし，国際的な会計基準との整合性を重視して，会計基準では，会計方針は会計処理の原則および手続のみを意味するものとし，表示の方法は会計方針とは独立に取り扱うこととされている。

〈会計方針の範囲〉

会計方針
- 会計処理の原則
- 会計処理の手続
- 表示の方法

【企業会計原則注解1－2】

→

- 会計方針
  - 会計処理の原則
  - 会計処理の手続
- 表示の方法

【会計基準】

会計方針の変更は，2つのケース，すなわち①会計基準等の改正に伴う会計方針の変更と，②先の①以外であって正当な理由による会計方針の変更とに分類することができる。①の会計基準等の改正に伴う会計方針の変更とは，会計基準の改廃・新設によって，特定の会計処理の原則・手続が強制されたことによって，また従来認められていた会計処理の原則･手続が認められなくなったことによって，会計方針の変更を行うことをいう。②の正当な理由による会計方針の変更とは，正当な理由に基づいて自発的に会計方針を変更することをいう（会計基準5項)。ここで，正当な理由があるとは，会計方針の変更が企業の事業内容または企業内外の経営環境の変化に対応して行われるものであること，および，会計方針の変更が会計事象等を財務諸表に，より適切に反映するために行われるものであることという2つの要件を満たす場合をいう（適用指針6項)。

### (2) 会計方針の変更に関する原則的な取扱い

会計方針の変更が行われた場合には，原則として，過去のすべての期間に新たな会計方針を遡及適用することとされている。ただし，会計基準等の改廃・新設にあたって経過的な取扱いが定められている場合には，その経過的な取扱いが優先して適用される（会計基準6項)。原則的な遡及適用の具体的な処理は，①表示期間より前の期間に関する遡及適用による累積的影響額は，表示する財務諸表のうち，最も古い期間の期首の資産，負債および純資産の額に反映する，②表示する過去の各期間の財務諸表には，当該各期間の影響額を反映するとされている（会計基準7項)。これを開示制度により比較財務諸表の表示期間が前期1期分と定められている場合を例として示せば，次のとおりである。

〈原則的な遡及適用の具体的な取扱い〉

（開示制度により比較財務諸表の表示期間が前期１期分と定められている場合）

| 前々期以前<br>（比較財務諸表は非表示） | 前期<br>（比較財務諸表を表示） |
|---|---|
| 比較財務諸表の表示期間より前の期間に関する遡及適用による累積的影響額は，最も古い期間の比較財務諸表（この場合は前期分）の期首の資産，負債および純資産の額に反映する。<br>（※）前々期以前は表示期間に該当しないので，それ以前の遡及適用後の比較財務諸表の作成は要求されない。 | 比較財務諸表を表示する過去の財務諸表（この場合は前期分）は，遡及適用による当該財務諸表の対象となる期の前の期間（この場合は左に示した前々期）までの累積的影響額に加え，当該前期の期間中に関する影響額を反映して開示する。 |

（出所）五反田屋信明「企業会計基準公開草案第33号『会計上の変更及び過去の誤謬に関する会計基準（案）』及び企業会計基準適用指針公開草案第32号『会計上の変更及び過去の誤謬に関する会計基準の適用指針（案）』について」『季刊　会計基準』第25巻，2009年，82頁，ただし公開草案からの変更を反映させて大幅に修正。

## 3　表示方法の変更の取扱い

### (1)　表示方法の変更とは

表示方法の変更とは，従来採用していた一般に公正妥当と認められた表示方法から他の一般に公正妥当と認められた表示方法に変更することをいう。ここで表示方法とは，財務諸表の作成にあたって採用した表示の方法をいい，財務諸表の科目分類，科目配列および報告様式が含まれる。また，注記による開示も表示方法に含まれる（会計基準４項）。ただし，会計処理の変更に伴って表示方法の変更が行われた場合には，表示方法の変更としてではなく会計方針の変更として取り扱われることには注意が必要である（適用指針７項）。

### (2)　表示方法の変更に関する原則的な取扱い

表示方法の変更が行われた場合には，原則として，表示する過去の財務諸表について新たな表示方法に従い財務諸表を組み替えることとされている（会計基準14項）。

## 4　会計上の見積りの変更の取扱い

### (1)　会計上の見積りの変更とは

会計上の見積りの変更とは，新たに入手可能となった情報に基づいて，過去に財務諸表を作成する際に行った会計上の見積りを変更することをいう。ここで会計上の見積りとは，資産および負債や収益および費用等の額に不確実性がある場合に，財務諸表作成時に入手可能な情報に基づいて，その合理的な金額を算出することをいう（会計基準４項）。なお，会計上の見積りの変更に類似した概念として過去の誤謬の訂正（後述）があるが，過去の見積りの方法がその見積りの時点で合理的なものであり，それ以降の見積りの変更も合理的な方法に基づく場合，そのような変更は過去の誤謬の訂正には該当しない（適用指針12項）。

### (2) 会計上の見積りの変更に関する原則的な取扱い

会計上の見積りの変更が行われた場合には，当該変更が変更期間のみに影響する場合には当該変更期間に会計処理を行い，当該変更が将来の期間にも影響する場合には，将来にわたり会計処理を行うこととされている（会計基準17項）。すなわち，その影響を当期以降の財務諸表において認識するのである（会計基準55項）。したがって，会計方針や表示方法の変更の場合のように過去に遡って修正するのではない。

## 5 過去の誤謬の取扱い

### (1) 過去の誤謬とは

誤謬とは，原因となる行為が意図的であるか否かにかかわらず，財務諸表作成時に入手可能な情報を使用しなかったことによる，またはこれを誤用したことによる誤りをいうとされている。そして，その例として，①財務諸表の基礎となるデータの収集または処理上の誤り，②事実の見落としや誤解から生じる会計上の見積りの誤り，③会計方針の適用の誤りまたは表示方法の誤りという３つが挙げられている（会計基準４項）。

### (2) 過去の誤謬に関する取扱い

過去の財務諸表において誤謬が明らかになった場合には，修正再表示することとされている（会計基準21項）。ここで修正再表示とは，過去の財務諸表における誤謬の訂正を財務諸表に反映することをいう（会計基準４項）。すなわち過去の誤謬が明らかになった場合には，遡及的に誤謬を訂正し，それを財務諸表に反映させるのである。修正再表示の具体的な取扱いについては，会計方針の変更に伴う遡及適用と類似した規定が設けられている。

## 6 会計上の変更例

〔設例１〕 会計方針の変更

〈前提条件〉

(1) 当社は，当期（X４年３月期）より，通常の販売目的で保有する商品の評価方法を先入先出法から総平均法に変更した。

(2) 前期（X３年３月期）の商品の受け払い状況は，以下のとおりであった。なお，払出高はすべて販売に対応するものである。収益性の低下に基づく簿価切下げは考慮しない。

| | | | |
|---|---|---|---|
| 期首棚卸 | 20台 | @480千円（先入先出法の場合） | @470千円（総平均法の場合） |
| 仕　入 | 80台 | @500千円 | |
| 払　出 | 100台 | | |
| 仕　入 | 50台 | @530千円 | |

払　出　　40台

(3)　当該会計方針の変更については国税当局の承認を得ているものとする。法定実効税率は40%である。

**解説**

従来の先入先出法による期中払出高：@ 480 × 20 ＋@ 500 × 80 ＋@ 530 × 40 ＝ 70,800

総平均法を遡及適用した場合の期中払出単価：(@ 470 × 20 ＋@ 500 × 80 ＋@ 530 × 50）÷ 150 ＝ @ 506

総平均法を遡及適用した場合の期中払出高：@ 506 × 140 ＝ 70,840

したがって，前期の商品の増減について，従来の先入先出法と，総平均法を遡及適用した場合の金額との差額およびそれに関する税金費用の影響額は次の表のとおりである。

（単位：千円）

| | 期首残高 | 期中仕入高 | 期中払出高 | 期末残高 |
|---|---|---|---|---|
| 先入先出法（従来の方法） | 9,600 | 66,500 | 70,800 | 5,300 |
| 総平均法を遡及適用した場合 | 9,400 | 66,500 | 70,840 | 5,060 |
| 税金等調整前当期純利益への影響 | △ 200 | — | 40 | △ 240 |
| 法人税等調整額への影響 | △ 80 | — | 16 | △ 96 |
| 当期純利益への影響 | △ 120 | — | 24 | △ 144 |

この結果，遡及適用を行うにあたって，前期の財務諸表を次のとおり修正する必要がある。前期の貸借対照表は，商品を240千円減額し，繰延税金資産を96千円増額し，繰越利益剰余金を144千円減額する。前期の損益計算書は，売上原価を40千円増額し，その結果，税金等調整前当期純利益が同額減少し，法人税等調整額を16千円増額し，その結果，当期純利益が24千円の減額となる。前期の株主資本等変動計算書は，期首の繰越利益剰余金を120千円，当期純利益を24千円，期末の繰越利益剰余金を144千円，それぞれ減額する。

当期首の時点で必要となる仕訳は，次のとおりである。

| | | | | | |
|---|---|---|---|---|---|
| （借） | 繰越利益剰余金 | 144,000 | （貸） | 商　　品 | 240,000 |
| | 繰延税金資産 | 96,000 | | | |

〔設例２〕　会計上の見積りの変更

〈前提条件〉

(1)　当社は，当期（X７年３月期）において，保有する固定資産について，以下のような耐用年数の変更と減価償却方法の変更を行った。これらの変更は，会計上の見積りの変更であり，その影響額を当期に一時に認識するのではなく，当期以降の減価償却に影響させることとする。なお，過年度の減価償却費は適正に計上されている。

| | 取得原価 | 取得年月日 | 償却方法 | 耐用年数 | 残存価額 | 変更内容 |
|---|---|---|---|---|---|---|
| 備　　品 | 1,200 | X4／4／1 | 定額法 | 6年 | 取得原価の10% | 耐用年数を残り3年，残存価額ゼロ |
| 機械装置 | 5,000 | X1／4／1 | 定額法 | 10年 | ゼロ | 200%定率法 |

⑵　備品の減価償却費はすべて販売費及び一般管理費として処理している。機械装置の減価償却費のうち，20%が期末の棚卸資産に配分されている。

**解説**

備品の耐用年数等の変更をしなかった場合の減価償却費：1,200 × 0.9 ÷ 6 = 180
備品の耐用年数等の変更後の減価償却費：(1,200 − 180 × 2) ÷ 3 = 280

備品に関する耐用年数の変更の影響は次のとおりである。

| | 従来の耐用年数6年の場合 | 耐用年数5年に変更した場合 |
|---|---|---|
| 当期首における残存耐用年数 | 4年 | 3年 |
| 当期首における帳簿価額 | 840千円 | |
| 当期以降の毎期の減価償却費 | 180千円 | 280千円 |

機械装置の償却方法等の変更をしなかった場合の減価償却費：5,000 ÷ 10 = 500
機械装置の償却方法等の変更後の減価償却費：(5,000 − 500 × 5) × 1／5 × 2.0 = 1,000

機械装置に関する減価償却方法の変更が当期の損益計算書に与える影響は次のとおりである。

| 減価償却費 | | 変更が各項目に与える影響額 | |
|---|---|---|---|
| 定額法の場合 | 定率法の場合 | 減価償却費 | 棚卸資産への配分後の売上原価 |
| 500千円 | 1,000千円 | 500千円 | 400千円 |

したがって，これらの変更により，従来の方法に比べて，当期の減価償却費が600千円増加し，税金等調整前当期純利益が500千円減少する。

関連する仕訳は，次のとおりである。

| | | | |
|---|---|---|---|
| （借）減価償却費 | 1,280,000 | （貸）備品減価償却累計額 | 280,000 |
| | | 機械装置減価償却累計額 | 1,000,000 |

# XIII 本支店の会計

## 1 本支店会計

### (1) 本店集中会計制度と支店独立会計制度

企業に本店と支店がある場合，支店の取引を処理する方法には，本店集中会計制度と支店独立会計制度とがある。本店集中会計制度では，支店の取引がすべて本店に報告され，本店の取引と一緒に，本店で本店の帳簿にその記帳が行われる。したがって，支店に独自の仕訳帳および元帳（主要簿）が設けられることはないが，現金出納帳，売上帳，仕入帳といった補助簿が設けられることはある。

支店独立会計制度は，本店と支店とをそれぞれ独立した別個の会計単位ととらえる点にその特徴がある。つまり，支店の取引は支店独自の帳簿（主要簿および補助簿）に記帳され，決算も支店独自で行われる。これに対して本店では，本店独自の決算ばかりではなく支店の決算結果も加味した企業全体としての決算が帳簿上行われる。さらに，企業全体としての合併財務諸表を作成することも必要となる。

簿記上，本支店会計といった場合，ふつう，支店独立会計制度を前提としている。そこで，本章ではこの会計を説明する。支店独立会計制度では，本支店間の取引を内部的な貸借取引と考え，本店においては支店勘定(注)を設け，支店においては本店勘定を設けて処理する。通常，本店の支店勘定は支店に対する債権を表し，支店の本店勘定は本店に対する債務を表している。これら，債権・債務はいずれも内部的なものであるから，本店の支店勘定残高と支店の本店勘定残高は，その金額は貸借逆になって一致する。

(注) 支店が複数ある場合には，大阪支店とか札幌支店といった，それぞれの支店名をつけた支店勘定を設ける。

### (2) 本支店間の取引

本支店間の取引を分類すると次のようになる。

① 支店の本店からの分離取引
② 商品の積送取引
③ 送金取引
④ 他店の債権・債務決済取引
⑤ 他店の費用の立替払い取引
⑥ 他店の収益の受取り取引
⑦ 支店の純利益（または純損失）を本店に振り替える取引

**問題13-1** 次の①〜⑦について，本店と支店の仕訳をしなさい。

① 支店の本店からの分離取引
支店会計を本店から独立させるにあたり，本店は下記の資産および負債を支店に引き継いだ。

| | | | | | |
|---|---|---|---|---|---|
| 現金 | 150,000円 | 売掛金 | 250,000円 | 繰越商品 | 70,000円 |
| | | （貸倒引当金） | （7,500円） | | |
| 備品 | 500,000円 | 買掛金 | 200,000円 | 借入金 | 300,000円 |
| （備品減価償却累計額） | （135,000円） | | | | |

② 商品の積送取引：本店は原価50,000円の商品を積送し，支店はこれを受け取った。この取引を（②－1）本店が原価で商品を積送した場合と（②－2）原価の10%の利益を加算して積送した場合の処理をそれぞれ答えなさい。
③ 送金取引：本店は支店に100,000円を送金し，支店はこれを受け取った。
④ 他店の債権・債務決済取引：（④－1）本店は支店の得意先から支店の売掛金30,000円を小切手で回収し，支店はこの報告を受けた。
（④－2）本店は支店の仕入先に支店の買掛金50,000円を小切手で支払い，支店はこの報告を受けた。
⑤ 他店の費用の立替払い取引：支店は本店従業員の出張旅費40,000円を現金で支払い，本店はこの報告を受けた。
⑥ 他店の収益の受取り取引：支店は本店の手数料25,000円を小切手で受け取り，本店はこの報告を受けた。
⑦ 支店の純利益（または純損失）を本店に振り替える取引：決算の結果，支店は120,000円の純利益を計上し，本店はこの報告を受けた。

**解答・解説**

| | | | | | | | |
|---|---|---|---|---|---|---|---|
| ① | 本店： | （借） 買掛金 | 200,000 | （貸） 現金 | 150,000 |
| | | 借入金 | 300,000 | 売掛金 | 250,000 |
| | | 貸倒引当金 | 7,500 | 繰越商品 | 70,000 |
| | | 備品減価償却累計額 | 135,000 | 備品 | 500,000 |
| | | 支店 | 327,500 | | |
| | 支店： | （借） 現金 | 150,000 | （貸） 買掛金 | 200,000 |
| | | 売掛金 | 250,000 | 借入金 | 300,000 |
| | | 繰越商品 | 70,000 | 貸倒引当金 | 7,500 |
| | | 備品 | 500,000 | 備品減価償却累計額 | 135,000 |
| | | | | 本店 | 327,500 |
| ②－1 | 本店： | （借） 支店 | 50,000 | （貸） 仕入 | 50,000 |
| | 支店： | （借） 仕入 | 50,000 | （貸） 本店 | 50,000 |
| ②－2 | 本店： | （借） 支店 | 55,000 | （貸） 支店へ売上 | 55,000 |
| | 支店： | （借） 本店から仕入 | 55,000 | （貸） 本店 | 55,000 |

本店が支店に(あるいは支店が本店に)商品を積送する場合には,次の2つの方法がある。

- 第1法　仕入原価で記帳する方法（②－1）
- 第2法　本店(あるいは支店)の利益を加算した価額で記帳する方法（②－2）

第1法では，この取引を売買取引ではなく単なる本支店間における商品の移動と考え，本店の仕訳の貸方は，「(支店へ）売上」ではなく「仕入」とし仕入の減少と考える。一方，第2法では，この取引を売買取引と考え，通常の商品売買取引と同様に，仕入および売上勘定を用いて記帳する。ただし，本支店間の内部売買取引は合併財務諸表の作成の際に消去しなければならないため，その発生額を把握しておかなければならない。そこで，対外的な仕入や売上と区別するために，「本店から仕入」および「支店へ売上」の各勘定を用いる。

| | | | | | | | |
|---|---|---|---|---|---|---|---|
| ③ | 本店： | （借） | 支店 | 100,000 | （貸） | 現金 | 100,000 |
| | 支店： | （借） | 現金 | 100,000 | （貸） | 本店 | 100,000 |
| ④－1 | 本店： | （借） | 現金 | 30,000 | （貸） | 支店 | 30,000 |
| | 支店： | （借） | 本店 | 30,000 | （貸） | 売掛金 | 30,000 |
| ④－2 | 本店： | （借） | 支店 | 50,000 | （貸） | 当座預金 | 50,000 |
| | 支店： | （借） | 買掛金 | 50,000 | （貸） | 本店 | 50,000 |
| ⑤ | 本店： | （借） | 旅費 | 40,000 | （貸） | 支店 | 40,000 |
| | 支店： | （借） | 本店 | 40,000 | （貸） | 現金 | 40,000 |
| ⑥ | 本店： | （借） | 支店 | 25,000 | （貸） | 受取手数料 | 25,000 |
| | 支店： | （借） | 現金 | 25,000 | （貸） | 本店 | 25,000 |
| ⑦ | 本店： | （借） | 支店 | 120,000 | （貸） | 損益 | 120,000 |
| | 支店： | （借） | 損益 | 120,000 | （貸） | 本店 | 120,000 |

支店では，決算の結果，損益勘定残高として純利益（もしくは純損失）が計上される。しかし，支店にはこれを振り替えるべき純資産の勘定がないため本店勘定に振り替える。一方，本店は，この報告を受けると，企業全体の損益を計算するため，当該金額を本店の損益勘定に振り替える。

### (3) 支店相互間の取引

複数の支店がある場合，支店相互間で行われた取引の記帳には，支店分散計算制度と本店集中計算制度の2つの方法がある。前者では，各支店において本店勘定とは別に，他の支店名をつけた支店勘定を設ける。そして，ここに支店間の取引を記帳する。一方，後者では，各支店では他の支店勘定は設けず本店勘定のみを設ける。そして，他の支店との取引をすべて本店との取引のごとく記帳する。本店では，取引を行った支店からの報告を受けて，該当する支店に対する債権と債務のみを計上する処理を行う。

**問題13-2** 次の取引について，支店分散計算制度と本店集中計算制度における本店と各支店の仕訳をそれぞれ答えなさい。

高松支店は松山支店に現金 70,000 円を送金し，松山支店はこれを受け取った。

**解答・解説**

| | | | | | | | |
|---|---|---|---|---|---|---|---|
| 支店分散計算制度： | 本　　店： | 仕訳なし | | | | | |
| | 高松支店： | （借） | 松山支店 | 70,000 | （貸） | 現　　金 | 70,000 |
| | 松山支店： | （借） | 現　　金 | 70,000 | （貸） | 高松支店 | 70,000 |
| 本店集中計算制度： | 本　　店： | （借） | 松山支店 | 70,000 | （貸） | 高松支店 | 70,000 |
| | 高松支店： | （借） | 本　　店 | 70,000 | （貸） | 現　　金 | 70,000 |
| | 松山支店： | （借） | 現　　金 | 70,000 | （貸） | 本　　店 | 70,000 |

### (4) 未達取引

本支店間の取引が双方で正しく記帳がなされていれば，本店の支店勘定残高と支店の本店勘定残高は（貸借反対ではあるが）一致する。ところが，決算に際して調べてみると，これら勘定の残高は一致しないことが少なくない。この原因の主なものとして，本支店いずれか一方では記帳がなされたものの，他方では，記帳する要件が満たされていない（現物あるいは報告の未到着など）ため，記帳がまだなされていないことがある。このような取引を未達取引という。

未達取引は，あとで説明する本支店の合併手続における支店勘定と本店勘定との相殺消去に先立って修正されなければならない。その修正方法としては次の 3 つがある。

① 繰上記帳法：未達取引を決算日日付で営業取引として記帳する方法。

② 決算日記帳法：未達取引を決算日に営業取引ではなく決算整理事項として記帳する方法。この方法では，未達勘定（未達現金，未達商品など）を用いる。これらについては，翌期首の再振替または実際到着日に本来の勘定へ振替えの必要がある。

③ 到着日記帳法：決算日には記帳を行わず，実際到着日に記帳する方法。

繰上記帳法および決算日記帳法によれば，合併手続前にすべての未達取引が帳簿に記入されるので，帳簿記録に基づいて合併財務諸表の作成が可能になる。しかし，到着日記帳法の場合には，未達取引は決算時点で未記帳であるので，合併手続の段階で修正を加える必要がある。

**問題13-3** 次の未達取引について，繰上記帳法，決算日記帳法，到着日記帳法による支店の仕訳をそれぞれ答えなさい。なお，未達勘定は期首に再振替するものとする。

3 月 31 日（決算日）に本店が支店に現金 33,000 円を送金したが，支店には未達であり，また，支店の当座預金口座への入金は，翌期の 4 月 1 日であった。

**解答・解説**

| | | | | | | |
|---|---|---|---|---|---|---|
| 繰上記帳法： | 3/31 | （借）当座預金 | 33,000 | （貸）本　　店 | 33,000 |
| | 4/1 | 仕訳なし | | | |
| 決算日記帳法： | 3/31 | （借）未達現金 | 33,000 | （貸）本　　店 | 33,000 |
| | 4/1 | （借）本　　店 | 33,000 | （貸）未達現金 | 33,000 |
| | 〃 | （借）当座預金 | 33,000 | （貸）本　　店 | 33,000 |
| 到着日記帳法： | 3/31 | 仕訳なし | | | |
| | 4/1 | （借）当座預金 | 33,000 | （貸）本　　店 | 33,000 |

上記のごとく，繰上記帳法および決算日記帳法によれば，決算時点で本店勘定の貸方に33,000円が計上されている。したがって，帳簿上，本店の支店勘定と支店の本店勘定の残高は貸借反対で一致する。しかし，到着日記帳法によれば，決算段階ではこの取引がなんら記帳されていないので，本店の支店勘定と支店の本店勘定の残高は一致しない。本問の場合には，本店の支店勘定残高のほうが33,000円大きくなっている。

### (5) 内部利益

本支店間で，原価に一定の利益を加算した金額で積送が行われ，決算時点でそのような商品が企業外部に販売されず，一部でも受け入れた側に残っていた場合，期末商品残高には実現していない利益が含まれていることになる。このように本支店間では販売（積送）が行われたにもかかわらず，対外的に販売されなかったがために，企業全体としてみたとき未実現とみなされる利益を内部利益という。本店では，本店としての損益計算ばかりではなく，企業全体としての損益計算を行う必要があるため，この内部利益を損益から控除しなければならない。

内部利益控除は，すべて本店の決算手続として記帳が行われ，支店では一切行われない。控除された内部利益は繰延内部利益勘定の貸方に記入され，次期に繰り越される。また，この控除が行われるとき，同時に，前期末に控除された内部利益を戻し入れる手続も行われる。この戻入れでは，繰延内部利益戻入勘定が計上されるが，これは当期の収益である。さらに，あとで説明する財務諸表の合併手続においても内部利益の控除を行わなければならない。

**問題13- 4**　次の資料に基づいて，内部利益の控除と戻入の仕訳を答えなさい。

① 本店と支店は相互に商品売買取引を行っている。
② 本店は支店に仕入原価に30%の利益を加算した価格で，一方，支店は本店に仕入原価に20%の利益を加算した価格で商品を販売している。
③ 本店の期首商品棚卸高は，253,500円。このうち支店仕入高42,000円。
　支店の期首商品棚卸高は，186,200円。このうち本店仕入高143,000円。
④ 本店の期末商品棚卸高は，262,300円（未達分を含んでいない）。このうち支店仕入高27,600円。
　支店の期末商品棚卸高は，195,400円。このうち本店仕入高166,400円。
⑤ 支店は本店に商品62,400円を積送したが，これが本店に未達である。

**解答・解説**

（借）繰延内部利益　40,000　（貸）繰延内部利益戻入　40,000

| | | |
|---|---|---|
| 本店の期首商品に含まれる内部利益 | ： 42,000× 0.2/1.2 ＝ | 7,000 |
| 支店の期首商品に含まれる内部利益 | ：143,000× 0.3/1.3 ＝ | 33,000 |
| | | 40,000 |

（借）内部利益控除　53,400　（貸）繰延内部利益　53,400

| | | |
|---|---|---|
| 本店の期末商品に含まれる内部利益 | ： 27,600× 0.2/1.2 ＝ | 4,600 |
| 本店への未達商品に含まれる内部利益 | ： 62,400× 0.2/1.2 ＝ | 10,400 |
| 支店の期末商品に含まれる内部利益 | ：166,400× 0.3/1.3 ＝ | 38,400 |
| | | 53,400 |

### (6) 本店および支店の決算

本支店財務諸表の合併に先立って，本店および支店それぞれにおいて決算整理を行い，帳簿の締切りを行わなければならない。この場合に問題となるのが，未達取引の修正および内部利益の処理である。

まず，未達取引は前述した３つの修正方法のどれによるのかによってその処理が異なってくる。繰上記帳法および決算日記帳法による場合，それを期中取引と考えるか決算整理取引と考えるかの違いはあるにせよ，未達取引を帳簿（仕訳帳と元帳）に記入する。一方，到着日記帳法による場合には，未達取引が実際到着日まで記帳されないので決算ではなんら処理されない。

つぎに，内部利益である。決算，特に本店の決算には，本店ばかりではなく企業全体の損益計算を行うという目的がある。したがって，本支店間の取引によって内部利益が生じている場合には，それを控除しなければならない。

**問題13-5**　次の資料に基づいて，英米式による本店および支店の決算仕訳をしなさい。ただし，未達取引の修正は「決算日記帳法」による。なお，当社は個人企業である。

ア　本店および支店の決算整理前残高試算表

決算整理前残高試算表

| 借方 | 本店 | 支店 | 貸方 | 本店 | 支店 |
|---|---|---|---|---|---|
| 現金預金 | 318,000 | 172,000 | 買掛金 | 128,000 | 28,000 |
| 売掛金 | 450,000 | 200,000 | 備品減価償却累計額 | 144,000 | 81,000 |
| 繰越商品 | 115,000 | 53,000 | 貸倒引当金 | 8,500 | 2,300 |
| 支店 | 486,000 | | 本店 | | 456,500 |
| 備品 | 400,000 | 150,000 | 繰延内部利益 | 3,000 | |
| 仕入 | 1,200,000 | 520,800 | 資本金 | 1,000,000 | |
| 本店から仕入 | | 572,000 | 売上 | 1,532,000 | 1,320,000 |
| 給料 | 240,000 | 220,000 | 支店へ売上 | 588,500 | |
| 支払家賃 | 195,000 | | | | |
| | 3,404,000 | 1,887,800 | | 3,404,000 | 1,887,800 |

イ　本店および支店の決算整理事項：

①　期末商品棚卸高：本店:120,000円　支店:60,000円(未達を含まず)このうち本店から仕入高41,800円

②　貸倒引当金：本店・支店とも売掛金の期末残高の3％を差額補充法で計上する。

③　減価償却費：本店：備品について72,000円　支店：備品について27,000円

④　損益整理：本店では家賃の前払額15,000円，支店では給料の未払額20,000円（当期分）がある。

ウ　本支店間の取引

①　本店への未達事項：a　支店で本店に現金10,000円を送金したが，これが未達。
b　支店で本店の買掛金15,000円を支払ったが，この報告が未達。

②　支店への未達事項：a　本店で支店に商品16,500円を積送したが，これが未達。
b　本店で支店の手数料12,000円を受け取っていたが，この報告が未達。

③　支店は本店と本店以外から商品を仕入れている。前期・当期ともに，本店は原価に10%の利益を加算して商品を支店に積送している。ただし，本店は支店から商品を購入していない。なお，支店の期首商品棚卸高には，本店仕入高33,000円が含まれている。

**解答・解説**

支店：

| | | | | | |
|---|---|---|---|---|---|
| (借) | 未達商品 | 16,500 | (貸) | 本店 | 16,500 |
| (借) | 本店 | 12,000 | (貸) | 未達受取手数料 | 12,000 |
| (借) | 仕入 | 53,000 | (貸) | 繰越商品 | 53,000 |
| (借) | 繰越商品 | 60,000 | (貸) | 仕入 | 60,000 |

(注)　期首・期末商品棚卸高の振替は，支店内部の取引であり本店が関係しないため仕入勘定に対して行う。

| | | | | | |
|---|---|---|---|---|---|
| (借) | 貸倒引当金繰入 | 3,700 | (貸) | 貸倒引当金 | 3,700 |
| (借) | 減価償却費 | 27,000 | (貸) | 備品減価償却累計額 | 27,000 |
| (借) | 給料 | 20,000 | (貸) | 未払給料 | 20,000 |

| | | | | | | |
|---|---|---|---|---|---|---|
| | (借) | 売上 | 1,320,000 | (貸) | 損益 | 1,332,000 |
| | | 未達受取手数料 | 12,000 | | | |
| | (借) | 損益 | 1,356,500 | (貸) | 仕入 | 513,800 |
| | | | | | 本店から仕入 | 572,000 |
| | | | | | 貸倒引当金繰入 | 3,700 |
| | | | | | 減価償却費 | 27,000 |
| | | | | | 給料 | 240,000 |
| | (借) | 本店 | 24,500 | (貸) | 損益 | 24,500 |

| | | | | | | |
|---|---|---|---|---|---|---|
| 本店： | (借) | 未達現金 | 10,000 | (貸) | 支店 | 10,000 |
| | (借) | 未達買掛金 | 15,000 | (貸) | 支店 | 15,000 |
| | (借) | 仕入 | 115,000 | (貸) | 繰越商品 | 115,000 |
| | (借) | 繰越商品 | 120,000 | (貸) | 仕入 | 120,000 |
| | (借) | 貸倒引当金繰入 | 5,000 | (貸) | 貸倒引当金 | 5,000 |
| | (借) | 減価償却費 | 72,000 | (貸) | 備品減価償却累計額 | 72,000 |
| | (借) | 前払家賃 | 15,000 | (貸) | 支払家賃 | 15,000 |
| | (借) | 損益 | 24,500 | (貸) | 支店 | 24,500 |

(注) 支店純損失の振替仕訳である。

| | | | | | |
|---|---|---|---|---|---|
| (借) | 繰延内部利益 | 3,000 | (貸) | 繰延内部利益戻入 | 3,000 |
| (借) | 内部利益控除 | 5,300 | (貸) | 繰延内部利益 | 5,300 |

(注) 5,300 = (41,800 + 16,500) × 0.1/1.1

| | | | | | |
|---|---|---|---|---|---|
| (借) | 売上 | 1,532,000 | (貸) | 損益 | 2,123,500 |
| | 支店へ売上 | 588,500 | | | |
| | 繰延内部利益戻入 | 3,000 | | | |
| (借) | 損益 | 1,697,300 | (貸) | 仕入 | 1,195,000 |
| | | | | 貸倒引当金繰入 | 5,000 |
| | | | | 減価償却費 | 72,000 |
| | | | | 内部利益控除 | 5,300 |
| | | | | 給料 | 240,000 |
| | | | | 支払家賃 | 180,000 |
| (借) | 損益 | 401,700 | (貸) | 資本金 | 401,700 |

(注) 401,700 = 2,123,500 − (24,500 + 1,697,300)

### (7) 本支店財務諸表の合併

本支店の合併手続とは，本店および支店それぞれの決算を経た財務諸表（損益計算書と貸借対照表）に必要な修正を加え，企業全体としての損益計算書と貸借対照表を作成する手続である。この手続は，本店および支店の帳簿記録に基づくものの，帳簿から離れて行われるものである点には注意を要する。つまり，たとえ仕訳形式で説明がなされているとしても，帳簿への記入は行われない。

この場合，支店の財務諸表は，前節で説明した決算手続をすべて行った帳簿記録から作成される。これに対して，本店では，決算において企業全体としての損益計算も帳簿上行っているので，合併手続のもととなる財務諸表は，決算手続における支店の純損益や内部利益の処理を行う前のものを考えなければならない。

合併手続で行う処理は次のとおりである。

① 未達取引の処理（到着日記帳法の場合）

② 本店勘定と支店勘定の相殺消去

③ 内部取引高の相殺消去

④ 内部利益の処理（戻入と控除）

未達取引については，繰上記帳法や決算日記帳法を採用している場合は，決算手続により帳簿に記入されているため，合併手続時にとくに修正を必要としない。一方，到着日記帳法を採用している場合には，決算時に未達取引が記録されていない。したがって，これを修正しなければ，本店勘定と支店勘定の金額が一致せず，相殺消去が行えないこととなる。

また，合併財務諸表は，投資家をはじめとする企業外部の利害関係者に対する報告を目的とするものである。この観点からすると，本支店間での商品の積送（売買）は，対外的には単なる商品の内部的な移動にすぎない。したがって，当該売上（支店へ売上）と仕入（本店から仕入）は相殺消去しなければならない。

さらに内部利益については，決算時に本店の帳簿上処理が行われているが，合併手続の基礎となる本店の資料はその処理以前のものである。したがって，合併手続時にも内部利益の戻入れと控除を行う必要がある。

**問題13-6**　**問題13-5**で示した本店・支店の例により，未達取引を「到着日記帳法」で処理した場合の合併精算表を作成しなさい。

## 解答・解説

### 合併精算表

| 勘定科目 | 本店決算整理後残高試算表 | | 支店決算整理後残高試算表 | | 合併整理 | | 損益計算書 | | 貸借対照表 | |
|---|---|---|---|---|---|---|---|---|---|---|
| | 借方 | 貸方 | 借方 | 貸方 | 借方 | 貸方 | 借方 | 貸方 | 借方 | 貸方 |
| 現金預金 | 318,000 | | 172,000 | | 10,000 | | | | 500,000 | |
| 売掛金 | 450,000 | | 200,000 | | | | | | 650,000 | |
| 繰越商品 | 120,000 | | 60,000 | | 16,500 | | | | 196,500 | |
| 支店 | 486,000 | | | | | 10,000 | | | | |
| | | | | | | 15,000 | | | | |
| | | | | | | 461,000 | | | | |
| 備品 | 400,000 | | 150,000 | | | | | | 550,000 | |
| 買掛金 | | 128,000 | | 28,000 | 15,000 | | | | | 141,000 |
| 備品減価償却累計額 | | 216,000 | | 108,000 | | | | | | 324,000 |
| 貸倒引当金 | | 13,500 | | 6,000 | | | | | | 19,500 |
| 本店 | | | | 456,500 | 12,000 | 16,500 | | | | |
| | | | | | 461,000 | | | | | |
| 繰延内部利益 | | 3,000 | | | 3,000 | 5,300 | | | | 5,300 |
| 資本金 | | 1,000,000 | | | | | | | | 1,000,000 |
| 仕入 | 1,195,000 | | 513,800 | | | 16,500 | 1,692,300 | | | |
| 本店から仕入 | | | 572,000 | | 16,500 | 588,500 | | | | |
| 売上 | | 1,532,000 | | 1,320,000 | | | | 2,852,000 | | |
| 支店へ売上 | | 588,500 | | | 588,500 | | | | | |
| 給料 | 240,000 | | 240,000 | | | | 480,000 | | | |
| 支払家賃 | 180,000 | | | | | | 180,000 | | | |
| 前払家賃 | 15,000 | | | | | | | | 15,000 | |
| 未払給料 | | | | 20,000 | | | | | | 20,000 |
| 貸倒引当金繰入 | 5,000 | | 3,700 | | | | 8,700 | | | |
| 減価償却費 | 72,000 | | 27,000 | | | | 99,000 | | | |
| | 3,481,000 | 3,481,000 | 1,938,500 | 1,938,500 | | | | | | |
| 受取手数料 | | | | | | 12,000 | | 12,000 | | |
| 繰延内部利益戻入 | | | | | | 3,000 | | 3,000 | | |
| 内部利益控除 | | | | | 5,300 | | 5,300 | | | |
| 当期純利益 | | | | | | | 401,700 | | | 401,700 |
| | | | | | 1,127,800 | 1,127,800 | 2,867,000 | 2,867,000 | 1,911,500 | 1,911,500 |

到着日記帳法による場合，前述のごとく，未達取引はすべて実際到着日に記帳されるため，決算手続において未達取引は一切考慮されない。したがって，本店および支店の決算整理後残高試算表は上のようになる。一方，合併整理欄の記入を仕訳形式で示せば次のようになる。

| | | | | | | |
|---|---|---|---|---|---|---|
| ① 未達取引の整理： | (借) | 現金 | 10,000 | (貸) | 支店 | 10,000 |
| | (借) | 買掛金 | 15,000 | (貸) | 支店 | 15,000 |
| | (借) | 本店から仕入 | 16,500 | (貸) | 本店 | 16,500 |
| | (借) | 本店 | 12,000 | (貸) | 受取手数料 | 12,000 |
| ② 本店勘定と支店勘定の相殺消去： | (借) | 本店 | 461,000 | (貸) | 支店 | 461,000 |

| | | | | | | |
|---|---|---|---|---|---|---|
| ③ 内部取引高の消去： | （借） | 支店へ売上 | 588,500 | （貸） | 本店から仕入 | 588,500 |
| ④ 内部利益の控除など： | （借） | 繰越商品 | 16,500 | （貸） | 仕入 | 16,500 |

（注）これは未達商品を繰越商品に振り替える仕訳である。

| | | | | | |
|---|---|---|---|---|---|
| （借） | 繰延内部利益 | 3,000 | （貸） | 繰延内部利益戻入 | 3,000 |
| （借） | 内部利益控除 | 5,300 | （貸） | 繰延内部利益 | 5,300 |

繰り返し強調すると，これらはすべて帳簿外で行われる。

## 2　在外支店の会計

経営のグローバル化が進展した今日では，外国に支店を開設している企業もある。支店独立会計制度を採用している場合，本店が本支店合併財務諸表を作成する上で，外貨建てで在外支店が行った各種取引を本邦通貨に換算する必要がある。

「外貨建取引等会計処理基準」（以下，「外貨基準」）によれば，在外支店における外貨建取引については，原則として，本店と同様に処理することとされているため，Ⅲ章「5　外貨建取引の会計」で示された各種換算方法に従った換算が行われることとなる（「外貨基準」二）。他方，在外支店が行う取引は基本的にすべて外貨建てであることから，そもそも外国通貨で記帳され，外貨表示になっている在外支店の財務諸表を換算替えすることで，本支店合併財務諸表が作成されることもある。この場合，「外貨基準」では，次のような換算の特例によることを認めている。

① 収益および費用の換算の特例

収益および費用の換算については，期中平均相場によることができる。ただし，収益性負債の収益化額（たとえば，前受金の売上への振替額）および費用性資産の費用化額（たとえば，棚卸資産の売上原価への振替額）については特例の適用対象外とされており，原則に従って，収益性負債および費用性資産の発生時の為替相場による換算が必要となる。

② 外貨表示財務諸表項目の換算の特例

棚卸資産や有形固定資産等の非貨幣性項目の額に重要性がない場合には，すべての貸借対照表項目について決算時の為替相場による円換算額を付する方法を適用できる。損益項目については，原則通り本店と同様に処理する方法のほか，上記①によることもできるが，この特例によっている場合に限り，決算時の為替相場によることもできる。

③ その他の注意点および具体的手順

本支店間の内部取引高や在外支店における本店勘定については，相殺消去の際に差額が生じないようにする必要があるため，取引発生時の為替相場で換算する必要がある（すなわち，本店で記帳されている金額と同額を付す）。これは，原則・特例のいずれの換算方法によっている場合でも共通である。また，①や②において本店と異なる方法で換算することによって差額が生じるが，これは当期の為替差損益として処理する。

在外支店の外貨表示財務諸表項目の具体的な換算手順としては，まず貸借対照表の資産および負債，そして本店勘定の円換算額を算定する。その後，貸借差額によって当期純損益の金額を求め，同額を損益計算書における当期純損益の円換算額とする。次に，損益計算書の収益および費用，そして本支店間の内部取引高の円換算額を算定する。その結果，損益計算書で生じた貸借差額を為替差損益とする。

なお，上記のように財務諸表項目の換算に複数のレートを用いた場合，外貨表示の損益計算書では当期純利益が計上されているにもかかわらず，円換算後の損益計算書には当期純損失が計上されることがある（逆のケースも起こりうる）。このような状況を，換算のパラドックスという。

**問題13-7** 日本に本店をおく全経株式会社は，アメリカにA支店を開設しており，支店独立会計制度を採用している。A支店に関する以下の資料に基づいて，円換算後の貸借対照表および損益計算書を作成しなさい。なお，資料より判明しない事項はすべて無視すること。

1．A支店の決算整理後残高試算表

決算整理後残高試算表　（単位：ドル）

| | | | |
|---|---|---|---|
| 現金 | 2,500 | 前受金 | 30 |
| 売掛金 | 500 | 貸倒引当金 | 15 |
| 売買目的有価証券 | 800 | 減価償却累計額 | 250 |
| 繰越商品 | 350 | 本店 | 4,320 |
| 備品 | 400 | 売上 | 4,400 |
| 仕入 | 650 | 有価証券運用損益 | 50 |
| 本店から仕入 | 3,600 | | |
| 販売費 | 200 | | |
| 貸倒引当金繰入 | 15 | | |
| 減価償却費 | 50 | | |
| | 9,065 | | 9,065 |

2．A支店は，本店から商品を仕入れるほか，現地の仕入先からも仕入を行っている。繰越商品は期首・期末ともにすべて外部からの仕入分である。当期における商品の受払状況については，次の通りであり，商品の払出原価は先入先出法によって計算する。期末商品に収益性の低下は見られなかった。

| | 数量 | 単価 | 換算レート |
|---|---|---|---|
| 期首商品棚卸高 | 10個 | 40ドル | 1ドル＝120円 |
| 当期商品仕入高 | 12個 | 50ドル | 1ドル＝125円 |
| 期末商品棚卸高 | 7個 | 各自で推定 | 各自で推定 |

3．前受金の期末残高について，受領時の為替相場は1ドル＝126円であった。なお，売上の中には前受金からの振替額が200ドル含まれている。振替分の前受金受領時の為替相場は1ドル＝122円であった。

4．売買目的有価証券は，当期中に750ドルで取得したものであり，取得時の為替相場は1ドル＝118円であった。

5．売掛金の期末残高に対して，3％の貸倒引当金を設定している。

6．備品は過年度に一括して取得したものであり，取得時の為替相場は1ドル＝110円であった。備品の耐用年数は8年であり，残存価額をゼロとして定額法により減価償却している。

7．本店における各勘定の決算整理後残高は，次の通りであった。A支店との未達事項はない。
　　支店勘定：492,480円　　　　支店へ売上勘定：399,600円
8．原則的方法で換算できない収益および費用の換算には，期中平均相場（1ドル＝124円）を用いる。また，決算時の為替相場は1ドル＝130円である。

**解答・解説**

貸借対照表　（単位：円）

| | | | | | |
|---|---|---|---|---|---|
| (2,500ドル×130円) | 現金 | 325,000 | 前受金 | 3,780 | (30ドル×126円) |
| (500ドル×130円) | 売掛金 | 65,000 | 貸倒引当金 | 1,950 | (15ドル×130円) |
| (800ドル×130円) | 有価証券 | 104,000 | 減価償却累計額 | 27,500 | (250ドル×110円) |
| (※1) | 商品 | 43,750 | 本店 | 492,480 | (※2) |
| (400ドル×110円) | 備品 | 44,000 | 当期純利益 | 56,040 | (貸借差額。P/Lへ) |
| | | 581,750 | | 581,750 | |

損益計算書　（単位：円）

| | | | | | |
|---|---|---|---|---|---|
| (※1) | 売上原価 | 79,250 | 売上高 | 545,200 | (※3) |
| (※2) | 本店から仕入 | 399,600 | 有価証券運用益 | 15,500 | (※4) |
| (200ドル×124円) | 販売費 | 24,800 | 為替差益 | 6,440 | (貸借差額) |
| (15ドル×130円) | 貸倒引当金繰入額 | 1,950 | | | |
| (50ドル×110円) | 減価償却費 | 5,500 | | | |
| (B/Sより) | 当期純利益 | 56,040 | | | |
| | | 567,140 | | 567,140 | |

（※1）円換算後の商品の受払状況は次のように整理できる。先入先出法の指示より，期末の手許商品は当期商品仕入高から構成される。

期首商品棚卸高：10個×40ドル×120円＝48,000　当期商品仕入高：12個×50ドル×125円＝75,000

期末商品棚卸高：7個×50ドル×125円＝43,750　売上原価：48,000＋75,000－43,750＝79,250

（※2）本店における支店勘定および支店へ売上勘定の決算整理後残高と同額を，本店勘定および本店から仕入勘定それぞれの円換算額とする。

（※3）収益性負債である前受金からの振替額200ドルについては取引発生時の為替相場を用い，それ以外の4,200ドルについては，資料8より期中平均相場で換算する。

売上高：前受金振替部分（200ドル×122円）＋それ以外（4,200ドル×124円）＝545,200

（※4）時価100,400－取得原価750ドル×118円＝15,500

解答ではA支店に当期純利益が計上されているが，外貨建てでA支店の損益計算書を作成した場合，下式のように当期純損失が生じており，換算のパラドックスが起こっていることが確認できる。

収益総額：4,400ドル＋50ドル＝4,450ドル

費用総額：650ドル＋3,600ドル＋200ドル＋15ドル＋50ドル＝4,515ドル

当期純損益：4,450ドル－4,515ドル＝－65ドル（純損失）

# XIV 税務の会計

## 1 法人税・住民税・事業税の会計

会社の納める法人税・住民税・事業税は，原則として，会社の所得を基礎として課される租税であり，同じ性質を有することから一緒にして法人税等と呼び，法人税等勘定で処理する場合が多い。損益計算書上では，「税引前当期純利益」または「税引前当期純損失」の次に法人税等（または法人税，住民税及び事業税）として表示する。

### (1) 法　人　税

法人税は，会社の所得に対して課される租税であり，国税である。会社の所得は，会社の確定決算利益（当期純利益）を基礎に税法の規定により修正（加算・減算）を加えて計算する（これを確定決算主義という）。この所得に法人税率を掛けて法人税額を算出し，決算日の翌日から2カ月以内に申告する。これを確定申告といい，この確定申告書に記載された法人税額を決算日の翌日から2カ月以内に納付する。

なお，会計期間（法人税法では「事業年度」という）を1年とする会社は，会計期間が6カ月を経過した日から2カ月以内に中間申告をしなければならない。中間申告では，①前年度の法人税額の2分の1に相当する金額を納付する方法，②中間決算（仮決算）に基づいて算出された半年分の法人税額を納付する方法がある。そのどちらの方法を選ぶかは会社の自由である。中間申告による法人税額の納付期限は，6カ月を経過した日から2カ月以内である。

中間申告により法人税を納付した時は，まだ会社の1会計期間の法人税額ではないので，仮払法人税等勘定（または仮払金勘定）の借方に記入する。

確定申告によりその会計期間の法人税額が算定された時に，その金額から中間納付税額を差し引いた金額である未納税額を未払法人税等勘定の貸方に記入する。そして，未納税額を納付した時に，未払法人税等勘定の借方に記入する。

### (2) 住　民　税

住民税は，都道府県および市町村がその地域の住民である個人や会社に対して課される租税であり，地方税である。住民税には，都道府県民税と市町村民税とがある。

会社の住民税の場合，均等割と法人税割が課される。均等割とは，都道府県民税の場合には会社の資本金等の額（株主等から出資を受けた金額）に応じて，また市町村民税の場合には資本金等の額および従業員数に応じて決められている。法人税割とは，都道府県民税および市町村民税とも法人税額に一定率を掛けて計算する。

会社の住民税の確定申告および納付は，原則として，法人税と同様に決算日の翌日から2カ月以内に行わなければならない。また中間申告および納付についても法人税と同様である。

会社の都道府県民税と市町村民税は，それぞれ別々に計算され申告・納付されるが，会計実務上，法人住民税として法人税と一緒に法人税等として処理され，仮払法人税等勘定，法人税等勘定，未払法人税等勘定を用いて記帳する。

### (3) 事　業　税

事業税は，都道府県が原則として会社の所得金額に対して課す租税であり，地方税である。事業税の確定申告および納付は，住民税（都道府県民税）と一緒に，決算日の翌日から2カ月以内に行わなければならない。また中間申告および納付についても同様である。

事業税は，実務上，法人税および住民税と一緒に法人税等として処理され，仮払法人税等勘定，法人税等勘定，未払法人税等勘定を用いて記帳する。

なお，会社の事業税は，原則として，会社の所得金額（所得割）に対して課されるが，資本金の額（出資金の額）が1億円を超える会社に対しては，「所得割」に加えて，付加価値額に課す「付加価値割」および資本等の金額に課す「資本割」という外形標準により課税が行われる。この場合，損益計算書においては，所得割は「法人税等」（または「法人税，住民税及び事業税」）の科目に，付加価値割および資本割は「販売費及び一般管理費」の科目に計上することになっている。しかし，その未納付額は，貸借対照表ではすべて「未払法人税等」の科目に計上する。

**問題14-1**　次の1～3の取引を仕訳しなさい。

1　中間申告にあたり，法人税額330,000円，住民税額50,000円，事業税額70,000円を申告し，現金で納付した。
2　決算の結果，法人税額880,000円，住民税額180,000円，事業税額200,000円と計算された。
3　確定申告を行い法人税・住民税・事業税を納付した。

**解答・解説**

| | | | | | | |
|---|---|---|---|---|---|---|
| 1 | （借） | 仮払法人税等 | 450,000 | （貸） | 現　　　　金 | 450,000 |
| 2 | （借） | 法　人　税　等 | 1,260,000 | （貸） | 仮払法人税等 | 450,000 |
| | | | | | 未払法人税等 | 810,000 |
| 3 | （借） | 未払法人税等 | 810,000 | （貸） | 現　　　　金 | 810,000 |

法人税・住民税・事業税は，法人税等として一緒に処理し，中間申告・納付にあたっては仮払法人税等勘定の借方に記入しておき，決算にあたって算定された法人税等の金額を法人税等勘定の借方に記入する。そして，中間納付分を差し引いた未納分を未払法人税等勘定の貸方に記入する。

## 2　固定資産税の会計

固定資産税は，会社が1月1日現在に所有している土地・建物等の固定資産に対して課される租税であり，地方税である。固定資産税は，納税通知書によって，原則として，4月，7月，12月および翌年2月の4期に分けて納付する。

固定資産税の納付書が送付されてきたとき，その全額を租税公課勘定（または固定資産税勘定）の借方に記入し，未払税金勘定（または未払固定資産税勘定）の貸方に記入する。そして納付したときに未払税金勘定の借方に記入する。

**問題14-2**　次の1と2の取引を仕訳しなさい。

1　固定資産税の納税通知書を受け取った。納税額は400,000円である。
2　上記固定資産税の第1期分100,000円を現金で納付した。

**解答・解説**

| | | | | | | |
|---|---|---|---|---|---|---|
| 1 | （借） | 租税公課<br>（または固定資産税） | 400,000 | （貸） | 未払税金<br>（または未払固定資産税） | 400,000 |
| 2 | （借） | 未払税金<br>（または未払固定資産税） | 100,000 | （貸） | 現金 | 100,000 |

納税通知書を受け取ったとき，その全額を租税公課勘定または固定資産税勘定の借方と未払税金勘定または未払固定資産税勘定の貸方に記入する。

## 3 消費税の会計

消費税は，一般に物品やサービスの消費に対して課す租税であり，国税としての消費税と地方税としての地方消費税（道府県税）がある。消費税の納税義務者は，製造，卸，小売，サービス等の各段階の事業者であり，会社は事業者として消費税の納税義務者である。消費税は，事業者の売上に対して課され，物品の販売やサービスの提供に上乗せされて次々と転化され，最終的には消費者が負担することになる。会社の納付すべき消費税額は，会社が仕入の段階で支払った仕入金額に含まれている消費税額を，売上に対する消費税額から差し引くことにより計算される。

国税としての消費税と地方消費税は，消費税として会計上一括して処理され，申告と納付も一緒に国に対して行われる。消費税の課税期間は会社の会計期間（事業年度）であり，確定申告および納付は課税期間の末日（決算日）から2カ月以内である。なお，中間申告および納付は，会社の直前の課税期間の年税額に応じて，1カ月ごとの各期間の末日，3カ月ごとの各期間の末日，6カ月の期間の末日から2カ月以内および不要とそれぞれ異なる。

消費税の記帳方法には，税抜経理方式と税込経理方式の2つがある。税抜経理方式は，消費税を仕入価額および売上価額と分離して処理する方法であり，税込経理方式は，消費税を仕入価額および売上価額に含めて処理する方法である。税抜経理方式が原則である。

税抜経理方式では，仕入れに伴って支払った消費税は仮払消費税勘定の借方に記入し，売上に伴って受け取った消費税は仮受消費税勘定の貸方に記入する。決算時には，仮払消費税勘定と仮受消費税勘定を相殺し，仮払消費税勘定より仮受消費税勘定の金額が大きい場合には，その差額を未払消費税勘定（または未払税金勘定）の貸方に記入する。なお，仮受消費税勘定より仮払消費税勘定の金額が大きい場合には，その差額を未収消費税勘定（または未収税金勘定）の借方に記入する。

税込経理方式では，消費税は仕入価額や売上価額などに含めて処理され，決算時に消費税額を計算し，その税額を仕入や売上などの勘定残高から抜き出して税抜経理方式の場合と同じ金額にした上で，資産または費用項目に含まれていた金額と収益項目に含まれていた金額に関して，通常は後者が大きく，還付ではなく，差額を納付することになるので，その差額を未払消費税勘定（または未払税金勘定）の貸方に記入する。なお還付を受ける場合には，その金額は雑益勘定（または雑収入勘定）の貸方および未収消費税勘定（または未収税金勘定）の借方に記入する。なお，この税込経理方式は，取引時点での取扱いは簡単であるが，逆に，決算における整理は非常に煩雑になる。

**問題14-3**　次の1～5について税抜経理方式と税込経理方式により仕訳しなさい。

1　商品100,000円を仕入れ，消費税（10%）10,000円を含めて110,000円を掛とした。
2　商品100,000円を販売し，消費税（10%）10,000円を含めて110,000円を掛とした。
3　得意先を接待し，飲食接待費用110,000円（消費税10%込み）を支払った。
4　決算にあたり消費税額の計算をした。税抜経理方式の場合の仮払消費税勘定残高は4,500,000円，仮受消費税勘定残高は5,500,000円であった。なお，仕入および売上以外に消費税に関連する項目は3の飲食接待費用のみである。
5　消費税の確定申告を行い，消費税の未払額1,000,000円を現金で支払った。

**解答・解説**

| | | | | | | | |
|---|---|---|---|---|---|---|---|
| 1 | 税抜経理方式： | （借） | 仕入 | 100,000 | （貸） | 買掛金 | 110,000 |
| | | | 仮払消費税 | 10,000 | | | |
| | 税込経理方式： | （借） | 仕入 | 110,000 | （貸） | 買掛金 | 110,000 |
| 2 | 税抜経理方式： | （借） | 売掛金 | 110,000 | （貸） | 売上 | 100,000 |
| | | | | | | 仮受消費税 | 10,000 |
| | 税込経理方式： | （借） | 売掛金 | 110,000 | （貸） | 売上 | 110,000 |
| 3 | 税抜経理方式： | （借） | 交際費 | 100,000 | （貸） | 現金 | 110,000 |
| | | | 仮払消費税 | 10,000 | | | |
| | 税込経理方式： | （借） | 交際費 | 110,000 | （貸） | 現金 | 110,000 |
| 4 | 税抜経理方式： | （借） | 仮受消費税 | 5,500,000 | （貸） | 仮払消費税 | 4,500,000 |
| | | | | | | 未払消費税<br>（または未払税金） | 1,000,000 |
| | 税込経理方式： | （借） | 売上 | 5,500,000 | （貸） | 仕入 | 4,490,000 |
| | | | | | | 交際費 | 10,000 |
| | | | | | | 未払消費税<br>（または未払税金） | 1,000,000 |

5　税抜経理方式・税込経理方式：

| | | | | | |
|---|---|---|---|---|---|
| （借） | 未払消費税<br>（または未払税金） | 1,000,000 | （貸） | 現金 | 1,000,000 |

税抜経理方式の場合には，仕入の際に消費税は仕入価額と分離し「仮払消費税勘定」の借方に記入し，売上

の際に消費税は売上価額と分離し「仮受消費税勘定」の貸方に記入する。決算にあたっては，仮払消費税勘定と仮受消費税勘定の差額を未払消費税勘定（または未払税金勘定）の貸方に記入する。また，税込経理方式の場合は，仕入価額および売上価額に消費税額を含めて処理し，決算にあたっては仕入価額や売上価額などを税抜きの金額に修正するとともに，納税額を未払消費税勘定（または未払税金勘定）の貸方に記入する。

# XV 連結財務諸表

## 1 連結財務諸表の作成

### (1) 連結財務諸表の意義

法的に独立した個々の企業の財務諸表を個別財務諸表というのに対し，支配従属関係にある企業の財務諸表を合算して作成する財務諸表を連結財務諸表という。連結財務諸表は，支配従属関係にある2以上の企業からなる企業集団を単一の組織体とみなし，親会社がその企業集団の財政状態，経営成績，キャッシュ・フローの状況を総合的に報告するために作成するものであり，連結貸借対照表，連結損益計算書，連結包括利益計算書，連結株主資本等変動計算書，連結キャッシュ・フロー計算書により構成される。

### (2) 連結財務諸表の基礎概念（連結基礎概念）

連結基礎概念とは，誰の立場で連結財務諸表を作成するかを考える際の基本的な考え方（基礎概念）であり，親会社説と経済的単一体説といった2つの考え方がある。

親会社説とは，親会社株主の立場で連結財務諸表を作成するという考え方である。連結財務諸表を親会社の財務諸表の延長線上に位置づけるため，連結貸借対照表上の資本には親会社株主の持分のみを反映させ，親会社株主に帰属する当期純利益（以下「親会社株主利益」という）を連結損益計算書の純利益として表示する。他方，経済的単一体説とは，親会社株主だけでなく企業集団を構成するすべての関連会社の株主の立場から連結財務諸表を作成するという考え方である。連結財務諸表を親会社とは区別される企業集団全体の財務諸表と位置づけるため，連結財務諸表上の資本には，企業集団のすべての株主の持分を反映させ，親会社株主のみならず非支配株主に帰属する当期純利益（以下「非支配株主利益」という）も含めた利益を連結損益計算書の純利益として表示する。

平成25年の改正以前の「連結財務諸表に関する会計基準」では，連結財務諸表が提供する情報は主として親会社の投資者（株主）を対象とするものと考えられることなどから，親会社説が採用されていた。しかし，国際的な会計基準においては，たとえば非支配株主利益を連結純利益に含めるなど，経済的単一体説の考え方に基づいた会計処理も行われている。平成25年改正の会計基準では，国際的な会計基準との財務諸表の比較可能性の向上を図るなどの理由から，連結純利益には非支配株主利益を含めて表示されることになった。ただし，親会社株主に帰属する資本と利益の情報は投資家の意思決定に有用と考えられるため，親会社株主利益を区分して内訳表示または付記するとともに，従来と同様に親会社株主に帰属する株主資本のみを株主資本として表示する。

### (3) 連結財務諸表の一般原則

連結財務諸表は次の4つの一般原則に準拠して作成・表示されなければならない。

① 真実性の原則

連結財務諸表は，企業集団の財政状態，経営成績およびキャッシュ・フローの状況に関して真実な報告を提供するものでなければならない。

② 個別財務諸表基準性の原則

連結財務諸表は，企業集団に属する親会社および子会社が一般に公正妥当と認められる企業会計の基準に準拠して作成した個別財務諸表を基礎として作成しなければならない。

③ 明瞭性の原則

連結財務諸表は，企業集団の状況に関する判断を誤らせないように，利害関係者に対し必要な財務情報を明瞭に表示するものでなければならない。

④ 継続性の原則

連結財務諸表作成のために採用した基準および手続は，毎期継続して適用し，みだりにこれを変更してはならない。

### (4) 連結の範囲

連結財務諸表に含められる支配従属関係にある企業の範囲を，連結の範囲という。支配従属関係とは，ある企業が他の企業の意思決定機関を支配している関係をいい，支配企業を親会社，被支配企業を子会社という。親会社および子会社または子会社に意思決定機関を支配されている企業も，その親会社の子会社とみなす。ただし，更生会社，破産会社，その他これらに準ずる企業であり，かつ有効な支配従属関係が存在しないと認められる企業は，子会社に該当しない。

親会社は，原則としてすべての子会社を連結の範囲に含めなければならない。支配の条件は次のとおりである。

① 他の企業の議決権の過半数（50%超）を自己の計算において所有している場合

② 他の企業の議決権の40%以上，50%以下を自己の計算において所有しており，かつ，次のいずれかの要件に該当する場合

1） 自己の計算において所有している議決権と，「緊密な者」および「同意している者」が所有している議決権とを合わせて，他の企業の議決権の過半数を占めている場合

2） 役員，社員，使用人などで，他の企業の財務および営業または事業の方針決定に影響を与えることのできる者の数が，当該他の企業の取締役会やこれに準ずる機関の構成員の過半数を占めている場合

3） 他の企業の重要な財務および営業または事業の方針決定を支配する契約などが存在する場合

4） 他の企業の資金調達額の総額の過半について融資を行っている場合

5） その他，他の企業の意思決定機関を支配していることが推測される事実が存在する場合

③ 自己の計算において所有している議決権の所有割合は40%未満であるが，「緊密な者」および「同意している者」の議決権と合わせて過半数所有しており，かつ上記②の2）から5）までのいずれかに該当する場合

ただし，子会社でも，支配が一時的であると認められる企業や，連結により利害関係者の判断を著しく誤らせる恐れのある企業は，連結の範囲に含めない。また，子会社であって，その資産，売上高などを考慮して，連結の範囲から除外しても企業集団の財政状態，経営成績，キャッシュ・フローの

状況に関する合理的な判断を妨げない程度に重要性の乏しい子会社は，連結の範囲に含めなくてもよい。

〈連結の範囲に関する一覧表〉

| | | |
|---|---|---|
| 子会社 | 連結 | 議決権を過半数（50%超）所有されている企業<br>議決権が50%以下でも意思決定機関が支配されている企業 |
| | 非連結 | 支配が一時的と認められる企業（強制）<br>利害関係者の判断を著しく誤らせる恐れのある企業（強制）<br>重要性の乏しい企業（任意） |
| 非子会社 | 非連結 | 更生会社，破産会社，その他これらに準ずる企業 |

### (5)　連結の決算日

連結財務諸表の会計期間は1年であり，親会社の決算日をもって連結決算日とする。もし子会社の決算日が親会社の決算日（連結決算日）と異なる場合には，子会社は，連結決算日に正規の決算に準ずる合理的な手続によって決算を行わなければならない。

ただし，その決算日の差異が3カ月を超えない場合には，子会社の正規の決算を基礎として連結決算を行うことができる。この場合，決算日が異なることから生ずる連結会社間の取引に関する会計記録の重要な不一致については，必要な整理を行ったうえで連結しなければならない。

### (6)　親子会社間の会計処理の統一

親会社と子会社は，それぞれの置かれた環境の下で経営活動を行っているため，連結会計において親会社と子会社の会計処理を画一的に統一させることには問題がある。しかし，同一の環境下にあるにもかかわらず，同一の性質の取引について連結会社間で会計処理が異なっていれば，その個別財務諸表をベースとした連結財務諸表の有用性が損なわれてしまう恐れがある。それゆえに，財政状態，経営成績およびキャッシュ・フローの状況の表示に重要な影響がないと考えられるもの（棚卸資産の評価方法である先入先出法，平均法など）を除き，同一の環境下で行われた同一の性質の取引などについては，原則として，親子会社間で会計処理を統一する。

### (7)　支配獲得日の連結

ある企業が他の企業を支配した日（支配獲得日）から連結会計を開始するが，この時点では連結貸借対照表のみ作成する。連結貸借対照表は次の手順で作成する。

① 子会社の資産および負債を時価評価する。

② 時価評価後の子会社の個別貸借対照表を親会社の個別貸借対照表と合算する。

③ 親会社の投資と子会社の資本を相殺消去する。

なお，支配獲得日などが子会社の決算日以外の日である場合には，その日の前後いずれかの決算日に支配獲得などが行われたものとみなして処理することができる。その決算日をみなし支配獲得日といい，子会社の資産および負債はみなし支配獲得日において時価評価したうえで，初めて連結される。

### 1）子会社の資産および負債の時価評価

連結貸借対照表を作成するにあたり，最初に行うのが子会社の資産および負債の時価評価である。この評価方法には，全面時価評価法と部分時価評価法がある。全面時価評価法は，子会社の資産および負債のすべてを支配獲得日の時価により評価する方法をいい，部分時価評価法は，子会社の資産および負債のうち親会社の持分に相当する部分については株式の取得日ごとにその日の時価で評価し，それ以外の非支配株主の持分（非支配株主持分）に相当する部分は簿価で据え置く方法をいう。以前はいずれの方法を採用してもよく，さらに部分時価評価法を採用している場合であっても，連結計算の結果が著しく異ならない限り，株式の取得日ごとではなく支配獲得日に一括して時価評価することも認められていた（簡便法）。しかし，平成20年改正の会計基準では，部分時価評価法の採用がわずかであることや，「企業結合に関する会計基準」との整合性の観点から，部分時価評価法が禁止され，全面時価評価法のみ採用が認められている。

〈新旧基準による時価評価法の相違点〉

| 評価方法 | | 相違点 | | 以前 | 現在 |
|---|---|---|---|---|---|
| | | 時価評価の時点 | 時価評価の範囲 | | |
| 部分時価評価法 | 原則法 | 株式の取得日ごと | 親会社持分 | ○ | × |
| | 簡便法 | 支配獲得日 | 親会社持分 | ○ | × |
| 全面時価評価法 | | 支配獲得日 | 全持分 | ○ | ○ |

○は採用が認められていること，×は採用が禁止されていることを示す。

### 2）親会社投資と子会社資本の相殺消去（資本連結）

時価評価した子会社の貸借対照表を親会社の貸借対照表と単純に合算した後，親会社の子会社に対する投資とこれに対応する子会社の資本を相殺消去する必要がある。この処理を資本連結といい，親会社の投資額が子会社の資本額を上回る場合は，その差額をのれんとして資産に計上し，20年以内のその効果の及ぶ期間にわたり，定額法その他の合理的な方法により規則的に償却しなければならない。ただし，のれんの金額に重要性が乏しい場合には，のれんが生じた事業年度の費用として処理することもできる。

一方，親会社の投資額が子会社の資本額を下回り，負ののれんが生じると見込まれる場合には，子会社の資産と負債の把握ならびにそれらに対する取得原価の配分が適切に行われているかどうかを見直し，それでもなお生じる場合には，その負ののれんが生じた事業年度の利益として処理することが求められる。

なお，子会社資本のうち親会社に帰属しない部分については，非支配株主持分として処理する必要がある。非支配株主持分はこれまで少数株主持分とよばれてきたが，平成25年改正の会計基準では名称が変更された。これは，他の企業の議決権の過半数を所有していない株主であっても，他の企業を支配し，親会社となることがあり得るため，より正確な表現とするためである。これに合わせて，少数株主利益も非支配株主利益に名称変更されている。

**問題15-1** P社はS社株式の60%を400万円で取得し子会社とした。取得日におけるP社とS社の貸借対照表は以下のとおりである。なおS社の諸資産のうち300万円は土地であり，その時価は350万円であった。連結に必要な修正仕訳を行いなさい。

P社 貸借対照表 (万円)

| | | | |
|---|---|---|---|
| 諸資産 | 2,000 | 諸負債 | 1,200 |
| S社株式 | 400 | 資本金 | 500 |
| | | 資本剰余金 | 400 |
| | | 利益剰余金 | 300 |
| | 2,400 | | 2,400 |

S社 貸借対照表 (万円)

| | | | |
|---|---|---|---|
| 諸資産 | 1,200 | 諸負債 | 700 |
| | | 資本金 | 350 |
| | | 資本剰余金 | 100 |
| | | 利益剰余金 | 50 |
| | 1,200 | | 1,200 |

**解答・解説**

1 子会社資産・負債の時価評価

| | | | | | |
|---|---|---|---|---|---|
| (借) | 土地 | 500,000 | (貸) | 評価差額 | 500,000* |

* 3,500,000 − 3,000,000 = 500,000

2 資本連結

| | | | | | |
|---|---|---|---|---|---|
| (借) | 資本金 | 3,500,000 | (貸) | S社株式 | 4,000,000 |
| | 資本剰余金 | 1,000,000 | | 非支配株主持分 | 2,200,000*1 |
| | 利益剰余金 | 500,000 | | | |
| | 評価差額 | 500,000 | | | |
| | のれん | 700,000*2 | | | |

＊1 (3,500,000 + 1,000,000 + 500,000 + 500,000) × 0.4 = 2,200,000

＊2 (4,000,000 + 2,200,000) − (3,500,000 + 1,000,000 + 500,000 + 500,000) = 700,000

### 3) 段階取得時の資本連結

**問題15-1**は，親会社が子会社株式を一括取得した場合の会計処理である。子会社株式を複数の取引により取得（段階取得）した場合も，支配獲得日に資本連結の処理を行う。つまり，支配獲得日までは資本連結を行わず，支配獲得日に一括取得した場合と同様の処理を行う。

また，子会社株式の取得原価（段階取得するに至った個々の取引の原価の合計額）は，連結財務諸表上，支配獲得日の時価で評価する。したがって，子会社株式に時価変動が見られる場合は，子会社株式の取得原価と支配獲得日の時価に差額が生じるため，連結財務諸表上，その差額を段階取得に係る損益として処理する必要がある。

**問題15-2**　P社はX1年3月31日にS社株式の10%を50万円で取得し，さらにX2年3月31日にS社株式の50%を350万円で追加取得し，S社を連結子会社とした（合計60%，個別財務諸表上の取得原価400万円)。X2年3月31日におけるP社とS社の貸借対照表は以下のとおりである。なお，S社の諸資産のうち300万円は土地であり，その時価は350万円であった。連結に必要な修正仕訳を行いなさい。

P社　貸借対照表　（万円）

| | | | |
|---|---|---|---|
| 諸資産 | 2,000 | 諸負債 | 1,200 |
| S社株式 | 400 | 資本金 | 500 |
| | | 資本剰余金 | 400 |
| | | 利益剰余金 | 300 |
| | 2,400 | | 2,400 |

S社　貸借対照表　（万円）

| | | | |
|---|---|---|---|
| 諸資産 | 1,200 | 諸負債 | 700 |
| | | 資本金 | 350 |
| | | 資本剰余金 | 100 |
| | | 利益剰余金 | 50 |
| | 1,200 | | 1,200 |

**解答・解説**

1　子会社資産・負債の時価評価

| | | | | |
|---|---|---|---|---|
| （借） | 土地 | 500,000 | （貸）評価差額 | 500,000* |

* 3,500,000 − 3,000,000 = 500,000

2　支配獲得日におけるS社株式の時価評価

| | | | | |
|---|---|---|---|---|
| （借） | S社株式 | 200,000 | （貸）段階取得に係る差益 | 200,000* |

* 支配獲得日（X2年3月31日）におけるS社株式の時価は，1%当たり7万円（= 350万円 ÷ 50%）

4,200,000（= 1%当たり7万円 × 60%）− 4,000,000 = 200,000

3　資本連結

| | | | | |
|---|---|---|---|---|
| （借） | 資本金 | 3,500,000 | （貸）S社株式 | 4,200,000*1 |
| | 資本剰余金 | 1,000,000 | 非支配株主持分 | 2,200,000*2 |
| | 利益剰余金 | 500,000 | | |
| | 評価差額 | 500,000 | | |
| | のれん | 900,000*3 | | |

＊1　4,000,000 + 200,000 = 4,200,000

＊2　(3,500,000 + 1,000,000 + 500,000 + 500,000) × 0.4 = 2,200,000

＊3　(4,200,000 + 2,200,000) − (3,500,000 + 1,000,000 + 500,000 + 500,000) = 900,000

### (8)　支配取得後の連結

支配獲得時点では連結貸借対照表のみ作成するが，支配獲得後は連結貸借対照表に加えて，連結損益計算書，連結包括利益計算書，連結株主資本等変動計算書，連結キャッシュ・フロー計算書といった連結財務諸表を作成しなければならない。連結財務諸表は次の手順で作成する。

①　子会社の資産および負債を支配獲得日の時価で評価する。
②　時価評価後の子会社の個別財務諸表を親会社の個別財務諸表と合算する。
③　開始仕訳を行う。
④　当期の連結修正仕訳を行う。
　(a)　のれんまたは負ののれんの処理
　(b)　非支配株主利益の非支配株主持分への振替え
　(c)　子会社における利益処分項目の修正

(d)　連結会社相互間の債権と債務の相殺消去
(e)　連結会社相互間の内部取引高の相殺消去
(f)　未実現利益の消去

⑤　連結損益計算書，連結株主資本等変動計算書，連結貸借対照表，連結キャッシュ・フロー計算書の順で，連結財務諸表を作成する。

### 1）開始仕訳

子会社の資産及び負債の時価評価や資本連結などの連結修正仕訳は個別財務諸表には反映されないため，当期に親会社や子会社の個別財務諸表に基づいて連結財務諸表を作成するためには，当期の連結修正仕訳を行う前にまず過年度における連結修正仕訳を行い，前期末の連結の状態を再現しなければならない。このような過年度における連結修正仕訳を，開始仕訳という。

ただし，過年度の連結修正仕訳をそのまま行うのではなく，資本剰余金を資本剰余金期首残高に，利益剰余金および利益剰余金に影響を及ぼす科目を利益剰余金期首残高に置き換えて仕訳する必要がある。その理由について，具体例を用いて説明しよう。

〈例１：支配獲得時の資本連結〉

開始仕訳で支配獲得時の資本連結を行う場合，資本剰余金を資本剰余金期首残高に，利益剰余金を利益剰余金期首残高に置き換える。それ以外の科目および金額は変更しない。

このように科目を置き換える理由は，支配獲得時と支配獲得後に作成する財務諸表の違いによる。支配獲得時には連結貸借対照表のみ作成するため，その計算書上にある資本剰余金と利益剰余金を直接修正した。しかし，支配獲得後では連結貸借対照表以外に連結損益計算書や連結株主資本等変動計算書も作成する。このような計算書を通して間接的に連結貸借対照表上の資本剰余金と利益剰余金を修正するために，科目を置き換えて仕訳を行う。

〈例２：資本連結以外の過年度の連結修正仕訳〉

資本連結以外の過年度の連結修正仕訳として，のれんの償却を例に挙げる。開始仕訳でのれんの償却を行う場合，のれん償却額を利益剰余金期首残高に置き換えて仕訳を行う。過年度におけるのれんの償却仕訳をそのまま開始仕訳で行えば，過年度に計上されたのれん償却額が当期の費用に計上され，適正な期間損益計算を維持できなくなるからである。のれんの償却は結局，連結利益剰余金に影響を及ぼすため，開始仕訳により当期の収益と費用を調整するのではなく，連結利益剰余金を直接増減して前期末の連結の状態を再現する。

### 2）非支配株主利益の非支配株主持分への振替え

連結損益計算書も，親会社と子会社の損益計算書を合算し，必要な修正を加えて作成する。単純な合算だけでは，子会社の利益がすべて企業集団の利益として計上されるからである。

わが国では，親会社株主に帰属する株主資本のみを連結上の株主資本として表示するため，子会社利益のうち親会社株主に帰属する部分（子会社利益×親会社株主の株式持分比率）は，そのまま連結利益剰余金として処理する。他方，非支配株主に帰属する部分（子会社利益×非支配株主の株式持分比率）は，連結利益剰余金から控除し，非支配株主持分に振り替える修正が必要である。

**問題15-3** S社（子会社）の純利益は15万円であった。なお，P社はS社の株式を60%所有している。必要な連結修正仕訳を行いなさい。

**解答・解説**

（借）非支配株主利益　60,000　　（貸）非支配株主持分　60,000

＊ 150,000 × 0.4 ＝ 60,000

### 3）子会社における利益処分項目の修正

子会社が親会社および非支配株主に配当を行えば，それだけ子会社の剰余金が減少する。一方，親会社は子会社から受け取った配当金を受取配当金（収益）として貸方計上する。以下の図はこの関係を表したものである。

親会社の損益計算書

| | |
|---|---|
| 費用 | 収益<br>（受取配当金） |
| 当期純利益 | |

子会社の株主資本等変動計算書

| | |
|---|---|
| 減少高<br>（配当金） | 期首残高 |
| 期末残高 | 当期純利益 |

しかし，子会社による親会社への配当金（子会社配当金×親会社の持分比率）は企業集団内での資金の移動にすぎないため，連結会社相互間取引として相殺消去する。非支配株主に対して支払った配当金（子会社配当金×非支配株主の持分比率）についても，剰余金の減少として処理するのではなく，非支配株主持分の減少として処理し直す必要がある。

**問題15-4** S社（子会社）の配当金は10,000円であった。なお，P社はS社の株式を60%所有している。必要な連結修正仕訳を行いなさい。

**解答・解説**

（借）受取配当金　6,000　　（貸）配当金　10,000

　　　非支配株主持分　4,000＊

＊ 10,000 × 0.4 ＝ 4,000

### 4）連結会社相互間の債権と債務の相殺消去

連結会社相互間の債権と債務は企業集団内での取引の結果にすぎないため，連結決算上は相殺消去する必要がある。相殺消去の対象は，連結会社相互間の貸付金と借入金，売掛金と買掛金，受取手形と支払手形などがある。また，連結会社相互間取引から生じた未収収益・未払費用・前受収益・前払費用といった経過勘定も相殺消去の対象となる。

なお，売上債権（売掛金，受取手形）と仕入債務（買掛金，支払手形）を相殺消去する場合には，その売上債権に対して設定されている貸倒引当金も併せて相殺消去する。期首の売上債権に貸倒引当金が設定されている場合にも，当期の開始仕訳で前期末における貸倒引当金の消去仕訳を行う。

**問題15-5**　P社（親会社）売掛金のうち10,000円はS社（子会社）に販売したものである。なお，P社は売掛金に対して1％の貸倒引当金を設定し，差額補充法により処理している。前期末のS社への売掛金有高は8,000円であった。必要な連結修正仕訳を行いなさい。

**解答・解説**

1　開始仕訳

| | | | | | |
|---|---|---|---|---|---|
| （借） | 貸倒引当金 | 80* | （貸） | 利益剰余金期首残高 | 80 |

＊8,000 × 0.01 = 80

2　当期の連結修正仕訳

| | | | | | |
|---|---|---|---|---|---|
| （借） | 買掛金 | 10,000 | （貸） | 売掛金 | 10,000 |
| （借） | 貸倒引当金 | 20* | （貸） | 貸倒引当金繰入 | 20 |

＊(10,000 − 8,000) × 0.01 = 20

### 5）連結会社相互間の内部取引高の相殺消去

連結会社相互間で行われた商品の売買その他の取引も，企業集団内の取引にすぎないため，連結決算上は相殺消去する必要がある。相殺消去の対象は，連結会社相互間の商品売買による売上高と売上原価，資金の貸借の結果生じる受取利息と支払利息などがある。

### 6）未実現損益の消去

連結会社相互間で売買された資産（棚卸資産，固定資産）が企業集団の外部に売却されずに集団内に残っている場合，その資産に含まれている未実現損益を連結決算上で消去する必要がある。

1　棚卸資産の未実現損益

①　親会社から子会社への販売（ダウン・ストリーム）

〈期末の未実現利益の消去〉

親会社から子会社に販売された商品・製品が棚卸資産として子会社に残存している場合，その棚卸資産の期末価額に未実現利益が含まれていれば，その金額を棚卸資産から控除する。また，期首棚卸資産額と当期仕入高の合計額から期末棚卸資産額を控除して売上原価を算出する関係上，期末棚卸資産額に未実現利益が含まれていれば，その額だけ売上原価が過小計上されることになるため，それを修正するために未実現利益の額を売上原価に加算する。たとえば，期末棚卸資産額に1,000円の未実現利益が含まれていれば，以下の連結修正仕訳を行う。

| | | | | | |
|---|---|---|---|---|---|
| （借） | 売上原価 | 1,000 | （貸） | 棚卸資産 | 1,000 |

〈期首の未実現利益の消去〉

期首の棚卸資産に未実現利益が含まれている場合にも，前期末における未実現利益の消去仕訳を行う必要がある。なお，当期の開始仕訳に該当するため，売上原価を利益剰余金期首残高に置き換えて仕訳を行う。

さらに，売上原価の算出上，期首の棚卸資産に未実現利益が含まれていれば，その額だけ売上原価が過大計上されるため，それを修正するために未実現利益分だけ売上原価を減額する。また，当期末の棚卸資産額を基に当期の未実現利益を算定するため，開始仕訳において減額した前期末の未実現利益を棚卸資産に加算する。

たとえば，期首棚卸資産額に800円の未実現利益が含まれていれば，以下の連結修正仕訳を行う。

(借) 利益剰余金期首残高 800 (貸) 棚 卸 資 産 800
(借) 棚 卸 資 産 800 (貸) 売 上 原 価 800

なお，上段と下段の借方と貸方を相殺し，次のように仕訳をまとめてもよい。

(借) 利益剰余金期首残高 800 (貸) 売 上 原 価 800

**問題15-6** 当期のＰ社（親会社）からＳ社（子会社）への商品売上は30,000円であり，Ｐ社はＳ社へ常に売上総利益率20%で販売している。Ｓ社の期末商品のうち10,000円はＰ社から販売されたものであり，同じく期首には8,000円がそうであった。必要な連結修正仕訳を行いなさい。

**解答・解説**

1 内部取引の相殺消去

(借) 売 上 高 30,000 (貸) 売 上 原 価 30,000

2 期首の未実現利益の消去

(借) 利益剰余金期首残高 1,600* (貸) 棚 卸 資 産 1,600
(借) 棚 卸 資 産 1,600* (貸) 売 上 原 価 1,600

＊ 8,000円× 0.2 = 1,600

3 期末の未実現利益の消去

(借) 売 上 原 価 2,000* (貸) 棚 卸 資 産 2,000

＊ 10,000円× 0.2 = 2,000

② 子会社から親会社への販売（アップ・ストリーム）

〈期末の未実現利益の消去〉

子会社から購入した商品・製品が親会社に残存し，その棚卸資産の期末価額に未実現利益が含まれている場合，ダウン・ストリームと同様の処理を行うと同時に，未実現利益のうち，非支配株主の持分相当額を非支配株主に負担させる。

〈期首の未実現利益の消去〉

期首の棚卸資産に未実現利益が含まれている場合も，ダウン・ストリームと同様の処理を行うと同時に，非支配株主の持分相当額を非支配株主に負担させる。

**問題15-7**　当期のＳ社からＰ社（Ｓ社株式を80％取得）への商品売上は30,000円であり，Ｓ社はＰ社に常に40％の利益を加算して販売している。Ｐ社の期末商品のうち14,000円はＳ社から販売されたものであり，同じく期首には10,500円がそうであった。必要な連結修正仕訳を行いなさい。

**解答・解説**

1　内部取引の相殺消去

| | | | | | |
|---|---|---|---|---|---|
| （借） | 売上高 | 30,000 | （貸） | 売上原価 | 30,000 |

2　期首の未実現利益の消去

| | | | | | |
|---|---|---|---|---|---|
| （借） | 利益剰余金期首残高 | 3,000＊1 | （貸） | 棚卸資産 | 3,000 |
| （借） | 非支配株主持分 | 600＊2 | （貸） | 利益剰余金期首残高 | 600 |
| （借） | 棚卸資産 | 3,000＊1 | （貸） | 売上原価 | 3,000 |
| （借） | 非支配株主利益 | 600＊2 | （貸） | 非支配株主持分 | 600 |

＊1　10,500円× 0.4/1.4 ＝ 3,000円

＊2　3,000円× 0.2 ＝ 600円

＊なお，借方と貸方を相殺し，次の仕訳のようにまとめてもよい。

| | | | | | |
|---|---|---|---|---|---|
| （借） | 利益剰余金期首残高 | 2,400 | （貸） | 売上原価 | 3,000 |
| | 非支配株主利益 | 600 | | | |

3　期末の未実現利益の消去

| | | | | | |
|---|---|---|---|---|---|
| （借） | 売上原価 | 4,000＊1 | （貸） | 棚卸資産 | 4,000 |
| （借） | 非支配株主持分 | 800＊2 | （貸） | 非支配株主利益 | 800 |

＊1　14,000円× 0.4/1.4 ＝ 4,000

＊2　4,000 × 0.2 ＝ 800

## 2　固定資産の未実現損益

連結会社相互間で売買された固定資産が買い手側に残存している場合，売り手側に生じる未実現利益を減額すると同時に，同額を固定資産額から控除する。備品などの償却性固定資産の場合は，未実現利益を含んだまま減価償却が行われているため，その未実現利益分に対する減価償却費を減額する。

**問題15-8**　Ｐ社（親会社）はＳ社（子会社）に対し原価140,000円の備品を200,000円で売却し，固定資産売却益60,000円を計上している。なお，Ｓ社はこの備品を耐用年数5年，残存価額0円とし，定額法で減価償却している。

**解答・解説**

| | | | | | |
|---|---|---|---|---|---|
| （借） | 固定資産売却益 | 60,000＊1 | （貸） | 固定資産 | 60,000 |
| （借） | 減価償却累計額 | 12,000＊2 | （貸） | 減価償却費 | 12,000 |

＊1　200,000円－ 140,000円＝ 60,000円

＊2　60,000円÷ 5年＝ 12,000円

### (9) 連結会計上の税効果会計

税効果会計とは，会計上と税務上で資産と負債の評価額に相違がある場合に，法人税等の金額を適切に期間配分し，税引前利益と法人税等を合理的に対応させるための手続をいう。税効果会計は一時差異に対して適用する。一時差異とは，会計上の資産および負債の金額と税務上の資産および負債の金額の差額をいう。一時差異は個別財務諸表でも生じるが，連結財務諸表に固有の一時差異は次のような場合に生じる。

① 資本連結に際し，子会社の資産および負債の時価評価により評価差額が生じた場合
② 連結会社相互間の取引から生じる未実現損益を消去した場合
③ 連結会社相互間の債権と債務の相殺消去により貸倒引当金を減額修正した場合

このような一時差異に係る税金を，連結損益計算書上では法人税等調整額として計上すると同時に，連結貸借対照表上では繰延税金資産または繰延税金負債として計上する。繰延税金資産として計上するのは，一時差異の解消時に課税所得を減額させる将来減算一時差異の場合であり，課税所得を増額させる将来加算一時差異の場合は繰延税金負債として計上する。

#### 1）子会社の資産および負債の時価評価に伴う税効果会計

資本連結に際して，子会社の資産および負債の時価評価により評価差額が生じた場合，一時差異が生じる。評価差額が評価益の場合には将来加算一時差異となり，評価益に実効税率を乗じた額を繰延税金負債，評価益から繰延税金負債を控除した額を評価差額として貸方計上する。

#### 2）未実現利益の消去に伴う税効果会計

連結財務諸表の作成にあたり未実現損益を消去した場合に一時差異が生じる。たとえば，親会社から子会社に販売された商品が棚卸資産として子会社に残存している場合，その棚卸資産に含まれる未実現利益を消去することで一時差異が発生する。この一時差異は将来減算一時差異となり，未実現利益に実効税率を乗じた額を繰延税金資産として借方計上すると同時に，同額を法人税等調整額として貸方計上する。

#### 3）債権債務の相殺消去に伴う税効果会計

連結会社相互間の債権と債務の相殺消去に伴い貸倒引当金を減額修正した場合にも一時差異が生じる。この貸倒引当金が税務上，損金として認められている場合，ここで生じる一時差異は将来加算一時差異となり，減少した貸倒引当金に実効税率を乗じた額を繰延税金負債として貸方計上すると同時に，同額を法人税等調整額として借方計上する。

**問題15-9** 次の資料に基づき，税効果会計を適用した場合の修正仕訳を行いなさい。なお，法定実効税率は40%とする。

1. P社はS社株式のうち80%を8,000円で取得した。同日のS社の純資産の部は，資本金が5,000円，資本剰余金が3,000円，利益剰余金が1,000円であった。また，このときS社が保有していた土地4,000円（簿価）の時価は5,000円であった。
2. P社から仕入れた商品40,000円のうち，25,000円分が期末に残存している。この期末棚卸資産には2,000円の未実現利益が含まれている。
3. P社のS社への売掛金200,000円には，1%の貸倒引当金が設定されている。なお，この貸倒引当金は税務上，損金算入が認められている。

**解答・解説**

1. 子会社資産・負債の時価評価に伴う税効果会計

• 子会社資産・負債の時価評価

| | | | | | |
|---|---|---|---|---|---|
| （借） | 土地 | 1,000 | （貸） | 評価差額 | 600 |
| | | | | 繰延税金負債 | 400 * |

＊ 1,000 × 0.4 = 400

• 資本連結

| | | | | | |
|---|---|---|---|---|---|
| （借） | 資本金 | 5,000 | （貸） | S社株式 | 8,000 |
| | 資本剰余金 | 3,000 | | 非支配株主持分 | 1,920 *1 |
| | 利益剰余金 | 1,000 | | | |
| | 評価差額 | 600 | | | |
| | のれん | 320 *2 | | | |

＊1 (5,000 + 3,000 + 1,000 + 600) × 0.2 = 1,920

＊2 (8,000 + 1,920) − (5,000 + 3,000 + 1,000 + 600) = 320

2. 未実現利益の消去に伴う税効果会計

| | | | | | |
|---|---|---|---|---|---|
| （借） | 売上高 | 40,000 | （貸） | 売上原価 | 40,000 |
| （借） | 売上原価 | 2,000 | （貸） | 棚卸資産 | 2,000 |
| （借） | 繰延税金資産 | 800 * | （貸） | 法人税等調整額 | 800 |

＊ 2,000 × 0.4 = 800

3. 債権債務の相殺消去に伴う税効果会計

| | | | | | |
|---|---|---|---|---|---|
| （借） | 買掛金 | 200,000 | （貸） | 売掛金 | 200,000 |
| （借） | 貸倒引当金 | 2,000 *1 | （貸） | 貸倒引当金繰入 | 2,000 |
| （借） | 法人税等調整額 | 800 *2 | （貸） | 繰延税金負債 | 800 |

＊1 200,000 × 0.01 = 2,000

＊2 2,000 × 0.4 = 800

### ⑽ 連結財務諸表の表示方法

連結財務諸表の表示方法は，個別財務諸表と基本的に同じである。以下では，特に重要な連結特有の項目についてのみ，その表示方法を示す。

① 非支配株主持分は，株主資本とは区別して純資産の部に表示する。

② のれんは無形固定資産に，負ののれんは原則として特別利益に表示する。

③ のれんの当期償却額は，販売費及び一般管理費に表示する。

④ 持分法による投資損益は，営業外収益または営業外費用に一括して表示する。

⑤ 当期純利益は，税金等調整前当期純利益に法人税額等を加減して表示する。

⑥ 2計算書方式の場合は，当期純利益に非支配株主利益を加減して，親会社株主利益を表示する。

1計算書方式の場合は，当期純利益の直後に親会社株主利益と非支配株主利益を付記する。

なお，2計算書方式と1計算書方式の表示例は以下のとおりである。

〈連結財務諸表における2計算書方式と1計算書方式の表示例〉

| 【2計算書方式】 | | 【1計算書方式】 | |
|---|---|---|---|
| ＜連結損益計算書＞ | | ＜連結損益及び包括利益計算書＞ | |
| 売上高 | 10,000 | 売上高 | 10,000 |
| ----------- | | ----------- | |
| 税金等調整前当期純利益 | 2,200 | 税金等調整前当期純利益 | 2,200 |
| 法人税等 | 900 | 法人税等 | 900 |
| 当期純利益 | 1,300 | 当期純利益 | 1,300 |
| 非支配株主に帰属する当期純利益 | 300 | (内訳) | |
| 親会社株主に帰属する当期純利益 | 1,000 | 親会社株主に帰属する当期純利益 | 1,000 |
| | | 非支配株主に帰属する当期純利益 | 300 |
| ＜連結包括利益計算書＞ | | | |
| 当期純利益 | 1,300 | | |
| その他の包括利益： | | その他の包括利益： | |
| その他有価証券評価差額金 | 530 | その他有価証券評価差額金 | 530 |
| 繰延ヘッジ損益 | 300 | 繰延ヘッジ損益 | 300 |
| 為替換算調整勘定 | △180 | 為替換算調整勘定 | △180 |
| 持分法適用会社に対する持分相当額 | 50 | 持分法適用会社に対する持分相当額 | 50 |
| その他の包括利益合計 | 700 | その他の包括利益合計 | 700 |
| 包括利益 | 2,000 | 包括利益 | 2,000 |
| (内訳) | | (内訳) | |
| 親会社株主に係る包括利益 | 1,600 | 親会社株主に係る包括利益 | 1,600 |
| 非支配株主に係る包括利益 | 400 | 非支配株主に係る包括利益 | 400 |

(出所) 企業会計基準第25号「包括利益の表示に関する会計基準」参考2。

### ⑾ 連結精算表の作成

連結財務諸表は，連結会社の個別財務諸表を合算したものに，必要な修正仕訳を加えて作成する。そのために用いられるのが連結精算表である。連結精算表とは，連結財務諸表を作成するまでの一連の決算手続を一覧表にしたものをいい，連結貸借対照表，連結損益計算書，連結株主資本等変動計算書の3つがこの連結精算表上で導出される。

連結精算表の作成手順を示すと次のようになる。なお，③と⑤で行う修正消去仕訳欄と連結財務諸表欄の整理とは，損益計算書で算定した当期純利益を株主資本等変動計算書へ振り替え，株主資本等変動計算書で算定した利益剰余金の期末残高を貸借対照表へ振り替える処理をいう。

① 親会社および子会社の個別財務諸表（貸借対照表，損益計算書，株主資本等変動計算書）を連結精算表に記載する。

② 開始仕訳と当期の連結修正仕訳を修正消去仕訳欄に記載する。

③ 損益計算書，株主資本等変動計算書，貸借対照表の順に修正消去仕訳欄を整理する。

④ 親会社および子会社の個別財務諸表と修正消去仕訳の合計値を連結財務諸表欄に記載する。

⑤ 損益計算書，株主資本等変動計算書，貸借対照表の順に連結財務諸表欄を整理し，連結財務諸表を完成させる。

①の株主資本等変動計算書の作成にあたり，原則として連結会計期間において確定した利益処分を基礎とする確定方式を採用する。この確定方式のもとでは，当期の株主総会で確定した前期末の繰越利益剰余金の配当などと当期の中間配当が，利益剰余金の減少取引として株主資本等変動計算書に記載される。ただし，連結会計期間の利益に関する処分を基礎とする繰上方式を採用することも認められている。

**問題15-10**　P社（親会社）とS社（子会社）の当期（X１年４月１日～X２年３月31日）の貸借対照表，損益計算書，株主資本等変動計算書は連結精算表に示したとおりである。次の資料により，連結精算表を完成しなさい。なお，単純化のため，P社とS社の間で取引や債権債務は存在せず，両社とも剰余金処分を行わないものとする。また，税金の問題も考えない。

〈資料〉

(1) X１年４月１日にP社はS社の発行済株式の80%を1,000円で取得した。このときのS社の純資産の部は，資本金500円，資本剰余金100円，利益剰余金100円であった。なお，この日のS社の土地（諸資産に含まれている）の帳簿価額は400円，時価は700円であり，その他の資産と負債の帳簿価額と時価は一致していた。

(2) のれんは20年にわたり，毎期均等償却する。

**解答・解説**

1　開始仕訳

(1) 子会社資産の時価評価

| | | | | | |
|---|---|---|---|---|---|
| （借） | 諸資産 | 300 | （貸） | 評価差額 | 300 |

(2) 資本連結

| | | | | | |
|---|---|---|---|---|---|
| （借） | 資本金 | 500 | （貸） | S社株式 | 1,000 |
| | 評価差額 | 300 | | 非支配株主持分 | 200 *1 |
| | 資本剰余金期首残高 | 100 | | | |
| | 利益剰余金期首残高 | 100 | | | |
| | のれん | 200 *2 | | | |

＊1 (500 + 300 + 100 + 100) × 0.2 = 200

＊2 (1,000 + 200) − (500 + 300 + 100 + 100) = 200

2　当期の連結修正仕訳

(1) のれんの償却

| | | | | | |
|---|---|---|---|---|---|
| （借） | のれん償却 | 10 * | （貸） | のれん | 10 |

＊ 200 ÷ 20年 = 2

⑵ 非支配株主利益の非支配株主持分への振替え

（借） 非支配株主利益 40＊ （貸） 非支配株主持分 40

＊ 200 × 0.2 = 40

3 修正消去仕訳欄と連結財務諸表欄の整理

修正消去仕訳欄の整理は，損益計算書，株主資本等変動計算書，貸借対照表の順に行う。まず損益計算書で算定した親会社株主利益 50（①）を株主資本等変動計算書の親会社株主利益（②）へ振り替える。そして，株主資本等変動計算書で算定した利益剰余金の期末残高 150（③）を貸借対照表の利益剰余金（④）へ振り替える。

連結財務諸表欄の整理も，修正消去仕訳欄の整理と同様に，連結損益計算書，連結株主資本等変動計算書，連結貸借対照表の順に行う。まず連結損益計算書で算定した親会社株主利益 1,350（①'）を連結株主資本等変動計算書の親会社株主利益（②'）へ振り替え，連結株主資本等変動計算書で算定した利益剰余金の期末残高 1,650（③'）を連結貸借対照表の利益剰余金（④'）へ振り替える。

連 結 精 算 表

| | P社 | | S社 | | 修正消去仕訳 | | 連結財務諸表 | |
|---|---|---|---|---|---|---|---|---|
| | 借方 | 貸方 | 借方 | 貸方 | 借方 | 貸方 | 借方 | 貸方 |
| 貸借対照表： | | | | | | | | |
| 諸資産 | 6,000 | | 2,400 | | 300 | | 8,700 | |
| S社株式 | 1,000 | | | | | 1,000 | | |
| のれん | | | | | 200 | 10 | 190 | |
| 諸負債 | | 3,500 | | 1,500 | | | | 5,000 |
| 資本金 | | 1,800 | | 500 | 500 | | | 1,800 |
| 評価差額 | | | | | 300 | 300 | | |
| 資本剰余金 | | 200 | | 100 | 100 | | | 200 |
| 利益剰余金 | | 1,500 | | 300 | ④ 150 | | | ④' 1,650 |
| 非支配株主持分 | | | | | | 200 | | 240 |
| | | | | | | 40 | | 40 |
| | 7,000 | 7,000 | 2,400 | 2,400 | 1,550 | 1,550 | 8,890 | 8,890 |
| 損益計算書： | | | | | | | | |
| 収益 | | 3,000 | | 1,100 | | | | 4,100 |
| 費用 | 1,800 | | 900 | | | | 2,700 | |
| のれん償却 | | | | | 10 | | 10 | |
| 非支配株主利益 | | | | | 40 | | 40 | |
| 親会社株主利益 | 1,200 | | 200 | | | ① 50 | ①' 1,350 | |
| | 3,000 | 3,000 | 1,100 | 1,100 | 50 | 50 | 4,100 | 4,100 |
| 株主資本等変動計算書： | | | | | | | | |
| 利益剰余金期首残高 | | 300 | | 100 | 100 | | | 300 |
| 親会社株主利益 | | 1,200 | | 200 | ② 50 | | | ②' 1,350 |
| 配当金 | － | | － | | | － | | |
| 利益剰余金期末残高 | 1,500 | | 300 | | | ③ 150 | ③' 1,650 | |
| | 1,500 | 1,500 | 300 | 300 | 150 | 150 | 1,650 | 1,650 |

## 2　持分法

### (1)　持分法とは

持分法とは，投資会社が被投資会社の資本および損益のうち投資会社に帰属する部分の変動に応じて，その投資額を連結決算日ごとに修正する方法をいう。持分法は，連結の対象からは除外されているが，連結財務諸表上に業績を反映させた方がよいと思われる企業に対して適用されるものであり，連結を補完する役割が求められている。

連結は，前述したように，連結会社の財務諸表を勘定科目ごとに合算することによって企業集団の財務諸表を作成するため，完全連結といわれる。これに対して持分法は，被投資会社の資本および損益に対する投資会社の持分相当額を，連結貸借対照表上は投資有価証券の修正，連結損益計算書上は持分法による投資損益によって連結財務諸表に反映するため，一行連結といわれる。連結と持分法との間には，連結財務諸表における連結対象科目が全科目か一科目かという違いはあるが，当期純損益と純資産に与える影響は同じである。

### (2)　持分法の適用範囲

非連結子会社および関連会社に対する投資については，原則として持分法を適用する。非連結子会社とは連結範囲から除外した子会社をいい，関連会社とは，投資会社が，出資，人事，資金，技術，取引などの関係を通じて，財務および営業または事業の方針決定に対して重要な影響を及ぼすことができる企業をいう。ただし，財務および営業または事業の方針決定に対する影響が一時的であると認められる関連会社や，持分法の適用により利害関係者の判断を著しく誤らせる恐れのある非連結子会社および関連会社は，持分法を適用しない。また，持分法の適用により連結財務諸表に重要な影響を与えない場合には，持分法の適用対象から外すこともできる。

ここで，財務および営業または事業の方針決定に対して重要な影響を及ぼすことができる場合とは，次のような場合をいう。

① 子会社以外の他の企業の議決権の20%以上を自己の計算において所有している場合

② 子会社以外の他の企業の議決権の15%以上，20%未満を自己の計算において所有しており，かつ，次のいずれかの要件に該当する場合

1）役員，社員，使用人などで，他の企業の財務および営業または事業の方針決定に影響を与えることのできる者が，子会社以外の他の企業の代表取締役，取締役またはこれらに準ずる役職に就任している場合

2）子会社以外の他の企業に対して重要な融資（債務の保証や担保の提供など）を行っている場合

3）子会社以外の他の企業に対して重要な技術を提供している場合

4）子会社以外の他の企業との間に重要な販売，仕入その他の営業上または事業上の取引がある場合

5）その他，子会社以外の他の企業の財務および営業または事業の方針決定に対して重要な影響を与えていることが推測される事実が存在する場合

③ 自己の計算において所有している議決権の所有割合は15%未満であるが，「緊密な者」および

「同意している者」の議決権と合わせて20%以上所有しており，かつ上記②の１）から５）までのいずれかに該当する場合

### (3) 会計処理の原則および手続の統一

〈持分法の適用範囲に関する一覧表〉

| | | |
|---|---|---|
| 非連結子会社 | 適用 | 支配が一時的と認められる企業（強制） |
| | 非適用 | 利害関係者の判断を著しく誤らせる恐れのある企業（強制）<br>重要性の乏しい企業（任意） |
| 関連会社 | 適用 | 議決権を20%以上所有されている企業<br>議決権の所有割合が20%未満でも重要な影響を受けている企業 |
| | 非適用 | 利害関係者の判断を著しく誤らせる恐れのある企業（強制）<br>影響が一時的と認められる企業（強制）<br>重要性の乏しい企業（任意） |
| 非関連会社 | 非適用 | 更生会社，破産会社，その他これらに準ずる企業 |

同一環境下で行われた同一の性質の取引などについて，投資会社（その子会社を含む）および持分法適用会社が採用する会計処理の原則および手続は，連結子会社の場合と同様に，原則として統一する。会計処理の原則および手続の統一が持分法適用会社の財務諸表上で行われていない場合には，持分法の適用に際して，統一するための修正を行う必要がある。

なお，投資会社と持分法適用会社の決算日に差異があり，その差異の期間内に重要な取引または事象が発生している場合には，必要な修正または注記を行うことが求められている。

### (4) 持分法の会計処理

持分法では，持分法適用会社の資本および損益に増減が生じれば，投資会社に帰属する額のみ投資の額を増減させると同時に，同額を持分法による投資損益に計上する。この持分法の適用に際しては，原則として連結の場合と同様の処理を行わなければならないが，重要性が乏しいものについては当該処理を行わなくてもよい。持分法の具体的な処理方法は次のとおりである。

① 投資差額の償却

投資会社の投資額とこれに対応する持分法適用会社の資本との間に差額がある場合には，その差額をのれんまたは負ののれんとし，のれんは20年以内に定額法などの方法により償却を行う。たとえば，投資差額が借方に生じる場合は，償却額分だけ投資の額を減少させると同時に，同額を持分法による投資損益として費用計上する。

② 被投資会社の当期純損益の処理

株式取得後に持分法適用会社が計上した当期純損益のうち投資会社に帰属する金額については，投資の額に加減すると同時に，同額を持分法による投資損益に計上する。

③ 未実現利益の消去

連結会社と持分法適用会社間の取引により生じた未実現利益を消去する必要がある。ここでは，期末棚卸資産に含まれる未実現利益の消去処理について説明する。

投資会社から持分法適用会社への販売（ダウン・ストリーム）の場合は，投資会社で売上高を計上しているため，売上高を減額すると同時に投資の額も減額する。持分法適用会社が非連結子会社の場合は未実現利益の全額を，関連会社の場合は未実現利益のうち投資会社の持分比率分を減額する。

持分法適用会社から投資会社への販売（アップ・ストリーム）の場合は，投資会社で棚卸資産を計上しているため，棚卸資産を減額すると同時に，同額を持分法による投資損益に計上する。ここでは未実現利益のうち投資会社の持分比率分が消去の対象となる。

④　持分法適用会社からの配当金

持分法適用会社の配当金のうち投資会社に帰属する金額については，投資の額から減額すると同時に，投資会社で計上した受取配当金を減額する。

解答・解説

**問題15-11**　次の資料に基づき，当期末における修正仕訳を行いなさい。

1　P社は当期首にA社株式の30%を12,300円で取得し，関連会社とした。A社の純資産の状況は，資本金20,000円，資本剰余金3,000円，利益剰余金8,000円であり，A社の諸資産の時価は簿価より2,000円高かった。なお，投資差額は，20年間にわたり毎期均等償却する。
2　上記A社の当期純利益は1,400円であった。
3　上記A社は期中に行われた株主総会で，配当金400円を支払う旨の決議を行っていた。

解答・解説

1　投資差額の償却

| | | | | | |
|---|---|---|---|---|---|
| （借） | 持分法による投資利益 | 120＊ | （貸） | A　社　株　式 | 120 |

＊{12,300 −（20,000 ＋ 3,000 ＋ 8,000 ＋ 2,000）× 0.3} ÷ 20年 = 120

※　のれんの償却開始時期は，持分法適用日または追加取得日が当期首である場合には，当期末に償却を行う。持分法適用日または追加取得日が当期末である場合には，翌期末から償却を行う。今回は持分法適用日が当期首であるため，当期末にのれんの償却を行う。

2　被投資会社の当期純利益の処理

| | | | | | |
|---|---|---|---|---|---|
| （借） | A　社　株　式 | 420＊ | （貸） | 持分法による投資利益 | 420 |

＊1,400 × 0.3 = 420

3　被投資会社からの配当金

| | | | | | |
|---|---|---|---|---|---|
| （借） | 受　取　配　当　金 | 120＊ | （貸） | A　社　株　式 | 120 |

＊400 × 0.3 = 120

## 3　在外子会社の会計

企業集団による活動は規模が大きく，国際的に経営が展開されていることも少なくない。このような状況下においては，本国の親会社が外国に在外子会社や在外関連会社（以下，在外子会社等）を有することとなる。在外支店（XIII章）と類似しているようにも見えるが，在外支店の場合は国内法人が現地に支店を開設するにすぎず，作成されるのは個別財務諸表であるのに対し，在外子会社等は本国の親会社とは別法人である。つまり，親会社および子会社等それぞれが個別財務諸表を作成しており，連結財務諸表の作成や持分法の適用が必要となる。そのためには，外国通貨で表示された在外子会社等の財務諸表項目を本邦通貨に換算替えする必要がある。

「外貨建取引等会計処理基準」(三）および企業会計基準適用指針第８号「貸借対照表の純資産の部の表示に関する会計基準等の適用指針」(７項）によれば，在外子会社等が作成した外国通貨で表示されている財務諸表項目の換算は，次のように行う。

### ①　資産および負債の換算

資産および負債については，決算時の為替相場による円換算額を付す。

### ②　純資産の換算

親会社による株式取得時（支配獲得時）の株主資本および評価・換算差額等に属する項目，ならびに全面時価評価法によって生じた資産・負債の時価評価差額については，支配獲得時の為替相場によって円換算する。親会社による支配獲得後に生じた株主資本に属する項目については，当該項目の発生時の為替相場による円換算額を付し，評価・換算差額等に属する項目については，決算時の為替相場による円換算額を付す。非支配株主持分については，決算時の為替相場による円換算額を付す。

### ③　換算差額の処理

①および②の換算の結果生じた換算差額については，為替換算調整勘定として処理し，貸借対照表の純資産の部に記載する。為替換算調整勘定は在外子会社等で生じた評価・換算差額等の一種であるが，包括利益の表示が行われる連結財務諸表においては，その他の包括利益累計額の１項目として表示される点に注意すること。

### ④　収益および費用の換算

収益および費用については，原則として期中平均相場による円換算額を付す。ただし決算時の為替相場による円換算額を付すこともできる。この取扱いは，外貨建てで計算された当期純損益についても同様である。なお，親会社との取引による収益および費用の換算については，相殺消去を行う観点から，親会社が換算に用いる為替相場による。この結果生じる差額は，当期の為替差損益として処理する。

### ⑤　具体的換算手順

在外子会社等の外貨表示財務諸表項目の具体的な換算手順としては，まず④に従い，損益計算書の収益および費用，そして当期純損益の円換算額を算定し，貸借差額によって為替差損益を計上する。次に，株主資本等変動計算書における剰余金の配当額の円換算（配当時の為替相場による）を行い，損益計算書における当期純損益と期首残高を加味して，利益剰余金の当期末残高を求める。この金額を貸借対照表上の利益剰余金の円換算額としたうえで，①・②に従って貸借対照表の資産および負債，そして純資産項目の円換算額を算定する。最後に，③より貸借差額として為替換算調整勘定の金額を求める。

以上のような手順を踏まえると，非支配株主持分については，円換算後の株主資本および評価・換算差額等を，資本連結手続きによって非支配株主持分に振り替えることとなるが，振替の対象である評価・換算差額等の中には為替換算調整勘定も含まれる。このため，結果的には，②に従い外貨建てで計算した非支配株主持分を決算時の為替相場で換算した場合と同額になる。

### ⑥ テンポラル法と決算日レート法

在外支店の財務諸表項目の換算では，原則として本店と同様の方法が採用されている。たとえば，外貨で時価評価する項目については決算時の為替相場で円換算し，外貨で原価評価が行われる項目には取引発生時の為替相場を用いるといった具合に，各財務諸表項目の測定属性を重視した換算が行われる。このような換算方法をテンポラル法（属性法）といい，換算に複数の為替相場を用いることから，対象項目の測定属性を考慮した換算が可能となる反面，換算のパラドックスのような問題が生じるという側面もある。

他方，在外子会社等では，貸借対照表項目は決算時の為替相場で換算され，損益計算書項目は期中平均相場で換算される。この方法を決算日レート法といい，基本的に単一の為替相場を用いた換算が行われることから，外貨で作成された財務諸表項目は換算後もその構成が維持されることとなり，換算のパラドックスのような問題は生じない。決算日レート法は，現地通貨での測定値を重視した方法であるといえる。

**問題15-12** 全経株式会社（以下，当社）は，X１年３月31日にアメリカにあるS社の発行する株式の80%を640千ドルで取得し，同社を子会社として支配している。S社に関する以下の資料に基づいて，①X１年度（X１年４月１日～X２年３月31日）における円換算後のS社の個別財務諸表（損益計算書，株主資本等変動計算書（利益剰余金部分のみ）および貸借対照表）を作成するとともに，②X１年度の連結貸借対照表に計上される非支配株主持分の金額を求めなさい（いずれも金額の単位は千円とする）。

１．X０年度のS社の貸借対照表

貸借対照表 （単位:千ドル）

| | | | |
|---|---|---|---|
| 諸資産 | 1,200 | 諸負債 | 400 |
| | | 資本金 | 600 |
| | | 利益剰余金 | 200 |
| | 1,200 | | 1,200 |

※ 諸資産および諸負債について，時価と簿価との乖離はなかった。

２．X１年度のS社の財務諸表

損益計算書 （単位:千ドル）

| | | | |
|---|---|---|---|
| 諸費用 | 180 | 諸収益 | 530 |
| 当期純利益 | 350 | | |
| | 530 | | 530 |

| 株主資本等変動計算書(利益剰余金) | | | (単位:千ドル) |
|---|---|---|---|
| 剰余金の配当 | 100 | 期首残高 | 200 |
| 期末残高 | 450 | 当期純利益 | 350 |
| | 550 | | 550 |

| 貸借対照表 | | | (単位:千ドル) |
|---|---|---|---|
| 諸資産 | 1,550 | 諸負債 | 500 |
| | | 資本金 | 600 |
| | | 利益剰余金 | 450 |
| | 1,550 | | 1,550 |

3．X１年度中に，当社はS社より100千ドル分の商品輸入を行った（輸入時の為替相場は１ドル＝111円）。当該金額は，S社の損益計算書において「諸収益」に含まれている。

4．S社による剰余金配当時の為替相場は，１ドル＝115円であった。

5．財務諸表項目の換算は原則的な方法によることとし，上記以外の為替相場については，次のものを用いる。

X１年３月31日の為替相場：１ドル＝110円　　X１年度の期中平均相場：１ドル＝117円

X２年３月31日の為替相場：１ドル＝124円

6．資料より判明しない事項はすべて無視すること。また，換算の結果新たに生じた項目は，他と区別して表示すること。

**解答・解説**

① X１年度におけるS社の個別財務諸表

| | 損益計算書 | | | (単位:千円) | |
|---|---|---|---|---|---|
| (180千ドル×117円) | 諸費用 | 21,060 | 諸収益 | 61,410 | (※１) |
| (350千ドル×117円) | 当期純利益 | 40,950 | 為替差益 | 600 | (貸借差額) |
| | | 62,010 | | 62,010 | |

| | 株主資本等変動計算書(利益剰余金) | | | (単位:千円) | (※２) |
|---|---|---|---|---|---|
| (100千ドル×115円) | 剰余金の配当 | 11,500 | 期首残高 | 22,000 | (200千ドル×110円) |
| (貸借差額。B/Sへ) | 期末残高 | 51,450 | 当期純利益 | 40,950 | (P/Lより) |
| | | 62,950 | | 62,950 | |

| | 貸借対照表 | | | (単位:千円) | |
|---|---|---|---|---|---|
| (1,550千ドル×124円) | 諸資産 | 192,200 | 諸負債 | 62,000 | (500千ドル×124円) |
| | | | 資本金 | 66,000 | (600千ドル×110円) |
| | | | 利益剰余金 | 51,450 | |
| | | | 為替換算調整勘定 | 12,750 | (貸借差額) |
| | | 192,200 | | 192,200 | |

(※１) 当社がS社から仕入れた100千ドルについては取引発生時の為替相場を用い，それ以外の収益430千ドルについては，期中平均相場で換算する。

諸収益：100千ドル×111円＋それ以外430千ドル×117円＝61,410

（※2）　利益剰余金の「期首残高」は，当社（親会社）による株式取得時の為替相場により，また「剰余金の配当」による利益剰余金の減少額については，取引発生時の為替相場により，それぞれ円換算する。

②　X1年度における非支配株主持分の金額

非支配株主持分：26,040　千円

下式のように，邦貨・外貨いずれに基づいても算出できる。後者の方が会計基準の文言に忠実な方法といえる。他方，非支配株主持分への振替が連結固有の手続きであることからすれば，先にすべての個別財務諸表項目を円換算してしまう前者の方が，手続的にわかりやすいかもしれない。

・円換算額ベースで算出する場合

（資本金66,000千円＋利益剰余金51,450千円＋為替換算調整勘定12,750千円）×非支配株主持分比率20％＝26,040千円

・外貨表示ベースで算出後，決算時の為替相場で円換算する場合

（資本金600千ドル＋利益剰余金450千ドル）×非支配株主持分比率20％×124円＝26,040千円

## 4　四半期連結財務諸表

### (1)　四半期連結財務諸表

四半期連結財務諸表とは，年度の期間を3カ月ごとに区分した各期間（四半期）に作成される連結財務諸表であり，四半期連結貸借対照表，四半期連結損益計算書，四半期連結包括利益計算書，四半期連結キャッシュ・フロー計算書から構成される。

四半期連結貸借対照表では四半期末日の情報が，四半期連結損益計算書，四半期連結包括利益計算書，四半期連結キャッシュ・フロー計算書では，年度の期首からその四半期末日までの累計期間の情報が開示情報として求められている。なお，四半期連結損益計算書と四半期連結包括利益計算書については，四半期の情報も任意に開示でき，四半期連結キャッシュ・フロー計算書については，第1四半期と第3四半期において開示を省略できる。

### (2)　四半期連結財務諸表の性格

四半期連結財務諸表の性格については，実績主義と予測主義の2つの考え方がある。実績主義とは，四半期を年度と並ぶ一会計期間とみなし，四半期連結財務諸表を，原則として年度の連結財務諸表と同じ会計処理の原則および手続きを採用して作成することにより，四半期の財政状態や経営成績などに関する情報を提供しようという考え方である。一方，予測主義とは，四半期を年度の一構成部分とみなし，四半期連結財務諸表を，部分的には年度の連結財務諸表と異なる会計処理の原則および手続きを採用して作成することにより，四半期を含む年度の業績の予測に資する情報を提供しようという考え方である。「四半期財務諸表に関する会計基準」では，実績主義の考え方が採用されている。

### (3) 四半期連結財務諸表の会計処理

四半期連結財務諸表は，企業集団に属する親会社と子会社が一般に公正妥当と認められる会計基準に準拠して作成した四半期個別財務諸表を基礎として作成する。また，四半期連結財務諸表において採用する会計処理の原則および手続は，「四半期特有の会計処理」を除き，原則として年度の連結財務諸表と同じものを採用する。ただし，財務諸表利用者の判断を誤らせない限り，簡便的な会計処理によることもできる。

四半期特有の会計処理としては，「原価差異の繰延処理」と「税金費用の計算」が認められている。

#### 1）原価差異の繰延処理

標準原価計算等を採用している場合において，原価差異が操業度等の季節的な変動に起因して発生したものであり，かつ，原価計算期間末までにほぼ解消が見込まれるときには，継続適用を条件として，その原価差異を流動資産または流動負債として繰り延べることができる。

#### 2）税金費用の計算

法人税等の税金費用は，原則として年度決算と同様の方法で計算する。この場合，四半期を含む年度の法人税等の計算に適用される税率を予測して計算する。繰延税金資産および繰延税金負債については，回収可能性などを考慮した上で，四半期連結貸借対照表に計上する。ただし，四半期を含む年度の税引前当期純利益に対する税効果会計適用後の実効税率を合理的に見積り，その税率を税引前四半期純利益に乗じて計算することもできる。この場合には，四半期連結貸借対照表には未払法人税等その他適当な科目により，流動負債または流動資産として表示する。前年度末の繰延税金資産および繰延税金負債については，回収可能性等を検討した上で，四半期連結貸借対照表に計上する。

# XVI 会社再編の会計

## 1 総　説

ここでは，株式交換（会社法767条～771条），株式移転（同772条～774条），および会社分割（同757条～766条）といった会社再編の会計処理について説明する。

株式交換とは，会社がその発行済株式の全部を他の会社に取得させることをいい，株式移転とは，1または2以上の会社がその発行済株式の全部を新設会社に取得させることをいう。いずれの場合も，株式を取得する会社が完全親会社になり，株式を取得される会社が完全子会社になる。株式交換も株式移転も，完全親子会社関係を円滑に創設するための制度である。

会社分割には，吸収分割と新設分割がある。吸収分割とは，会社（分割会社）がその事業の全部または一部を分割して他の会社（承継会社）に移転することをいい，新設分割とは，1または2以上の株式会社が，その事業の全部または一部を分割して新設会社に移転することをいう。会社分割は，現物出資のような煩雑な手続によらずに，事業構成の再構築を行うための制度である。

（注）　分割には，分割に伴う対価（承継会社が新たに発行する株式）を分割会社に交付する分社型と，これを分割会社の株主に交付する分割型とがあるが，会社法上，分割型は「分社型＋株式の割当」と解されるので，ここでは専ら分社型を取り上げる。また，会社法上，株式交換，吸収分割の場合には，取得する株式または事業の対価として，株式以外の財産を交付することができるが，ここでは，株式を対価とするケースだけを想定する。

以上の会社再編制度によると，多くの場合に，再編後に新たな親子会社関係が構築される。そこで，本章では，会社再編の個別財務諸表上の会計処理ばかりでなく，連結財務諸表上の処理にも触れることにする。

詳細は第XV章に記述されたとおりであるが，ここで，特に連結会計の資本連結手続について概説すると，①子会社の資産・負債を時価評価し，②子会社株式の取得原価と子会社純資産（評価差額を含む）に対する親会社持分相当額を相殺消去する。その際，相殺消去によって生ずる差額をのれんとして計上するとともに，親会社持分以外の子会社純資産を非支配株主持分に振り替える。なお，子会社資産・負債の評価は，親会社持分比率にかかわらず全体を支配獲得日の時価で評価する全面時価評価法による（連結財務諸表に関する会計基準20項）。

## 2 会社再編会計の基本的な考え方

会社再編の会計では，「企業または企業を構成する事業」（以下では，これを総称して「事業」という）が，会計の対象となる。事業にかかわる会計数値には，①事業の適正な帳簿価額による純資産額（以下では，簿価純資産額という。なお，株主資本以外の純資産項目はないものとする），②事業の時価評価された資産と負債の差額（以下「時価純資産額」という），および③事業の有機体としての価値（以下「事業の時価」という）がある。①と②の差額が評価差額に当たり，②と③の差額がのれんに相当する。評価差額にせよ，のれんにせよ，会社再編前はいわゆる含み益としてオフバランスされている。

会社再編の会計処理は，事業を支配する主体が変動するか否かが規準になる。支配とは，ある企業または事業の活動から便益を享受するために，その企業または事業の財務および経営方針を左右する能力を有していることをいい，主として議決権比率によって判定される（企業結合に関する会計基準7項）。

複数の企業が共同で再編を行う場合には，当該再編は企業結合（XⅧ章参照）に該当し，一般に，支配の主体に変更を生ずる。支配の主体の変動を伴う企業結合を取得といい，パーチェス法が適用される。パーチェス法によれば，再編によって，他の企業に支配される事業は，支払対価（事業の時価に等しい）を取得原価として評価され，さらに当該取得原価は，事業を構成する資産・負債に対して各々の時価に基づいて配分される。そして，当該時価純資産額と取得原価との差額をのれん（または負ののれん）として会計処理する（企業結合に関する会計基準23項，28～31項）。

なお，会社再編に伴う取得には，事業を直接取得する場合（たとえば吸収分割）と株式の取得を通じて事業を支配する場合（たとえば株式交換）がある。また，法形式上の取得企業と実質的に支配を獲得した企業が異なる場合があり，これを逆取得という。

他方，次の場合には，支配の主体に変更を生じない。すなわち，①取得と判定される会社再編における取得企業の事業の場合，②単独で会社再編（株式移転，会社分割）を行う場合である。これらの場合には，連結財務諸表上，再編前の資産，負債および純資産の適正な帳簿価額がそのまま引き継がれる。

（注）本章で示す会計処理では，資本金，資本準備金，その他資本剰余金を「払込資本」によって総称している。会社再編では，類型に応じて契約や計画に従い，「払込資本」の構成要素が変動することに留意する必要がある。

以下では，①単独で行われる会社再編，②取得と判定される会社再編，③逆取得に当たる会社再編，の順に説明する。

## 3　単独で行われる会社再編の会計

単独で行われる会社再編の例として，ある会社が単独で株式移転により完全親会社を新設する場合（単独株式移転），および，ある会社が単独で会社分割により完全子会社を新設する場合（単独新設分割）がある。

単独株式移転の場合には，個別財務諸表上および連結財務諸表上，次のような会計処理を行う。

① 完全親会社の個別財務諸表上，再編前の簿価純資産額に基づいて完全子会社株式の取得原価を算定する。

② 連結財務諸表上，完全子会社の資本構成を引き継ぐ。

**問題16-1**　次の条件に基づいて，再編時におけるX社の個別財務諸表上の会計処理，および再編直後のX社の連結精算表（連結貸借対照表）を示しなさい。

① X1年3月31日に株式移転により，A社は新たに完全親会社X社を設立する。
② 再編前のA社の発行済株式総数は，14百万株であり，A社株式1株当たりX社株式1株を交付する。
③ 再編前のA社の貸借対照表は，次のとおりである（単位：百万円）。

A社貸借対照表

| | | | |
|---|---|---|---|
| 諸資産 | 3,000 | 諸負債 | 500 |
| | | 払込資本 | 1,500 |
| | | 利益剰余金 | 1,000 |

**解答・解説**

【X社の個別財務諸表上の会計処理】（単位：百万円）

（借）A社株式　2,500　（貸）払込資本　2,500

【X社の連結精算表（連結貸借対照表）】（単位：百万円）

| | X社 | | A社 | | 連結修正 | | X社連結貸借対照表 | |
|---|---|---|---|---|---|---|---|---|
| 諸資産 | | | 3,000 | | | | 3,000 | |
| A社株式 | 2,500 | | | | | ① 2,500 | | |
| 諸負債 | | | | 500 | | | | 500 |
| 払込資本 | | 2,500 | | 1,500 | ① 1,500 | | | 1,500 |
| | | | | | ② 1,000 | | | |
| 利益剰余金 | | | | 1,000 | ① 1,000 | ② 1,000 | | 1,000 |
| 合計 | 2,500 | 2,500 | 3,000 | 3,000 | 3,500 | 3,500 | 3,000 | 3,000 |

① 投資と資本の相殺消去

（借）払込資本　1,500　（貸）A社株式　2,500
　　　利益剰余金　1,000

② 利益剰余金の引継ぎ

（借）払込資本—X社　1,000　（貸）利益剰余金—A社　1,000

単独新設分割の場合には，分割会社が完全親会社，新設会社が完全子会社となる。親会社および子会社の個別財務諸表上，次のような会計処理を行う。

① 親会社の個別財務諸表上，子会社株式の取得原価は移転した事業の簿価純資産額に基づいて算定する。
② 子会社の個別財務諸表上，移転した事業の資産・負債の帳簿価額を引き継ぐ。また，事業の受入価額を払込金額として払込資本を増加させる。

**問題16-2**　次の条件に基づいて，再編時におけるA社･X社の個別財務諸表上の会計処理，および再編直後のA社の連結精算表（連結貸借対照表）を示しなさい。

① X1年3月31日に新設分割により，A社はb事業を分離し，新設会社X社に移転する。X社はA社の完全子会社になる。

② 再編前のA社の個別貸借対照表は次のとおりである（単位：百万円）。

A社貸借対照表

| | | | |
|---|---|---|---|
| a事業資産 | 1,000 | 諸負債 | 0 |
| b事業資産 | 1,500 | 払込資本 | 1,500 |
| | | 利益剰余金 | 1,000 |

**解答・解説**

【A社の個別財務諸表上の会計処理】（百万円）

（借）X社株式　1,500　（貸）b事業資産　1,500

【X社の個別財務諸表上の会計処理】（百万円）

（借）b事業資産　1,500　（貸）払込資本　1,500

【A社の連結精算表（連結貸借対照表）】（百万円）

| | A社 | | X社 | | 連結修正 | | A社連結貸借対照表 | |
|---|---|---|---|---|---|---|---|---|
| a事業資産 | 1,000 | | | | | | 1,000 | |
| b事業資産 | | | 1,500 | | | | 1,500 | |
| X社株式 | 1,500 | | | | | ① 1,500 | | |
| 払込資本 | | 1,500 | | 1,500 | ① 1,500 | | | 1,500 |
| 利益剰余金 | | 1,000 | | | | | | 1,000 |
| 合計 | 2,500 | 2,500 | 1,500 | 1,500 | 1,500 | 1,500 | 2,500 | 2,500 |

① 投資と資本の相殺消去

（借）払込資本　1,500　（貸）X社株式　1,500

＊ **問題16-1**および**問題16-2**の連結精算表に示されるように，単独で行われる会社再編の場合，再編前の個別貸借対照表と再編後の連結貸借対照表は同一性を保つ。

## 4　取得とされた会社再編の会計

### (1) 株式交換

株式交換の場合には，個別財務諸表上および連結財務諸表上，次のような会計処理を行う。

① 完全親会社の個別財務諸表では，パーチェス法を適用した場合の取得原価で完全子会社株式を計上する。また，当該取得原価を払込金額として払込資本を増加させる。

② 完全親会社の連結財務諸表上，パーチェス法を適用して会計処理を行う。

**問題16-3**　次の条件に基づいて，再編時におけるＡ社の個別財務諸表上の会計処理，および再編直後のＡ社の連結精算表（連結貸借対照表）を示しなさい。

① X1年3月31日に，Ａ社はＢ社の株式（時価100円）12百万株とＡ社の株式（時価200円）6百万株とを交換し，Ａ社は完全親会社，Ｂ社は完全子会社となった。なお，再編前において，Ａ社とＢ社の間に資本関係はない。

② この株式交換では，Ａ社が取得企業，Ｂ社が被取得企業となる。

③ 再編前のＡ社およびＢ社の個別貸借対照表は，次のとおりである（単位：百万円）。なお，再編時におけるＢ社の諸資産の時価は1,200である。

Ａ社貸借対照表

| | | | |
|---|---|---|---|
| 諸資産 | 3,000 | 諸負債 | 500 |
| | | 払込資本 | 1,500 |
| | | 利益剰余金 | 1,000 |

Ｂ社貸借対照表

| | | | |
|---|---|---|---|
| 諸資産 | 1,000 | 諸負債 | 300 |
| | | 払込資本 | 550 |
| | | 利益剰余金 | 150 |

**解答・解説**

【Ａ社の個別財務諸表における会計処理】（単位：百万円）

（借）Ｂ社株式　1,200　（借）払込資本　1,200

Ｂ社株式1,200百万円＝Ａ社株式の時価200円×発行株式数6百万株。Ｂ社株式の取得原価の算定にはパーチェス法を適用する。取得の対価となる株式の時価は，原則として，企業結合日における株価を基礎として算定される（企業結合に関する会計基準24項）。

【Ａ社の連結精算表（連結貸借対照表）】（単位：百万円）

| | Ａ社 | | Ｂ社 | | 連結修正 | | Ａ社連結貸借対照表 | |
|---|---|---|---|---|---|---|---|---|
| 諸資産 | 3,000 | | 1,000 | | ① 200 | | 4,200 | |
| のれん | | | | | ② 300 | | 300 | |
| Ｂ社株式 | 1,200 | | | | | ② 1,200 | | |
| 諸負債 | | 500 | | 300 | | | | 800 |
| 払込資本 | | 2,700 | | 550 | ② 550 | | | 2,700 |
| 利益剰余金 | | 1,000 | | 150 | ② 150 | | | 1,000 |
| 評価差額 | | | | | ② 200 | ① 200 | | |
| 合計 | 4,200 | 4,200 | 1,000 | 1,000 | 1,400 | 1,400 | 4,500 | 4,500 |

① 子会社の資産・負債の評価

（借）諸資産　200　（貸）評価差額　200

② 投資と資本の相殺消去

（借）払込資本　550　（貸）Ｂ社株式　1,200
　　　利益剰余金　150
　　　評価差額　200
　　　のれん　300

のれん300百万円＝Ｂ社株式の取得原価1,200百万円－Ｂ社時価純資産900百万円。被取得企業の取得原価と時価純資産額との差額は，のれんとして計上される。

### (2) 株式移転

株式移転による共同持株会社の設立の場合には，個別財務諸表および連結財務諸表上，次のような会計処理を行う。

① 完全子会社となる会社のうちいずれかを取得企業として扱う。新設会社は，完全親会社であっても取得企業ではない。

② 親会社の個別財務諸表上，子会社（取得企業）株式は，その簿価純資産額に基づいて取得原価を算定し，他方，子会社（被取得企業）株式はパーチェス法を適用した場合の取得原価で計上する。また，各子会社株式の取得原価を払込金額として払込資本を増加させる。

なお，取得の対価となる株式の時価は，被取得企業の株主が結合後企業に対する実際の議決権比率と同じ比率を保有するのに必要な数の取得企業株式を，取得企業が交付したものとみなして算定する（企業結合に関する会計基準（注１））。

③ 連結財務諸表上，親会社は取得企業の資本構成を，原則として，そのまま引き継ぐ。ただし，連結財務諸表上の資本金は親会社の資本金とし，これと子会社（取得企業）の資本金とが異なる場合には，その差額を資本金または資本剰余金に振り替える。

**問題16-4** 次の条件に基づいて，再編時におけるＸ社の個別財務諸表上の会計処理，および再編直後のＸ社の連結精算表（連結貸借対照表）を示しなさい。

① X1年３月31日に株式移転により，Ａ社とＢ社は共同して完全親会社Ｘ社を設立する。Ａ社とＢ社は，Ｘ社の完全子会社となる。なお，再編前においてＡ社とＢ社の間に資本関係はない。

② この株式移転では，Ａ社が取得企業，Ｂ社が被取得企業となる。

③ 再編前の発行済株式総数は，Ａ社14百万株（時価200円），Ｂ社12百万株（時価100円）である。Ａ社の株主には，Ａ社株式１株当たりＸ社株式１株を交付し，Ｂ社の株主には，Ｂ社株式１株当たりＸ社株式0.5株を交付する。

④ 再編前のＡ社・Ｂ社の個別貸借対照表および再編時におけるＢ社の諸資産の時価は，**問題16-3**と同じである。

**解答・解説**

【Ｘ社の個別財務諸表上の会計処理】（百万円）

| | | | | | |
|---|---|---|---|---|---|
| （借） | Ａ 社 株 式 | 2,500 | （貸） | 払 込 資 本 | 3,700 |
| | Ｂ 社 株 式 | 1,200 | | | |

取得企業Ａ社の株式は，Ａ社の簿価純資産額2,500に基づいて取得原価を算定する。これに対して，Ｂ社株式の取得原価は，Ｂ社株主がＸ社に対する実際の議決権比率と同じ比率を保有するのに必要な株式数に，Ａ社株式の時価を乗じて算定する。

議決権比率＝12 百万株×0.5÷（14 百万株×1＋12 百万株×0.5）＝30%

B 社株式の取得原価＝20 百万株×30%×@200 円＝1,200 百万円

【X 社の連結精算表（連結貸借対照表）】（単位：百万円）

| | X 社 | | A 社 | | B 社 | | 連結修正 | | 連結貸借対照表 | |
|---|---|---|---|---|---|---|---|---|---|---|
| 諸資産 | | | 3,000 | | 1,000 | | ③ 200 | | 4,200 | |
| のれん | | | | | | | ④ 300 | | 300 | |
| A 社株式 | 2,500 | | | | | | | ① 2,500 | | |
| B 社株式 | 1,200 | | | | | | | ④ 1,200 | | |
| 諸負債 | | | | 500 | | 300 | | | | 800 |
| 払込資本 | | 3,700 | | 1,500 | | 550 | ① 1,500 | | | 2,700 |
| | | | | | | | ② 1,000 | | | |
| | | | | | | | ④ 550 | | | |
| 利益剰余金 | | | | 1,000 | | 150 | ① 1,000 | ② 1,000 | | 1,000 |
| | | | | | | | ④ 150 | | | |
| 評価差額 | | | | | | | ④ 200 | ③ 200 | | |
| 合計 | 3,700 | 3,700 | 3,000 | 3,000 | 1,000 | 1,000 | 4,900 | 4,900 | 4,500 | 4,500 |

【A 社に関する資本連結手続】

① 投資と資本の相殺消去

| | | | | | |
|---|---|---|---|---|---|
| （借） | 払込資本 | 1,500 | （貸） | A 社株式 | 2,500 |
| | 利益剰余金 | 1,000 | | | |

② 利益剰余金の引継ぎ

| | | | | | |
|---|---|---|---|---|---|
| （借） | 払込資本―X 社 | 1,000 | （貸） | 利益剰余金―A 社 | 1,000 |

取得企業 A 社の資本構成を引き継ぐために，A 社の利益剰余金 1,000 を X 社の払込資本から振り替える。

【B 社に関する資本連結手続】

次のように**問題16-3** の資本連結手続と同じである。

③ 諸資産の評価替え

| | | | | | |
|---|---|---|---|---|---|
| （借） | 諸資産 | 200 | （貸） | 評価差額 | 200 |

④ 投資と資本の相殺消去

| | | | | | |
|---|---|---|---|---|---|
| （借） | 払込資本 | 550 | （貸） | B 社株式 | 1,200 |
| | 利益剰余金 | 150 | | | |
| | 評価差額 | 200 | | | |
| | のれん | 300 | | | |

＊ **問題16-3** と**問題16-4** を比較すると，再編後の連結貸借対照表は同じになる。それは，法的形式を異にしても，その実質はいずれも，A 社を取得企業，B 社を被取得企業とする同一条件の企業結合であるからである。

### (3) 会社分割

#### 1）吸収分割の会計処理

吸収分割の場合，承継会社（取得企業）および分割会社の個別財務諸表上，次のような会計処理を

行う。

① 承継会社（取得企業）は，個別財務諸表上，パーチェス法を適用する。

② 分割会社は，受け取った承継会社株式を時価で計上し，これと移転した事業の簿価純資産額との差額を事業移転損益として認識する（分割によって当該事業投資が清算されたとみなされる場合の会計処理）（事業分離等に関する会計基準23項）。

**問題16-5** 次の条件に基づいて，再編時におけるA社･B社の個別財務諸表上の会計処理，および再編直後のA社の貸借対照表を示しなさい。

① X1年3月31日に吸収分割により，B社のc事業（事業資産の時価900，事業の時価1,200）を分離して，A社に移転する。なお，再編前において，A社とB社の間に資本関係はない。

② B社は，A社株式6百万株（1株の時価200円）を受け取る。再編前，A社の発行済株式数は15百万株であり，再編後，B社はA社株式を金融投資として保有する。

③ 再編前のA社およびB社の個別貸借対照表は，次のとおりである（単位：百万円）。

A社貸借対照表

| | | | |
|---|---|---|---|
| a事業資産 | 1,000 | 諸負債 | 0 |
| b事業資産 | 1,500 | 払込資本 | 1,500 |
| | | 利益剰余金 | 1,000 |

B社貸借対照表

| | | | |
|---|---|---|---|
| c事業資産 | 650 | 諸負債 | 0 |
| d事業資産 | 350 | 払込資本 | 750 |
| | | 利益剰余金 | 250 |

**解答・解説**

【A社個別財務諸表上の会計処理】（単位：百万円）

| | | | | | |
|---|---|---|---|---|---|
| （借） | c事業資産 | 900 | （貸） | 払込資本 | 1,200 |
| | のれん | 300 | | | |

c事業の取得原価は，1,200（A社株式6百万株×@200）である。c事業資産に900（時価）を配分するとともに，取得原価との差額をのれんとして計上する。また，c事業の取得原価を払込金額として払込資本を増加させる。

【B社個別財務諸表上の会計処理】（単位：百万円）

| | | | | | |
|---|---|---|---|---|---|
| （借） | A社株式 | 1,200 | （貸） | c事業資産 | 650 |
| | | | | 事業移転損益 | 550 |

事業移転損益550＝A社株式時価1,200－c事業の帳簿価額650

【A社の貸借対照表（再編直後）】

A社貸借対照表

| | | | |
|---|---|---|---|
| a事業資産 | 1,000 | 諸負債 | 0 |
| b事業資産 | 1,500 | 払込資本 | 2,700 |
| c事業資産 | 900 | 利益剰余金 | 1,000 |
| のれん | 300 | | |

### 2）　新設分割の会計処理

取得と判定される共同新設分割の場合，分割会社のうち一方が新設会社の親会社となり，他方が非支配株主となる。分割会社および新設会社は，個別財務諸表上および連結財務諸表上，次のような会計処理を行う。

① 分割会社（親会社）の個別財務諸表上，取得する新設会社株式の取得原価は，移転した事業の簿価純資産額に基づいて算定する。また，当該取得原価を払込金額として払込資本を増加させる。

② 分割会社（非支配株主）の個別財務諸表上の会計処理は，上述の吸収分割の分割会社と同様である。

③ 新設会社（子会社）の個別財務諸表上，分割会社（親会社）の事業については再編前の帳簿価額を引き継ぎ，分割会社（非支配株主）の事業についてはパーチェス法を適用する。また，事業の受入価額を払込金額として払込資本を増加させる。

④ 親会社の連結財務諸表上，子会社株式の取得原価と子会社の時価純資産額の親会社持分相当額を相殺消去する。当該消去差額は，原則として，次のように持分変動による差額とのれんに区分して会計処理する（事業分離等に関する会計基準 17 ～ 19 項）。

1）　持分変動による差額……（移転した事業の時価－移転した事業の簿価純資産）×非支配株主持分比率

2）　のれん……（取得した事業の時価－取得した事業の時価純資産）×親会社持分比率

持分変動による差額は，資本剰余金に計上する（連結財務諸表に関する会計基準 30 項）。

**問題16- 6**

**問題16- 5** の①および②の条件を以下のように変えて，再編時におけるＡ社，Ｂ社，Ｘ社の個別財務諸表上の会計処理，および再編直後のＡ社の連結精算表（連結貸借対照表）を示しなさい。

① X1年３月31日に共同新設分割により，Ａ社はｂ事業（事業資産の時価 2,000，事業の時価 2,400）を分離し，またＢ社はｃ事業（事業資産の時価 900，事業の時価 1,200）を分離して，新設会社Ｘ社に移転する。再編前において，Ａ社とＢ社の間に資本関係はない。

② Ａ社はＸ社株式 12 百万株（66.7%）を受け取り，Ｘ社の親会社となる。Ｂ社はＸ社株式６百万株を受け取り，これを金融投資として保有する。

**解答・解説**

【Ａ社個別財務諸表上の会計処理】（単位：百万円）

| | | | | | |
|---|---|---|---|---|---|
| （借） | Ｘ社株式 | 1,500 | （貸） | ｂ事業資産 | 1,500 |

Ａ社はｂ事業の支配を継続するので，Ｘ社株式の取得原価はｂ事業資産の帳簿価額に基づいて算定する。

【Ｂ社個別財務諸表上の会計処理】（単位：百万円）

| | | | | | |
|---|---|---|---|---|---|
| （借） | Ｘ社株式 | 1,200 | （貸） | ｃ事業資産 | 650 |
| | | | | 事業移転損益 | 550 |

この会計処理は，**問題16- 5** のＢ社の会計処理と同様である。

【Ｘ社個別財務諸表上の会計処理】（単位：百万円）

| | | | | | |
|---|---|---|---|---|---|
| （借） | ｂ事業資産 | 1,500 | （貸） | 払込資本 | 1,500 |

A社からのb事業については，帳簿価額を引き継ぐ。

（借）c 事 業 資 産　900　（貸）払 込 資 本　1,200
　　　の れ ん　300

B社からのc事業については，パーチェス法を適用する。

【A社の連結精算表（連結貸借対照表）】

| | A社 | | X社 | | 連結修正 | | A社連結貸借対照表 | |
|---|---|---|---|---|---|---|---|---|
| a事業資産 | 1,000 | | | | | | 1,000 | |
| b事業資産 | | | 1,500 | | | | 1,500 | |
| c事業資産 | | | 900 | | | | 900 | |
| のれん | | | 300 | | | ② 100 | 200 | |
| X社株式 | 1,500 | | | | | ① 1,500 | | |
| 諸負債 | | 0 | | 0 | | | | 0 |
| 払込資本 | | 1,500 | | 2,700 | ① 2,700 | ① 300 | | 1,800 |
| 利益剰余金 | | 1,000 | | | | | | 1,000 |
| 非支配株主持分 | | | | | ② 100 | ① 900 | | 800 |
| 合計 | 2,500 | 2,500 | 2,700 | 2,700 | 2,800 | 2,800 | 3,600 | 3,600 |

① 投資と資本の相殺消去

（借）払 込 資 本　2,700　（貸）X 社 株 式　1,500
　　　　　　　　　　　　　　　非支配株主持分　900
　　　　　　　　　　　　　　　払込資本（資本剰余金）　300

非支配株主持分900 = X社純資産2,700 × B社持分比率33.3%

持分変動による差額300 = （b事業の時価2,400 − b事業の簿価純資産1,500） × B社持分比率33.3%

持分変動による差額については，まず(a) A社が単独の新設分割により，b事業を分離してX社を新設し，その後(b) B社が吸収分割により，c事業を分離してX社に移転すると考える。そして，A社の100%子会社になったX社が，B社のc事業の時価を払込金額とする時価発行増資を行った結果，X社に対するA社持分が66.7%に低下したかのように，会計処理を行う。

② のれんの非支配株主帰属分の消去

（借）非支配株主持分　100　（貸）の れ ん　100

連結財務諸表上ののれんは，c事業資産ののれんのうち買入のれんに相当する部分に限定されるので，のれんの非支配株主帰属分100（= 300 × 33.3%）を消去する。

## 5 逆取得となる会社再編の会計

逆取得の1つの類型として，吸収分割において，承継会社が分割会社の子会社となる場合がある。これは，吸収分割による子会社化と呼ばれる。この場合には，個別財務諸表上および連結財務諸表上，次のような会計処理を行う。

① 承継会社（子会社）の個別財務諸表上，移転された事業を構成する資産・負債は，適正な帳簿

価額を引き継ぐ。また，事業の受入価額を払込金額として払込資本を増加させる。

② 分割会社（親会社）の個別財務諸表上，受け取った承継会社株式の取得原価は，移転した事業の簿価純資産額に基づいて算定する（企業結合に関する会計基準 35 項）。

③ 親会社の連結財務諸表上，承継会社（子会社）の株式の取得原価と当該子会社の時価純資産の親会社持分相当額を相殺消去する。当該消去額は，原則として，持分変動による差額とのれんに区分して会計処理する。

**問題16-7**

次の条件に基づき，再編時におけるA社･B社の個別財務諸表上の会計処理，および再編後のA社の連結精算表（連結貸借対照表）を示しなさい。

① X1年3月31日に吸収分割により，A社はb事業を分離し，B社に移転する。なお，再編前においてA社とB社の間に資本関係はない。

② 再編前の発行済株式総数は，A社20百万株（時価200円），B社12百万株（時価100円）である。A社はB社株式24百万株（66.7%）を受け取り，子会社とする。

③ 再編前のA社およびB社の個別貸借対照表は，次のとおりである（単位：百万円）。なお，この時点におけるB社のc事業資産の時価は900である。

A社貸借対照表

| | | | |
|---|---|---|---|
| a事業資産 | 1,000 | 諸負債 | 0 |
| b事業資産 | 1,500 | 払込資本 | 1,500 |
| | | 利益剰余金 | 1,000 |

B社貸借対照表

| | | | |
|---|---|---|---|
| c事業資産 | 650 | 諸負債 | 0 |
| | | 払込資本 | 500 |
| | | 利益剰余金 | 150 |

**解答・解説**

【A社の個別財務諸表上の会計処理】（単位：百万円）

（借）B社株式　1,500　（貸）b事業資産　1,500

A社はb事業に対する支配を継続するので，B社株式の取得原価は，b事業資産の帳簿価額に基づいて算定する。

【B社の個別財務諸表上の会計処理】（単位：百万円）

（借）b事業資産　1,500　（貸）払込資本　1,500

A社から移転されたb事業資産は，適正な帳簿価額を引き継ぐ。

【A社の連結精算表（連結貸借対照表）】（単位：百万円）

| | A社 | | B社 | | 連結修正 | | A社連結貸借対照表 | |
|---|---|---|---|---|---|---|---|---|
| a 事業資産 | 1,000 | | | | | | 1,000 | |
| b 事業資産 | | | 1,500 | | | | 1,500 | |
| c 事業資産 | | | 650 | | ① 250 | | 900 | |
| の れ ん | | | | | ② 200 | | 200 | |
| B 社 株 式 | 1,500 | | | | | ② 1,500 | | |
| 諸 負 債 | | 0 | | 0 | | | | 0 |
| 払 込 資 本 | | 1,500 | | 2,000 | ② 2,000 | ② 300 | | 1,800 |
| 利益剰余金 | | 1,000 | | 150 | ② 150 | | | 1,000 |
| 評 価 差 額 | | | | | ② 250 | ① 250 | | |
| 非支配株主持分 | | | | | | ② 800 | | 800 |
| 合計 | 2,500 | 2,500 | 2,150 | 2,150 | 2,850 | 2,850 | 3,600 | 3,600 |

① B社のc事業資産の評価

（借）c 事 業 資 産　250　（貸）評 価 差 額　250

② 投資と資本の相殺消去

（借）払 込 資 本　2,000　（貸）B 社 株 式　1,500
利 益 剰 余 金　150　非支配株主持分　800
評 価 差 額　250　払込資本（資本剰余金）　300
の れ ん　200

のれん：200 ＝（c事業の時価1,200 － c事業資産の時価900）×親会社持分比率66.7%

持分変動による差額：300 ＝（b事業の時価2,400 － b事業資産の簿価1,500）×非支配株主持分比率33.3%

# XVII 企業結合会計

## 1 企業結合の意義

企業結合とは，ある企業と他の企業とが1つの報告単位に統合されることをいう。この定義に従うと，企業結合は，異なる企業集団に属する企業との取引，すなわち独立企業間の取引に加えて，共通支配下（企業集団内）の取引も含まれる。これに対して，企業結合を狭義に定義するときは，共通支配下の取引（以下の図表①）と合弁会社など共同支配企業の形成（図表②）を除いた取引（図表③）に限定される。

〈企業結合の類型〉

- 企業結合
  - 共通支配下の取引：①
  - 独立企業間の取引
    - 共同支配企業の形成：②
    - それ以外の企業結合取引：③

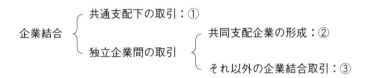

①の共通支配下の取引については連結会計における内部取引としての処理，②の共同支配企業の形成については比例連結や持分法による処理が規定されてきた。それ以外の③については，パーチェス法あるいは持分プーリング法をいかに使い分けるかが，会計基準上の課題となってきた。わが国では，2008年に企業会計基準委員会から公表された企業会計基準第21号「企業結合に関する会計基準」によって持分プーリング法が禁止され，パーチェス法が原則となった。本章では，持分プーリング法と比較したうえで，パーチェス法の特徴を明らかにする。

## 2 企業結合の会計処理

### (1) パーチェス法と持分プーリング法

パーチェス法は，取得企業が被取得企業の支配を獲得した「買収」(acquisition) ないし「取得」という取引の成立を前提としており，通常の資産売買と同様の処理が要求される。企業結合によって，被取得企業が支配していた資産・負債が取得企業へと移転され，その移転部分は取得時の時価によって評価される。そして，時価で評価した後の識別可能純資産額と「取得原価」との差額部分は，ノウハウや相乗効果（シナジー）など複数の無形要素を示す「のれん」として処理される。

なお，ここでいう「取得原価」とは，買収過程で実際に取引が成立した被取得企業全体の価値を示す。「買収原価」，「被取得企業の原価」，「企業結合原価」などと同義である。わが国の企業結合に関する会計基準では，「取得原価」を使っているが，資産一般の測定属性を示す「取得原価」と混同しやすいので注意されたい。

**問題18-1**

甲社を取得企業，乙社を被取得企業とみなして，次の取引をパーチェス法によって処理しなさい。なお，増加すべき払込資本のうち10,000百万円を資本金とし，残額は資本準備金とする。

甲社は，自社の発行する株式を対価として乙社を吸収合併する。乙社保有の商品と土地の時価は，それぞれ5,800百万円と9,200百万円で評価されたが，その他の資産・負債の時価は簿価に等しかった。甲社の1株当たりの市場価格は700円である。合併に際して乙社株主に20百万株を発行した。

甲社B／S

| | | | |
|---|---|---|---|
| 現　　金 | 5,600 | 借 入 金 | 4,800 |
| 商　　品 | 3,000 | 資 本 金 | 10,000 |
| 土　　地 | 10,000 | 利益剰余金 | 3,800 |
| | 18,600 | | 18,600 |

乙社B／S

| | | | |
|---|---|---|---|
| 現　　金 | 1,200 | 借 入 金 | 4,500 |
| 商　　品 | 5,600 | 資 本 金 | 10,000 |
| 土　　地 | 9,700 | 利益剰余金 | 2,000 |
| | 16,500 | | 16,500 |

**解答・解説**

| | | | | | |
|---|---|---|---|---|---|
| （借） | 現　金 | 1,200 | （貸） | 借 入 金 | 4,500 |
| | 商　品 | 5,800 | | 資 本 金 | 10,000 |
| | 土　地 | 9,200 | | 資本準備金 | 4,000 |
| | の れ ん | 2,300 | | | |

識別可能資産のうち商品と土地は時価で評価し，その額を基礎とした識別可能純資産額11,700百万円（＝1,200 ＋ 5,800 ＋ 9,200 － 4,500）と「取得原価」14,000百万円（＝@700 × 20）との差額2,300百万円は，借方に「のれん」として計上される。一方，株式発行によって増加する払込資本は「取得原価」と同額である。そのうち10,000百万円が資本金となるので，残額の4,000百万円が資本準備金となる。

これに対して，持分プーリング法は，単にプーリング法あるいは簿価引継法ともいう。持分プーリング法は，企業結合前に独立していた所有主持分が融合しただけという「持分の結合」(pooling of interests) に適用される。「持分の結合」では，たとえば対等合併のように，企業結合後も，資産・負債についての支配がそのまま継続しているとみなされるので，結合当事企業が売買取引を行ったとは考えない。それゆえ，被取得企業が計上していた資産・負債の簿価と資本項目をそのまま引き継がなければならず，のれんを新たに認識することもない。

**問題18-2**　甲社と乙社の財務内容はすべて**問題18-1**と同じである。持分プーリング法による処理を示しなさい。なお，増加すべき株主資本のうち10,000百万円を資本金とし，残額は利益剰余金とする。

**解答・解説**

| | | | | |
|---|---|---|---|---|
| （借） | 現　　金 | 1,200 | （貸）借　入　金 | 4,500 |
| | 商　　品 | 5,600 | 資　本　金 | 10,000 |
| | 土　　地 | 9,700 | 利益剰余金 | 2,000 |

同じ甲社による乙社の吸収合併であっても，持分プーリング法による処理では，商品および土地も時価ではなく簿価で，資本金（払込資本）および利益剰余金（留保利益）も乙社の貸借対照表からそのまま引き継がれる。

### (2)　持分プーリング法の禁止

従来の欧米の会計基準でも，狭義の企業結合（図表③）については，ある企業が他の企業に対する支配を獲得する「取得」といずれの企業も他の企業を支配したとは合理的に判断できない「持分の結合」に分類し，前者に対してはパーチェス法，後者に対しては持分プーリング法を適用してきた。2003年に公表されたわが国の「企業結合に係る会計基準」でも同様であった。企業結合には，複数の異なる経済的実態があることを重視した会計規定といえよう。

しかし，一般に「取得」あるいは「持分の結合」のいずれに該当するのかを識別するのは難しい。また対等合併など取得企業と被取得企業を識別できないような企業結合は非常に稀であるし，仮に存在したとしても，その客観的な識別基準を設けることは困難という指摘もある。こうした状況で複数の会計処理を容認すると，経営者が財務数値を恣意的に操作する余地を残してしまうことになる。実際，米国では，パーチェス法を適用すべき企業結合でも，のれん償却の負担回避という観点から，持分プーリング法を濫用する事例が多くみられた。そこで，経営者の裁量を抑制し会計数値の比較可能性を保つには，持分プーリング法を禁止してパーチェス法に一本化すべきという主張が国際的な主流となっている。たとえば，2001年公表の米国財務会計基準書第141号や2004年公表の国際財務報告基準第3号が典型である。日本基準でも，冒頭で述べたように，企業結合に関する会計基準において同様の規定を設けている。

### (3)　パーチェス法による処理

一般にパーチェス法の手順は，次の3つからなる。

①　いずれかの結合当事企業を取得企業として決定する

②　被取得企業の「取得原価」を算定する

③　②で算定した「取得原価」を取得資産と引受負債に配分する

まず①では，連結会計における支配力基準をもとに取得企業を決定する。支配力基準によっていずれが取得企業となるか明確でない場合には，たとえば現金などの資産を引き渡す側が取得企業となる。

**問題18-3** 下記の企業結合において，いずれの結合当事企業が取得企業となるのかを決定して，それに合った処理を行い，連結精算表を完成させなさい。

20X6年3月31日（決算日）に，P社はS社の株式100%を現金5,000百万円で取得し，同社を子会社化した。P社とS社の財務内容は以下のとおりである。S社保有の土地の時価は3,200百万円であった。その他の資産・負債項目の時価は，貸借対照表の簿価と一致していた。

P社B／S

| | | | |
|---|---|---|---|
| 現金 | 600 | 借入金 | 4,800 |
| 商品 | 3,000 | 資本金 | 10,000 |
| 土地 | 10,000 | 利益剰余金 | 3,800 |
| 子会社株式 | 5,000 | | |
| | 18,600 | | 18,600 |

S社B／S

| | | | |
|---|---|---|---|
| 現金 | 200 | 借入金 | 1,100 |
| 商品 | 900 | 資本金 | 2,500 |
| 土地 | 3,000 | 利益剰余金 | 500 |
| | 4,100 | | 4,100 |

連結精算表 〈単位：百万円〉

| 勘定科目 | P社貸借対照表 | | S社貸借対照表 | | 修正仕訳 | | 連結貸借対照表 | |
|---|---|---|---|---|---|---|---|---|
| | 借方 | 貸方 | 借方 | 貸方 | 借方 | 貸方 | 借方 | 貸方 |
| 現金 | | | | | | | | |
| 商品 | | | | | | | | |
| 土地 | | | | | | | | |
| 子会社株式 | | | | | | | | |
| のれん | | | | | | | | |
| 借入金 | | | | | | | | |
| 資本金 | | | | | | | | |
| 評価差額 | | | | | | | | |
| 利益剰余金 | | | | | | | | |
| 合計 | | | | | | | | |

**解答・解説**

P社個別財務諸表では，株式取得時に以下のような仕訳が行われている（問題文のP社個別財務諸表にはすでに反映済み）。

（借）子会社株式　5,000　（貸）現　金　5,000

連結財務諸表を作成する場合には，親会社と子会社の個別財務諸表を合算したうえで，親会社であるP社の投資と子会社となったS社の個別財務諸表における資本との相殺消去すなわち資本連結手続が必要となる。連結上もP社が支配を獲得しているので，取得企業とみなしてパーチェス法による処理を行う。

まず，のれん以外の識別可能資産を時価によって評価する。Ｓ社個別財務諸表で計上されていた資産・負債の簿価がすでに合算されているので，連結上は評価差額のみを計上すればよい。

| | | | | | |
|---|---|---|---|---|---|
| （借） | 土　　地 | 200 | （貸） | 評 価 差 額 | 200 |

そして子会社株式の取得原価と識別可能純資産額（子会社資本）の差額として，のれんを計上する。

| | | | | | |
|---|---|---|---|---|---|
| （借） | 資 本 金 | 2,500 | （貸） | 子 会 社 株 式 | 5,000 |
| | 評 価 差 額 | 200 | | | |
| | 利 益 剰 余 金 | 500 | | | |
| | の れ ん | 1,800 | | | |

Ｐ社とＳ社の個別財務諸表を合算し，上記の資本連結手続（修正仕訳）を加えることによって連結貸借対照表を作成できる。なお，個別財務諸表の合算と連結固有の手続は，正規の帳簿ではなく，精算表（work sheet）上で行うのが一般的である。

連 結 精 算 表

〈単位：百万円〉

| 勘定科目 | Ｐ社貸借対照表 | | Ｓ社貸借対照表 | | 修正仕訳 | | 連結貸借対照表 | |
|---|---|---|---|---|---|---|---|---|
| | 借方 | 貸方 | 借方 | 貸方 | 借方 | 貸方 | 借方 | 貸方 |
| 現　金 | 600 | | 200 | | | | 800 | |
| 商　品 | 3,000 | | 900 | | | | 3,900 | |
| 土　地 | 10,000 | | 3,000 | | 200 | | 13,200 | |
| 子会社株式 | 5,000 | | | | | 5,000 | 0 | |
| の れ ん | | | | | 1,800 | | 1,800 | |
| 借 入 金 | | 4,800 | | 1,100 | | | | 5,900 |
| 資 本 金 | | 10,000 | | 2,500 | 2,500 | | | 10,000 |
| 評価差額 | | | | | 200 | 200 | | 0 |
| 利益剰余金 | | 3,800 | | 500 | 500 | | | 3,800 |
| 合計 | 18,600 | 18,600 | 4,100 | 4,100 | 5,200 | 5,200 | 19,700 | 19,700 |

②の「取得原価」は，原則として取得の対価（支払対価）の企業結合日における時価で算定する。合併など株式を対価とする場合には，企業結合日の株価などを基礎とする。

**問題18- 4** 下記の合併取引を，A社を取得企業としてパーチェス法によって処理しなさい。なお，増加すべき払込資本のうち3,000百万円を資本金とし，残額は資本準備金とする。

A社はB社を吸収合併する。A社の株価総額は10,000百万円（=@250円×40百万株），B社のそれは5,000百万円（=@100円×50百万株）である。株価などを勘案して，A社はB社株主に20百万株を発行した。合併前のA社とB社の財務内容は以下のとおりである。B社保有の土地の時価を3,200百万円と評価したが，その他の資産・負債の時価は簿価に等しかった。

A社B／S

| | | | |
|---|---|---|---|
| 現　　金 | 5,600 | 借 入 金 | 4,800 |
| 商　　品 | 3,000 | 資 本 金 | 10,000 |
| 土　　地 | 10,000 | 利益剰余金 | 3,800 |
| | 18,600 | | 18,600 |

B社B／S

| | | | |
|---|---|---|---|
| 現　　金 | 200 | 借 入 金 | 1,100 |
| 商　　品 | 900 | 資 本 金 | 2,500 |
| 土　　地 | 3,000 | 利益剰余金 | 500 |
| | 4,100 | | 4,100 |

**解答・解説**

当該合併取引における「取得原価」は，A社株式の株価を用いて5,000百万円（=@250×20）と算定できる。よって取得企業であるA社の仕訳は以下のようになる。

| | | | | | |
|---|---|---|---|---|---|
| （借） | 現　　金 | 200 | （貸） | 借 入 金 | 1,100 |
| | 商　　品 | 900 | | 資 本 金 | 3,000 |
| | 土　　地 | 3,200 | | 資本準備金 | 2,000 |
| | の れ ん | 1,800 | | | |

③の「取得原価」の配分では，企業結合日における時価を基礎として，「取得原価」を被取得企業から受け入れた識別可能資産･負債に配分する。なお，法律上の権利あるいは分離可能な無形資産が含まれる場合には，当該無形資産も識別可能資産として取り扱う。

**問題18-5**　下記の合併取引を，C社を取得企業としてパーチェス法によって処理しなさい。なお，増加すべき払込資本のうち10,000百万円を資本金とし，残額は資本準備金とする。

C社はD社を吸収合併する。C社の株価総額は10,000百万円（＝@250円×40百万株），D社のそれは10,000百万円（＝@200円×50百万株）である。株価などを勘案して，C社はD社株主に40百万株を発行した。また，合併前のC社とD社の財務内容は以下のとおりである。D社保有の土地の時価を3,200百万円と評価したが，その他の資産・負債の時価は簿価に等しかった。なお，D社は顧客名簿を保有しており，時価800百万円と評価された。識別可能無形資産として処理する。

C社B／S

| | | | |
|---|---|---|---|
| 現　　金 | 5,600 | 借 入 金 | 4,800 |
| 商　　品 | 3,000 | 資 本 金 | 10,000 |
| 土　　地 | 10,000 | 利益剰余金 | 3,800 |
| | 18,600 | | 18,600 |

D社B／S

| | | | |
|---|---|---|---|
| 現　　金 | 200 | 借 入 金 | 1,100 |
| 商　　品 | 900 | 資 本 金 | 2,500 |
| 土　　地 | 3,000 | 利益剰余金 | 500 |
| | 4,100 | | 4,100 |

**解答・解説**

本問では，合併時に旧D社株主に発行する株式数が40百万株となるため，「取得原価」は10,000百万円と算定される。顧客名簿800百万円は，D社貸借対照表には計上されていないものの，識別可能無形資産として認識される。

| | | | | | |
|---|---|---|---|---|---|
| （借） | 現　　金 | 200 | （貸） | 借 入 金 | 1,100 |
| | 商　　品 | 900 | | 資 本 金 | 10,000 |
| | 土　　地 | 3,200 | | | |
| | 顧客名簿 | 800 | | | |
| | の れ ん | 6,000 | | | |

## 3　のれんの処理

のれんは，企業結合の会計処理であるパーチェス法を適用した場合に生じる。被取得企業を取得するために支払われた「取得原価」が識別可能資産・負債の時価を超過する額を「正ののれん」（積極暖簾）といい，不足する額を「負ののれん」（消極暖簾）という。通常，単に「のれん」といった場合には正ののれんを指す。

（正の）のれんは，他企業の取得という取引の成立により客観的な測定が可能なので，資産として計上することが認められている。資産として計上した後の処理については，定額法のような規則的償却を強制する説（償却必要説）と価値の下落があった場合にのみ費用化する説（償却不要説）がある。国際的には償却不要説が主流であり，当該説によれば，毎期，価値の下落を調査する減損テストを行う。一方，わが国の企業結合に関する会計基準では，償却必要説を採用し 20 年以内の償却を強制している。

**問題18-6**　問題 18-5 の合併取引について，顧客名簿を識別可能無形資産として認識しない場合の処理を示しなさい。さらに，当該取引によって生じたのれんを 20 年で償却しなさい。

**解答・解説**

まず顧客名簿を認識しない場合のパーチェス法による処理は，以下のようになる。

| | | | | | |
|---|---|---|---|---|---|
| （借） | 現　　金 | 200 | （貸） | 借 入 金 | 1,100 |
| | 商　　品 | 900 | | 資 本 金 | 10,000 |
| | 土　　地 | 3,200 | | | |
| | の れ ん | 6,800 | | | |

20 年償却を行うと，340 百万円（= 6,800 ÷ 20）の償却費が損益計算書に計上される。

| | | | | | |
|---|---|---|---|---|---|
| （借） | のれん償却 | 340 | （貸） | の れ ん | 340 |

このように，正ののれんが生じるような企業結合では，「取得原価」が時価ベースの識別可能純資産額を上回るので，被取得企業は識別可能資産・負債を個別に処分するよりも望ましいし，取得企業にとってもノウハウや相乗効果など複数の無形価値を期待できる。それゆえ独立の経済主体が合意した交換取引として，企業結合が成立することになる。

一方，負ののれんが生じるような状況では，識別可能資産・負債を個別に処分した方が合理的であるので，被取得企業は取引に応じないはずである。そこで，負ののれんが生じる特別の原因として，①被取得企業全体の価値や識別可能資産・負債の時価を認識・測定する過程で生じた会計上の誤謬（エラー），②情報不足や交渉過程で生じた割安購入（バーゲン・パーチェス）などが挙げられている。この特別の原因を前提として，負ののれんの処理には，企業買収時に取得した非貨幣性資産と相殺する方法（資産価値修正法），企業結合時の期間収益とする方法（即時利益法），一定の期間で規則的に償却する方法（繰延利益法）が考えられている。わが国の「企業結合に係る会計基準」では，20 年以内の償却限度を設けた繰延利益法を原則としていたが，国際的には即時利益法が主流となりつつあり，同様の規定を設けることになった。

**問題18-7**　下記の企業結合をパーチェス法によって処理し，正ののれんが生じた場合には20年で償却，負ののれんが生じた場合には発生時の利益としなさい。なお，増加すべき払込資本のうち2,000百万円を資本金とし，残額は資本準備金とする。

E社は，自社の発行する株式を対価としてF社を吸収合併する。E社の1株当たりの市場価格は@32円である。合併に際してF社株主に100百万株を発行した。E社とF社の財務内容は以下のとおりである。F社保有の建物と土地の時価は，それぞれ1,400百万円と2,600百万円であった。その他の資産・負債項目の時価は，貸借対照表の簿価と一致していた。

E社B／S

| | | | |
|---|---|---|---|
| 現　金 | 5,600 | 借入金 | 4,800 |
| 建　物 | 5,000 | 資本金 | 10,000 |
| 土　地 | 8,000 | 利益剰余金 | 3,800 |
| | 18,600 | | 18,600 |

F社B／S

| | | | |
|---|---|---|---|
| 現　金 | 500 | 借入金 | 700 |
| 建　物 | 1,100 | 資本金 | 2,500 |
| 土　地 | 2,000 | 利益剰余金 | 400 |
| | 3,600 | | 3,600 |

**解答・解説**

E社が買収にあたって支払った対価，すなわち「取得原価」は，企業結合日の株価を基礎として3,200百万円（=@32 × 100）と計算される。識別可能純資産額が3,800百万円（= 500 + 1,400 + 2,600 − 700）であるので，「取得原価」との差額として貸方に「のれん」が計上されることになる。この負ののれんは，払込資本（資本準備金）としての性格をもつ「合併差益」とはならないことに留意されたい。合併差益を「取得原価」（増加すべき払込資本）と資本金計上額との差額と解するかぎり，負ののれんを含むことはない。取得企業であるE社の仕訳は以下のとおりである。

| | | | | |
|---|---|---|---|---|
| （借） | 現　金 | 500 | （貸）借入金 | 700 |
| | 建　物 | 1,400 | 資本金 | 2,000 |
| | 土　地 | 2,600 | 資本準備金 | 1,200 |
| | | | のれん | 600 |

貸方に負ののれんが生じたので，題意に従い，全額を当期の利益として計上する。

| | | | | |
|---|---|---|---|---|
| （借） | のれん | 600 | （貸）負ののれん発生益 | 600 |

なお，従来の「企業結合に係る会計基準」に従って，20年で定額法による償却を行うと，30百万円（= 600 ÷ 20）の償却費が損益計算書に計上される。一方，残額の570百万円（= 600 − 30）は貸借対照表の貸方に計上されることになる。この貸方項目は，将来の支出を伴う義務を表すわけではないので，資産負債アプローチにおける負債の定義とは整合しない。繰延利益法が認められない理由の1つとなっている。

| | | | | |
|---|---|---|---|---|
| （借） | のれん | 30 | （貸）のれん償却 | 30 |

# XVIII キャッシュ・フロー計算書

## 1 キャッシュ・フローと資金の範囲

損益計算書が，1会計期間の収益と費用とを表示するものであるのと同じように，キャッシュ・フロー計算書は，1会計期間の「キャッシュ・フローの状況」を表示するものである。キャッシュ・フローとして示されるものは，キャッシュ（現金）のフロー（流れ），すなわち収入と支出である。なお，キャッシュ・フロー計算書には現金（手許現金および要求払預金）ばかりでなく，現金同等物のフローも示される。現金同等物とは，容易に換金可能であり，かつ，価値の変動について僅少なリスクしか負わない短期投資のことである。一般的な日本語で「現金」といえば手許現金のみを意味するが，要求払預金は現金同等物ではなく現金に含めるのが，キャッシュ・フロー計算書における資金概念の特徴の1つである。

要求払預金の例：当座預金，普通預金，通知預金（要求すればすぐに現金化する預金）

現金同等物の例：取得日から満期日または償還日までの期間が3カ月以内の短期投資である，定期預金，譲渡性預金，コマーシャル・ペーパー，売戻し条件付現先，公社債投資信託

## 2 表示区分―営業活動・投資活動・財務活動―

キャッシュ・フロー計算書は，1会計期間におけるキャッシュ・フローを次の3つに区分して表示する。

① 営業活動によるキャッシュ・フロー
② 投資活動によるキャッシュ・フロー
③ 財務活動によるキャッシュ・フロー

「営業活動によるキャッシュ・フロー」とは，主に損益計算書の営業利益を計算する際に関連する活動である営業活動によって生じたキャッシュ・フローをいう。商品およびサービス（役務）の販売による収入（営業収入）や，商品・サービスの購入による支出が主なものである。また，商品・サービスの販売により取得した手形の売却から生ずるキャッシュ・フローや，営業活動に係る債権・債務から生ずるキャッシュ・フローも営業活動によるキャッシュ・フローに含まれる。なお，投資活動および財務活動以外の取引によるキャッシュ・フローは，営業活動によるキャッシュ・フローの区分に記載され，法人税等の支出もこの区分に記載され，「投資活動と財務活動以外の活動によるキャッシュ・フローが営業活動によるキャッシュ・フローである。」というのが正確な定義である。したがって，損益計算書の「営業」とは異なる。

「投資活動によるキャッシュ・フロー」とは，有形固定資産・無形固定資産・現金同等物を除く有価証券・投資有価証券・貸付金などの資産を取得する際に生ずる支出や，当該資産を売却ないし回収す

る際に生ずる収入をいう。

「財務活動によるキャッシュ・フロー」とは，株式の発行による収入，自己株式の取得による支出，社債の発行・償還による収入・支出，その他の負債の借入・返済による収入・支出のような，資金の調達および返済によるキャッシュ・フローを意味する。

なお，利息および配当金は，継続適用を条件として，次の２つの方法の選択適用が認められている。①は，損益計算に関連する受取配当金・受取利息・支払利息の３者と，損益計算と関係しない（利益処分となる）支払配当金を区別するという考え方に立つものであり，②は，投資活動の成果（受取）と財務活動上のコスト（支払）とを区別するという考え方によるものである。

① 受取配当金，受取利息および支払利息を「営業活動によるキャッシュ・フロー」の区分に記載し，支払配当金を「財務活動によるキャッシュ・フロー」の区分に記載する。

② 受取利息・受取配当金を「投資活動によるキャッシュ・フロー」の区分に記載し，支払利息・支払配当金を「財務活動によるキャッシュ・フロー」の区分に記載する。

なお，営業活動によるキャッシュ・フローと投資活動によるキャッシュ・フローを合計した金額をフリー・キャッシュ・フローといい財務活動，とくに債務の返済に充てられる資金を表す。通常の場合，投資活動によるキャッシュ・フローは，マイナスであることが多いため，「フリー・キャッシュ・フロー ＝ 営業活動によるキャッシュ・フロー － 投資活動によるキャッシュ・フロー」といわれる。

## 3　表示方法ー直接法と間接法ー

「営業活動によるキャッシュ・フロー」の表示方法には直接法と間接法とがあり，継続適用を条件としてどちらか一方を選択することが認められている。なお，「投資活動によるキャッシュ・フロー」と「財務活動によるキャッシュ・フロー」に関しては，いずれも直接法による。

「直接法」とは，主要な取引ごとにキャッシュ・フローを総額表示する方法をいい，「間接法」とは税金等調整前当期純利益に非資金損益項目，営業活動に係る資産および負債の増減，「投資活動によるキャッシュ・フロー」および「財務活動によるキャッシュ・フロー」の区分に含まれる損益項目を加減して表示する方法をいう。なお，直接法には，「手許現金，当座預金，普通預金，通知預金，３カ月以内満期の定期預金，譲渡性預金，コマーシャル・ペーパー，売り戻し条件付現先，公社債投資信託」などの「キャッシュ」の増加と減少（収入と支出）を直接的に把握し，表示するものと，貸借対照表や損益計算書から間接的にキャッシュの動きを把握・表示する方法とがあるが，間接法は，貸借対照表や損益計算書から間接的にキャッシュの動きを把握し，表示するものである。現在，日本の多くの企業は間接法を用いている場合が多い。

そこで，間接法によるキャッシュ・フロー計算書の作成手順を解説する。

まず，次の〔設例〕のように，２期分の貸借対照表を元に，貸借対照表項目である各資産・各負債・各純資産の項目がどれだけ増減したかを示す比較貸借対照表を作る。この比較貸借対照表の左側には，資産の増加・負債の減少・純資産の減少が示され，右側には，資産の減少・負債の増加・純資産の増加が示される。これをさらに，当期の損益計算書から得られるデータによって修正する。この設例の企業の損益計算書において，減価償却費が90，税引前当期純利益が10であったとすれば，比較貸借対照表における繰越利益剰余金の増加６と未払法人税等の増加４を加えた10を税引前当期純利益とすることができ，建物減価償却累計額の増加90を減価償却費とすることができる。このようにしてできた「損益項目を調整した比較貸借対照表」は，キャッシュ・フロー計算書の原型となる。このキャッシュ・フロー計算書の原型においては，現金預金を除いた右側の項目（負債・純資産の増加と現金預金以外の資産の減少）は，すべて現金預金の増加をもたらしたものと考えることができ，現金預金を除いた左側の項目（現金預金以外の資産の増加と負債・純資産の減少）は，すべて現金預金の減少をもたらしたものと考えることができるからである。右側の税引前当期純利益10に減価償却費90，売掛金の増加20，買掛金の減少30（すべて現金預金の増加原因）を加え，借入金の減少50（現金預金の減少原因）を引けば，当期の現金預金の増加100を導くことができる。これが間接法によるキャッシュ・フロー計算書の作成法であると同時に基本的な構造でもある。

なお，キャッシュ・フロー計算書の具体的な計算法については巻末の「練習問題」をみてほしい。

〔設例〕

前期貸借対照表

| | | | |
|---|---|---|---|
| 現金預金 | 100 | 買掛金 | 150 |
| 売 掛 金 | 200 | 借入金 | 250 |
| 建　　物 | 1,000 | 資本金 | 900 |
| | 1,300 | | 1,300 |

当期貸借対照表

| | | | |
|---|---|---|---|
| 現金預金 | 200 | 買掛金 | 180 |
| 売 掛 金 | 180 | 借入金 | 200 |
| 建　　物 | 1,000 | 未払法人税等 | 4 |
| | | 建物減価償却累計額 | 90 |
| | | 資本金 | 900 |
| | | 繰越利益剰余金 | 6 |
| | 1,380 | | 1,380 |

比較貸借対照表（当期貸借対照表 − 前期貸借対照表）

| | | | |
|---|---|---|---|
| 現金預金 | 100 | 売 掛 金 | 20 |
| 借 入 金 | 50 | 買 掛 金 | 30 |
| | | 未払法人税等 | 4 |
| | | 建物減価償却累計額 | 90 |
| | | 繰越利益剰余金 | 6 |
| | 150 | | 150 |

キャッシュ・フロー計算書の原型

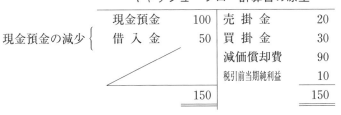

| | | | | | |
|---|---|---|---|---|---|
| 現金預金の減少 | 現金預金 | 100 | 売 掛 金 | 20 | 現金預金の増加 |
| | 借 入 金 | 50 | 買 掛 金 | 30 | |
| | | | 減価償却費 | 90 | |
| | | | 税引前当期純利益 | 10 | |
| | | 150 | | 150 | |

**問題19-1** 次の「連結キャッシュ・フロー計算書等の作成基準注解」様式1，様式2（受取配当金，受取利息，支払利息を「営業活動によるキャッシュ・フロー」に記載する方法によっている）を完成しなさい。

様式1　直接法

| | | |
|---|---|---|
| Ⅰ | （　①　） | |
| | （　②　） | ××× |
| | （　③　） | −××× |
| | 人件費支出 | −××× |
| | その他の営業支出 | −××× |
| | 小計 | ××× |
| | 利息及び配当金の（④） | ××× |
| | 利息の支払額 | −××× |
| | 損害賠償金の支払額 | −××× |
| | ………………… | ××× |
| | （　⑤　） | −××× |
| | （　①　） | ××× |
| Ⅱ | （　⑥　） | |
| | 有価証券の取得による支出 | −××× |
| | （　⑦　）収入 | ××× |
| | （　⑧　）支出 | −××× |
| | 有形固定資産の売却による収入 | ××× |
| | 投資有価証券の取得による（⑨） | −××× |
| | 投資有価証券の売却による（⑩） | ××× |
| | 連結範囲の変更を伴う子会社株式の取得 | −××× |
| | 連結範囲の変更を伴う子会社株式の売却 | ××× |
| | 貸付けによる（⑨） | −××× |
| | （⑪）の回収による（⑩） | ××× |
| | ………………… | ××× |
| | （　⑥　） | ××× |
| Ⅲ | （　⑫　） | |
| | （　⑬　） | ××× |
| | 短期借入金の返済による（⑨） | −××× |
| | 長期借入れによる収入 | ××× |
| | （　⑭　）支出 | −××× |
| | 社債の（　⑮　） | ××× |
| | 社債の償還による支出 | −××× |
| | 株式の（　⑮　） | ××× |
| | 自己株式の取得による支出 | −××× |
| | 配当金の（⑯） | −××× |
| | 非支配株主への配当金の（⑯） | −××× |
| | ………………… | ××× |
| | （　⑫　） | ××× |
| Ⅳ | 現金及び現金同等物に係る換算差額 | ××× |
| Ⅴ | （　⑰　） | ××× |
| Ⅵ | （　⑱　） | ××× |
| Ⅶ | （　⑲　） | ××× |

様式2　間接法

| | | |
|---|---|---|
| Ⅰ | （　①　） | |
| | （　⑳　） | ××× |
| | （　㉑　） | ××× |
| | のれん償却額 | ××× |
| | （　㉒　） | ××× |
| | 受取利息及び受取配当金 | −××× |
| | 支払利息 | ××× |
| | 為替差損 | ××× |
| | 持分法による投資利益 | −××× |
| | 有形固定資産売却益 | −××× |
| | 損害賠償損失 | ××× |
| | 売上債権の（㉓） | −××× |
| | （㉔）の（㉕） | ××× |
| | 仕入債務の（㉕） | −××× |
| | ………………… | ××× |
| | 小計 | ××× |
| | 利息及び配当金の（④） | ××× |
| | 利息の支払額 | −××× |
| | 損害賠償金の支払額 | −××× |
| | ………………… | ××× |
| | （　⑤　） | −××× |
| | （　①　） | ××× |
| Ⅱ | （　⑥　）（様式1に同じ） | |
| Ⅲ | （　⑫　）（様式1に同じ） | |
| Ⅳ | 現金及び現金同等物に係る換算差額 | ××× |
| Ⅴ | （　⑰　） | ××× |
| Ⅵ | （　⑱　） | ××× |
| Ⅶ | （　⑲　） | ××× |

**解答・解説**

①営業活動によるキャッシュ・フロー　②営業収入　③原材料又は商品の仕入支出　④受取額　⑤法人税等の支払額　⑥投資活動によるキャッシュ・フロー　⑦有価証券の売却による　⑧有形固定資産の取得による　⑨支出　⑩収入　⑪貸付金　⑫財務活動によるキャッシュ・フロー　⑬短期借入れによる収入　⑭長期借入金の返済による　⑮発行による収入　⑯支払額　⑰現金及び現金同等物の増加額　⑱現金及び現金同等物期首残高　⑲現金及び現金同等物期末残高　⑳税金等調整前当期純利益　㉑減価償却費　㉒貸倒引当金の増加額　㉓増加額　㉔棚卸資産　㉕減少額

新しい財務諸表であるから，これまでの財務諸表との用語の違いに注意すること。とくに，勘定科目と混同しないこと。なお，Ⅳの「現金及び現金同等物に係る換算差額」とは，外貨建ての現金及び現金同等物に関するものであり，「期首現金及び現金同等物の換算レートとキャッシュ・フローの換算レートとの差額」と，「期末現金及び現金同等物の換算レートとキャッシュ・フローの換算レートとの差額」である。

**問題19-2**　次の資料から，直接法で表示するキャッシュ・フロー計算書を作成しなさい。また，そのうち営業活動によるキャッシュ・フローの計算部分を間接法で示しなさい。

（資料）当期の期首貸借対照表，期末貸借対照表，損益計算書は以下のとおりである。また，当期において，投資有価証券50を現金60で売却し，借入金50を現金で返済した。また，営業費の3分の2が人件費であり，これも含めて営業費は現金で支払い済みである。

期首貸借対照表

| | | | |
|---|---|---|---|
| 現金預金 | 50 | 買　掛　金 | 150 |
| 売　掛　金 | 200 | 借　入　金 | 250 |
| 建　　物 | 1,000 | 資　本　金 | 900 |
| 投資有価証券 | 50 | | |
| | 1,300 | | 1,300 |

期末貸借対照表

| | | | |
|---|---|---|---|
| 現金預金 | 200 | 買掛金 | 180 |
| 売　掛　金 | 180 | 借入金 | 200 |
| 建　　物 | 1,000 | 未払法人税等 | 4 |
| | | 建物減価償却累計額 | 90 |
| | | 資本金 | 900 |
| | | 繰越利益剰余金 | 6 |
| | 1,380 | | 1,380 |

損益計算書

| | | | |
|---|---|---|---|
| 売上原価 | 300 | 売　上　高 | 400 |
| 営　業　費 | 15 | 受取配当金 | 5 |
| 減価償却費 | 90 | 投資有価証券売却益 | 10 |
| 法人税等 | 4 | | |
| 当期純利益 | 6 | | |
| | 415 | | 415 |

**解答・解説**

〈直接法〉

| | | |
|---|---|---|
| Ⅰ　営業活動によるキャッシュ・フロー | | |
| 営業収入 | 420 | ……① |
| 商品の仕入支出 | －270 | ……② |
| 人件費支出 | －　10 | ……③ |
| その他の営業支出 | －　5 | ……③ |
| 小計 | 135 | |
| 配当金の受取額 | 5 | ……④ |
| 営業活動によるキャッシュ・フロー | 140 | |

| | | | |
|---|---|---|---|
| Ⅱ | 投資活動によるキャッシュ・フロー | | |
| | 有価証券の売却による収入 | 60 | ……⑤ |
| | 投資活動によるキャッシュ・フロー | 60 | |
| Ⅲ | 財務活動によるキャッシュ・フロー | | |
| | 短期借入金の返済による支出 | − 50 | ……⑥ |
| | 財務活動によるキャッシュ・フロー | − 50 | |
| Ⅳ | 現金及び現金同等物に係る換算差額 | 0 | |
| Ⅴ | 現金及び現金同等物の増加額 | 150 | |
| Ⅵ | 現金及び現金同等物期首残高 | 50 | |
| Ⅶ | 現金及び現金同等物期末残高 | 200 | |

〈間接法〉

| | | |
|---|---|---|
| Ⅰ | 営業活動によるキャッシュ・フロー | |
| | 税金等調整前当期純利益 | 10 |
| | 減価償却費 | 90 |
| | 投資有価証券売却益 | − 10 |
| | 売上債権（売掛金）の減少額 | 20 |
| | 仕入債務（買掛金）の増加額 | 30 |
| | 営業活動によるキャッシュ・フロー | 140 |
| | ⋮ | ⋮ |

〈直接法〉について：①営業収入は売上高400と売掛金の減少額20から推定する（売掛金の回収は収入の増加である）。②商品の仕入支出は売上原価300と買掛金の増加額30から推定する（買掛金の増加は，仕入支出がその分，少なくて済んだことを表す）。そして，③営業費15（内訳は人件費が10，その他5）を営業活動によるキャッシュ・フローから差し引き，小計135をいったん算出してから，④配当金の受取額5を加え，営業活動によるキャッシュ・フロー140を算定する。

投資活動によるキャッシュ・フローは，⑤有価証券の売却による収入60（投資有価証券の原価50と売却益10の合計額）であり，財務活動によるキャッシュ・フローは，⑥短期借入金の返済による支出50であるから，これらを加減して当期のキャッシュ・フローは150であり，これに期首の現金預金の金額50を加えて，期末の現金及び現金同等物残高200を算定する。

〈間接法〉について：すでに〔設例〕で説明したように，期末貸借対照表から期首貸借対照表を項目ごとに差し引いて作成する比較貸借対照表および損益計算書に基づき作成するが，営業活動によるキャッシュ・フロー以外のキャッシュ・フローは含めないため，この場合は，投資有価証券売却益を差し引いて作成する。

# XIX 練習問題

**【問題１】** 次の文章のうち，一般に公正妥当と認められる会計諸基準（企業会計原則・同注解をはじめとする各種原則，基準，意見書等）および関連する規則に照らして，正しいものには○を，誤っているものには×を付け，×を付けた場合にはその理由を記しなさい。なお，会計諸基準および諸規則は，令和５年４月１日現在，有効なものとする。また，重要性の原則の適用はない。

1．会計単位内部における原材料や半製品等の振替から生じる損益は内部利益と呼ばれ，外部に公表する財務諸表の作成上，消去しなければならない。

2．仕入値引，仕入戻し，仕入割引は仕入高から控除して表示するが，仕入割戻しは，財務収益であるから営業外収益項目として取り扱う。

3．資本と利益の混同は禁止されるが，自己株式の処分等の会計処理を行った結果，その他資本剰余金の残高が負の値となったときには，その都度，その他利益剰余金（繰越利益剰余金）によって補てんすることができる。

4．割賦販売においては，販売基準のほかに回収基準と回収期限到来日基準が認められる。

5．通常の販売目的で保有する棚卸資産について，収益性の低下による簿価切下額は売上原価とするが，棚卸資産の製造に関連して不可避的に発生すると認められるときには製造原価として処理する。

6．破産更生債権等については，債権額から担保の処分見込額および保証による回収見込額を減額し，その残額について債務者の財政状態および経営成績を考慮して貸倒見積高を算定する。

7．転換社債型新株予約権付社債を発行した場合には，社債の対価部分と新株予約権の対価部分とに区分する区分法により処理しなければならない。一方，転換社債型新株予約権付社債以外の新株予約権付社債を発行した場合には，区分法か，社債の対価部分と新株予約権の対価部分とに区分せず普通社債の発行に準じて処理する一括法のいずれかの方法により処理することができる。

8．固定資産の減損処理後に回収可能価額が回復した場合，減損処理を行わなかった場合の減価償却後の帳簿価額を限度として，減損損失を戻し入れる。

9．市場販売目的のソフトウェアである製品マスターの制作費は，研究開発費に該当する部分を除き，資産として計上しなければならない。ただし，製品マスターの機能維持に要した費用は，資産として計上してはならない。

10．繰延税金資産または繰延税金負債の金額は，回収または支払が行われる期の税率に基づいて計算するものとされているので，法人税等の税率に変更があったとしても，過年度に計上された繰延税金資産または繰延税金負債を新たな税率に基づき再計算しない。

11．期末後に開催される株主総会の決議事項となる，当事業年度の職務に係る役員賞与は，当該支給が株主総会の決議が前提となるので，費用計上せず，株主配当と同様に繰越利益剰余金から直接控除する。

12．自己株式の取得に係る付随費用は，取得原価となる。

13. 株主資本等変動計算書において，剰余金の配当はすべて繰越利益剰余金の減少項目として表示する。
14. デリバティブ取引により生じる正味の債権および債務は，時価をもって貸借対照表価額とし，評価差額は，原則として，繰延処理する。
15. キャッシュ・フロー計算書の「現金及び現金同等物」の中の現金とは，手許現金および定期預金をいい，現金同等物とは，容易に換金可能であり，かつ，価値の変動について僅少なリスクしか負わない短期投資をいう。
16. 1株当たり当期純利益は，普通株式に係る当期純利益を普通株式の期中平均株式数で除して算定する。
17. 連結財務諸表の作成において発生した負ののれんは，負債として計上する。
18. 持分法の適用上，投資会社が被投資会社から配当金を受け取った場合には，投資会社は，当該配当金に相当する額について，受取配当金と投資勘定とを相殺消去しなければならない。
19. 有形固定資産の減価償却方法は，会計方針に該当するため，当該資産の減価償却方法を変更した場合には，遡及適用を行う。
20. 在外子会社の貸借対照表の換算によって生じた換算差額については，連結包括利益計算書上，その他の包括利益の内訳項目として区分表示する。

〔解答用紙〕

| 番号 | 正誤欄 | 理　　　由 |
|---|---|---|
| 1. | | |
| 2. | | |
| 3. | | |
| 4. | | |
| 5. | | |
| 6. | | |
| 7. | | |
| 8. | | |
| 9. | | |
| 10. | | |
| 11. | | |
| 12. | | |
| 13. | | |
| 14. | | |
| 15. | | |
| 16. | | |
| 17. | | |
| 18. | | |
| 19. | | |
| 20. | | |

解答

| 番号 | 正誤欄 | 理　　　　　由 |
|---|---|---|
| 1. | × | 会計単位内部における原材料，半製品等の振替から生じる損益は内部利益ではなく，振替損益である。 |
| 2. | × | 仕入割戻しは仕入高から控除し，仕入割引は営業外収益項目として取り扱う。 |
| 3. | × | その他利益剰余金によるその他資本剰余金の補てんは，その都度ではなく，会計期間末に行う。 |
| 4. | × | 販売基準以外は認められない。 |
| 5. | ○ | |
| 6. | × | 破産更生債権等については，債権額から担保の処分見込額および保証による回収見込額を減額し，その残額を貸倒見積高とする。 |
| 7. | × | 転換社債型新株予約権付社債の場合，区分法または一括法により処理し，転換社債型新株予約権付社債以外の新株予約権付社債の場合，区分法により処理する。 |
| 8. | × | 回収可能価額が回復した場合であっても，減損損失の戻入れは行わない。 |
| 9. | ○ | |
| 10. | × | 過年度に計上された繰延税金資産または繰延税金負債を新たな税率に基づき再計算する。 |
| 11. | × | 当事業年度の職務に係る役員賞与は，繰越利益剰余金から直接控除するのではなく，発生した会計期間の費用として処理する。 |
| 12. | × | 自己株式の取得に係る付随費用は営業外費用として処理する。 |
| 13. | × | その他資本剰余金を原資とする剰余金の配当は，その他資本剰余金の減少項目として表示する。 |
| 14. | × | 評価差額は，原則として，当期の損益として処理する。 |
| 15. | × | 現金に含まれるのは定期預金ではなく，要求払預金である。 |
| 16. | ○ | |
| 17. | × | 負債ではなく，負ののれん発生益として，特別利益に計上する。 |
| 18. | ○ | |
| 19. | × | 減価償却方法の変更は，会計上の見積りの変更と同様に取り扱い，遡及適用を行わない。 |
| 20. | ○ | |

解説

1．内部利益とは，原則として，本店，支店，事業部等の企業内部における独立した会計単位相互間の内部取引から生ずる未実現の利益をいう。【企業会計原則　損益計算書原則　三Ｅ，注解11】

2．仕入割引と仕入割戻しを逆にした記述である。【財務諸表等規則，同ガイドライン90条】

3．会計期間末において，最終結果を確定し調整する。【自己株式及び準備金の額の減少等に関する会計基準12項】

4．収益認識に関する会計基準では，履行義務の充足された時点，つまり，商品が引き渡された時点に収益を認識しなければならないとされている。

5．正しい記述である。【棚卸資産の評価に関する会計基準17項】

6．問題文の算定方法は，貸倒懸念債権について財務内容評価法を適用する場合である。【金融商品に関する会計基準28項(3)】

7．一括法が認められるのは，転換社債型新株予約権付社債である。【金融商品に関する会計基準36項，38項】

8．減損損失の戻入れは行わない。【固定資産の減損に係る会計基準三２】
9．正しい記述である。【研究開発費等に係る会計基準四２】
10. 税率の変更は税金の将来の回収額または支払額に影響を与えるので，再計算する。【税効果会計に係る会計基準の設定に関する意見書三３】
11. 当事業年度の職務に係る役員賞与は発生した会計期間の費用であり，期末後に開催される株主総会の決議事項とする場合，当該決議事項とする額またはその見込額を原則として引当金に計上する。【役員賞与に関する会計基準３項，13項】
12. 自己株式の取得は資本取引である一方，その付随費用は，財務上の費用と考えられ，取得原価に含めず，損益計算書の営業外費用に計上する。【自己株式及び準備金の額の減少等に関する会計基準14項，51項】
13. その他資本剰余金を原資とする剰余金の配当は，その他資本剰余金の減少として表示する。【財務諸表等規則101条３項】
14. 評価差額は，原則として当期の損益とする。【金融商品に関する会計基準25項】
15. キャッシュ・フロー計算書において，現金とは，手許現金および要求払預金をいい，要求払預金には，例えば，当座預金，普通預金，通知預金が含まれる。なお，定期預金は満期まで３カ月以内のものは，現金同等物とされる。【連結キャッシュ・フロー計算書等の作成基準第二　一】
16. 正しい記述である。【１株当たり当期純利益に関する会計基準12項】
17. 負ののれんは負債の定義を満たさない。【企業結合に関する会計基準48項】
18. 正しい記述である。【持分法に関する会計基準14項】
19. 有形固定資産等の減価償却方法は，会計方針に該当するが，その変更は，会計方針の変更を会計上の見積りの変更と区別することが困難な場合に該当する。したがって，会計上の見積りの変更と同様に取り扱い，遡及適用は行わない。【会計方針の開示，会計上の変更及び誤謬の訂正に関する会計基準19項】
20. 正しい記述である。【外貨建取引等会計処理基準三４】【包括利益の表示に関する会計基準７項】

**【問題2】** 大塚株式会社（以下，当社）の当期（X5年4月1日～X6年3月31日）に関する〈資料1〉，〈資料2〉，〈資料3〉に基づいて，解答用紙に示した損益勘定と（閉鎖）残高勘定（繰越試算表）を完成しなさい。なお，すべての空欄に記入するとは限らない。また，特に指示しない限り，税効果会計は考えないものとし，円未満の端数が生じた場合には，円未満を四捨五入する。

〈資料1〉 決算整理前残高試算表

決算整理前残高試算表

（単位：円）

| | | | |
|---|---|---|---|
| 現金 | 1,197,770 | 支払手形 | 1,700,000 |
| 当座預金 | 4,125,000 | 買掛金 | 3,500,000 |
| 受取手形 | 1,875,000 | 預り保証金 | 125,000 |
| 売掛金 | 2,706,250 | 長期借入金 | 2,250,000 |
| 売買目的有価証券 | 787,500 | 退職給付引当金 | 8,750,000 |
| 繰越商品 | 2,500,000 | 貸倒引当金 | 52,500 |
| 仮払金 | 1,900,000 | 建物減価償却累計額 | 5,062,500 |
| 建物 | 15,000,000 | 資本金 | 22,500,000 |
| 土地 | 24,342,000 | 資本準備金 | 937,500 |
| 満期保有目的債券 | 363,720 | 利益準備金 | 912,500 |
| その他有価証券 | 336,000 | 別途積立金 | 81,000 |
| 関連会社株式 | 450,000 | 繰越利益剰余金 | 4,000,000 |
| 長期貸付金 | 400,000 | 売上 | 78,420,000 |
| 仕入 | 48,750,000 | 受取利息 | 8,000 |
| 給料 | 22,500,000 | 受取配当金 | 78,090 |
| 広告宣伝費 | 400,000 | | |
| 支払利息 | 56,250 | | |
| 仮払法人税等 | 687,600 | | |
| | 128,377,090 | | 128,377,090 |

〈資料2〉 未記入取引

1．当社はいくつかの銀行と取引をし，銀行ごとに特殊仕訳帳として，当座預金出納帳を備えている。このうち，下の広島銀行の当座預金出納帳（3月分，単位：円）は総勘定元帳へ未だ転記していない。

なお，この当座預金出納帳は，売掛金と買掛金取引を総勘定元帳へ合計転記し，これら以外の取引は個別転記するシステムとしている。

広島銀行当座預金出納帳

（単位：円）

| 日付 | | 相手勘定 | | 摘要 | 丁数 | 借方勘定 | | 貸方勘定 | | 丁数 | 預入 | 引出 | 残高 |
|---|---|---|---|---|---|---|---|---|---|---|---|---|---|
| | | 借方 | 貸方 | | | 諸口 | 買掛金 | 諸口 | 売掛金 | | | | |
| 3 | 1 | | | 前月繰越 | | | | | | ✓ | | | 750,000 |
| | 10 | | 東京商事 | 当座振込み | 得1 | | | | 112,500 | | 112,500 | | 862,500 |
| | 〃 | | 新潟商店 | 〃 | 得2 | | | | 125,000 | | 125,000 | | 987,500 |
| | 20 | 愛媛商会 | | 小切手No.×× | 仕5 | | 230,000 | | | | | 230,000 | 757,500 |
| | 〃 | 沖縄商事 | | 小切手No.×× | 仕2 | | 45,000 | | | | | 45,000 | 712,500 |
| | 25 | 広告宣伝費 | | 小切手No.×× | | 5,000 | | | | | | 5,000 | 707,500 |
| | 31 | 支払リース料 | | 口座引落し | | 160,000 | | | | | | 160,000 | 547,500 |
| | | | | 買掛金/売掛金 | | 165,000 | 275,000 | 0 | 237,500 | | 237,500 | 440,000 | |
| | | | | 前月繰越 | | | | | | | 750,000 | | |
| | | | | 次期繰越 | | | | | | | | 547,500 | |
| | | | | | | | | | | | 987,500 | 987,500 | |

2．円安ドル高傾向が見られることから，試みとして，今期3月から得意先を海外に求めてみたが，その売上帳（特殊仕訳帳）は下のとおりであり，この取引（ドル建て）を総勘定元帳へ未だ転記していない。なお，決済は月末締めで，翌月20日払いとしている。期末の為替レートは，1ドル＝99円であった。

売上帳（外国売上）

〈17〉

| 日付 | | 摘　要 | ドル価額 | 取引日換算レート | 丁数 | 売掛金 |
|---|---|---|---|---|---|---|
| 3 | 22 | ニューヨーク商事 | | | | |
| | | A商品400個@8ドル | 3,200 | 1ドル＝100円 | 得101 | 320,000 |
| | 27 | ワシントン物産 | | | | |
| | | A商品270個@9ドル | 2,430 | 1ドル＝101円 | 得102 | 245,430 |
| | | 売掛金 | 5,630 | | | 565,430 |

〈資料3〉　決算整理事項等

1．広島銀行より取りよせた期末の当座預金の残高証明書によれば，その残高が597,500円であった。当社の帳簿残高との不一致の原因を調査したところ，次の2つの事実が判明した。

(1)　仕入先沖縄商事の買掛金支払いのために振り出した小切手45,000円が，銀行に支払呈示がなされていないため，未取付であった。

(2)　駒込広告代理店へ当期の広告宣伝費支払いのために振出した小切手5,000円が，駒込広告代理店に未渡しであった。

2．以下の債権・債務に関する取引の処理が，未処理であることが判明した。

(1)　売掛金300,000円について，電子記録債権の発生記録が行われた。

(2)　譲渡記録により電子記録債権 100,000円を仕入先に買掛金100,000円と引換えに譲渡した。

3．商品に関する情報は以下のとおりであり，当社は先入先出法を採用している。なお，棚卸減耗費および商品評価損は，売上原価に含める。また，下記の帳簿棚卸数量は上記〈資料2〉2．の売上を考慮済みである。

(1)　帳簿棚卸数量　6,000個，取得原価　　@600円

(2)　実地棚卸数量　5,980個，正味売却価額　@580円

ただし，実地棚卸数量5,980個のうち，40個は品質低下のため@280円に切り下げる。

4．決算日現在保有する有価証券の明細は次の表のとおりである。

| 銘　柄 | 保有目的 | 取得原価 | 帳簿価額 | 時　価 | 備　考 |
|---|---|---|---|---|---|
| A社株式 | 売買目的 | 320,000円 | 300,000円 | 330,000円 | (1)参照 |
| B社株式 | 売買目的 | 480,000円 | 487,500円 | 500,000円 | (1)参照 |
| C社社債 | 満期保有目的 | 363,720円 | 363,720円 | 366,750円 | (2)参照 |
| D社株式 | 関連会社株式 | 450,000円 | 450,000円 | 把握が極めて困難 | (3)参照 |
| E社株式 | その他 | 240,000円 | 240,000円 | 300,000円 | (4)参照 |
| F社株式 | その他 | 96,000円 | 96,000円 | 60,000円 | (4)参照 |

(1) 売買目的有価証券については，切放法を採用している。

(2) C社社債は，当期首に額面金額 375,000円（表面利子率：年2.5%，期間：5年，利払い：毎年1回で3月末日）を取得したものである。額面金額と取得原価との差額は金利調整分であり，利息法（実効利子率：年3.16%）によって処理する。当期の償却原価法および利札（期限到来済み）の処理が未処理である。

(3) 当社は，D社の発行済株式総数の30%を保有し経営方針に重要な影響を与えている。同社の期末時点での簿価による純資産額は600,000円である。なお，D社が保有する土地に含み益30,000円があり，当該含み益をD社株式の評価に反映させる。

(4) その他有価証券については，部分純資産直入法を採用しており，法定実効税率を40%として税効果会計を適用する。

5．金銭債権の状況は次のとおりである。

(1) 金銭債権のうち受取手形180,000円および売掛金114,000円は債務者が破産申請したため，破産更生債権等に振り替える。なお，当該債務者から保証金12,000円を預かっており，これ以外に回収できる見込みはない。

(2) 当期首に貸し付けた長期貸付金400,000円（約定利率年2%，満期は当期末より2年後）について，当期の利息受取後に予想外の経営環境の急変による資金繰りの悪化を理由に，返済を3年後とし，利率を年1%にしてほしいとの依頼を受けたので，これを認めた。

なお，これに関する（元本400,000円および利息4,000円の現在価値への）計算表は，次のとおりである。小数点未満を四捨五入している。空白部分は各自推測すること。

（単位：円）

| 現在価値 | 1年後キャッシュ・インフロー | 2年後キャッシュ・インフロー | 3年後キャッシュ・インフロー |
|---|---|---|---|
| 3,922 | 4,000 | | |
| (　　　) | 3,922 | 4,000 | |
| 380,698 | 388,312 | 396,078 | 404,000 |
| 計　X | 4,000 | 4,000 | 404,000 |

(3) 他の金銭債権はすべて一般債権であり，一般債権の期末残高の2%の貸倒引当金を差額補充法により設定する。

6．当期首に備品のリース契約（リース期間：3年，所有権移転外ファイナンス・リース取引に該当）を結んでおり，〈資料2〉1．の当座預金出納帳に記載されている支払リース料160,000円は，このリース料である。当社はこれら一連の取引について未処理である。

本年はリース期間の第1年度にあたり，次の表に基づいて，リース料を利息部分（借手の追加借入利子率年1%）と元本返済部分とに分けて処理する。なお，表上の金額は，計算上，端数が出るので，一部調整している。

空白部分は各自推測し，仕訳の方法もこれにならうこと。（単位：円）

| | リース債務期首残高 | 利　息　分 | 元本返済分 | リース債務期末残高 |
|---|---|---|---|---|
| 第1年度 | 470,557 | (　　　) | (　　　) | (　　　) |
| 第2年度 | (　　　) | 3,153 | 156,847 | 158,416 |
| 第3年度 | 158,416 | 1,584 | 158,416 | 0 |

7．有形固定資産の減価償却は，次のとおり行う。

| 区　　分 | 耐用年数 | 償却方法 | 残存価額 |
|---|---|---|---|
| 建　　物 | 40年 | 定額法 | 取得原価の10% |
| リース資産 | 3年 | 定額法 | ゼロ |

8．上記7．の建物について，当期末に減損の兆候が見られるので，当期末に減損処理を行う。建物の当期末における時価は9,100,000円，処分費用は200,000円と見込まれ，使用価値は9,000,000円と見込まれた。

9．当社は確定給付型年金制度および退職一時金制度を採用しており，当期の退職給付費用を計上する。

期首退職給付債務：43,750,000円，期首年金資産：35,000,000円，勤務費用：900,000円

利息費用は割引率を2%として計算し，期待運用収益は長期期待運用収益率を3%として計算する。

なお，当期中に退職一時金1,500,000円および年金掛金400,000円を支払ったがいずれも仮払金勘定で処理している。

また，当期末に数理計算上の差異50,000円（借方差異）が発生した。数理計算上の差異は当期より10年間で費用処理する。

10．長期借入金は，約定利率年3%で，利払日は毎年1月と7月の末日である。

11．当期の課税所得は5,800,000円であり，法定実効税率を40%として法人税等を計算する。

〔解答用紙〕

## 損　　益

| 借方科目 | 金額 | 貸方科目 | 金額 |
|---|---|---|---|
| 仕入 | （　） | 売上 | （　） |
| 給料 | （　） | 受取利息 | （　） |
| 退職給付費用 | （　） | 受取配当金 | （　） |
| 貸倒引当金繰入額＊1 | （　） | 有価証券利息 | （　） |
| 減価償却費 | （　） | 有価証券評価益 | （　） |
| 広告宣伝費 | （　） | | （　） |
| 支払利息 | （　） | | （　） |
| 為替差損 | （　） | | |
| | （　） | | |
| | （　） | | |
| | （　） | | |
| | （　） | | |
| 法人税等 | （　） | | |
| 繰越利益剰余金 | （　） | | |
| | （　） | | （　） |

＊1　貸倒引当金繰入額は，本来，販売費及び一般管理費，営業外費用または特別損失に損益計算書の記載区分を分ける必要があるが，ここでは，すべての貸倒引当金繰入額をまとめて記入すること。

## 残　　高

| 借方科目 | 金額 | 貸方科目 | 金額 |
|---|---|---|---|
| 現金 | （　） | 支払手形 | 1,700,000 |
| 当座預金 | （　） | 買掛金 | （　） |
| 受取手形 | （　） | | （　） |
| 電子記録債権 | （　） | 未払利息 | （　） |
| 売掛金 | （　） | リース債務 | （　） |
| 売買目的有価証券 | （　） | 未払法人税等 | （　） |
| 繰越商品 | （　） | 預り保証金 | 125,000 |
| 繰延税金資産 | （　） | 長期借入金 | 2,250,000 |
| 建物 | （　） | 退職給付引当金 | （　） |
| リース資産 | （　） | | （　） |
| 土地 | 24,342,000 | 長期リース債務 | （　） |
| 長期貸付金 | （　） | 貸倒引当金＊2 | （　） |
| 満期保有目的債券 | （　） | 建物減価償却累計額 | （　） |
| その他有価証券 | （　） | リース資産減価償却累計額 | （　） |
| 関連会社株式 | （　） | 資本金 | 22,500,000 |
| 破産更生債権等 | （　） | 資本準備金 | 937,500 |
| | | 利益準備金 | 912,500 |
| | | 別途積立金 | 81,000 |
| | | 繰越利益剰余金 | （　） |
| | | | （　） |
| | （　） | | （　） |

＊2　貸倒引当金は，本来，設定対象となっている債権ごとに算定される必要があるが，ここでは，すべての貸倒引当金をまとめて記入すること。

解答

損　　　益

| 借方科目 | 金額 | 貸方科目 | 金額 |
|---|---|---|---|
| 仕入 | ( 47,793,600 ) | 売上 | ( 78,985,430 ) |
| 給料 | ( 22,500,000 ) | 受取利息 | ( 8,000 ) |
| 退職給付費用 | ( 730,000 ) | 受取配当金 | ( 78,090 ) |
| 貸倒引当金繰入額 | ( 331,177 ) | 有価証券利息 | ( 11,494 ) |
| 減価償却費 | ( 494,352 ) | 有価証券評価益 | ( 42,500 ) |
| 広告宣伝費 | ( 405,000 ) | 法人税等調整額 | ( 14,400 ) |
| 支払利息 | ( 72,206 ) | | ( ) |
| 為替差損 | ( 8,060 ) | | |
| 関連会社株式評価損 | ( 261,000 ) | | |
| 投資有価証券評価損 | ( 36,000 ) | | |
| 減損損失 | ( 600,000 ) | | |
| | ( ) | | |
| 法人税等 | ( 2,320,000 ) | | |
| 繰越利益剰余金 | ( 3,588,519 ) | | |
| | ( 79,139,914 ) | | ( 79,139,914 ) |

残　　　高

| 借方科目 | 金額 | 貸方科目 | 金額 |
|---|---|---|---|
| 現金 | ( 1,207,145 ) | 支払手形 | 1,700,000 |
| 当座預金 | ( 3,927,500 ) | 買掛金 | ( 3,125,000 ) |
| 受取手形 | ( 1,695,000 ) | 未払金 | ( 5,000 ) |
| 電子記録債権 | ( 200,000 ) | 未払利息 | ( 11,250 ) |
| 売掛金 | ( 2,612,120 ) | リース債務 | ( 156,847 ) |
| 売買目的有価証券 | ( 830,000 ) | 未払法人税等 | ( 1,632,400 ) |
| 繰越商品 | ( 3,456,400 ) | 預り保証金 | 125,000 |
| 繰延税金資産 | ( 14,400 ) | 長期借入金 | 2,250,000 |
| 建物 | ( 14,400,000 ) | 退職給付引当金 | ( 7,580,000 ) |
| リース資産 | ( 470,557 ) | 繰延税金負債 | ( 24,000 ) |
| 土地 | 24,342,000 | 長期リース債務 | ( 158,416 ) |
| 長期貸付金 | ( 400,000 ) | 貸倒引当金 | ( 383,677 ) |
| 満期保有目的債券 | ( 365,839 ) | 建物減価償却累計額 | ( 5,400,000 ) |
| その他有価証券 | ( 360,000 ) | リース資産減価償却累計額 | ( 156,852 ) |
| 関連会社株式 | ( 189,000 ) | 資本金 | 22,500,000 |
| 破産更生債権等 | ( 294,000 ) | 資本準備金 | 937,500 |
| | | 利益準備金 | 912,500 |
| | | 別途積立金 | 81,000 |
| | | 繰越利益剰余金 | ( 7,588,519 ) |
| | | その他有価証券評価差額金 | ( 36,000 ) |
| | ( 54,763,961 ) | | ( 54,763,961 ) |

解説

本問は，決算整理前残高試算表，未記入取引および決算整理事項等に基づいて，損益勘定と残高勘定の記入を行う問題である。

## 1．未記入取引の仕訳

(1) 当座預金出納帳

特殊仕訳帳の親勘定である当座預金勘定については，預入欄と引出欄の合計額をそれぞれ合計転記する。相手勘定については，特別欄の勘定（買掛金と売掛金）は合計転記し，諸口欄の勘定（広告宣伝費と支払リース料）は個別転記する。なお，リース料はここでは「支払リース料」として計上している。

| | | | | |
|---|---|---|---|---|
| （借） | 当座預金※1 | 237,500 | （貸）当座預金※2 | 440,000 |
| | 買掛金※3 | 275,000 | 売掛金※4 | 237,500 |
| | 広告宣伝費※5 | 5,000 | | |
| | 支払リース料※5 | 160,000 | | |

※1　預入欄の合計額
※2　引出欄の合計額
※3　特別欄(買掛金)の合計額
※4　特別欄(売掛金)の合計額
※5　諸口欄の金額

(2) 売上帳

| | | | | |
|---|---|---|---|---|
| （借） | 売掛金※1 | 565,430 | （貸）売上※3 | 565,430 |
| （借） | 為替差損※2 | 8,060 | （貸）売掛金 | 8,060 |

※1　特別欄（売掛金）の合計額
※2　5,630ドル×99円/ドル－565,430円＝△8,060円（為替差損）
※3　売上帳の合計金額

## 2．決算整理事項等の仕訳

(1) 当座預金（広島銀行）

① 未取付小切手

決算整理の必要はない。

② 未渡小切手

小切手がまだ取引先に渡されていないため，当座預金の増加処理をし，未払金勘定を計上する。

| | | | | |
|---|---|---|---|---|
| （借） | 当座預金 | 5,000 | （貸）未払金 | 5,000 |

[参考]

銀行勘定調整表(広島銀行)　(単位：円)

| | | | |
|---|---|---|---|
| 当座預金勘定残高 | 547,500※ | 銀行残高証明書残高 | 597,500 |
| 加算: | | 減算: | |
| 未渡小切手 | 5,000 | 未取付小切手 | △45,000 |
| | 552,500 | | 552,500 |

※　当座預金出納帳より

(2)　電子記録債権

「電子記録債権」とは，電子債権記録機関への電子記録をその発生・譲渡等の要件とする，既存の売掛債権や手形債権とは異なる新たな「金銭債権」である。

①　電子記録債権の発生

債権者と債務者の双方が電子債権記録機関に「発生記録」の請求をし，これにより電子債権記録機関が記録原簿に「発生記録」を行うことで，電子記録債権が発生する。売掛金について発生記録をした場合には，売掛金から電子記録債権に振り替え，買掛金について発生記録をした場合には，買掛金から電子記録債務に振り替える。

| | | | | | |
|---|---|---|---|---|---|
| （借） | 電子記録債権 | 300,000 | （貸） | 売掛金 | 300,000 |

②　電子記録債権の譲渡

譲渡人と譲受人の双方が電子債権記録機関に「譲渡記録」の請求をし，これにより電子債権記録機関が記録原簿に「譲渡記録」を行うことで電子記録債権が譲渡される。

| | | | | | |
|---|---|---|---|---|---|
| （借） | 買掛金 | 100,000 | （貸） | 電子記録債権 | 100,000 |

(3)　商品の評価

期末商品について，正味売却価額が取得原価よりも下落している場合には，正味売却価額で評価し，正味売却価額が取得原価より高い場合は取得原価で評価する。

| | | | | | |
|---|---|---|---|---|---|
| （借） | 仕入 | 2,500,000 | （貸） | 繰越商品 | 2,500,000 |
| （借） | 繰越商品※1 | 3,600,000 | （貸） | 仕入 | 3,600,000 |
| （借） | 棚卸減耗費※2 | 12,000 | （貸） | 繰越商品 | 143,600 |
| | 商品評価損※3 | 131,600 | | | |
| （借） | 仕入 | 143,600 | （貸） | 棚卸減耗費 | 12,000 |
| | | | | 商品評価損 | 131,600 |

※1　@600円×6,000個＝3,600,000円　　※2　@600円×（6,000個－5,980個）＝12,000円
※3　（@600円－@280円）×（5,980個－5,940個）＋（@600円－@580円）×5,940個＝131,600円

(4)　有価証券の評価

①　売買目的有価証券（A社株式，B社株式）

切放法では洗替法のように取得原価に振り戻さないため，決算整理前の簿価は前期末時価である。

| | | | | | |
|---|---|---|---|---|---|
| （借） | 売買目的有価証券※ | 42,500 | （貸） | 有価証券評価益 | 42,500 |

※（330,000円＋500,000円）－（300,000円＋487,500円）＝42,500円

② 満期保有目的債券（C社社債）

償却原価法（利息法）の計算は，次のとおり。

利息配分額：帳簿価額×実効利子率

利札受取額：額面金額×表面利子率

償　却　額：利息配分額－利札受取額

| | | | | | |
|---|---|---|---|---|---|
| （借） | 現　金※2 | 9,375 | （貸） | 有価証券利息※1 | 11,494 |
| | 満期保有目的債券※3 | 2,119 | | | |

※1　363,720円×3.16％＝11,493.552→11,494円　　※3　11,494円－9,375円＝2,119円

※2　375,000円×2.5％＝9,375円

③ 関連会社株式（D社株式）

子会社株式および関連会社株式は原則として，取得原価で評価する。時価を把握することが極めて困難と認められる株式について，当該株式の発行会社の財政状態の悪化により実質価額が著しく低下したときは，減損処理を行う。一般的に，取得原価に対し実質価額が50％以上低下している場合には，著しい低下と判断する。

ここで，財政状態とは，原則として資産等の時価評価に基づく評価差額等を加味して算定した１株当たりの純資産額をいう。

実質価額：（600,000円＋30,000円（含み益））×30％＝189,000円

減損処理の判定：450,000円×50％＝225,000円＞189,000円　∴　減損処理を行う。

減損処理額：450,000円－189,000円＝261,000円

| | | | | | |
|---|---|---|---|---|---|
| （借） | 関連会社株式評価損 | 261,000 | （貸） | 関連会社株式 | 261,000 |

④ その他有価証券（E社株式）

部分純資産直入法では，時価が取得原価を上回る銘柄（評価益が生じるもの）に係る評価差額は，純資産としてその他有価証券評価差額金で処理し，一方，時価が取得原価を下回る銘柄（評価損が生じるもの）に係る評価差額は，当期の損失として投資有価証券評価損で処理する。

| | | | | | |
|---|---|---|---|---|---|
| （借） | その他有価証券※1 | 60,000 | （貸） | 繰延税金負債※2 | 24,000 |
| | | | | その他有価証券評価差額金※3 | 36,000 |

※1　300,000円－240,000円＝60,000円　　※3　60,000円－24,000円＝36,000円

※2　60,000円×40％＝24,000円

⑤ その他有価証券（F社株式）

| | | | | | |
|---|---|---|---|---|---|
| （借） | 投資有価証券評価損※1 | 36,000 | （貸） | その他有価証券 | 36,000 |
| （借） | 繰延税金資産※2 | 14,400 | （貸） | 法人税等調整額 | 14,400 |

※1　60,000円－96,000円＝△36,000円　　※2　36,000円×40％＝14,400円

(5) 貸倒引当金

① 破産更生債権等（財務内容評価法）

イ 科目の振替え

| | | | | | |
|---|---|---|---|---|---|
| (借) | 破産更生債権等 | 294,000 | (貸) | 受取手形 | 180,000 |
| | | | | 売掛金 | 114,000 |

ロ 貸倒引当金の設定

債権金額から担保の処分見込額および保証による回収見込額を減額し，その残額を貸倒見積高とする。

| | | | | | |
|---|---|---|---|---|---|
| (借) | 貸倒引当金繰入額※ | 282,000 | (貸) | 貸倒引当金 | 282,000 |

※ 294,000円－12,000円＝282,000円

② 貸倒懸念債権（キャッシュ・フロー見積法）

将来のキャッシュ・フローを条件変更前の利率により割引計算する。（単位：円）

| 現在価値 | 1年後キャッシュ・インフロー | 2年後キャッシュ・インフロー | 3年後キャッシュ・インフロー |
|---|---|---|---|
| 3,922 | 4,000 | | |
| ( 3,845 )※ | 3,922 | 4,000 | |
| 380,698 | 388,312 | 396,078 | 404,000 |
| 計 X＝388,465 | 4,000 | 4,000 | 404,000 |

※ 4,000円×$\frac{1}{(1+0.02)^2}$＝3,844.6…→3,845円（円未満四捨五入）

貸倒引当金設定額：400,000円－388,465円＝11,535円

| | | | | | |
|---|---|---|---|---|---|
| (借) | 貸倒引当金繰入額 | 11,535 | (貸) | 貸倒引当金 | 11,535 |

[参考]

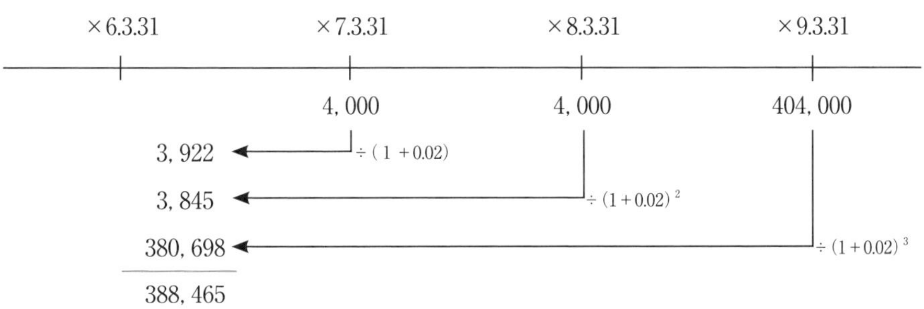


③ 一般債権（貸倒実績率法）

| | | | | | |
|---|---|---|---|---|---|
| (借) | 貸倒引当金繰入額※ | 37,642 | (貸) | 貸倒引当金 | 37,642 |

※ 受取手形：1,875,000円－180,000円＝1,695,000円
電子記録債権：200,000円
売掛金：2,706,250円－237,500円＋565,430円－8,060円－114,000円－300,000円＝2,612,120円
（1,695,000円＋200,000円＋2,612,120円）×2％＝90,142.4 → 90,142円
90,142円－52,500円＝37,642円

(6) リース取引

① リース資産の計上

（借）リース資産※ 470,557 （貸）リース債務 470,557

※ リース債務期首残高より

② リース料の支払い

（借）リース債務※1 155,294 （貸）支払リース料 160,000

支払利息※2 4,706

※1 160,000円－4,706円＝155,294円　※2 470,557円×1％＝4,705.57 → 4,706円

③ 長期リース債務の振替え

解答用紙に「長期リース債務」があるため，決算日の翌日から1年を超えて支払期限が到来するリース債務を「長期リース債務」に振り替える。

（借）リース債務 158,416 （貸）長期リース債務 158,416

（単位：円）

| | リース債務期首残高 | 利息分 | 元本返済分 | リース債務期首残高 |
|---|---|---|---|---|
| 第1年度 | 470,557 | （ 4,706） | （ 155,294） | （ 315,263） |
| 第2年度 | （ 315,263） | 3,153 | 156,847 | 158,416 |
| 第3年度 | 158,416 | 1,584 | 158,416 | 0 |

(7) 減価償却

① 建物

（借）減価償却費※ 337,500 （貸）建物減価償却累計額 337,500

※ 15,000,000円×0.9÷40年＝337,500円

② リース資産

所有権移転外ファイナンス・リース取引に該当するため，リース期間にわたり，残存価額をゼロとして減価償却を行う。

（借）減価償却費※ 156,852 （貸）リース資産減価償却累計額 156,852

※ 470,557円÷3年＝156,852.3…→ 156,852円

(8) 減損会計

建物の帳簿価額（取得原価－減価償却累計額）を回収可能価額まで減額する。回収可能価額は，正味売却価額と使用価値のいずれか大きい方の額である。

正味売却価額：9,100,000円（時価）－200,000円（処分費用見込額）＝8,900,000円

回収可能価額：8,900,000円＜9,000,000円（使用価値）　∴ 9,000,000円

建物の帳簿価額：15,000,000円－5,062,500円－337,500円＝9,600,000円

減損損失：9,600,000円－9,000,000円＝600,000円

（借）減損損失 600,000 （貸）建物 600,000

(9) 退職給付会計

① 退職一時金の支払い

| | | | | | |
|---|---|---|---|---|---|
| (借) | 退職給付引当金 | 1,500,000 | (貸) | 仮払金 | 1,500,000 |

② 年金掛金の支払い

| | | | | | |
|---|---|---|---|---|---|
| (借) | 退職給付引当金 | 400,000 | (貸) | 仮払金 | 400,000 |

③ 退職給付費用

| | | | | | |
|---|---|---|---|---|---|
| (借) | 退職給付費用※1 | 730,000 | (貸) | 退職給付引当金 | 730,000 |

※1 退職給付費用：勤務費用＋利息費用※2－期待運用収益※3±差異の償却額※4
＝900,000円＋875,000円－1,050,000円＋5,000円＝730,000円

※2 期首退職給付債務×割引率＝43,750,000円×2％＝875,000円

※3 期首年金資産×長期期待運用収益率＝35,000,000円×3％＝1,050,000円

※4 借方差異の償却の場合には加算し，貸方差異の償却の場合には減算する。
数理計算上の差異の償却額：50,000円÷10年＝5,000円

(10) 費用の見越し計上

| | | | | | |
|---|---|---|---|---|---|
| (借) | 支払利息※ | 11,250 | (貸) | 未払利息 | 11,250 |

※ $2,250,000円\times 3\%\times\dfrac{2カ月}{12カ月}=11,250円$

(11) 法人税等の計上

| | | | | | |
|---|---|---|---|---|---|
| (借) | 法人税等※1 | 2,320,000 | (貸) | 仮払法人税等 | 687,600 |
| | | | | 未払法人税等※2 | 1,632,400 |

※1 5,800,000円×40％＝2,320,000円　※2 2,320,000円－687,600円＝1,632,400円

(12) 当期純利益の計上

| | | | | | |
|---|---|---|---|---|---|
| (借) | 損益※ | 3,588,519 | (貸) | 繰越利益剰余金 | 3,588,519 |

※ 損益勘定の貸借差額より

【問題３】　Ｐ社とその子会社Ｓ社およびＴ社に関する次の資料に基づいて，Ｘ４年度の連結精算表を作成しなさい。なお，決算日はいずれも３月31日としている。

〔解答上の注意〕

１．連結上生じる修正については税効果を考慮（のれんを除く）することとし，法定実効税率は毎期40％とする。繰延税金資産と繰延税金負債は相殺せず，また，短期・長期の区別をしなくてよい。

２．のれんは発生年度の翌年度より10年間にわたって毎期均等額を償却する。

〈資料〉　連結手続に必要な情報

１．Ｐ社によるＳ社株式の取得およびＳ社純資産の状況等

Ｐ社は，Ｘ２年３月31日に，Ｓ社の発行済株式の10％を15,000千円で取得し，Ｘ３年３月31日に同60％を93,000千円で追加取得し，支配を獲得した。Ｓ社純資産の推移は，次のとおりである。なお，Ｘ３年３月31日においてＳ社の保有する土地に4,000千円の含み益が生じていた。

| | 資　本　金 | 資本剰余金 | 利益剰余金 |
|---|---|---|---|
| Ｘ２年３月31日 | 60,000千円 | 30,000千円 | 35,900千円 |
| Ｘ３年３月31日 | 60,000千円 | 30,000千円 | 57,600千円 |
| Ｘ４年３月31日 | 60,000千円 | 30,000千円 | 87,600千円 |

２．Ｐ社によるＴ社株式の取得およびＴ社純資産の状況等

Ｐ社は，Ｘ４年３月31日に，Ｔ社の発行済株式の80％を，82,000千円で取得し，支配を獲得した。同日のＴ社純資産は，資本金が50,000千円，資本剰余金が20,000千円，利益剰余金が31,200千円であった。また，Ｘ５年３月31日に同10％を13,000千円で追加取得した。なお，Ｔ社の保有する土地について，Ｘ４年３月31日においては，2,000千円の含み損が生じていたが，Ｘ５年３月31日においては，800千円の含み益が生じている。

３．Ｐ社とＳ社の間の取引等

⑴　Ｐ社はＳ社から商品の一部を掛けで仕入れている。当期におけるＳ社からＰ社への売上高は88,000千円，Ｐ社におけるＳ社からの仕入高は85,800千円である。

⑵　Ｓ社は商品を毎期，原価の10％増しの価額でＰ社に販売している。Ｐ社における期首商品棚卸高に含まれるＳ社商品は5,500千円，Ｐ社の期末商品棚卸高に含まれるＳ社商品は7,700千円（未達分を除く）である。

⑶　Ｐ社は，当期にＳ社に対する買掛金の支払いのため，約束手形20,000千円を振り出している。Ｓ社は，このうち，10,000千円は当座預金にて決済し，2,000千円はＳ社の仕入先に裏書譲渡し，3,000千円は2,800千円で銀行にて割り引き，残額の5,000千円は期末に手許に保有している。なお，裏書譲渡および割引に付した手形はいずれも期末日現在，支払期日未到来である。

⑷　Ｐ社の買掛金のうち7,800千円（未達分を除く）は，Ｓ社に対するものである。

⑸　Ｐ社，Ｓ社ともに，毎期売上債権の期末残高の２％の貸倒引当金を差額補充法によって計上している。なお，前期末のＳ社の売上債権のうちＰ社に対するものは10,000千円であった。

⑹　Ｓ社が期中に利益剰余金から支払った配当金は，Ｐ社分も含めて8,000千円であった。

4．Ｐ社とＴ社の間の取引等

⑴ Ｐ社は，Ｓ社以外から仕入れた商品を，当期よりＴ社に販売している。Ｐ社のＴ社に対する売上利益率は20％である。当期におけるＰ社からＴ社への売上高は60,500千円であり，未達取引はない。

⑵ Ｔ社の期末商品棚卸高に含まれるＰ社商品は8,250千円である。なお，Ｔ社の支払手形および買掛金のうち，Ｐ社に対するものは含まれていない。

⑶ Ｐ社は，当期首に，簿価7,000千円の備品を7,500千円でＴ社に売却した。なお，Ｔ社では，耐用年数10年，残存価額０円とし，定額法により減価償却を行っている。

⑷ Ｔ社が期中に利益剰余金から支払った配当金は，Ｐ社分も含めて5,000千円であった。

5．Ｐ社が期中に利益剰余金から行った配当金は39,000千円であった。また，当期においてＰ社の資本金の増減はなかった。

〔解答用紙〕

# 連　結　精　算　表

X4年4月1日～X5年3月31日

(単位：千円)

| | P社(親会社) | | S社(子会社) | | T社(子会社) | | 修正消去仕訳 | | 連結財務諸表 | |
|---|---|---|---|---|---|---|---|---|---|---|
| 【貸借対照表】 | 借方 | 貸方 | 借方 | 貸方 | 借方 | 貸方 | 借方 | 貸方 | 借方 | 貸方 |
| 現金及び預金 | 280,000 | | 58,000 | | 39,000 | | | | | |
| 受取手形 | 30,000 | | 22,000 | | 3,000 | | | | | |
| 売掛金 | 50,000 | | 20,000 | | 15,000 | | | | | |
| 貸倒引当金 | | 1,600 | | 840 | | 360 | | | | |
| 商品 | 67,000 | | 29,000 | | 19,000 | | | | | |
| 備品 | 64,000 | | 18,000 | | 12,000 | | | | | |
| 減価償却累計額 | | 32,000 | | 7,200 | | 3,600 | | | | |
| 土地 | 250,000 | | 100,000 | | 64,000 | | | | | |
| S社株式 | 108,000 | | | | | | | | | |
| T社株式 | 95,000 | | | | | | | | | |
| 繰延税金資産 | 7,200 | | 2,400 | | 1,600 | | | | | |
| その他の資産 | 10,000 | | 3,000 | | 2,000 | | | | | |
| のれん | | | | | | | | | | |
| 支払手形 | | 11,000 | | 9,000 | | 7,000 | | | | |
| 買掛金 | | 35,000 | | 15,000 | | 9,000 | | | | |
| 短期借入金 | | 21,600 | | 6,000 | | 4,500 | | | | |
| 繰延税金負債 | | | | | | | | | | |
| その他の負債 | | 20,000 | | 12,760 | | 9,940 | | | | |
| 資本金 | | 420,000 | | 60,000 | | 50,000 | | | | |
| 資本剰余金 | | 200,000 | | 30,000 | | 20,000 | | | | |
| 利益剰余金 | | 220,000 | | 111,600 | | 51,200 | | | | |
| 評価差額 | | | | | | | | | | |
| 非支配株主持分 | | | | | | | | | | |
| | 961,200 | 961,200 | 252,400 | 252,400 | 155,600 | 155,600 | | | | |
| 【損益計算書】 | | | | | | | | | | |
| 売上高 | | 474,000 | | 184,500 | | 170,000 | | | | |
| 売上原価 | 332,000 | | 124,000 | | 123,500 | | | | | |
| 減価償却費 | 6,400 | | 1,800 | | 1,200 | | | | | |
| 貸倒引当金繰入 | 1,000 | | 250 | | 100 | | | | | |
| 受取配当金 | | 13,000 | | | | | | | | |

次ページへ続く

前ページより続く

| | | | | | | | | | | | | |
|---|---|---|---|---|---|---|---|---|---|---|---|---|
| 固定資産売却益 | | 5,000 | | 2,200 | | | | | | | | |
| のれん償却 | | | | | | | | | | | | |
| その他の費用 | 38,100 | | 7,350 | | 3,500 | | | | | | | |
| 法人税等 | 49,600 | | 22,500 | | 17,400 | | | | | | | |
| 法人税等調整額 | | 2,000 | | 1,200 | | 700 | | | | | | |
| 非支配株主に帰属する当期純利益 | | | | | | | | | | | | |
| 当期純利益※ | 66,900 | | 32,000 | | 25,000 | | | | | | | |
| | 494,000 | 494,000 | 187,900 | 187,900 | 170,700 | 170,700 | | | | | | |
| 【株主資本等変動計算書】 | | | | | | | | | | | | |
| 資本金 | | | | | | | | | | | | |
| 当期首残高 | | 420,000 | | 60,000 | | 50,000 | | | | | | |
| 当期変動額 | | | | | | | | | | | | |
| 計 | 0 | 420,000 | 0 | 60,000 | 0 | 50,000 | | | | | | |
| 当期末残高 | 420,000 | | 60,000 | | 50,000 | | | | | | | |
| | 420,000 | 420,000 | 60,000 | 60,000 | 50,000 | 50,000 | | | | | | |
| 資本剰余金 | | | | | | | | | | | | |
| 当期首残高 | | 200,000 | | 30,000 | | 20,000 | | | | | | |
| 当期変動額 | | | | | | | | | | | | |
| 計 | 0 | 200,000 | 0 | 30,000 | 0 | 20,000 | | | | | | |
| 当期末残高 | 200,000 | | 30,000 | | 20,000 | | | | | | | |
| | 200,000 | 200,000 | 30,000 | 30,000 | 20,000 | 20,000 | | | | | | |
| 利益剰余金 | | | | | | | | | | | | |
| 当期首残高 | | 192,100 | | 87,600 | | 31,200 | | | | | | |
| 当期変動額 | | | | | | | | | | | | |
| ［配当金］ | 39,000 | | 8,000 | | 5,000 | | | | | | | |
| ［当期純利益※］ | | 66,900 | | 32,000 | | 25,000 | | | | | | |
| 計 | 39,000 | 259,000 | 8,000 | 119,600 | 5,000 | 56,200 | | | | | | |
| 当期末残高 | 220,000 | | 111,600 | | 51,200 | | | | | | | |
| | 259,000 | 259,000 | 119,600 | 119,600 | 56,200 | 56,200 | | | | | | |
| 非支配株主持分 | | | | | | | | | | | | |
| 当期首残高 | — | — | — | — | — | — | | | | | | |
| 当期変動額 | — | — | — | — | — | — | | | | | | |
| 計 | — | — | — | — | — | — | | | | | | |
| 当期末残高 | — | — | — | — | — | — | | | | | | |
| | — | — | — | — | — | — | | | | | | |

※　連結財務諸表においては，「親会社株主に帰属する当期純利益」に読み替える。

**解答**

## 連結精算表

X4年4月1日～X5年3月31日

（単位：千円）

| | P社（親会社） | | S社（子会社） | | T社（子会社） | | 修正消去仕訳 | | 連結財務諸表 | |
|---|---|---|---|---|---|---|---|---|---|---|
| 【貸借対照表】 | 借方 | 貸方 | 借方 | 貸方 | 借方 | 貸方 | 借方 | 貸方 | 借方 | 貸方 |
| 現金及び預金 | 280,000 | | 58,000 | | 39,000 | | | | 377,000 | |
| 受取手形 | 30,000 | | 22,000 | | 3,000 | | | 5,000 | 50,000 | |
| 売掛金 | 50,000 | | 20,000 | | 15,000 | | | 10,000 | 75,000 | |
| 貸倒引当金 | | 1,600 | | 840 | | 360 | 300 | | | 2,500 |
| 商品 | 67,000 | | 29,000 | | 19,000 | | 2,200 | 900<br>1,650 | 114,650 | |
| 備品 | 64,000 | | 18,000 | | 12,000 | | | 500 | 93,500 | |
| 減価償却累計額 | | 32,000 | | 7,200 | | 3,600 | 50 | | | 42,750 |
| 土地 | 250,000 | | 100,000 | | 64,000 | | 4,000 | 2,000 | 416,000 | |
| S社株式 | 108,000 | | | | | | 500 | 108,500 | | |
| T社株式 | 95,000 | | | | | | | 82,000<br>13,000 | | |
| 繰延税金資産 | 7,200 | | 2,400 | | 1,600 | | 800<br>360<br>660<br>200 | 20 | 13,200 | |
| その他の資産 | 10,000 | | 3,000 | | 2,000 | | | | 15,000 | |
| のれん | | | | | | | 5,150 | 550 | 4,600 | |
| 支払手形 | | 11,000 | | 9,000 | | 7,000 | 5,000<br>3,000 | | | 19,000 |
| 買掛金 | | 35,000 | | 15,000 | | 9,000 | 10,000 | 2,200 | | 51,200 |
| 短期借入金 | | 21,600 | | 6,000 | | 4,500 | | 3,000 | | 35,100 |
| 繰延税金負債 | | | | | | | | 1,600<br>120 | | 1,720 |
| その他の負債 | | 20,000 | | 12,760 | | 9,940 | | | | 42,700 |
| 資本金 | | 420,000 | | 60,000 | | 50,000 | 110,000 | | | 420,000 |
| 資本剰余金 | | 200,000 | | 30,000 | | 20,000 | 51,000 | | | 199,000 |
| 利益剰余金 | | 220,000 | | 111,600 | | 51,200 | 110,912 | | | 271,888 |
| 評価差額 | | | | | | | 1,200<br>2,400 | 2,400<br>1,200 | | |
| 非支配株主持分 | | | | | | | | 73,092 | | 73,092 |
| | 961,200 | 961,200 | 252,400 | 252,400 | 155,600 | 155,600 | 307,732 | 307,732 | 1,158,950 | 1,158,950 |
| 【損益計算書】 | | | | | | | | | | |
| 売上高 | | 474,000 | | 184,500 | | 170,000 | 148,500 | | | 680,000 |
| 売上原価 | 332,000 | | 124,000 | | 123,500 | | 900<br>1,650 | 148,500<br>500 | 433,050 | |
| 減価償却費 | 6,400 | | 1,800 | | 1,200 | | | 50 | 9,350 | |
| 貸倒引当金繰入 | 1,000 | | 250 | | 100 | | 200 | 300 | 1,250 | |
| 受取配当金 | | 13,000 | | | | | 9,600 | | | 3,400 |

次ページへ続く

前ページより続く

| | | | | | | | | | | |
|---|---|---|---|---|---|---|---|---|---|---|
| 固定資産売却益 | | 5,000 | | 2,200 | | | 500 | | | 6,700 |
| のれん償却 | | | | | | | 550 | | 550 | |
| その他の費用 | 38,100 | | 7,350 | | 3,500 | | | | 48,950 | |
| 法人税等 | 49,600 | | 22,500 | | 17,400 | | | | 89,500 | |
| 法人税等調整額 | | 2,000 | | 1,200 | | 700 | 200<br>120<br>20 | 360<br>660<br>80<br>200 | | 4,860 |
| 非支配株主に帰属する当期純利益 | | | | | | | 14,600<br>90<br>54 | 162<br>36 | 14,546 | |
| 当期純利益※ | 66,900 | | 32,000 | | 25,000 | | | 26,136 | 97,764 | |
| | 494,000 | 494,000 | 187,900 | 187,900 | 170,700 | 170,700 | 176,984 | 176,984 | 694,960 | 694,960 |
| 【株主資本等変動計算書】 | | | | | | | | | | |
| 資本金 | | | | | | | | | | |
| 当期首残高 | | 420,000 | | 60,000 | | 50,000 | 110,000 | | | 420,000 |
| 当期変動額 | | | | | | | | | | |
| 計 | 0 | 420,000 | 0 | 60,000 | 0 | 50,000 | 110,000 | 0 | 0 | 420,000 |
| 当期末残高 | 420,000 | | 60,000 | | 50,000 | | | 110,000 | 420,000 | |
| | 420,000 | 420,000 | 60,000 | 60,000 | 50,000 | 50,000 | 110,000 | 110,000 | 420,000 | 420,000 |
| 資本剰余金 | | | | | | | | | | |
| 当期首残高 | | 200,000 | | 30,000 | | 20,000 | 50,000 | | | 200,000 |
| 当期変動額 | | | | | | | 1,000 | | 1,000 | |
| 計 | 0 | 200,000 | 0 | 30,000 | 0 | 20,000 | 51,000 | 0 | 1,000 | 200,000 |
| 当期末残高 | 200,000 | | 30,000 | | 20,000 | | | 51,000 | 199,000 | |
| | 200,000 | 200,000 | 30,000 | 30,000 | 20,000 | 20,000 | 51,000 | 51,000 | 200,000 | 200,000 |
| 利益剰余金 | | | | | | | | | | |
| 当期首残高 | | 192,100 | | 87,600 | | 31,200 | 98,150<br>210 | 500<br>84 | | 213,124 |
| 当期変動額 | | | | | | | | | | |
| ［配当金］ | 39,000 | | 8,000 | | 5,000 | | | 13,000 | 39,000 | |
| ［当期純利益※］ | | 66,900 | | 32,000 | | 25,000 | 26,136 | | | 97,764 |
| 計 | 39,000 | 259,000 | 8,000 | 119,600 | 5,000 | 56,200 | 124,496 | 13,584 | 39,000 | 310,888 |
| 当期末残高 | 220,000 | | 111,600 | | 51,200 | | | 110,912 | 271,888 | |
| | 259,000 | 259,000 | 119,600 | 119,600 | 56,200 | 56,200 | 124,496 | 124,496 | 310,888 | 310,888 |
| 非支配株主持分 | | | | | | | | | | |
| 当期首残高 | — | — | — | — | — | — | 90 | 74,000<br>36 | | 73,946 |
| 当期変動額 | — | — | — | — | — | — | 3,400<br>162<br>36<br>12,000 | 14,600<br>90<br>54 | 854 | |
| 計 | — | — | — | — | — | — | 15,688 | 88,780 | 854 | 73,946 |
| 当期末残高 | — | — | — | — | — | — | 73,092 | | 73,092 | |
| | — | — | — | — | — | — | 88,780 | 88,780 | 73,946 | 73,946 |

※ 連結財務諸表においては，「親会社株主に帰属する当期純利益」に読み替える。

## 解説

連結精算表の作成問題である。本問においては，親会社が子会社の株式を，支配獲得まで段階取得しているケースと，支配獲得後に追加取得しているケースが含まれている。以下，修正消去仕訳を中心に解説する。

［S社株式およびT社株式の取得状況］

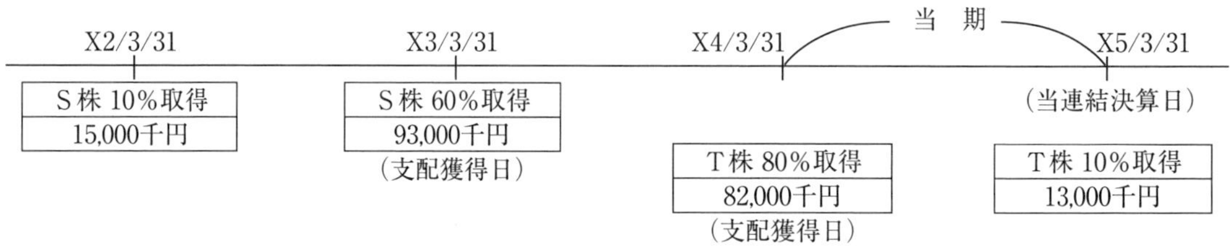


### 1．子会社資産・負債の時価評価

支配獲得日の時価により，子会社の資産・負債のすべてを時価評価する。

(1)　S社　　　　　　　　　　　　　　　　　　　　　　　　　（単位：千円，以下同様）

| | | | | |
|---|---|---|---|---|
| （借） | 土　　地※1 | 4,000 | （貸）繰延税金負債※2 | 1,600 |
| | | | 評価差額※3 | 2,400 |

※1　4,000千円の含み益を土地に加算し，時価に評価替えする。
※2　4,000千円×40%（実効税率）＝1,600千円
※3　4,000千円×（100%－40%）＝2,400千円

(2)　T社

| | | | | |
|---|---|---|---|---|
| （借） | 繰延税金資産※2 | 800 | （貸）土　　地※1 | 2,000 |
| | 評価差額※3 | 1,200 | | |

※1　2,000千円の含み損を土地から減算し，時価に評価替えする。
※2　2,000千円×40%（実効税率）＝800千円
※3　2,000千円×（100%－40%）＝1,200千円

### 2．子会社株式の時価評価

投資（P社）と純資産（S社）の相殺消去に先立って，原始取得した10%分のS社株式につき，支配獲得日の時価に評価替えする。

| | | | | |
|---|---|---|---|---|
| （借） | S社株式 | 500 | （貸）利益剰余金当期首残高※<br>（段階取得に係る差益） | 500 |

※　原始取得した10%分の時価：93,000千円（60%分の取得原価＝時価）×10%／60%＝15,500千円
段階取得に係る差益：15,500千円－15,000千円（10%分の取得原価）＝500千円

なお，T社株式については，原始取得時に支配を獲得しているため，時価評価の必要はない。

**3．開始仕訳（商品売買，貸倒引当金に関するものを除く）**

| | | | | | |
|---|---|---|---|---|---|
| （借） | 資本金当期首残高 | 110,000 | （貸） | S　社　株　式 | 108,500 |
| | 資本剰余金当期首残高 | 50,000 | | T　社　株　式 | 82,000 |
| | 利益剰余金当期首残高 | 98,150 | | 非支配株主持分当期首残高 | 74,000 |
| | 評　価　差　額 | 1,200 | | | |
| | の　れ　ん | 5,150 | | | |

この開始仕訳は，以下の仕訳（(1)，(2)）をまとめたものである。

(1)　S社

①　投資と純資産の相殺消去（X３年３月31日の支配獲得）

| | | | | | |
|---|---|---|---|---|---|
| （借） | 資本金当期首残高 | 60,000 | （貸） | S　社　株　式 | 108,500 |
| | 資本剰余金当期首残高 | 30,000 | | 非支配株主持分当期首残高※2 | 45,000 |
| | 利益剰余金当期首残高 | 57,600 | | | |
| | 評　価　差　額 | 2,400 | | | |
| | の　れ　ん※1 | 3,500 | | | |

※１　108,500千円－(60,000千円＋30,000千円＋57,600千円＋2,400千円)×70%（P社持分比率）＝3,500千円

※２　(60,000千円＋30,000千円＋57,600千円＋2,400千円)×30%（非支配株主持分比率）＝45,000千円

②　X３年度の増加剰余金

| | | | | | |
|---|---|---|---|---|---|
| （借） | 利益剰余金当期首残高 | 9,000 | （貸） | 非支配株主持分当期首残高※ | 9,000 |

※　増加剰余金：87,600千円（X３年度末の利益剰余金）－57,600千円（X２年度末の利益剰余金）
＝30,000千円

非支配株主への振替：30,000千円×30%（非支配株主持分比率）＝9,000千円

③　X３年度ののれん償却

| | | | | | |
|---|---|---|---|---|---|
| （借） | 利益剰余金当期首残高<br>（のれん償却） | 350 | （貸） | の　れ　ん※ | 350 |

※　１年当たりののれん償却額：3,500千円÷10年＝350千円

(2)　T社

投資と純資産の相殺消去（X４年３月31日の支配獲得）

| | | | | | |
|---|---|---|---|---|---|
| （借） | 資本金当期首残高 | 50,000 | （貸） | 評　価　差　額 | 1,200 |
| | 資本剰余金当期首残高 | 20,000 | | T　社　株　式 | 82,000 |
| | 利益剰余金当期首残高 | 31,200 | | 非支配株主持分当期首残高※2 | 20,000 |
| | の　れ　ん※1 | 2,000 | | | |

※１　82,000千円－(50,000千円＋20,000千円＋31,200千円－1,200千円)×80%（P社持分比率）＝2,000千円

※２　(50,000千円＋20,000千円＋31,200千円－1,200千円)×20%（非支配株主持分比率）＝20,000千円

## 4．期中仕訳（のれんの償却，当期純利益の振替，配当金の修正）

(1)　のれんの償却

のれんは原則として，20年以内のその効果が及ぶ期間にわたり，規則的に償却する。なお，本問における償却期間は10年である。

| | | | | | |
|---|---|---|---|---|---|
| （借） | のれん償却 | 550 | （貸） | のれん | 550 |

（3,500千円（S社）＋2,000千円（T社））÷10年＝550千円

(2)　子会社の当期純利益の振替

非支配株主に帰属する利益を，企業集団の利益から除外し，非支配株主持分に振り替える。

| | | | | | |
|---|---|---|---|---|---|
| （借） | 非支配株主に帰属する当期純利益 | 14,600 | （貸） | 非支配株主持分当期変動額 | 14,600 |

32,000千円（S社）×30％（非支配株主持分比率）＋25,000千円（T社）×20％（非支配株主持分比率）＝14,600千円

(3)　子会社配当金の修正

子会社から親会社への配当は，企業集団内の資金移動にすぎないため，相殺消去し，非支配株主への配当も，剰余金の減少ではなく，非支配株主持分の減少として処理する。

| | | | | | |
|---|---|---|---|---|---|
| （借） | 受取配当金※1 | 9,600 | （貸） | 利益剰余金当期変動額（配当金） | 13,000 |
| | 非支配株主持分当期変動額※2 | 3,400 | | | |

※1　8,000千円（S社）×70％（P社持分比率）＋5,000千円（T社）×80％（P社持分比率）＝9,600千円
※2　8,000千円（S社）×30％（非支配株主持分比率）＋5,000千円（T社）×20％（非支配株主持分比率）＝3,400千円

## 5．期中仕訳（商品売買に関する修正）

(1)　売上高と売上原価の相殺消去

| | | | | | |
|---|---|---|---|---|---|
| （借） | 売上高 | 148,500 | （貸） | 売上原価 | 148,500 |

88,000千円（S社からP社への売上）＋60,500千円（P社からT社への売上）＝148,500千円

なお，資料にP社におけるS社からの仕入高は，85,800千円とある。この不一致における差額2,200千円は，P社への商品未達の額である。この商品が到着したものとして処理する。

| | | | | | |
|---|---|---|---|---|---|
| （借） | 商品 | 2,200 | （貸） | 買掛金 | 2,200 |

(2)　期首商品に含まれる未実現利益の実現

P社の期首商品にはS社商品が含まれている。アップ・ストリームのため，未実現利益の消去については，P社のみならず，非支配株主分も負担する。

| | | | | | |
|---|---|---|---|---|---|
| （借） | 利益剰余金当期首残高 | 210 | （貸） | 売上原価 | 500 |
| | 法人税等調整額 | 200 | | | |
| | 非支配株主に帰属する当期純利益 | 90 | | | |
| （借） | 非支配株主持分当期首残高 | 90 | （貸） | 非支配株主持分当期変動額 | 90 |

この開始仕訳は，以下の仕訳（①，②）をまとめたものである。

① 開始仕訳

| | | | | | |
|---|---|---|---|---|---|
| (借) | 利益剰余金当期首残高※1<br>(売上原価) | 500 | (貸) | 商品 | 500 |
| (借) | 繰延税金資産※2 | 200 | (貸) | 利益剰余金当期首残高<br>(法人税等調整額) | 200 |
| (借) | 非支配株主持分当期首残高※3 | 90 | (貸) | 利益剰余金当期首残高<br>(非支配株主に帰属する当期純利益) | 90 |

※1 5,500千円(期首商品)×10%(原価に対する利益付加率)／110%＝500千円(前期末の未実現利益)
※2 500千円×40%(実効税率)＝200千円
※3 (500千円－200千円)×30%(非支配株主持分比率)＝90千円

② 期中実現仕訳（前期末の科目のまま，開始仕訳を逆仕訳）

| | | | | | |
|---|---|---|---|---|---|
| (借) | 商品 | 500 | (貸) | 売上原価 | 500 |
| (借) | 法人税等調整額 | 200 | (貸) | 繰延税金資産 | 200 |
| (借) | 非支配株主に帰属する当期純利益 | 90 | (貸) | 非支配株主持分当期変動額 | 90 |

(3) 期末商品に含まれる未実現利益の消去

① P社の期末商品に含まれるS社商品（アップ・ストリーム）

| | | | | | |
|---|---|---|---|---|---|
| (借) | 売上原価※1 | 900 | (貸) | 商品 | 900 |
| (借) | 繰延税金資産※2 | 360 | (貸) | 法人税等調整額 | 360 |
| (借) | 非支配株主持分当期変動額※3 | 162 | (貸) | 非支配株主に帰属する当期純利益 | 162 |

※1 期末商品：7,700千円(手許商品)＋2,200千円(未達商品)＝9,900千円
当期末の未実現利益：9,900千円×10%(原価に対する利益付加率)／110%＝900千円
※2 900千円×40%(実効税率)＝360千円
※3 (900千円－360千円)×30%(非支配株主持分比率)＝162千円

② T社の期末商品に含まれるP社商品（ダウン・ストリーム）

ダウン・ストリームの場合，未実現利益の消去については，P社が全額を負担する。

| | | | | | |
|---|---|---|---|---|---|
| (借) | 売上原価※1 | 1,650 | (貸) | 商品 | 1,650 |
| (借) | 繰延税金資産※2 | 660 | (貸) | 法人税等調整額 | 660 |

※1 8,250千円(期末商品)×20%(売上利益率)＝1,650千円(当期末の未実現利益)
※2 1,650千円×40%(実効税率)＝660千円

## 6．期中仕訳（債権・債務に関する修正）

(1) 売掛金と買掛金の相殺消去

| | | | | | |
|---|---|---|---|---|---|
| (借) | 買掛金※ | 10,000 | (貸) | 売掛金 | 10,000 |

※ 7,800千円(資料3.(4))＋2,200千円(未達分，上記5.(1)参照)＝10,000千円

(2) 受取手形と支払手形の相殺消去

| | | | | | |
|---|---|---|---|---|---|
| (借) | 支払手形 | 5,000 | (貸) | 受取手形※ | 5,000 |

※ S社が期末に手許に保有するP社振出の約束手形

⑶　支払手形の短期借入金への振替

企業集団内で振り出された手形を企業集団外で割り引いた場合は，手形による資金の借入れと考え，短期借入金に振り替える。なお，仕入等のために，企業集団外に裏書譲渡した手形についての処理は不要である。

| | | | | | |
|---|---|---|---|---|---|
| （借） | 支払手形 | 3,000 | （貸） | 短期借入金 | 3,000 |

⑷　期首貸倒引当金の修正

売掛金と買掛金の相殺消去，受取手形と支払手形の相殺消去に伴い，貸倒引当金も減額修正する。また，相殺消去の対象の売上債権は子会社が計上しているため，貸倒引当金の減額修正による利益の影響額は，非支配株主も負担する。

| | | | | | |
|---|---|---|---|---|---|
| （借） | 貸倒引当金繰入 | 200 | （貸） | 利益剰余金当期首残高 | 84 |
| | | | | 法人税等調整額 | 80 |
| | | | | 非支配株主に帰属する当期純利益 | 36 |
| （借） | 非支配株主持分当期変動額 | 36 | （貸） | 非支配株主持分当期首残高 | 36 |

この開始仕訳は以下の仕訳をまとめたものである。

①　開始仕訳

| | | | | | |
|---|---|---|---|---|---|
| （借） | 貸倒引当金 | 200 | （貸） | 利益剰余金当期首残高※1<br>（貸倒引当金繰入） | 200 |
| （借） | 利益剰余金当期首残高<br>（法人税等調整額） | 80 | （貸） | 繰延税金負債※2 | 80 |
| （借） | 利益剰余金当期首残高<br>（非支配株主に帰属する当期純利益） | 36 | （貸） | 非支配株主持分当期首残高※3 | 36 |

※1　10,000千円（期首売上債権）×２％（貸倒引当金繰入率）＝200千円

※2　200千円×40％（実効税率）＝80千円

※3　（200千円－80千円）×30％（非支配株主持分比率）＝36千円

②　期中実現仕訳（前期末の科目のまま，開始仕訳を逆仕訳）

| | | | | | |
|---|---|---|---|---|---|
| （借） | 貸倒引当金繰入 | 200 | （貸） | 貸倒引当金 | 200 |
| （借） | 繰延税金負債 | 80 | （貸） | 法人税等調整額 | 80 |
| （借） | 非支配株主持分当期変動額 | 36 | （貸） | 非支配株主に帰属する当期純利益 | 36 |

⑸　期末貸倒引当金の修正

| | | | | | |
|---|---|---|---|---|---|
| （借） | 貸倒引当金 | 300 | （貸） | 貸倒引当金繰入※1 | 300 |
| （借） | 法人税等調整額 | 120 | （貸） | 繰延税金負債※2 | 120 |
| （借） | 非支配株主に帰属する当期純利益 | 54 | （貸） | 非支配株主持分当期変動額※3 | 54 |

※1　期末売上債権：10,000千円（売掛金）＋5,000千円（受取手形）＝15,000千円
15,000千円×２％（貸倒引当金繰入率）＝300千円

※2　300千円×40％（実効税率）＝120千円

※3　（300千円－120千円）×30％（非支配株主持分比率）＝54千円

**7．期中仕訳（固定資産の売買に関する修正）**

(1) 備品に含まれる未実現利益の消去

Ｐ社からＴ社への備品売却であるため（ダウン・ストリーム），未実現利益の消去については，Ｐ社が全額を負担する。

| | | | | | |
|---|---|---|---|---|---|
| （借） | 固定資産売却益 | 500 | （貸） | 備品※1 | 500 |
| （借） | 繰延税金資産 | 200 | （貸） | 法人税等調整額※2 | 200 |

※1　7,500千円（売却価額）－7,000千円（帳簿価額）＝500千円
※2　500千円×40％（実効税率）＝200千円

(2) 減価償却費の修正

| | | | | | |
|---|---|---|---|---|---|
| （借） | 減価償却累計額 | 50 | （貸） | 減価償却費※1 | 50 |
| （借） | 法人税等調整額 | 20 | （貸） | 繰延税金資産※2 | 20 |

※1　（500千円（未実現利益）－０千円（残存価額））÷10年（耐用年数）＝50千円
※2　50千円×40％（実効税率）＝20千円

**8．期中仕訳（支配獲得後の追加取得（Ｔ社株式の10％の取得））**

支配獲得後に子会社株式を追加取得した場合，非支配株主から子会社株式を取得したことにより，非支配株主持分の減少を処理する。また，追加取得に係る投資消去差額は資本剰余金によって処理する。なお，この場合，子会社株式の時価評価，子会社資産・負債の時価評価は不要である。

| | | | | | |
|---|---|---|---|---|---|
| （借） | 非支配株主持分当期変動額※ | 12,000 | （貸） | Ｔ社株式 | 13,000 |
| | 資本剰余金当期変動額 | 1,000 | | | |

※　Ｘ５年３月31日時点のＴ社純資産：50,000千円（資本金）＋20,000千円（資本剰余金）＋51,200千円（利益剰余金）－1,200千円（評価差額）＝120,000千円
120,000千円×10％（追加取得比率）＝12,000千円

**【問題4】** ＳＨ社の第５期（Ｘ３年４月１日～Ｘ４年３月31日）の財務諸表は，〈資料１〉に示すとおりである。これと〈資料２〉に基づき問１と２に答えなさい。なお，税効果会計は考慮外とする。

〈資料１〉 前期末および当期末の貸借対照表と損益計算書

貸借対照表

（単位：千円）

| 勘定科目 | 前期末 | 当期末 | 勘定科目 | 前期末 | 当期末 |
|---|---|---|---|---|---|
| 現金預金 | 140,000 | 160,000 | 買掛金 | 41,000 | 49,000 |
| 売掛金 | 115,000 | 160,000 | 未払社債利息 | 3,000 | 4,000 |
| 商品 | 174,000 | 152,000 | 未払給料 | 6,000 | 5,000 |
| 前払保険料 | 5,000 | 8,000 | 未払金 | 0 | 12,000 |
| 建物 | 400,000 | 400,000 | 前受金 | 0 | 10,000 |
| 備品 | 200,000 | 205,000 | 貸倒引当金 | 12,000 | 16,000 |
| 土地 | 360,000 | 360,000 | 建物減価償却累計額 | 160,000 | 176,000 |
| 投資有価証券 | 160,000 | 180,000 | 備品減価償却累計額 | 180,000 | 190,000 |
| | | | 未払法人税等 | 14,000 | 16,000 |
| | | | 社債 | 150,000 | 160,000 |
| | | | 資本金 | 900,000 | 900,000 |
| | | | 利益準備金 | 20,000 | 23,000 |
| | | | 別途積立金 | 10,000 | 15,000 |
| | | | 繰越利益剰余金 | 48,000 | 34,000 |
| | | | その他有価証券評価差額金 | 10,000 | 15,000 |
| | 1,554,000 | 1,625,000 | | 1,554,000 | 1,625,000 |

損益計算書

（単位：千円）

| | 第４期 | 第５期 |
|---|---|---|
| 売上高 | 340,000 | 400,000 |
| 売上原価 | 248,000 | 280,000 |
| 売上総利益 | 92,000 | 120,000 |
| 販売費及び一般管理費 | | |
| 保険料 | 7,000 | 10,000 |
| 給料 | 30,000 | 32,000 |
| 貸倒引当金繰入 | 2,000 | 7,000 |
| 貸倒損失 | 1,000 | 5,000 |
| 減価償却費 | 22,000 | 30,000 |
| 営業利益 | 30,000 | 36,000 |
| 営業外収益 | | |
| 受取利息 | 12,000 | 10,000 |
| 仕入割引 | 0 | 6,500 |
| 為替差益 | 0 | 1,500 |
| 営業外費用 | | |
| 社債利息 | 7,000 | 9,000 |
| 売上割引 | 0 | 6,000 |
| 経常利益 | 35,000 | 39,000 |
| 特別利益 | | |
| 備品売却益 | 0 | 1,000 |
| 税引前当期純利益 | 35,000 | 40,000 |
| 法人税，住民税，事業税 | 14,000 | 16,000 |
| 当期純利益 | 21,000 | 24,000 |

〈資料2〉　その他の事項

1．X3年6月21日の定時株主総会で，下記のとおり剰余金の処分および剰余金の配当が確定した。

　　別途積立金　5,000千円　　配当金　30,000千円　　利益準備金　3,000千円

2．有形固定資産関係

(1)　当期首に備品の一部を売却している。なお，売却した備品の取得原価は10,000千円，減価償却累計額4,000千円である。

(2)　期中に備品を15,000千円で購入し，代金のうち3,000千円は小切手で支払い，残額は翌期に支払う契約である。

3．貸付金については，当期中に，40,000千円貸し付けるとともに全額返還された。その際に利息も併せて受け取った。

4．商品売買取引については，すべて掛けで行われている。当期中に，前期の売上による売掛金3,000千円および当期の売上による売掛金5,000千円が貸し倒れている。

5．当期の損益計算書における為替差益1,500千円の内訳は，次のとおりである。

(1)　X4年3月1日に，米国の仕入先より商品を掛けで仕入れたことにより計上された買掛金100千ドル（決済日：X4年5月31日）の期末の換算替えに係るもの：500千円（為替差損）

(2)　現金200千ドルの期末の換算替えに係るもの：2,000千円（為替差益）

6．社債は，当期中に追加発行し資金調達をしたものである。

7．現金預金はすべて現金及び現金同等物に該当する。

**問1**　直接法による第5期のキャッシュ・フロー計算書を作成しなさい。

**問2**　間接法による第5期のキャッシュ・フロー計算書（一部）を作成しなさい。

〔解答用紙〕

問 1

キャッシュ・フロー計算書

(単位：千円)

| | |
|---|---|
| 営業活動によるキャッシュ・フロー | |
| 営業収入 | (　　) |
| 商品の〔　　〕 | (　　) |
| 人件費の支出 | (　　) |
| その他の〔　　〕 | (　　) |
| 小計 | (　　) |
| 〔　　〕及び配当金の受取額 | (　　) |
| 利息の支払額 | (　　) |
| 〔　　〕 | (　　) |
| 営業活動によるキャッシュ・フロー | (　　) |
| 投資活動によるキャッシュ・フロー | |
| 〔　　〕 | (　　) |
| 〔　　〕 | (　　) |
| 〔　　〕 | (　　) |
| 〔　　〕 | (　　) |
| 投資活動によるキャッシュ・フロー | (　　) |
| 財務活動によるキャッシュ・フロー | |
| 〔　　〕 | (　　) |
| 〔　　〕 | (　　) |
| 〔　　〕 | (　　) |
| 財務活動によるキャッシュ・フロー | (　　) |
| 現金及び現金同等物に係る換算差額 | (　　) |
| 現金及び現金同等物の増減額 | (　　) |
| 現金及び現金同等物の期首残高 | 140,000 |
| 現金及び現金同等物の期末残高 | 160,000 |

問 2

| | |
|---|---|
| 営業活動によるキャッシュ・フロー | |
| 〔　　〕 | (　　) |
| 〔　　〕 | (　　) |
| 〔　　〕 | (　　) |
| 〔　　〕 | (　　) |
| 〔　　〕 | (　　) |
| 〔　　〕 | (　　) |
| 〔　　〕 | (　　) |
| 〔　　〕 | (　　) |
| 〔　　〕 | (　　) |
| 〔　　〕 | (　　) |
| 〔　　〕 | (　　) |
| 〔　　〕 | (　　) |
| 〔　　〕 | (　　) |
| 〔　　〕 | (　　) |
| 小計 | (　　) |

(注) マイナスは，金額の前に△を付す。例えば，マイナス100は，△100と表示する。
すべての〔　〕と(　)が埋まるとは限らない。

解答

問1

キャッシュ・フロー計算書

(単位：千円)

| | |
|---|---|
| 営業活動によるキャッシュ・フロー | |
| 営業収入 | ( 351,000 ) |
| 商品の〔仕入支出〕 | ( △244,000 ) |
| 人件費の支出 | ( △33,000 ) |
| その他の〔営業支出〕 | ( △13,000 ) |
| 小計 | ( 61,000 ) |
| 〔利息〕及び配当金の受取額 | ( 10,000 ) |
| 利息の支払額 | ( △8,000 ) |
| 〔法人税等の支払額〕 | ( △14,000 ) |
| 営業活動によるキャッシュ・フロー | ( 49,000 ) |
| 投資活動によるキャッシュ・フロー | |
| 〔有形固定資産の取得による支出〕 | ( △3,000 ) |
| 〔有形固定資産の売却による収入〕 | ( 7,000 ) |
| 〔投資有価証券の取得による支出〕 | ( △15,000 ) |
| 〔　〕 | (　) |
| 投資活動によるキャッシュ・フロー | ( △11,000 ) |
| 財務活動によるキャッシュ・フロー | |
| 〔社債の発行による収入〕 | ( 10,000 ) |
| 〔配当金の支払額〕 | ( △30,000 ) |
| 〔　〕 | (　) |
| 財務活動によるキャッシュ・フロー | ( △20,000 ) |
| 現金及び現金同等物に係る換算差額 | ( 2,000 ) |
| 現金及び現金同等物の増減額 | ( 20,000 ) |
| 現金及び現金同等物の期首残高 | 140,000 |
| 現金及び現金同等物の期末残高 | 160,000 |

問2

| | |
|---|---|
| 営業活動によるキャッシュ・フロー | |
| 〔税引前当期純利益〕 | ( 40,000 ) |
| 〔減価償却費〕 | ( 30,000 ) |
| 〔貸倒引当金の増加額〕 | ( 4,000 ) |
| 〔受取利息〕 | ( △10,000 ) |
| 〔社債利息〕 | ( 9,000 ) |
| 〔為替差益〕 | ( △2,000 ) |
| 〔備品売却益〕 | ( △1,000 ) |
| 〔売上債権の増加額〕 | ( △45,000 ) |
| 〔前受金の増加額〕 | ( 10,000 ) |
| 〔棚卸資産の減少額〕 | ( 22,000 ) |
| 〔仕入債務の増加額〕 | ( 8,000 ) |
| 〔前払費用の増加額〕 | ( △3,000 ) |
| 〔未払費用の減少額〕 | ( △1,000 ) |
| 〔　〕 | (　) |
| 小計 | ( 61,000 ) |

解説

本問は，キャッシュ・フロー計算書を直接法と間接法により作成する問題である。直接法は，主要な取引ごとにキャッシュ・フローを総額表示する方法をいう。また，間接法は，税引前当期純利益に非資金損益項目，営業活動に係る資産および負債の増減，「投資活動によるキャッシュ・フロー」および「財務活動によるキャッシュ・フロー」の区分に含まれる損益項目を加減して表示する方法である。なお，受取利息，受取配当金および支払利息を「営業活動によるキャッシュ・フロー」の部に計上する方法によっている。他に，受取利息と受取配当金を「投資活動によるキャッシュ・フロー」，支払利息（と支払配当金）を「財務活動によるキャッシュ・フローの部」に計上する方法がある。

**1．直接法**

(1) 営業活動によるキャッシュ・フロー

① 売上系統勘定（売掛金・前受金）→ 営業収入

売掛金関係　（単位：千円）

| | | | |
|---|---|---|---|
| 期首売掛金 | 115,000 | 期末売掛金 | 160,000 |
| 売上高 | 400,000 | 売上割引 | 6,000 |
| | | 貸倒引当金 | 3,000 |
| | | 貸倒損失 | 5,000 |
| | | 営業収入 | 341,000 |

期首売掛金に当期売上高を加算し，期末売掛金を差し引いた金額が当期の収入総額となるが，売上割引を行った場合や貸倒れがあった場合，その分だけ売掛金の現金収入が減少するため控除する。

［参考］

売上割引の仕訳：

| | | | | |
|---|---|---|---|---|
| （借） | 現金預金 | ××× | （貸）売掛金 | ××× |
| | 売上割引 | ××× | | |

貸倒れの仕訳：

（前期の売上による売掛金）

| | | | | |
|---|---|---|---|---|
| （借） | 貸倒引当金 | ××× | （貸）売掛金 | ××× |

（前期の売上による売掛金）

| | | | | |
|---|---|---|---|---|
| （借） | 貸倒損失 | ××× | （貸）売掛金 | ××× |

前受金関係　（単位：千円）

| | | | |
|---|---|---|---|
| 期末前受金 | 10,000 | 期首前受金 | 0 |
| | | 営業収入 | 10,000 |

商品代金の前受けによる収入も営業収入に含まれる。

②　仕入系統勘定（買掛金）→ 商品の仕入支出

買掛金関係　（単位：千円）

| | | | |
|---|---|---|---|
| 期末買掛金 | 49,000 | 期首買掛金 | 41,000 |
| 仕入割引 | 6,500 | 当期仕入高※ | 258,000 |
| 商品の仕入支出 | 244,000 | 為替差損 | 500 |

期首買掛金に当期仕入高を加算し，期末買掛金を差し引いた金額が当期の支出総額となるが，仕入割引を得た場合，その割引分だけ買掛金の現金支出が減少するため控除する。

［参考］

仕入割引の仕訳：

| | | | | | |
|---|---|---|---|---|---|
| （借） | 買掛金 | ××× | （貸） | 現金預金 | ××× |
| | | | | 仕入割引 | ××× |

※当期仕入高の算定

当期仕入分　（単位：千円）

| | | | |
|---|---|---|---|
| 期首商品 | 174,000 | 売上原価 | 280,000 |
| 当期仕入分 | 258,000 | 期末商品 | 152,000 |

③　人件費支出　→　間接法の説明も見よ。

給　料(支出)　（単位：千円）

| | | | |
|---|---|---|---|
| 期末未払 | 5,000 | 期首未払 | 6,000 |
| 人件費支出 | 33,000 | 給料 | 32,000 |

④　その他の営業支出　→　間接法の説明も見よ。

保険料(支出)　（単位：千円）

| | | | |
|---|---|---|---|
| 期首前払 | 5,000 | 期末前払 | 8,000 |
| その他の営業支出 | 13,000 | 保険料 | 10,000 |

⑤　利息及び配当金の受取額

損益計算書の受取利息　10,000千円

⑥　利息の支払額　→　間接法の説明も見よ。

社債利息(支出)　（単位：千円）

| | | | |
|---|---|---|---|
| 期末未払 | 4,000 | 期首未払 | 3,000 |
| 社債利息の支払 | 8,000 | 社債利息 | 9,000 |

⑦　法人税等の支払額

法人税については，当期計上分16,000千円は，現金による支出がなされていないため，前期末払分14,000千円のみ計上する。

(2)　投資活動によるキャッシュ・フロー

①　有形固定資産の取得　（単位：千円）

| | | | | | |
|---|---|---|---|---|---|
| （借） | 備品 | 15,000 | （貸） | 現金預金 | 3,000 |
| | | | | 未払金 | 12,000 |

② 有形固定資産の売却　（単位：千円）

| | | | | | |
|---|---|---|---|---|---|
| （借） | 備品減価償却累計額 | 4,000 | （貸） | 備　　　品 | 10,000 |
| | 現　金　預　金 | 7,000 | | 固定資産売却益 | 1,000 |

③ 投資有価証券の取得

(a) 期首投資有価証券の評価替前帳簿価額

160,000千円－10,000千円（その他有価証券評価差額金）＝150,000千円

(b) 期末投資有価証券の評価替前帳簿価額

180,000千円－15,000千円（その他有価証券評価差額金）＝165,000千円

(c) 期中取得分

165,000千円－150,000千円＝15,000千円

(3) 財務活動によるキャッシュ・フロー

① 社債の発行

社債を追加発行することにより，当期の現金収入が増加する。

160,000千円（当期末発行額）－150,000千円（前期末発行額）＝10,000千円

② 配当金の支払額

〈資料2〉の剰余金の処分および剰余金の配当を参照。

(4) 現金及び現金同等物に係る換算差額

外貨200千ドルの為替相場の変動による換算差額は，キャッシュ・フローを伴わないため，「現金及び現金同等物に係る換算差額」の区分に独立して表示する。

## 2．間接法

① 非資金取引

減価償却費および貸倒引当金の増加分は，支出を伴わない費用であるため，その分現金収入は増加しているものと考え加算する。

例）現金売上1,000円，減価償却費600円に基づいて間接法によるキャッシュ・フロー計算書を考えてみる。

(a) 現金売上

| | | | | | |
|---|---|---|---|---|---|
| （借） | 現　　　金 | 1,000 | （貸） | 売　　　上 | 1,000 |

(b) 減価償却費

| | | | | | |
|---|---|---|---|---|---|
| （借） | 減　価　償　却　費 | 600 | （貸） | 減価償却累計額 | 600 |

(c) 利益計算

1,000千円（収益）－600千円（費用）＝400千円（利益）

利益は400千円であるが，現金収入は1,000千円であるため，支出を伴わない費用を加算して，営業収入を計算する。

② 投資活動によるキャッシュ・フロー等

投資活動による利益と考えられる項目については，小計以降に計上される項目となるため，純粋に考えた営業活動によるキャッシュ・フローの段階では調整する。具体的には，受取利息・備品売却益が該当する。なお，社債利息についても，これら収益と同様に処理する。また，為替差

損益のうち，外貨に係る為替差益 2,000千円は前述のとおり，「現金及び現金同等物に係る換算差額」の区分に表示するため調整する。一方，買掛金に係る為替差損500千円は，後述の仕入債務の増加分で調整する。

損 益 計 算 書

（単位：千円）

| | 第4期 | 第5期 |
|---|---|---|
| 売上高 | | 400,000 |
| | | （途中略） |
| 営業外収益 | | |
| 受取利息 | | 10,000 |
| 仕入割引 | | 6,500 |
| 為替差益 | | 1,500 |
| 営業外費用 | （省略） | |
| 社債利息 | | 9,000 |
| 売上割引 | | 6,000 |
| 経常利益 | | 39,000 |
| 特別利益 | | |
| 備品売却益 | | 1,000 |
| 税引前当期純利益 | | 40,000 |

受取利息については，税引前当期純利益を計算する際に加算しているためキャッシュ・フロー計算書では減算する。※

※ 税引前当期純利益を基準と考え，備品売却益と為替差益（外貨に係る為替差益 2,000千円）は減算し，社債利息は加算する。
なお，仕入割引および売上割引については，後述する。

③ 営業活動に係る資産および負債の増減

(a) 売上債権の増加額

売掛金 （単位：千円）

| | | | |
|---|---|---|---|
| 期首売掛金 | 115,000 | 期末売掛金 | 160,000 |
| | | **売上割引** | 6,000 |
| | | **貸倒引当金** | 3,000 |
| | | **貸倒損失** | 5,000 |

売上割引は売掛金の減少項目（前項仕訳参照）であるため，期末売掛金残高160,000千円はすでに売上割引6,000千円が控除されている。よって，売掛金の増減分に含めてキャッシュ・フロー計算書に計上する。売掛金の貸倒れについても同様である。

(b) 前受金の増加額

前受金 （単位：千円）

| | | | |
|---|---|---|---|
| 期末前受金 | 10,000 | 期首前受金 | 0 |

前受金の増加は，営業収入の増加をもたらすため，キャッシュ・フロー計算書上加算する。

(c) 棚卸資産の減少額

棚卸資産が減少することにより，仕入支出が減少したものと考えられるため，キャッシュ・フロー計算書上加算する。

(d) 仕入債務の増加分

買掛金 （単位：千円）

| | | | |
|---|---|---|---|
| 期末買掛金 | 49,000 | 期首買掛金 | 41,000 |
| **仕入割引** | 8,000 | **為替差損** | 500 |

仕入割引は買掛金の減少項目（前項仕訳参照）であるため，期末買掛金残高49,000千円はすでに仕入割引8,000千円が控除されている。よって，買掛金の増減分に含めてキャッシュ・フロー計算書に計上する。買掛金の為替差損についても同様である。

(e) 前払費用の増加額

（損益計算書上の保険料10,000千円＋期末前払分8,000千円）－期首前払分5,000千円＝保険料支出額13,000千円

［注］（　　）の中の18,000千円が，損益計算書上の保険料が全額，現金支出と考えた場合の保険料支出額であり，うち期首前払分5,000千円はすでに前期に支出されているので，18,000千円から控除する。

(f) 未払費用の増加分

（損益計算書上の給料40,000千円－期末未払分5,000千円）＋期首未払分6,000千円＝給料支出額41,000千円

［注］（　　）の中の35,000千円が，損益計算書上の給料に対して支出された給料である。一方，期首の未払分も当期に支出されたので，これも支出額に加算しなければならない。

**【問題5】** 株主資本等変動計算書および貸借対照表に関する次の文章を読んで下記問に答えなさい。

株主資本等変動計算書(ア)は，貸借対照表の（　A　）の部の一会計期間における変動額のうち，主として，株主に帰属する部分である株主資本の各項目の変動事由を報告するために作成するものである。株主資本とは，資本金，（　B　），（　C　）に区分され，さらに個別財務諸表では，（　B　）は，資本準備金およびその他資本剰余金に区分し，（　C　）は，利益準備金およびその他利益剰余金に区分される。

株主資本等変動計算書(ア)における表示区分は，（　A　）の部の区分に従い，株主資本の各項目について，当期首残高，当期変動額および当期末残高に区分し，当期変動額は変動事由ごとにその金額を表示する。個別損益計算書の当期純利益(イ)は，株主資本等変動計算書(ア)においてその他利益剰余金の変動事由として表示する。

ところで，貸借対照表の（　A　）は，株主資本と株主資本以外の項目に区分される。株主資本以外の項目は，個別貸借対照表上では，（　D　），株式引受権および新株予約権に区分し，連結貸借対照表では，（　E　），株式引受権，新株予約権および（　F　）に区分する。なお，期末において保有する自己株式(ウ)は，（　A　）の株主資本の末尾に自己株式として一括して控除する形式(ウ)で表示する。

**問1**　上記文中の（A）～（F）中に入る適当な語句を記入しなさい。

**問2**　下線（ア）について，次の〈資料1〉により解答用紙の株主資本等変動計算書を完成しなさい。
なお，純資産がマイナスとなる場合には，金額の前に△印をつけること。

〈資料1〉

1．剰余金の処分

当期において，その他資本剰余金から500千円および利益剰余金から1,500千円の配当が支払われた。また，この配当に伴い，配当金の10分の1を資本準備金および利益準備金として積み立てた。

2．自己株式

前期末残高2,500千円は前期に取得した10株である。当期において1株当たり280千円で10株追加取得し，支払手数料10千円とともに現金で支払い，その後，10株を1株当たり290千円で処分し，代金は現金で受け取り，支払手数料12千円は小切手を振り出して支払った。なお，処分した自己株式の帳簿価額の算定は平均法による。

3．その他有価証券

保有するその他有価証券は，前期において150千円で取得したものであり，前期末時価は170千円，当期末時価は180千円であり，全部純資産直入法により処理し，実効税率40％により税効果会計を適用する。

4．新株予約権

前期末残高2,500千円は，前期に発行した新株予約権10個（1個当たりの払込額250千円）である。当期において，このうち8個の権利が行使され，1個につき750千円の払込みを受け，当座預金とした。この権利行使の際に，新株予約権1個につき普通株式10株を新株として発行して交付し，会社法規定の最低限度額を資本金に組み入れた。

5．決算において当期純利益を2,700千円計上した。

**問3**　下線（イ）に関連して下の〈資料2〉により⑴1株当たりの当期純利益および⑵潜在株式1株当たり当期純利益を計算しなさい。（当社の会計期間は，X4年3月31日を決算日とする1年間である。）なお，期中平均発行済株式数および期中平均自己株式数の算定については，月割によること。

〈資料2〉

1．当期純利益は47,520千円である。

2．普通株式の発行済株式数は，期首において80,000株であり，X3年10月1日に，20,000株追加発行した。

3．期首に保有する自己株式は2,000株であり，X4年3月31日まで新たな取得や処分はない。

4．期首に，転換社債型新株予約権付社債があり，すべて権利行使されたと仮定した場合の普通株式の発行数は1,500株である。なお，当期の社債利息は902.5千円であった。

5．法人税等の法定実効税率は40％である。

**問4**　下線（ウ）に関連して自己株式の取扱いに関して以下の問に答えなさい。

⑴　自己株式を資産として扱うべきとする考え方（資産説）があるが，その論拠を説明しなさい。

⑵　現行会計のように，自己株式を資本の控除項目として扱うべきとする考え方（資本控除説）があるが，その論拠を説明しなさい。

〔解答用紙〕

**問 1**

| | |
|---|---|
| (A) | |
| (B) | |
| (C) | |
| (D) | |
| (E) | |
| (F) | |

**問 2**

【株主資本等変動計算書】

(単位：千円)

| | 株主資本 | | | | | | | | | | | 評価・換算差額等 | | |
|---|---|---|---|---|---|---|---|---|---|---|---|---|---|---|
| | 資本金 | 資本剰余金 | | | 利益剰余金 | | | | 自己株式 | 株主資本合計 | その他有価証券評価差額金 | 新株予約権 | 純資産合計 |
| | | 資本準備金 | その他資本剰余金 | 資本剰余金合計 | 利益準備金 | その他利益剰余金 | | 利益剰余金合計 | | | | | |
| | | | | | | 別途積立金 | 繰越利益剰余金 | | | | | | |
| 当期首残高 | 50,000 | 2,000 | 1,500 | 3,500 | 900 | 750 | 7,500 | 9,150 | △2,500 | 60,150 | 12 | 2,500 | 62,662 |
| 当期変動額 | | | | | | | | | | | | | |
| 新株の発行 | | | | | | | | | | | | | |
| 剰余金の配当 | | | | | | | | | | | | | |
| 当期純利益 | | | | | | | | | | | | | |
| 自己株式の取得 | | | | | | | | | | | | | |
| 自己株式の処分 | | | | | | | | | | | | | |
| 株主資本以外の項目の当期変動額 | | | | | | | | | | | | | |
| 当期変動額合計 | | | | | | | | | | | | | |
| 当期末残高 | | | | | | | | | | | | | |

下段へ続く

上段より続く

問 3

| | | |
|---|---|---|
| (1) | 1株当たりの当期純利益 | 円 |
| (2) | 潜在株式1株当たり当期純利益 | 円 |

問 4

| | |
|---|---|
| (1) | |
| (2) | |

**解答**

**問1**

| | |
|---|---|
| (A) | 純資産 |
| (B) | 資本剰余金 |
| (C) | 利益剰余金 |
| (D) | 評価・換算差額等 |
| (E) | その他の包括利益累計額 |
| (F) | 非支配株主持分 |

**問2**

株主資本等変動計算書

（単位：千円）

| | 株主資本 | | | | | | | |
|---|---|---|---|---|---|---|---|---|
| | 資本金 | 資本剰余金 | | | 利益剰余金 | | | |
| | | 資本準備金 | その他資本剰余金 | 資本剰余金合計 | 利益準備金 | その他利益剰余金 | | 利益剰余金合計 |
| | | | | | | 別途積立金 | 繰越利益剰余金 | |
| 当期首残高 | 50,000 | 2,000 | 1,500 | 3,500 | 900 | 750 | 7,500 | 9,150 |
| 当期変動額 | | | | | | | | |
| 新株の発行 | 4,000 | 4,000 | | 4,000 | | | | |
| 剰余金の配当 | | 50 | △550 | △500 | 150 | | △1,650 | △1,500 |
| 当期純利益 | | | | | | | 2,700 | 2,700 |
| 自己株式の取得 | | | | | | | | |
| 自己株式の処分 | | | 250 | 250 | | | | |
| 株主資本以外の項目の当期変動額 | | | | | | | | |
| 当期変動額合計 | 4,000 | 4,050 | △300 | 3,750 | 150 | | 1,050 | 1,200 |
| 当期末残高 | 54,000 | 6,050 | 1,200 | 7,250 | 1,050 | 750 | 8,550 | 10,350 |

下段へ続く

上段より続く

| | 株主資本 | | 評価・換算差額等 | 新株予約権 | 純資産合計 |
|---|---|---|---|---|---|
| | 自己株式 | 株主資本合計 | その他有価証券評価差額金 | | |
| 当期首残高 | △2,500 | 60,150 | 12 | 2,500 | 62,662 |
| 当期変動額 | | | | | |
| 新株の発行 | | 8,000 | | | 8,000 |
| 剰余金の配当 | | △2,000 | | | △2,000 |
| 当期純利益 | | 2,700 | | | 2,700 |
| 自己株式の取得 | △2,800 | △2,800 | | | △2,800 |
| 自己株式の処分 | 2,650 | 2,900 | | | 2,900 |
| 株主資本以外の項目の当期変動額 | | | 6 | △2,000 | △1,994 |
| 当期変動額合計 | △150 | 8,800 | 6 | △2,000 | 6,806 |
| 当期末残高 | △2,650 | 68,950 | 18 | 500 | 69,468 |

問3

| | | |
|---|---|---|
| (1) | 1株当たりの当期純利益 | 540円 |
| (2) | 潜在株式1株当たり当期純利益 | 537円 |

問4

| | |
|---|---|
| (1) | 資産説とは，自己株式を取得したのみでは株式は失効しておらず，他の有価証券と同様に換金性のある会社財産と捉え，資産として扱う考え方をいう。 |
| (2) | 資本控除説とは自己株式の取得は株主との間の資本取引であり，会社所有者に対する会社財産の払戻しの性格を有するものと捉え，資本の控除として扱う考え方をいう。 |

解説

問1

「株主資本等変動計算書に関する会計基準」，「貸借対照表の純資産の部の表示に関する会計基準」，「自己株式及び準備金の減少等に関する会計基準」の中の穴埋め問題である。

**【株主資本等変動計算書に関する会計基準】**

目的

1．…途中略…　株主資本等変動計算書は，貸借対照表の純資産の部の一会計期間における変動額のうち主として，株主に帰属する部分である株主資本の各項目の変動事由を報告するために作成するものである。…以下略

**【貸借対照表の純資産の部の表示に関する会計基準】**

純資産の部の表示

5．株主資本は，資本金，資本剰余金及び利益剰余金に区分する。

6．個別貸借対照表上，資本剰余金及び利益剰余金は，さらに次のとおり区分する。

(1)　資本剰余金は，資本準備金及び資本準備金以外の資本剰余金（以下「その他資本剰余金」という。）に区分する。

(2)　利益剰余金は，利益準備金及び利益準備金以外の利益剰余金（以下「その他利益剰余金」という。）に区分し…以下略

**【株主資本等変動計算書に関する会計基準】**

株主資本の各項目

6．貸借対照表の純資産の部における株主資本の各項目は，当期首残高，当期変動額及び当期末残高に区分し，当期変動額は変動事由ごとにその金額を表示する。

7．…途中略…　個別損益計算書の当期純利益（又は当期純損失）は，個別株主資本等変動計算書においてその他利益剰余金又はその内訳科目である繰越利益剰余金の変動事由として表示する。

**【貸借対照表の純資産の部の表示に関する会計基準】**

純資産の部の表示

4．貸借対照表は，資産の部，負債の部及び純資産の部に区分し，純資産の部は，株主資本と株主資本以外の項目に区分する。

7．株主資本以外の各項目は，次の区分とする。

(1) 個別貸借対照表上は，評価・換算差額等，株式引受権及び新株予約権に区分する。

(2) 連結貸借対照表上，その他の包括利益累計額，株式引受権，新株予約権及び非支配株主持分に区分する。

**【自己株式及び準備金の減少等に関する会計基準】**

自己株式の会計処理及び表示

8．期末に保有する自己株式は，純資産の部の株主資本の末尾に自己株式として一括して控除する形式で表示する。

**問2**

1．剰余金の処分

(1) その他資本剰余金の処分

| | | | | | |
|---|---|---|---|---|---|
| (借) | その他資本剰余金 | 550 | (貸) | 資本準備金※ | 50 |
| | | | | 未払配当金 | 500 |

※　500千円×1/10=50千円

(2) 利益剰余金の処分

| | | | | | |
|---|---|---|---|---|---|
| (借) | 繰越利益剰余金 | 1,650 | (貸) | 利益準備金※ | 150 |
| | | | | 未払配当金 | 1,500 |

※　1,500千円×1/10=150千円

注　資本準備金と利益準備金の積立ては，資本準備金と利益準備金の合計額が資本金の4分の1に達するまで行われるが，本問は積立限度額に達していないため配当金の10分の1を積み立てる。

2．自己株式

(1) 取得

| | | | | | |
|---|---|---|---|---|---|
| (借) | 自己株式 | 2,800 | (貸) | 現金 | 2,810 |
| | 支払手数料 | 10 | | | |

自己株式の取得にあたって，付随費用が生じた場合には，支払手数料などの科目をもって営業外費用として処理する。

(2) 処分

| | | | | | |
|---|---|---|---|---|---|
| (借) | 現金 | 2,900 | (貸) | 自己株式※ | 2,650 |
| | | | | 自己株式処分差益 | 250 |
| (借) | 支払手数料 | 12 | (貸) | 当座預金 | 12 |

※　(2,500千円＋2,800千円)÷20株×10株＝2,650千円

なお，自己株式処分差益はその他資本剰余金に計上する。(貸借差額)

3．その他有価証券

(1) 前期末における評価替え

| | | | | | |
|---|---|---|---|---|---|
| (借) | その他有価証券※1 | 20 | (貸) | 繰延税金負債※2 | 8 |
| | | | | その他有価証券評価差額金 | 12 |

※1　前期末時価170千円－取得原価150千円＝20千円
※2　20千円×40％＝8千円

(2) 当期首における再振替仕訳

| | | | | | |
|---|---|---|---|---|---|
| (借) | 繰延税金負債 | 8 | (貸) | その他有価証券 | 20 |
| | その他有価証券評価差額金 | 12 | | | |

(3) 当期末における評価替え

| | | | | | |
|---|---|---|---|---|---|
| (借) | その他有価証券※1 | 30 | (貸) | 繰延税金負債※2 | 12 |
| | | | | その他有価証券評価差額金 | 18 |

※1　当期末時価180千円－取得原価150千円＝30千円
※2　30千円×40％＝12千円

4．新株予約権

| | | | | | |
|---|---|---|---|---|---|
| (借) | 新株予約権※1 | 2,000 | (貸) | 資本金※3 | 4,000 |
| | 当座預金※2 | 6,000 | | 資本準備金※3 | 4,000 |

※1　2,500千円×8個/10個＝2,000千円
※2　750千円×8個＝6,000千円
※3　(2,000千円＋6,000千円)÷2＝4,000千円

5．純利益の計上

| | | | | | |
|---|---|---|---|---|---|
| (借) | 損益 | 2,700 | (貸) | 繰越利益剰余金 | 2,700 |

**問3**

1株当たり当期純利益及び潜在株式調整後1株当たり当期純利益の問題である。

1株当たり当期純利益及び潜在株式調整後1株当たり当期純利益は，次の算式で計算される。

$$\text{1株当たり当期純利益}=\frac{\text{普通株式に係る当期純利益}}{\text{普通株式の期中平均株式数}}=\frac{\text{損益計算書上の当期純利益}-\text{普通株主に帰属しない金額}}{\text{普通株式の期中平均発行済株数}-\text{普通株式の期中平均自己株式数}}$$

$$\text{潜在株式調整後1株当たり当期純利益}=\frac{\text{普通株式に係る当期純利益}+\text{当期純利益調整額}}{\text{普通株式の期中平均株式数}+\text{普通株式増加数}}$$

$$\text{1株当たり当期純利益}=\frac{47{,}520{,}000\text{円}}{80{,}000\text{株}\times\frac{12\text{カ月}}{12\text{カ月}}+20{,}000\text{株}\times\frac{6\text{カ月}}{12\text{カ月}}-2{,}000\text{株}\times\frac{12\text{カ月}}{12\text{カ月}}}$$

$$=\frac{47{,}520{,}000\text{円}}{88{,}000\text{株}}=540\text{円}$$

$$\text{潜在株式調整後1株当たり当期純利益} = \frac{47,520,000\text{円} + 902,500\text{円} \times (1 - 40\%)}{88,000\text{株} + 1,500\text{株}} = 537\text{円}$$

**問4**

自己株式の取扱いと表示

(1)　一般の有価証券と同様の資産 → 資産として表示

(2)　資本の払戻しと同様の資本の減少 → 株主資本の控除項目として表示

なお，わが国の制度会計においては「会社計算規則」，「財務諸表等規則」ともに資本の控除項目として取り扱い，期末に保有する自己株式は，純資産の部の株主資本の末尾に自己株式として一括して控除する形式で表示している。

全経簿記上級
商業簿記・財務会計テキスト［第９版］


2007年３月25日　第１版第１刷発行
2008年９月１日　第２版第１刷発行
2010年５月10日　第３版第１刷発行
2012年８月１日　第４版第１刷発行
2015年７月15日　第５版第１刷発行
2017年９月20日　第６版第１刷発行
2019年６月10日　第７版第１刷発行
2020年９月１日　第７版第２刷発行
2021年12月15日　第８版第１刷発行
2023年２月25日　第８版第２刷発行
2023年11月１日　第９版第１刷発行

編　者　公益社団法人
　　　　全国経理教育協会
発行者　山　本　　継
発行所　(株) 中央経済社
発売元　(株) 中央経済グループ
　　　　パブリッシング

〒101-0051　東京都千代田区神田神保町1-35
電話　03（3293）3371（編集代表）
　　　03（3293）3381（営業代表）
https://www.chuokeizai.co.jp
印刷／文唱堂印刷（株）
製本／誠　製　本（株）





＊頁の「欠落」や「順序違い」などがありましたらお取り替えいたしますので
発売元までご送付ください。（送料小社負担）
ISBN978-4-502-47861-1　C3034